统计学原理

主　编　李梦觉　龚曙明

副主编　蔡宏宇　辛　玲　李　灿　冯　艳

中国水利水电出版社
www.waterpub.com.cn

内 容 提 要

本书以适应统计学教学与统计实践为宗旨，系统地阐述了统计的基本理论、基本知识和基本方法。本书系统性强，结构严谨、布局合理、统计理论与统计实践紧密结合；力求简明易懂，使读者易学易用；力求体现统计知识的整合性、综合性、系统性；力求体系和内容有所突破和创新。全书共 15 章，包括总论、统计计量、统计资料搜集、统计资料整理、统计比较分析、数据分布特征测度、时间数列分析、统计指数、概率与概率分布、抽样推断、假设检验、方差分析、相关与回归分析、平衡数列分析和空间数列分析等，基本上涵盖了统计学学科体系的主要构成要素。

本书体系完善，内容丰富，实例较多，每章均有复习思考题和习题，能够适应统计学的教学需要，可作为与高等院校统计学专业、经济学专业、工商管理类专业、信息管理与信息系统专业等相关专业统计学课程的教材或教学参考用书，亦可作为从事统计工作、信息管理、市场调研等广大实际工作者的参考书籍或培训用书。

图书在版编目（CIP）数据

统计学原理 / 李梦觉，龚曙明主编. -- 北京：中国水利水电出版社，2015.1（2018.1 重印）
ISBN 978-7-5170-2874-1

Ⅰ.①统… Ⅱ.①李… ②龚… Ⅲ.①统计学 Ⅳ.①C8

中国版本图书馆CIP数据核字(2015)第014203号

策划编辑：周益丹　　责任编辑：李 炎　　加工编辑：夏雪丽　　封面设计：李 佳

书　　名	统计学原理
作　　者	主　编　李梦觉　龚曙明 副主编　蔡宏宇　辛　玲　李　灿　冯　艳
出版发行	中国水利水电出版社 （北京市海淀区玉渊潭南路1号D座　100038） 网址：www.waterpub.com.cn E-mail：mchannel@263.net（万水） 　　　　sales@waterpub.com.cn 电话：（010）68367658（营销中心）、82562819（万水）
经　　售	全国各地新华书店和相关出版物销售网点
排　　版	北京万水电子信息有限公司
印　　刷	三河市铭浩彩色印装有限公司
规　　格	184mm×260mm　16开本　21.25印张　531千字
版　　次	2015年1月第1版　2018年1月第4次印刷
印　　数	9001—12000册
定　　价	40.00元

凡购买我社图书，如有缺页、倒页、脱页的，本社营销中心负责调换

版权所有·侵权必究

前　　言

应用统计学是研究现象总体的数量表现和数量规模性的应用性很强的方法论科学，主要阐述统计数量信息获取、处理、概括、推断、分析和应用的一系列统计理论和统计方法。目前，无论社会的、自然的或实验的现象，凡有大量数据出现的地方，都要用到统计理论和统计方法。统计理论和方法已渗透到许多学科领域，并成为当代最活跃的学科之一。在市场经济条件下，统计理论和统计方法在信息管理、市场研究、质量控制、财务管理、投资分析、预测决策、数据挖掘、科学研究、宏观管理和微观管理等各个方面的应用日益广泛。本书侧重于阐述统计理论和统计方法在社会经济现象研究和经济管理中的应用。

本书特点：

（1）内容组合上，力求既继承传统，又打破传统，吸收国内外统计理论和统计方法研究的最新成果，以及统计实践经验的最新总结，力求体系和内容有所突破，有所创新。

（2）体系安排上，力求从易到难，体现统计学科的系统性和科学性，力求统计知识的综合性和整合性，以便读者学习、理解、掌握和应用。

（3）重新组合和更新描述统计，充实和完善推断统计，力求描述统计与推断统计并重，保持学科的完整性和科学性。

（4）注重用经济与管理中的实例阐述和印证统计方法，强调统计方法的应用性，避免数学推导，力求简明易懂，使读者易学易用。

（5）每章均有内容简述、例题、复习思考题和大量的习题，并介绍了 Excel 在统计中的应用等，借以指导读者掌握统计理论和统计方法，培养读者运用统计理论和统计方法分析问题与解决问题的能力。

本书概要：

第 1 章：总论。主要阐述统计的三种涵义：统计工作、统计资料、统计学的基本问题，以及统计研究的基本方法、统计研究的过程等基本知识。

第 2 章：统计计量。主要阐述如何对客观现象的数量表现进行统计计量的基本问题，主要内容包括计量水准、统计指标、变量、计量单位等。

第 3 章：统计资料搜集。主要阐述统计资料搜集的方式、方法、技术工具，统计资料搜集方案设计等基本知识和基本方法。统计资料搜集的核心是如何有效地采集统计数据。

第 4 章：统计资料整理。主要阐述统计资料加工整理的基本理论和基本方法，包括分类、汇总、列表、绘图等统计资料整理的技术性知识。

第 5 章：统计比较分析。主要阐述统计比较分析中各种相对指标的基本计算和分析应用问题。相对指标是统计中应用最为广泛的基本分析方法，要运用好各种相对指标，必须掌握它们的性质、计算方法和应用原则。

第 6 章：数据分布特征的测度。主要阐述集中趋势测度与离散趋势测度。集中趋势测度主要有算均、调均、几均、中位数和众数，离散趋势测度主要有全距、四分位差、方差与标准差、变异系数。此外，本章还阐述了变量数列偏度与峰度的测度方法。

第7章：时间数列分析。主要阐述动态分析的基本方法，主要包括发展水平分析、速度分析、趋势分析、季节变动分析、循环变动分析的基本知识和基本方法。其核心是通过处理和分析动态数据，以揭示现象发展变化的水平、速度、趋势和规律。

第8章：统计指数。主要阐述如何测定不能直接加总对比的多种要素组成的总体综合变动程度的问题。其测定的方法主要有综合法指数和平均法指数两类。统计指数可广泛应用于综合评价和因素分析。

第9章：概率与概率分布。主要阐述概率的种类、基本计算、概率分布的种类，常用的概率分布和抽样分布，为后几章的统计推断打下基础。同时，本章主要从应用的角度研究概率与概率分布，而不参与概率的某些定律的数理推导。

第10章：抽样推断。主要阐述抽样推断的基本概念、抽样的组织方式、抽样设计的基本问题。其中抽样组织方式主要有简单随机抽样、分层抽样、等距抽样、整群抽样、目录抽样、二重抽样、二阶段抽样等。其核心是根据随机样本对总体参数作出科学的推断。

第11章：假设检验。主要阐述假设检验的基本问题、正态总体的参数检验、正态总体方差检验、χ^2检定法、符号检验法、等级检验法、趋势性与随机性检验。其核心是怎样根据随机样本对某一统计假设做出接受或拒绝的统计决策。

第12章：方差分析。主要阐述方差分析的基本理论和方法，方差分析是通过对方差的分析研究来判断多个正态总体平均值是否相等的一种统计分析方法。通过方差分析可以判断影响某个变量的众多因素中，哪些因素影响大，哪些因素影响小。

第13章：相关与回归分析。主要阐述如何测定变量之间相关关系的紧密程度，以及如何用统计模型来描述具有相关关系的变量之间的联系形式。前者为相关分析，后者为回归分析。相关分析与回归分析通常结合进行，以便全面认识变量间的数量关系和数量规律。

第14章：平衡数列分析。主要阐述平衡状态分析、平衡结构分析、平衡数列趋势分析、平衡系统动态关联分析等平衡数列分析的基本方法，用以揭示现象之间相互联系的数量关系及其发展变化的均衡性和规律性。

第15章：空间数列分析。主要阐述空间数列分析的基本方法，主要包括空间分布分析、空间强度分析、空间比较分析、空间分类分析、空间趋势分析、空间关联分析。

附录：主要列举了几种常用的统计数表。

本书由湖南商学院统计系李梦觉、龚曙明主编，副主编为蔡宏宇、辛玲、李灿、冯艳，参加编写的教师还有李新富、肖临、刘莹、付志刚等。由于作者水平有限，书中难免有疏漏及不足之处，恳请广大读者批评指正，以便本书能及时进行修正和完善。

编　者
2014年12月

目 录

前言

第1章 总论 ·· 1
  1.1 统计工作的基本问题 ························· 1
    1.1.1 统计工作的基本问题 ····················· 1
    1.1.2 统计工作的基本职能 ····················· 2
  1.2 统计资料的类别与特征 ························ 2
    1.2.1 统计资料的类别 ·························· 2
    1.2.2 统计资料的特征 ·························· 3
  1.3 统计学的性质与分科 ·························· 3
    1.3.1 统计学的产生 ···························· 3
    1.3.2 统计学的性质 ···························· 4
    1.3.3 统计学的分科 ···························· 4
    1.3.4 统计学与其他学科的关系 ················· 5
    1.3.5 统计学与统计工作、统计资料的关系 ······ 6
  1.4 统计研究方法与研究过程 ····················· 7
    1.4.1 统计研究方法 ···························· 7
    1.4.2 统计研究过程 ···························· 7
  复习思考题 ·· 8

第2章 统计计量 ··· 9
  2.1 计量水准 ·· 9
    2.1.1 总体和总体单位 ·························· 9
    2.1.2 计量水准 ·································· 9
    2.1.3 计量水准设计的原则 ···················· 11
  2.2 统计指标 ······································· 11
    2.2.1 统计指标的涵义 ························· 11
    2.2.2 统计指标的种类 ························· 12
    2.2.3 统计指标设计原则 ······················ 13
  2.3 统计指标体系 ································· 14
    2.3.1 统计指标体系的含义 ···················· 14
    2.3.2 统计指标体系的种类 ···················· 14
    2.3.3 建立统计指标体系的原则 ··············· 15
  2.4 变量及其种类 ································· 15
    2.4.1 变量的涵义 ······························ 15
    2.4.2 变量的种类 ······························ 16
  2.5 统计计量单位 ································· 16
    2.5.1 有名数 ··································· 17
    2.5.2 无名数 ··································· 17
  复习思考题 ·· 18
  习题 ·· 18

第3章 统计资料搜集 ································· 20
  3.1 统计资料搜集概述 ···························· 20
    3.1.1 统计资料搜集的意义 ···················· 20
    3.1.2 统计资料搜集的要求 ···················· 20
    3.1.3 统计调查的种类 ························· 20
    3.1.4 统计资料搜集的基本问题 ··············· 21
  3.2 统计调查的组织方式 ························· 21
    3.2.1 普查 ····································· 21
    3.2.2 统计报表 ································ 22
    3.2.3 抽样调查 ································ 23
    3.2.4 主观抽样调查 ··························· 23
  3.3 统计资料搜集方法 ···························· 26
    3.3.1 原始资料的搜集方法 ···················· 26
    3.3.2 次级资料的搜集方法 ···················· 27
  3.4 调查表与问卷设计 ···························· 27
    3.4.1 调查表的设计 ··························· 27
    3.4.2 问卷设计 ································ 28
  3.5 统计调查方案设计和实施 ··················· 30
    3.5.1 统计调查方案设计 ······················ 30
    3.5.2 统计调查的组织实施 ···················· 31
  复习思考题 ·· 32
  习题 ·· 32

第4章 统计资料整理 ································· 34
  4.1 统计资料整理概述 ···························· 34
    4.1.1 整理的一般程序 ························· 34
    4.1.2 统计数列的种类 ························· 35

4.1.3 统计资料的陈示 ········· 35
4.2 品质数列 ················· 35
　　4.2.1 品质数列编制的一般步骤 ········· 35
　　4.2.2 简单分组品质数列 ········· 36
　　4.2.3 平行分组品质数列 ········· 37
　　4.2.4 复合分组品质数列 ········· 38
　　4.2.5 品质数列图示法 ········· 38
4.3 变量数列 ················· 39
　　4.3.1 变量数列的类型 ········· 39
　　4.3.2 单项式变量数列 ········· 39
　　4.3.3 等距式变量数列 ········· 40
　　4.3.4 异距式变量数列 ········· 42
　　4.3.5 交叉式变量数列 ········· 43
　　4.3.6 变量数列图示法 ········· 44
4.4 空间数列和时间数列 ······ 45
　　4.4.1 空间数列 ········· 45
　　4.4.2 时间数列 ········· 46
4.5 相关数列和平衡数列 ······ 49
　　4.5.1 相关数列 ········· 49
　　4.5.2 平衡数列 ········· 51
4.6 统计表的设计 ············ 53
　　4.6.1 统计表的概念与构成 ········· 53
　　4.6.2 统计表的分类 ········· 54
　　4.6.3 统计表的设计 ········· 54
复习思考题 ················· 55
习题 ······················ 55
实验　Excel在数据整理中的应用 ········· 59

第5章　统计比较分析 ········· 61
5.1 统计比较分析法概述 ······ 61
　　5.1.1 比较分析法的形式 ········· 61
　　5.1.2 比较分析法的作用 ········· 62
5.2 相对指标分析法 ········· 62
　　5.2.1 动态相对指标 ········· 62
　　5.2.2 计划完成相对指标 ········· 64
　　5.2.3 结构相对指标 ········· 66
　　5.2.4 比例相对指标 ········· 68
　　5.2.5 比较相对指标 ········· 68
　　5.2.6 强度相对指标 ········· 69

5.3 边际与弹性分析法 ········ 70
　　5.3.1 边际分析法 ········· 71
　　5.3.2 弹性分析法 ········· 72
5.4 比较分析法的应用 ········ 73
　　5.4.1 比较分析法的应用原则 ········· 73
　　5.4.2 比较分析法的综合运用 ········· 73
复习思考题 ················· 74
习题 ······················ 74
实验　Excel在比较分析中的应用 ········· 77

第6章　数据分布特征测度 ······ 78
6.1 数据分布特征测度概述 ···· 78
　　6.1.1 数据分布特征测度的内容 ········· 78
　　6.1.2 数据分布特征测度的作用 ········· 78
　　6.1.3 数据分布特征测度的原则 ········· 78
6.2 次数分布的类型与识别 ···· 79
　　6.2.1 次数分布的类型 ········· 79
　　6.2.2 次数分布类型的识别 ········· 80
6.3 集中趋势测度 ············ 81
　　6.3.1 算术平均数 ········· 81
　　6.3.2 调和平均数 ········· 85
　　6.3.3 几何平均数 ········· 87
　　6.3.4 中位数 ········· 87
　　6.3.5 众数 ········· 89
　　6.3.6 四分位数 ········· 90
　　6.3.7 五数概括法和箱线图 ········· 90
6.4 离散趋势测度 ············ 91
　　6.4.1 异众比率 ········· 91
　　6.4.2 全距 ········· 91
　　6.4.3 四分位差 ········· 92
　　6.4.4 平均差 ········· 92
　　6.4.5 方差与标准差 ········· 93
　　6.4.6 离散系数 ········· 94
　　6.4.7 基尼系数 ········· 96
　　6.4.8 是非标志的方差 ········· 97
6.5 偏度与峰度 ·············· 98
　　6.5.1 偏度 ········· 98
　　6.5.2 峰度 ········· 100
复习思考题 ················· 101

  习题 ·· 101
  实验 Excel 在描述统计中的应用 ·············· 104

第 7 章 时间数列分析 ·· 106
7.1 水平分析 ·· 106
  7.1.1 发展水平 ·· 106
  7.1.2 平均发展水平 ·· 106
  7.1.3 增长量和平均增长量 ·············· 110
7.2 速度分析 ·· 111
  7.2.1 发展速度和增长速度 ·············· 111
  7.2.2 平均发展速度和平均增长速度 ·· 112
7.3 长期趋势分析 ·· 114
  7.3.1 时间数列分解的基本原理 ·········· 114
  7.3.2 长期趋势的测定 ·············· 115
7.4 季节变动分析 ·· 119
  7.4.1 同月平均法 ·············· 120
  7.4.2 趋势与季节模型法 ·············· 121
7.5 周期波动分析 ·· 123
  7.5.1 周期波动的含义 ·············· 123
  7.5.2 周期波动的构成 ·············· 123
  7.5.3 周期波动的测度 ·············· 124
  复习思考题 ·· 127
  习题 ·· 127
  实验 Excel 在时间数列分析中的应用 ·········· 131

第 8 章 统计指数 ·· 133
8.1 统计指数的意义与种类 ·············· 133
  8.1.1 统计指数的概念 ·············· 133
  8.1.2 统计指数的作用 ·············· 133
  8.1.3 统计指数的种类 ·············· 133
8.2 综合法指数 ·· 134
  8.2.1 常用综合法指数 ·············· 134
  8.2.2 各种综合法指数 ·············· 136
8.3 平均法指数 ·· 137
  8.3.1 加权算术平均法指数 ·············· 137
  8.3.2 加权调和平均法指数 ·············· 138
  8.3.3 固定加权平均法指数 ·············· 139
  8.3.4 几种常用的价格指数 ·············· 139
8.4 指数体系与因素分析 ·············· 142
  8.4.1 指数体系的含义和作用 ·············· 142
  8.4.2 指数体系因素分析法 ·············· 143
  8.4.3 平均指标变动因素分析 ·············· 145
  复习思考题 ·· 147
  习题 ·· 147
  实验 用 Excel 计算总指数 ·············· 151

第 9 章 概率与概率分布 ·············· 152
9.1 概率的概念与种类 ·············· 152
  9.1.1 概率的概念 ·············· 152
  9.1.2 概率的计算方法 ·············· 152
9.2 概率运算法则 ·· 153
  9.2.1 加法定理 ·············· 154
  9.2.2 乘法定理 ·············· 155
  9.2.3 贝叶斯定理 ·············· 156
9.3 概率分布的类型 ·· 156
  9.3.1 概率分布的概念 ·············· 156
  9.3.2 概率分布的类型 ·············· 157
  9.3.3 概率分布的特征值 ·············· 158
9.4 离散型随机变量概率分布 ·············· 159
  9.4.1 分立均等分布 ·············· 159
  9.4.2 二点分布 ·············· 159
  9.4.3 超几何分布 ·············· 160
  9.4.4 二项分布 ·············· 161
  9.4.5 泊松分布 ·············· 164
9.5 连续型随机变量概率分布 ·············· 166
  9.5.1 正态分布 ·············· 166
  9.5.2 指数分布 ·············· 168
  9.5.3 均匀分布 ·············· 169
9.6 抽样分布 ·· 170
  9.6.1 样本平均数的抽样分布与中心极限定理 ·············· 170
  9.6.2 样本比率的抽样分布 ·············· 172
  9.6.3 两个独立样本平均数之差的分布 ·· 173
  9.6.4 卡方(χ^2)分布 ·············· 173
  9.6.5 F 分布 ·············· 174
  9.6.6 t 分布 ·············· 174
  复习思考题 ·· 175
  习题 ·· 176
  实验 用 Excel 计算分布的概率 ·············· 177

第10章 抽样推断

10.1 抽样推断的基本概念 179
10.1.1 总体与样本 179
10.1.2 参数和统计量 179
10.1.3 重复抽样与不重复抽样 179
10.1.4 抽样误差与抽样标准误差 180
10.1.5 点估计与区间估计 180

10.2 简单随机抽样 182
10.2.1 简单随机抽样的方法 182
10.2.2 简单随机抽样标准误差 182
10.2.3 总体平均数的估计 182
10.2.4 两个总体平均数之差的区间估计 183
10.2.5 总体比率估计 185
10.2.6 简单随机抽样的必要抽样数目 186

10.3 分层抽样 187
10.3.1 分层抽样的意义 187
10.3.2 分层抽样标准误差 187
10.3.3 分层抽样的样本容量 189

10.4 等距抽样 189
10.4.1 等距抽样的概念与方法 189
10.4.2 等距抽样标准误差 190
10.4.3 等距抽样的样本容量 191

10.5 整群抽样 191
10.5.1 整群抽样的概念 191
10.5.2 整群抽样标准误差 192
10.5.3 整群抽样的样本容量 193

10.6 目录抽样 193
10.6.1 目录抽样的概念 193
10.6.2 目录抽样的参数估计 193

10.7 二重抽样 194
10.7.1 二重抽样的意义 194
10.7.2 二重抽样的方法 194
10.7.3 二重抽样的参数估计 195

10.8 二阶段抽样 196
10.8.1 二阶段抽样的概念 196
10.8.2 二阶段抽样标准误差 196

10.9 抽样方案设计 198
10.9.1 抽样方案设计的内容 198
10.9.2 抽样方案评审 199

复习思考题 200
习题 201
实验 用Excel作区间推断 203

第11章 假设检验 205

11.1 假设检验的基本问题 205
11.1.1 假设检验的意义 205
11.1.2 假设检验的程序 205
11.1.3 假设检验的方法 206

11.2 一个正态总体的参数检验 207
11.2.1 总体方差已知的均值检验 207
11.2.2 总体方差未知的均值检验 208
11.2.3 总体比率的假设检验 208

11.3 两个正态总体的参数检验 209
11.3.1 两个总体平均数之差的检验 209
11.3.2 两个总体比率之差的检验 210

11.4 正态总体方差的假设检验 211
11.4.1 单个正态总体方差的假设检验 211
11.4.2 两个正态总体方差比的假设检验 212

11.5 χ^2 检定法 212
11.5.1 χ^2 检验的基本原理 212
11.5.2 χ^2 的独立性检验 213
11.5.3 χ^2 的一致性检验 215
11.5.4 χ^2 的吻合性检验 216

11.6 符号检验法 218
11.6.1 单一样本中位数的符号检验 218
11.6.2 两个独立样本的符号检验 218
11.6.3 两个有联系样本的符号检验 219

11.7 等级检验法 220
11.7.1 符号等级检验法 220
11.7.2 曼—惠特尼U检验 222
11.7.3 多个样本的等级检验法 223

11.8 趋势性与随机性检验 224
11.8.1 趋势性检验 224
11.8.2 随机性检验 225

复习思考题 226
习题 226
实验 用Excel作假设检验 228

第12章 方差分析 ································ 231
12.1 方差分析的基本问题 ···················· 231
12.1.1 方差分析的意义 ···················· 231
12.1.2 方差分析的种类 ···················· 231
12.1.3 方差分析的应用条件 ················ 232
12.2 单因子方差分析 ························ 232
12.2.1 单因子方差分析的基本思想 ·········· 232
12.2.2 单因子方差分析的程序 ·············· 233
12.3 双因子方差分析 ························ 236
12.3.1 无交互作用的双因子方差分析 ········ 236
12.3.2 有交互作用的双因子方差分析 ········ 238
复习思考题 ································ 240
习题 ····································· 241
实验 用Excel作方差分析 ···················· 242

第13章 相关与回归分析 ······················· 244
13.1 相关分析 ······························· 244
13.1.1 相关关系的概念 ···················· 244
13.1.2 相关关系的种类 ···················· 244
13.1.3 简单相关系数 ······················ 244
13.1.4 斯皮尔曼等级相关系数 ·············· 246
13.1.5 肯达尔一致性系数 ·················· 247
13.2 一元线性回归 ··························· 248
13.2.1 一元线性回归模型 ·················· 248
13.2.2 一元线性回归模型的参数估计 ········ 248
13.2.3 一元线性回归模型的评价与检验 ······ 249
13.2.4 一元线性回归模型的应用 ············ 251
13.3 多元线性回归 ··························· 251
13.3.1 多元线性回归模型 ·················· 251
13.3.2 多元线性回归模型的参数估计 ········ 252
13.3.3 多元线性回归模型的检验 ············ 252
13.3.4 多元线性回归模型的应用 ············ 255
13.3.5 多元线性回归自变量的筛选 ·········· 257
13.3.6 含定性自变量的回归模型 ············ 258
13.4 非线性回归 ····························· 259
13.4.1 非线性回归模型 ···················· 259
13.4.2 非线性回归模型的检验 ·············· 260
13.4.3 柯布—道格拉斯生产函数 ············ 260
13.4.4 逻辑斯蒂概率回归模型 ·············· 262
13.5 时间数列自回归 ························ 264
13.5.1 时间数列自相关 ···················· 264
13.5.2 时间数列自回归 ···················· 264
复习思考题 ································ 267
习题 ····································· 267
实验 用Excel作相关与回归分析 ·············· 270

第14章 平衡数列分析 ························· 271
14.1 总量均衡状态分析 ······················ 271
14.1.1 收支数量比较法 ···················· 271
14.1.2 收支增长率比较法 ·················· 272
14.1.3 比率判断法 ························ 272
14.2 结构均衡状态分析 ······················ 273
14.2.1 收支结构比较法 ···················· 274
14.2.2 收支结构相关分析法 ················ 274
14.3 平衡数列趋势分析 ······················ 275
14.3.1 复式曲线图示法 ···················· 275
14.3.2 联立趋势模型法 ···················· 276
14.4 平衡系统关联分析 ······················ 278
14.4.1 平衡系统关联的概念 ················ 278
14.4.2 平衡系统关联分析的方法 ············ 278
14.5 投入产出分析 ·························· 279
14.5.1 投入产出分析的概念 ················ 279
14.5.2 投入产出表的种类 ·················· 279
14.5.3 投入产出表的基本结构 ·············· 279
14.5.4 直接消耗系数和完全消耗系数 ········ 281
14.5.5 投入产出分析法的应用 ·············· 282
复习思考题 ································ 284
习题 ····································· 284

第15章 空间数列分析 ························· 287
15.1 空间分布与强度分析 ···················· 287
15.1.1 空间分布分析 ······················ 287
15.1.2 空间强度分析 ······················ 288
15.2 空间综合比较评价法 ···················· 289
15.2.1 综合比重评价法 ···················· 289
15.2.2 综合比较评价法 ···················· 290
15.2.3 功效系数评价法 ···················· 291
15.2.4 平均指数评价法 ···················· 292
15.3 空间分类分析 ·························· 294

  15.3.1 简单分类分析 ……………… 294
  15.3.2 综合分类分析 ……………… 294
 15.4 空间趋势分析 …………………… 296
  15.4.1 空间趋势分析的性质 ………… 296
  15.4.2 空间趋势分析的方法 ………… 296
 15.5 空间关联分析 …………………… 297
  15.5.1 空间因关联分析 ……………… 297
  15.5.2 空间自相关分析 ……………… 297
  15.5.3 空间自回归分析 ……………… 299
 复习思考题 …………………………… 301
 习题 …………………………………… 302
附录 A Microsoft Excel 在统计中的使用 ……… 306
附录 B 常用统计数表 ……………… 311
参考文献 ………………………………… 327

第1章 总论

本章主要阐述统计的三种涵义：统计工作、统计资料和统计学的基本问题，以及统计研究的基本方法、统计研究的过程等基本知识。

1.1 统计工作的基本问题

1.1.1 统计工作的基本问题

统计工作是指对社会现象或自然现象的总体数量方面进行搜集、整理和分析的实践活动。例如，开会时主持人需要统计一下出席与缺席会议的人数；排球比赛中教练员要统计发球、扣球、吊球、拦网得分以及失误、犯规的数量情况；企业为了加强管理需要定期统计资产、负债、权益、收入、费用、利润等方面的数量表现；国家为了加强宏观管理需要定期统计资源、人口、国内生产总值、工业、农业、交通、运输、邮电、贸易、进出口、财政收支、人民生活等方面的数据，这些都是统计工作的具体表现。任何单位和个人凡运用统计方法搜集、整理和分析统计数据的工作，都是统计工作。

统计工作按照统计主体所处的位置层次不同，可分为政府统计、行业或部门统计、企业统计和民间统计；按照统计范围不同，可分为宏观统计与微观统计；按从事的统计内容不同，可分为经济统计、科技统计、人口统计、资源统计、文教卫生统计、军事统计等。

统计工作的目的在于搜集、整理和分析数量化的信息，为认识事物、掌握规律、预测决策、科学研究和各项管理提供信息支持。因此，数量信息是统计的核心问题，一切统计活动都是围绕数量信息而展开的，统计活动过程的实质是统计信息生产、传递和利用的过程。围绕数量信息而开展的统计活动具有以下四大基本要素或四大基本问题。

（1）为谁统计。回答为何统计（统计目的），即向谁提供统计信息服务的问题。为谁统计是由社会的统计信息需求决定的，如政府统计不仅应为国家政府服务，而且应为厂商、社会公众和国际交流服务，统计数据原则上应公开出版，以供所有人运用；企业统计不仅应为政府统计依法提供统计数据，而且应为企业管理者、投资者、债权人等提供统计信息。

（2）由谁统计。回答由谁负责统计的问题（统计主体）。由谁统计的问题，实质上是统计主体如何界定、如何分工、建立相应的统计组织体系的问题，明确统计主体的权力、活动范围、分工协作关系等。一般来说，应本着谁需要信息、谁办统计的原则来界定统计主体和构建统计组织体系。统计主体应具备两个条件：一是必须具有相对独立的行使统计的权力，二是要有一定的统计能力，包括组织体系、技术装备、信息处理与传递手段、人财物资源配备和业务能力等。

（3）统计什么。回答统计对象和统计内容的问题（统计客体）。统计客体是统计研究的对象，是统计信息的承担者和信源地。如社会经济统计的客体是国民经济构成的复杂的社会经济系统，这个系统是由千千万万个社会经济活动单位所组成的。统计内容涉及到统计主体向统计客体调查研究哪些项目，即用什么样的标志、指标、指标体系或核算体系来描述统计客体的数量表现，以获取那些统计信息等统计业务问题。统计对象和统计内容的界定应考虑统计研究的目的和社会对统计信息的需求。

（4）如何统计。回答怎样统计的问题（统计方法）。如何统计的问题，涉及到统计主体采用什么样的方式方法、统计标准、统计手段从统计客体那里获取信息的问题。为此，统计工作中，要重视统计制度建设，应完善统计法制、统计标准和统计调查体系；要规范统计信息加工、传递和分析利用的程序，要重视多种统计方法的综合应用；要加强统计信息网络建设，实现信息采集、处理、传输的自动化，实现统计信息纵向和横向流动的网络化，从而提高统计效率和统计信息利用率。

任何统计问题，无论是微观统计，还是宏观统计，统计部门和统计工作者都必须对上述统计的基本问题及其相互关系作出回答，统计工作必须正确处理这四者的相互关系。

1.1.2 统计工作的基本职能

统计职能是指统计工作或统计活动本身所具有的功能或基本作用。从统计发挥作用的层次性来看，可概括为信息职能、咨询职能和监督职能，三大职能的有机结合，构成了统计的整体功能。

（1）信息职能。统计的信息职能表现为人们对社会现象或自然现象的总体数量特征的认识作用。统计的信息职能是通过统计工作采集数据、核算数据、处理数据、传递数据、存储数据和提供数据等具体活动反映出来的。

（2）咨询职能。统计的咨询职能是指统计部门和统计工作者根据掌握的有关统计信息资源，通过调查研究、统计分析、统计预测、可行性研究、实证分析、对策研究、提供方案、企业诊断、综合评估等形式为有关部门和管理者提供导向性的、建设性的咨询服务。

（3）监督职能。统计的监督职能是指统计部门和统计工作者，根据掌握的统计信息，能够及时、准确地反映经济、社会、科技的运行状态，并通过定量检查、实施监测、预报预警、信息反馈、评判方案、纠正偏差等形式发挥监测、督促和调控的作用。

统计的三大职能是相互作用、相辅相成的。其中，统计的信息职能是最基本的职能，是统计咨询和统计监督职能得以有效发挥的前提条件。统计的咨询职能是统计信息职能的延续和深化，统计监督职能是在信息和咨询职能基础上的进一步拓展。

1.2 统计资料的类别与特征

1.2.1 统计资料的类别

统计资料是统计工作的成果，是统计方法与理论所处理的对象。统计资料又称统计信息或数量信息，通常是指社会现象或自然现象的某一研究总体在特定的时间、空间条件下，依据总体内个体的特征（属性和数量），由点数、计量而获得的数据资料。故统计资料具有时间、空间和数据三个要素，缺一不可。统计资料可作如下分类。

（1）按计量方法不同，分为计点资料和计量资料。凡不用测量工具而用计点个数的方法而收集到的数字资料，称为计点资料。由于在计点个数时需先对事物按一定属性进行分类，然后再计点个数，故又称属性资料或者离散资料。凡用一定测量工具（度量衡、货币尺度、工时等）经测量而获得的数据称为计量资料，如长度、重量、时间、价值量等。

(2) 按资料是否直接取得，分为原始资料和次级资料。凡调查者直接由资料来源处观察、点数、计量、实验或登记而取得的尚待加工整理的统计资料，称为原始资料。凡已经加工整理、由个体过渡到了总体的、能在一定程度上说明总体现象数量特征的现成资料，称为次级资料（间接资料、第二手资料）。此类资料通常取自政府机构、各种年鉴、各类公开资料。

(3) 按统计资料的时间属性不同，分为静态资料和动态资料。凡表示现象在特定时间、空间相对静止状态的资料，称为静态资料或横截面资料，如某年城镇居民生活费支出的分类别的资料，某商场某月各柜组的购、销、存数据等。凡表示现象在特定时期内演变过程的资料，称为动态资料或时序资料，它是静态资料依时间顺序排列而成的、长期登记的结果。如某市历年城镇居民生活费收支资料，某商场历年购、销、存统计数据等。

(4) 按统计资料所涵盖的范围不同，分为全面资料和抽样资料。全面资料是对研究总体内所有个体进行调查而获得的资料，如普查资料、全面统计报表资料。抽样资料是对研究总体内部的个体进行抽查而获得的资料，如工业产品质量抽样检验资料，农产品产量抽样调查资料等。

1.2.2 统计资料的特征

统计资料的特征亦即统计信息的特征，凡是利用统计方法搜集和描述的有关总体现象数量特征的资料都是统计信息。统计资料或统计信息具有如下几个显著的特征。

(1) 客观性。统计资料必须是观察、调查、实验或登记而得到的具体存在的事实，不是凭空捏造的数据，故统计信息是客观的。

(2) 总体性。统计资料是对社会现象或自然现象总体的数量表现的描述，而不是表现个体的数量特征的，故统计信息具有总体性。

(3) 数量性。统计资料一般都是数量化的信息，它能够表明一定时间、空间条件下，所研究的总体的数量表现，包括数量多少、数量关系和数量界限。

(4) 扩展性。任何统计资料或统计信息都可以从时间上、空间上、结构上和关联上等方面进行扩展，使统计信息不断充实、系统和完整。

1.3 统计学的性质与分科

1.3.1 统计学的产生

统计是随着社会生产发展和适应国家管理的需要而产生发展起来的。统计的起源是很早的，原始社会最初的一般计数活动蕴藏着统计的萌芽。奴隶社会计数活动进一步发展，出现了人口、土地、财产等计数活动。封建社会统计已略具规模，统计范围扩展到人口、土地、财富、赋税、农业、军事等领域，除了对有关国情国力的事项进行登记外，还对有关社会问题进行调查，以满足封建王朝统治的需要。资本主义社会统计的规模、统计的范围更是迅速扩展，统计理论与统计方法的研究开始受到重视。

统计实践经过封建社会末期和资本主义初期的丰富和发展，客观上需要从理论上加以概括和总结。统计学是统计工作发展到一定阶段的产物，并且与一定的社会背景和其他学科的相互影响是分不开的。统计学这个名词最早来自欧洲。统计学作为统计实践活动的理论总结和概括的一门独立的科学，始于17世纪末叶，距今只有三百多年的历史。

17世纪中叶，英国的威廉·配弟在他的名著《政治算术》中，以数字资料为基础，用计算和对比的方法，比较了英、法、荷三国的经济、军事、政治等方面的实力，这些数字资料具有实际价值。马克思对威廉·配弟的评价很高，认为他在某种程度上是统计学的创始人。统计学界称之为"政治算术学派"。

18世纪中叶，德国哥廷根大学教授阿享瓦尔在《近代欧洲各国国势学纲要》一书中首先提出了统计学这一名词，他把统计学定义为国家显著事项之结晶体，他所称的统计学的内容只是文字记载，故有"统计学之名，无统计学之实"，统计学界称之为"国势学派"。

19世纪中叶，比利时统计学家凯特勒把概率论和大量观察法引进了统计研究领域，使统计学进入了一个新的发展阶段。他最先运用大数定律论证了社会生活现象并非偶然，而是有其发展规律性的，他从大量的现象中寻找统计规律性，这是现代统计的核心，他认为统计学既研究社会现象又研究自然现象，是一门独立的方法论科学。凯特勒是近代统计学的先驱者，同时也是数理统计学派的奠基人。

当今的统计学是继承了国势学派统计学的名称，内容上除了对国家重要事项的调查外又扩大了研究的范围，同时又吸取了政治算术学派对客观现象进行数字计量和大量观察的方法。概率论、大量观察法、信息论、系统论、数据库技术、数据处理软件技术、管理信息系统等引进统计研究领域，使统计学进入了一个新的发展阶段，统计学既研究社会现象又研究自然现象总体的数量表现和规律性，是一门独立的研究现象总体的数量信息搜集、整理和分析的方法论科学。

1.3.2 统计学的性质

从统计学的发展史来看，统计学是从研究社会经济现象数量表现开始的，随着统计理论和统计方法的不断完善，统计学得以不断发展，它既可用于社会现象的研究，又可应用于自然现象的研究。统计学的性质可概括为：统计学是研究现象总体的数量表现和规律性的方法论的科学。其要点如下。

（1）统计学研究的客观现象包括社会现象和自然现象。如社会经济统计学是研究社会经济现象的总体数量表现的方法论科学，天文统计学、生物统计学都是研究自然现象的总体数量表现的统计学。目前，不论社会的、自然的或实验的现象，凡有大量数据出现的地方，都要用到统计学。统计方法已渗透到其他学科领域，成为当前最活跃的学科之一。

（2）统计学研究的是总体现象的数量表现与规律性。总体是由许多个体组成的，各个个体在数量特征上受必然和偶然两种因素的支配，必然因素反映了该总体的特征，但由于受偶然因素的影响又具有差异性，统计学就是要通过对个体的认识过渡到对总体数量特征与规律性的认识。统计学研究总体的数量特征和规律性离不开搜集个体的数据，但这仅是研究总体的一种手段和一种过渡，最终目的是揭示总体的数量特征及规律性。

（3）统计学是一门方法论科学，而不是研究实质性问题的科学。统计学阐述统计资料搜集、整理、概括、分析和推断的一系列理论和方法，其目的在于为统计工作研究实质性问题提供方法论指导。统计学所阐明的一系列统计方法，既可应用于研究社会现象，也可应用于研究自然现象，因而具有通用性。统计工作利用统计学提供的理论和方法，可以对实质性问题展开具体的分析研究，以揭示具体现象的数量特征和规律性。

1.3.3 统计学的分科

1. 描述统计学和推断统计学

统计学按照发展阶段和侧重点不同，可分为描述统计学和推断统计学。描述统计学是阐述如何对客观现象的数量表现进行计量、搜集、整理、表示、一般分析与解释的一系列统计方法。其内容包括统计指标、统计调查、统计整理、统计图表、集中趋势测度、离散程度测度、统计指数、时间数列常规分析等理论和方法。推断统计学又称归纳统计学，主要阐述如何根据部分数据（样本统计量）去推论总体的数量特征及规律性的一系列理论和方法，其主要内容包括概率与概率分布、参数估计、假设检验、抽样调查、方差分析、相关与回归分析、统计预测、统计决策等。一般说，描述统计学是推断统计学的基础，推断统计学是描述统计学的拓展，是现代统计学的核心。描述统计学与推断统计学的关系如图1-1所示。

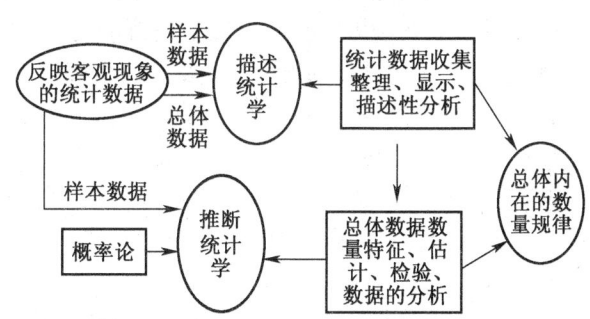

图1-1 描述统计学与推断统计学的关系

2. 理论统计学和应用统计学

统计学按照理论与实践应用的关系，可分为理论统计学和应用统计学。理论统计学主要阐明统计学的一般原理和一般方法，主要内容包括概率论、随机化原则理论、各种估计原理、假设检验原理、一般预测决策原理，其侧重点在于统计数学原理的推导与证明。应用统计学是将统计学的基本原理应用于各个领域而形成的各种各样的应用性很强的统计学，如社会统计学、经济统计学、人口统计学、科技统计学、工业统计学、天文统计学、生物统计学、卫生统计学等。应用统计学要求既要熟悉统计知识，又要熟悉某一领域的业务知识，侧重于阐述统计学的一般理论和方法在各个具体领域的应用，理论统计学阐明的统计理论和方法在应用统计学中是作为工具加以应用的。

1.3.4 统计学与其他学科的关系

1. 统计学与数学的关系

统计学与数学有着密切的关系，但又有本质的区别。一方面，现代统计学用到了较多的数学知识，因而研究理论统计学的人需要有较深的数学功底，应用统计方法解决实际问题的人也要具备良好的数学基础。在这里，数学只是为统计理论和统计方法的发展提供数学基础，而统计学的主要特征是研究数据；另一方面，统计方法与数学方法一样，并不能独立地直接研究和探索客观现象的规律，而是给学科提供了一种研究和探索客观规律的数量方法。统计学与数学又有着本质的区别。首先，统计学与数学都是研究数量规律的，都是与数字打交道的，但二者却有着明显的差别，数学研究抽象的数量规律，而统计学研究具体的、实际现象的数量规律；数学研究的是没有量纲或单位的抽象的数，而统计学研究的是有具体实物或计量单位的数据。其次，统计学与数学研究中所使用的逻辑方法也是不同的，数学研究所使用的是纯粹的演绎，而统计学则是演绎与归纳相结合、占主导地位的是归纳。数学家凭借聪明的大脑可以从假设命题出发推导出结果，而统计学家则需要深入实际搜集数据，并与具体的实际问题相结合，经过科学的归纳才能得出有益的结论。

2. 统计学与其他学科的关系

统计学是一门应用性很强的学科。由于几乎所有的学科都要研究和分析数据，因而统计学与这些学科领域都有着或多或少的联系。这种联系表现为，统计方法可以帮助其他学科探索学科内在的数量规律性，而对这种数量规律性的解释并进而研究各学科内在的规律，只能由各学科的研究来完成。例如，大量观察法发现某地新生婴儿的性别比是107:100，但为什么会是这样的比例，其原因应由人类遗传学或医学和社会学来研究和解释，而非统计方法所能解决的。与此同时，统计学也只有与其他学科或特定的研究领域相结合，才能有用武之地。

统计方法仅仅是一种有用的定量分析的工具，但不是万能的，不能解决你想要解决的所在问题。能否用统计方法解决各学科的具体问题，首先要看使用统计工具的人是否能正确选择统计方法，其次还要在定量分析的同时进行必要的定性分析，也就是要在用统计方法进行定量分析的基础上，应用有关学科的专业知识对统计分析的结果作出合理的解释和分析，才能得出令人满意的结论。尽管各学科所需要的统计知识不同，所使用统计方法的复杂程度大不相同，统计学也不能解决各学科的所有问题，但统计方法在各学科的研究中仍会发挥越来越重要的作用。

1.3.5 统计学与统计工作、统计资料的关系

统计一词通常有三种涵义或习惯用法，即统计工作、统计资料和统计学。

统计工作是对客观现象总体的数量表现进行搜集、整理和分析的实践活动，它必须以科学的统计理论和方法为指导。广义的统计工作既包括统计机构和统计人员所从事的统计实践活动，也包括非统计机构和非统计人员利用统计方法从事数据的采集、整理和分析的统计实践活动。统计资料是统计工作的最终产品和成果，是表明客观现象总体数量特征和规律性的统计数据、统计图表、统计年鉴、统计摘要、统计数据库、统计报告的总称。统计学又称统计理论和方法，是统计实践活动发展到一定阶段的产物，是统计实践活动经验的科学总结，理论概括和创新发展。统计学源于统计实践，又对统计实践提供理论指导。统计学、统计工作、统计资料三者的关系如图1-2所示。

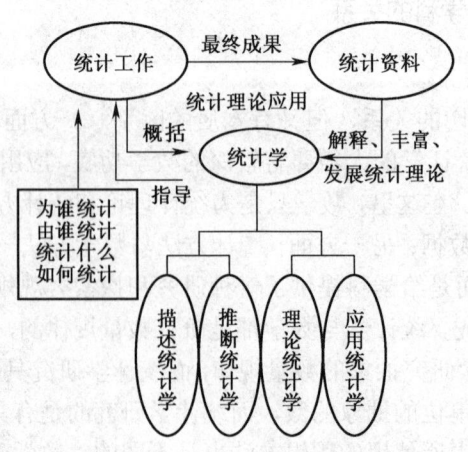

图1-2 统计工作、统计资料、统计学的相互关系

1.4 统计研究方法与研究过程

1.4.1 统计研究方法

统计学研究客观现象总体的数量特征与规律性所涉及的方法多种多样,如大量观察法、统计分组法、综合指标法、抽样推断法、动态分析法、相关分析法、回归分析法、多元统计分析法、统计预测法、统计决策法、统计图表法等。这一系列统计研究方法构成了统计研究方法体系。在统计研究方法体系中,最主要、最基本的研究方法有:

1. 大量观察法

大量观察法是根据总体中足够多数的单位进行统计研究的方法。由于在研究总体中,个体单位受各种因素的影响往往具有差异性,个体单位不能反映总体的一般特征和规律性。这就要求统计必须对足够多的个体单位进行综合研究,以清除偶然因素的影响,反映出总体的必然性、数量特征和规律性。大量观察法可以是对总体所有单位进行统计研究,如普查、全面统计报表;亦可以是对能表现现象本质特征和规律性的部分单位进行非全面统计,如抽样调查、重点调查、典型调查等。

2. 统计分组法

统计分组法在统计研究中有着特别重要的意义。它是对所研究的客观现象按照一定的分类标准或标志,把研究的全部总体单位划分为不同的组别,用以区别现象的各种不同类型,揭示总体的内部结构及其分布特征,反映现象之间的相互关系,达到认识客观现象的本质特征和规律性的目的。统计分组法既是统计整理的基本方法,也是一种重要的统计分析方法。

3. 综合指标法

综合指标法是统计研究中不可缺少的基本方法,综合指标是表明客观现象总体数量特征的各种数量化的概念及其数值。常用的综合指标有总量指标、相对指标、平均指标等。综合指标法是统计整理、统计分析的基本方法,其他各种统计分析方法均以它作为基础,如时间数列法、指数法、抽样法、相关法等都离不开综合指标的对比研究。

4. 归纳推断法

归纳法是从个别到一般的推理方法,综合指标法是对个体的数值综合汇总成总体数值,以概括反映总体的一般数量特征,就是归纳法的具体体现。统计分组法将总体各个个体划分为不同的组别,以研究总体的内部结构和分布特征,也是一种归纳法。推断法是根据样本数据来推断总体数量特征的方法,常用的推断法有抽样推断、参数估计、假设检验、产品质量检测、统计预测决策法等。

1.4.2 统计研究过程

统计的研究过程主要包括如图 1-3 所示的几个步骤。

1. 统计设计

统计设计是根据统计研究的目的和要求,对统计研究的对象、内容、方法、程序所作的通盘考虑和安排。统计设计的结果表现为各种设计方案,如统计调查方案、统计指标体系、分类目录、统计报表制度、统计整理与分析方案等。

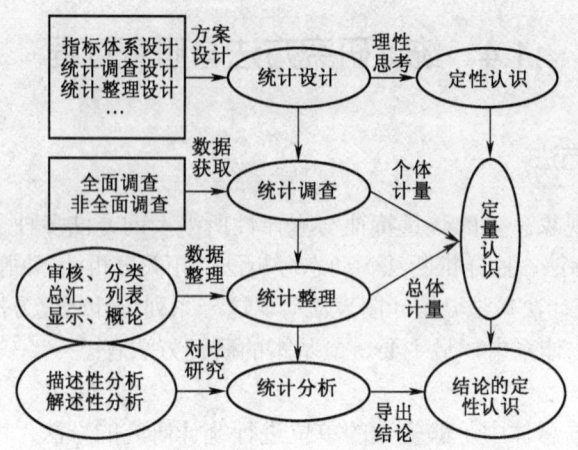

图 1-3　统计研究过程框架

2. 统计调查

统计调查是根据统计设计的要求搜集统计数据的阶段，是定量认识的起点。研究者若有足够的人力、财力及时间，可由资料来源处直接观察、调查、计量或登记而取得资料（直接资料）。否则，可引用政府机构、信息机构等已公开的现成资料（间接资料）。

3. 统计整理

统计整理是对统计调查取得的资料进行初步加工整理的环节，其目的在于使资料系统化和条理化，以显示总体的数量表现。统计整理的结果通常表现为品质数列、变量数列、时间数列、空间数列、相关数列、平衡数列等六大数列。

4. 统计分析

统计分析是对统计整理的数据进行再加工和深加工的过程，主要采用各种分析方法，计算各种分析指标，以揭示现象的总体数量特征和规律性，从而达到统计研究的最终目的。

复习思考题

1. 统计工作必须涉及哪四个基本问题？
2. 统计工作有哪些基本职能，它们之间的关系怎样？
3. 统计资料有哪些分类？有哪些主要特征？
4. 简述统计学的研究对象、性质和分科。
5. 简要说明统计研究的基本方法和研究过程。

第2章 统计计量

本章主要阐述如何对客观现象的数量表现进行统计计量的基本问题，主要内容包括计量水准、统计指标、统计指标体系、变量、计量单位等。

2.1 计量水准

2.1.1 总体和总体单位

统计研究的对象是客观现象总体的数量表现，而统计总体是指客观存在的在某一相同性质基础上结合起来的许多个别单位集合而成的整体，简称总体。例如，工业普查的总体是由从事工业生产活动的所有企业单位构成的整体。构成统计总体的必要条件是，大量的个体单位必须在某一方面具有共同的性质（同质性）。总体所包含的个体单位除了具有某一共同性以外，在其他方面则不尽相同，存在着质和量的差异性，这正是统计所要研究的内容。因此，总体具有大量性、同质性和差异性等特征。

总体单位又称个体，是指构成统计总体的个别单位，它是各项统计数据最原始的承担者，统计数据的计量必须首先对个体进行测量，然后经过综合汇总再过渡到对总体数量特征的认识。统计总体按照所包含的总体单位是否可数，可分为有限总体和无限总体。

（1）有限总体。统计总体中所包含的个体单位是有限的、可数的。如一定时间范围内的人口总数、企业总数、土地面积等都是有限总体。对有限总体的数量表现进行计量，既可作全面观察，又可作抽样推断。

（2）无限总体。统计总体中包含的总体单位是不可数的、无限的。如大量连续生产的小件产品、江河湖泊中的渔业资源量、地下矿产资源量等都可看作无限总体。对无限总体进行统计计量，只能采用抽样推断。

2.1.2 计量水准

计量水准又称测量尺度、测量标准、标志等，是指对客观现象总体内各个个体单位的属性和数量特征进行测量所依据的标准，其作用在于为描述总体的数量特征提供大量的个体的基础资料。计量水准通常用于设计调查表、问卷、登记表等。计量水准分类如图2-1所示。

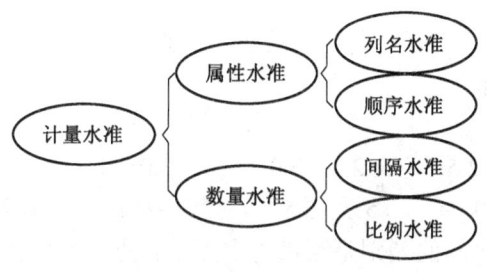

图2-1 计量水准分类

1. 属性水准

属性水准是测量总体单位品质或属性特征的尺度，又称品质标志，如学生按性别、民族、专业、籍贯等分类都是属性水准，它是初级测量水准，属性水准中各类别的个数，需用点计的方法取得。

（1）列名水准。列名水准又称名义尺度、类别尺度，是用来区分总体单位属性类别的计量尺度。如人口按性别、民族、宗教信仰、职业、城乡分类等。列名水准是一种最原始、最低等或最有限制性的一种计量。为了便于计算机进行整理汇总，通常用数字代号来区别事物的性质或类别。如用 0、1 分别代表男、女或用 1、0 代表男、女均可。例如：

您的职业是

1．军人　　　　2．党政干部　　　3．教科文卫人员　　4．商业服务人员
5．企业管理者　6．公司职员　　　7．工人　　　　　　8．个体经营者
9．家务劳动者　10．离退休人员　　11．私营业主　　　12．其他

（2）顺序水准。顺序水准又称序列尺度、等级尺度或次序尺度。是用来区分事物好坏、大小、多少、等级的一种计量水准。顺序水准一般有"方向次序"存在；如学生考试成绩划分为优、良、中、及格、不及格，棉花质量可区分为一级、二级、三级、四级等，都是顺序水准。顺序水准亦可使用数字代号来表示各等级类别。例如：

您对自己的工作绩效的感觉是否满意？

01 很满意　　02 较满意　　03 一般　　04 不满意　　05 很不满意

2. 数量水准

数量水准是测量总体单位数量特征的尺度，又称数量标志，如学生按年龄、分数、身高、体重、月消费额进行分类都是数量水准，它是高级测量水准。一般来说，高级测量水准可变换为初级测量水准，如人口的具体年龄可变为老年、中年、青年、儿童；学生的成绩分数可转换为优、良、中、及格、不及格。而较低的计量水准不能变换为较高的计量水准。

（1）间隔水准。又称等距尺度，是用来测量总体单位数量特征的一种计量水准，它不但可以区分类别及排出大小顺序，还可算出类别之间的差距大小，并且具有相等单位的基本特征。例如，某地一、二、三月平均气温 18℃、20℃、22℃，这里有三种气温组别，一月最冷、二月居中、三月最热（大小顺序），且 20℃-18℃=22℃-20℃（相等单位）。故气温的测量尺度为等距尺度。等距尺度的零点是人为的，没有真正的零点，不能统计其比例，如不能说 20℃为 10℃的两倍。一般来说，气温、体温、智商、年次等都是等距尺度。又如：

你的数学考试成绩是

50 分以下　　50～60　　60～70　　70～80　　80～90　　90～100

（2）比例水准。又称比例尺度或比率水准，亦是用以测量总体单位数量特征的计量水准，它具有区分类别、排出顺序、相等单位、算出比例、绝对零点等基本特性，是最常用的高级测量尺度。学生的身高、体重、年龄、每月消费额、企业的资产、负债、权益、收入、费用、利润等，都是比例水准。例如：

请问您的年收入是

2.0 万元以下　　2.0～2.5　　2.5～3.0　　3.0～3.5　　3.5～4.0
4.0～4.5　　　　4.5～5.0　　5.0～5.5　　5.5～6.0　　6 万元以上

间隔水准和比率水准之间的差别是测量的零点（起点）不同而已，间隔水准使用任意一个零点作为起点，比例水准则使用一个实际零点作为起点，因而只有比例水准，两个数量的比

例（率）才是有效的。除此之外，二者没有什么差别，可合为一种计量水准来处理。

2.1.3 计量水准设计的原则

运用计量水准对总体内的个体单位的属性或数量特征进行计量时，为了使所获得的原始数据具有准确性和系统性，选择计量水准应注意下列原则。

（1）应根据统计研究的目的选择计量水准。研究的目的不同，所用的计量水准（标志）也不同。例如，研究工人的文化素质，则应选择文化程度作为计量水准；而研究工人的业务素质，则应选择技术等级作为计量水准。

（2）应选择能够反映事物本质和主要特征的计量水准。研究客观现象的数量特征时，往往可使用多种计量水准，为此必须抓住最本质的计量水准。例如，研究职工生活水平时，有职工平均工资、职工家庭人均总收入、职工家庭人均可支配收入、职工家庭人均生活消费支出等多种计量水准，其中职工家庭人均可支配收入、人均生活消费支出则是最本质的、主要的计量水准。

（3）计量水准的名称与分类项目及有关要素应同时确定。列名水准的名称下应列出具体的属性项目，顺序水准名称下应列出具体的等级，数量水准则应注明取值的时间、空间范围和计量单位等要素，亦可列出取值的组别。

（4）属性水准与数量水准应结合应用。通过属性水准可计点出总体单位总数及分类的各组单位数；通过数量水准可计量出总体数量标志总量，因此，二者结合运用，可全面揭示总体的数量特征。

2.2 统计指标

2.2.1 统计指标的涵义

统计指标是对总体数量特征进行计量的尺度和标准。有两种涵义，一是统计设计中的统计指标，是指反映总体数量特征的概念，如国土面积、年末人口、国内生产总值、平均价格、资产周转率等等，它具有指标名称、计量单位、计算方法三个构成要素。二是统计实际工作中经常使用的统计指标，是指反映总体数量特征的概念和具体数值，如 2014 年某市国内生产总值为 1527.5 亿元，总人口 688 万人，人均国内生产总值 22198 元。按照这种理解，统计指标具有时间、空间、指标名称、指标数值、计算方法、计量单位六个要素。

统计指标这两种理解都是成立的，从不包括数值的统计指标到包括数值的统计指标，正反映了统计研究的过程。统计指标的基本作用在于描述客观现象总体的数量规模、数量关系及其规律性，因而，它是对总体数量表现进行计量的尺度、标准或工具，它具有数量性、综合性和具体性三个基本特征。

统计指标和计量水准（标志）的区别在于，一是统计指标是用来测量总体数量特征的，计量水准（标志）是用来测量总体单位属性或数量特征的，二是统计指标都是可用数值表示的，计量水准则有不能用数值表示的列名水准和顺序水准，也有能用数值表示的间隔水准和比例水准。二者的主要联系在于：一是计量水准是统计指标的基础，任何统计指标都是在计量水准得到的个体资料的基础上汇总得到的；二是统计指标可转换为计量水准，如平均价格可转换为商品销售额和商品销售量两个计量水准。

【例2.1】学生基本情况统计涉及的计量水准,以及根据计量水准获得的个体资料进行汇总而得到的有关统计指标如图2-2所示。

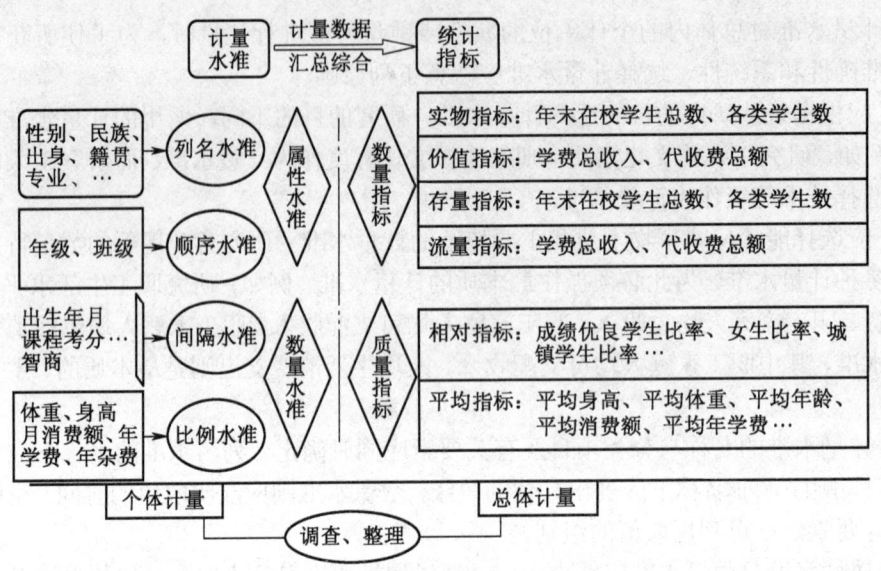

图2-2　计量水准与统计指标关系示意图

2.2.2　统计指标的种类

1. 数量指标与质量指标

统计指标按反映的总体内容与性质不同,可分为数量指标与质量指标,其中每一类又可分为不同的统计指标,如图示2-3所示。

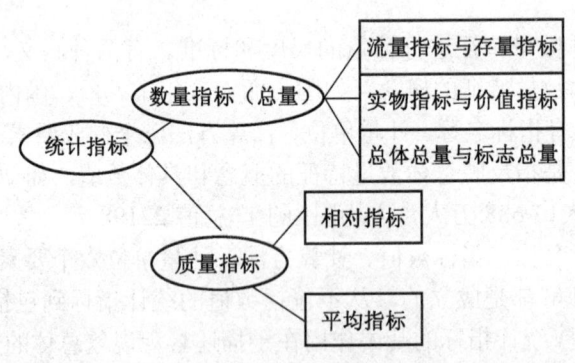

图2-3　统计指标种类

（1）数量指标。数量指标是表明总体数量规模的统计指标,又称总量指标,其数值表现为绝对数量。由于计量单位不同,可分为实物指标和价值指标:实物指标是用实物单位计量的指标;价值指标是用货币单位计量的反映事物价值量的指标。

数量指标按所反映的总体内容不同可分为总体单位总量和总体标志总量,前者是反映总体单位的总量指标,如企业数目、职工人数等,后者是反映总体各单位某一数量标志值总和的总量指标,如商品销售额、工资总额等。

数量指标按反映的计量时间特点不同，分为流量指标和存量指标。流量指标是在一定时期内生产的产品和劳务（服务）而取得的收入或支出的总量，是按一定时期核算出来的数量，亦即时期指标，如国内生产总值、投资总额、利税总额、产品产量等；存量指标是反映一定时点上的总体现象某种数量状况的指标，是按一定时点计量出来的数量，如期末总资产、期末存货、年末黄金储备、年末外汇储备、年末总人口等。

（2）质量指标。质量指标是反映总体的结构、强度、比例关系、效果、工作质量的统计指标，又称平均数。质量指标是由数量指标对比而得出的结果，一般用平均数、相对数表示。质量指标按表现形式不同可分为平均指标和相对指标。

平均指标是说明总体单位某一数量标志一般水平的统计指标，如平均价格、平均工资、平均单位成本等。平均指标可以比较不同国家、不同地区、不同企业、不同时期同类现象一般水平的高低及其差异程度，可以判断某种现象或事物数量的大小、水平的高低、效果和质量的好坏，是考核工作质量和经济效益的重要质量指标。

相对指标是说明两个有联系的总量指标对比关系的统计指标，又称相对数。如人口密度、人口自然增长率、职工出勤率、利润率、流动资产周转率等。

2. 实体指标和行为指标

统计指标按反映现象的形态不同，可分为实体指标和行为指标。凡说明具有实物形态、客观存在的具体事物数量特征的统计指标为实体指标，如产品生产量、职工人数、资产总额等；凡反映人的行为的数量特征的统计指标为行为指标，如工伤事故指标、犯罪行为指标等。

3. 客观指标和主观指标

统计指标按数据取得的依据不同，分为客观指标和主观指标。凡对客观现象从总体上进行计数度量而获得的具体的客观的数据，为客观指标；凡凭人们的感受、体验、评价而确定的对现象综合性评价而得到的数据，为主观指标，如民意测验、专家评审而产生的统计指标。

4. 考核指标和非考核指标

统计指标按是否作为管理考核之用，可分为考核指标和非考核指标。考核指标是用来评定优劣、考核绩效，决定奖惩的统计指标，非考核指标是用来了解一般情况，反映一般问题的统计指标。

2.2.3 统计指标设计原则

利用统计指标对总体的数量特征进行计量时，必须事先设计出科学的能进行正确计量的统计指标。一般应遵循以下准则。

（1）统计指标的名称、涵义要有理论依据。如经济统计指标应以经济学阐明的有关范畴为依据，人口统计指标应以人口学阐明的有关范畴为依据。

（2）统计指标必须有明确的计算口径。主要包括指标应包括的具体内容、空间范围、计算时间（流量应规定起止时距，存量应明确标准时点）等。

（3）统计指标要有科学的计算方法。主要包括计算数据来源、计算标准、计算公式、推断方法、特殊问题处理等。

（4）统计指标要有统一的计量单位。统计指标必须采用法定的计量单位，实物指标要界定合适的实物计量单位，价值指标要界定币种和计价标准等。

2.3 统计指标体系

2.3.1 统计指标体系的含义

由于总体的数量特征是多方面的，用单一的统计指标只能说明总体数量特征的一个侧面，因此，必须运用一套相互联系的统计指标来研究总体的多种数量特征。统计指标体系就是由若干个相互联系的统计指标组成的有机联系的整体，又称统计指标群。统计指标体系的基本作用在于系统地描述客观现象总体的多方面的数量特征，是构建统计信息系统、统计数据库和研究现象间的相互联系的理论依据。

客观现象的相互联系是多种多样的，从而决定了统计指标体系中统计指标之间的相互联系也是多种多样的，通常有相加关系、相减关系、相乘关系、相除关系、平衡关系、混合运算关系、层次隶属关系、相关关系等。例如，考核工业企业经济效益的统计指标体系是由劳动生产率、产品销售率、资金利税率、工业增加值率、成本费用利润率、流动资产周转率、总资产贡献率和资产负债率等指标组成的，这些统计指标之间既相互独立又相互关联。

2.3.2 统计指标体系的种类

统计指标体系按照研究的客观现象不同，可分为自然资源、国民经济核算、人口、就业、职工工资、固定资产投资、能源、财政、物价、人民生活、城市、环境保护、农业、工业、建筑业、运输、邮电、国内贸易、对外经济贸易、旅游、金融、教育、科技、文化、体育、卫生、社会活动等统计指标体系，这些具体的统计指标体系可归纳为社会统计指标体系、经济统计指标体系、科技统计指标体系等大类。其中每类统计指标体系又可分基本统计指标体系和专题统计指标体系。统计指标体系按照范围不同，可分为国民经济核算指标体系、地区或部门统计指标体系、企事业单位统计指标体系。

【例 2.2】工业企业产品产销存统计指标体系如下所示。

工业企业产品产销存统计指标体系
（1）期初存量
（2）本期收入量
其中：本期生产量
（3）本期销售量
其中：企业自销
（4）本期企业自用量
（5）本期其他支出量
（6）期末存量

就产品实物量来说，期初存量、本期收入量相加之和应等于本期销售量、本期企业自用量、本期其他支出量、期末存量相加之和。就产品价值量来说，由于产销存计价标准不同，产销存之间是不能直接平衡的，所有的收支项目，应采用同一计价标准，才能保持产销存之间的平衡。因此，实物量统计指标体系与价值量统计指标体系在平衡关系上是有区别的。

【例 2.3】某地设计的 9 项信息化统计评价指标评价体系如下所示，这些统计指标之间不是平衡关系，评价指标之间是既相互独立又相互关联的关系。

某地信息化统计评价指标评价体系
（1）电话普及率（部/百人）
（2）农村彩电普及率（台/百户）
（3）国际互联网用户数（户/千人）
（4）城镇家用电脑普及率（台/百户）
（5）农村家用电脑普及率（台/百户）
（6）广播电视覆盖率（%）
（7）邮电电信业务量占GDP（%）
（8）人均图书杂志出版量（册）
（9）信息产品制造业产值占GDP（%）
（10）电子政务和企业ERP普及率（%）

2.3.3 建立统计指标体系的原则

（1）必须明确建立统计指标体系的目的。统计指标体系要符合特定管理任务和科学研究的需要，能提供较为系统的统计信息。

（2）必须明确基本统计指标和分类指标。如商品贸易统计的基本统计指标为商品购进、商品销售、商品库存。其中每一基本统计指标下又可设置一些分类指标，如商品销售可分为各类商品销售量、主要商品销售额、对不同客户销售、对不同地区销售等分类统计指标。

（3）必须考虑统计指标体系的完整性和系统性。一是统计内容（项目）要力求完整；二是统计指标之间应相互联系、互为补充。

（4）必须注意指标体系的层次性和稳定性。一是基本指标与分类指标之间要有层次性，具有一定的运算关系；二是统计指标的设置应保持相对的稳定性。

（5）必须注意指标体系的可操作性。要防止统计指标设置过细过乱，每个统计指标要有可靠的资料来源，指标的计算方法要科学等。

2.4 变量及其种类

2.4.1 变量的涵义

变量是统计计量中一个常用的概念。变量是对可变化的量而言的，变量的概念有广义与狭义之分。广义的变量是指对客观现象进行计量的概念，凡客观现象的特征取值或类别在一个以上者，均为变量，它包括可用数字表示变量取值的数字变量，如年龄、收入、支出等。也包括不能用数字计量、只能用类别表示的属性变量，如反映人口特征的性别、宗教信仰、文化程度等。狭义的变量仅指可用具体数字表示取值的数字变量，它包括数量水准和所有的统计指标。变量、计量水准、统计指标之间的关系如图2-4所示。变量具有以下特点。

（1）变量是可变化的量，是研究总体及总体单位具有属性变异与数值变异的量化的概念。

（2）变量是一个名称，不是指具体的数字取值。变量的具体取值称为变量值。如"职工月工资"是个变量，其取值有2380元、2400元、2850元、3500元等。

（3）变量的取值有两个方面，一是从时间上取值，如历年职工工资水平，二是空间上取值，如一年内不同行业（部门）或地区的职工工资水平。

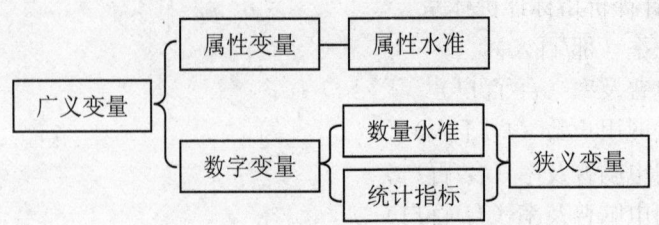

图 2-4　变量、计量水准、统计指标之间的关系

2.4.2　变量的种类

（1）变量按其取值是否可用数字表示，可分为属性变量与数字变量。

（2）变量按其变量值是否连续，可分为离散变量和连续变量，凡变量值只能是整数而不会出现小数时，这样的变量称为离散变量，如职工人数、设备台数、家庭人口等，通常采用点计的方法取得变量值。凡变量的取值在整数之间可以有无限的数值，即变量的数值是连续不断的，这样的变量称为连续变量。如年龄、身高、体重、收入、支出等。

（3）变量按其取值是否具有确定性，分为确定性变量和随机变量。凡取值具有肯定性、方向性的变量称为确定性变量。如，每个工业企业的职工人数、设备台数等都是确定的，并随企业规模增大而增大。凡取值没有确定的方向，并具有一定偶然性的变量称为随机变量。如零件尺寸的取值，由于受温度、金属延伸性、电压高低、车速快慢、机器偏差、测量误差等因素的干扰，同一规格的零件尺寸的检测值是不尽相同的，零件尺寸就是一个随机变量。

（4）变量按其因果关系可分为因变量与自变量。因变量是受其他因素影响的结果性变量，通常作为研究的目标或对象来对待，又称被解释变量；自变量是影响因变量的各种原因性变量，又称解释变量。例如，用居民收入解释支出时，收入为自变量，支出为因变量。

（5）变量按其是否由研究对象体系范围内决定的，分为内生变量和外生变量。内生变量是由研究对象体系范围所决定的，外生变量是由研究对象体系范围之外决定的。外生变量的数值变化影响内生变量的数值变化，但它不受内生变量数值变化的影响。例如，研究农产品的供求关系时，农产品的供应量、需求量、价格等都是在农产品市场范围内决定的，都是内生变量。而土地资源、雨量、农业投资、科技投入等都是在农产品市场范围以外决定的，都是外生变量。内生变量与外生变量是建立经济计量模型的重要概念。

（6）变量按其取值是否具有实在性，分为实在变量和虚拟变量。凡取值是客观现实实际存在的变量，称为实在变量或实体变量。虚拟变量则是为了满足统计研究的需要，对客观现象的各类属性表现人为规定的数字，虚拟变量又称工具变量或开关变量。如男性定为1，女性定为0；平年定为1，歉年定为0；旺季定为1，淡季定为0等。虚拟变量在定性分析、建立经济计量模型中往往要用到。

2.5　统计计量单位

统计对个体量和总体量进行计量时，必须采用一定的计量单位。计量单位一般分为有名数和无名数两类计量形式。

2.5.1 有名数

有名数是指具有具体计量单位名称的计量形式。统计计量中的数量水准，统计指标中的总量指标，平均指标都采用有名数的计量形式。有名数有实物单位、价值单位、劳动单位3种形式。

1. 实物单位

实物单位是根据事物的属性和特点而采用自然物理的计量单位。对于同类实物数量的计量，一般采用实物单位。实物单位有以下几种：

（1）自然计量单位。是以客观现象的自然形态表示的计量单位。如人口以"人"，设备以"台"，汽车以"辆"为计量单位等。

（2）度量衡单位。是指按统一的度量衡制度的规定来计量的单位，如重量以"千克""吨"计量；长度以"米""百米""公里"等计量；面积以"平方米""公顷"等计量。

（3）复合单位。指采用两个或两个以上的单位结合使用的计量单位。例如，能量以"瓦时"计算，货物周转量以"吨公里"计量，电力设备以"台/千瓦"表示，固体或液体燃料的发热量以"千焦公斤"表示，气体特殊发热量以"千焦/标米^3"计算，船舶用"艘/马力/吨位"计量等。

（4）标准实物单位：指在性质或用途相同而品种、规格、含量不同的产品中，规定某种产品为标准产品而作为其他产品的计量单位，这种标准产品单位就是标准实物单位。把各种同类产品的一般实物量按一定换算系数折合为标准实物单位的数量叫做标准实物量。如各种不同含量的化肥用折纯法折合为100%的含量；各种不同热量的能源折合为7000大卡/斤的标准煤量等。

按实物单位计量的实物量，称为实物指标，它能直接反映产品的使用价值或现象的具体内容，具体地表明事物的规模和水平。但由于不同产品的使用价值或现象的具体内容不同，实物计量单位不尽相同，因此，实物指标不能用于综合反映现象的总规模和总水平。

2. 货币单位

货币单位又称价值单位，是用货币作为价值尺度来计量社会财富和劳动总成果的计量单位。如国内生产总值、国民生产总值、商品销售额、利润额等，都是以货币作为计量单位。

采用货币计量单位要注意明确3个问题，一是必须明确计量的币种，特别是在进出口统计中更是如此；二是必须明确计量的具体取值形式（元、百元、千元、万元、亿元等）；三是必须明确计量的价格（计价标准），一般有两种计价标准：现行价格（可变价格）和固定价格（不变价格）。

按货币单位计量的价值量，称为价值指标。由于不同产品或商品（劳务）的价值量可以相加，故价值指标具有最广泛的综合性和概括能力，能够综合反映现象发展的规模和总水平。价值指标和实物指标往往需要结合运用，以便较为全面地反映问题。

3. 劳动单位

劳动单位是指以劳动时间表示的计量单位。各种产品都包含着一定的劳动量，由于劳动量可以相加，因而把各种产品的劳动量相加就是劳动消耗总量。劳动量单位通常有工日、工时两种，主要用于劳动时间、生产时间的计量。

2.5.2 无名数

无名数又称无量纲，是指统计指标不带有具体的计量单位，而是以某种比率的形式表示计量的结果。无名数是相对指标的主要计量形式。一般有下列 5 种。

（1）系数和倍数。系数和倍数是把对比的基数（母项）抽象化为 1，如某市今年的国内生产总值比十年前增加了 3.8 倍。

（2）成数。成数是把对比的基数抽象化为 10，如某地今年水稻产量比去年增产一成，即增长 1/10。

（3）百分数。百分数是把对比的基数抽象化为 100，用%表示，又称百分率，是常用的相对指标的计量形式。如利润率、费用率、废品率等常用百分数表示。在实际工作中，有时使用百分点的概念，一个百分点就是 1%，8%就是八个百分点。百分点常用于两个百分数相减的场合，如今年的费用率 6%比去年 8%下降了 2 个百分点。

（4）千分数。千分数是把对比的基数抽象化为 1000，用符号‰表示。运用于分子数值比分母数值小得多的情形，如人口出生率、死亡率、自然增长率。

（5）万分数。万分数是把对比的基数抽象化为 10000，用符号‱表示。运用于分子数值很小，分母数值非常大的场合。

复习思考题

1. 简述总体的特征与种类。
2. 简述计量水准的种类及其设计原则。
3. 简述统计指标的涵义及其与计量水准的区别与联系。
4. 简述统计指标的种类及其设计原则。
5. 什么是统计指标体系，有哪些设计原则？
6. 总量指标有哪些计量单位？相对指标有哪些计量形式？

习　题

1. 某市 2014 年有 10 家轻工企业，它们的有关统计资料如下。

企业简称	华表	华灯	彩虹	飞车	长机	林纸	汽电	华龙	百药	红酒
经济类型	国有	集体	股份	外资	台资	私营	外资	国有	股份	集体
行业代码	8	19	19	12	15	3	11	10	22	7
年末职工人数（人）	785	186	865	288	385	105	486	863	564	195
年末总资产（万元）	2354	1323	3391	988	1122	550	1854	2696	1865	658
增加值（万元）	9734	2697	12975	4176	5621	1764	7776	12945	7614	2418
产品销售额（万元）	9886	4586	12886	4186	5608	1786	7788	12921	7823	2305
利润率（%）	6.5	7.6	8.5	6.4	7.5	8.8	6.8	7.3	7.8	5.3
劳动效率（万）	12.4	14.5	15.0	14.5	14.6	16.8	16.0	15.0	13.5	12.4

根据资料回答下列问题。

（1）总体是什么_____，此数据集中有_____个个体。

（2）属性水准包括_____，数量水准包括_____。

（3）属性变量包括_____，数字变量包括_____。
（4）数量指标包括_____，质量指标包括_____。
（5）流量指标包括_____，存量指标包括_____。
（6）离散变量包括_____，连续变量包括_____。

2．某市民调中心为了了解城镇居民最关注的社会经济问题是什么，要求列举 2～3 个计量水准的名称和各计量水准的分类项目。

3．某高校学生心理咨询中心为了了解学生的学习、生活和就业压力，拟组织一次抽样调查，要求列举可采用的计量水准和各计量水准的分类项目。

4．某高校为了建立教师基本情况数据库，拟组织一次职工基本情况调查，要求列举可采用的计量水准（列出 8 个以上计量水准的名称和各计量水准的分类项目）。

5．某高校为了建立学生基本情况数据库，拟组织一次学生基本情况调查，要求列举可采用的计量水准（列出 8 个以上计量水准的名称和各计量水准的分类项目）。

6．某工业企业为了了解城镇居民对本企业产品的需求情况，拟组织一次抽样调查，要求列举可采用的计量水准和各计量水准的分类项目。

7．某市统计局为了建立工业企业基本情况数据库（名录库），拟组织一次工业企业基本情况调查，要求列举可采用的计量水准（列出 8 个以上计量水准的名称和各计量水准的分类项目）。

8．某市为了评价各县的工业化程度、城镇化程度、信息化程度和经济实力，要求分别列举各评价构面可采用的统计指标有哪些（各评价构面列出 8 个以上的统计质量指标）。

9．某工业企业某月产品月初存量 850 万元、本月生产量 2480 万元、本月其他收入量 15 万元、本月销售量 2858 万元、本月企业自用量 85 万元、本月其他支出量 8 万元、月末存量 780 万元。则产品产销存之间数据的平衡差为_____，数据不平衡的原因是_____。

10．某零售企业某月商品月初存量 550 万元、本月采购量 2880 万元、本月其他收入量 38 万元、本月销售量 3250 万元、本月其他支出量 3 万元、月末存量 480 万元。则商品购销存之间数据的平衡差为_____，数据不平衡的原因是_____。

11．某工业企业某月生产消费原煤 12.8 吨，焦煤 8.5 吨，煤油 886 公斤，柴油 7806 公斤，汽油 350 公斤，电力 58 万千瓦时。能源折标准煤的系数为：原煤 0.7140 吨标准煤/吨，焦煤 0.9714 吨标准煤/吨，煤油 1.4714 吨标准煤/吨，柴油 1.4571 吨标准煤/吨，汽油 1.4714 吨标准煤/吨，电力 4.03 吨标准煤/万千瓦时。要求计算能源消费总量（折合标准煤）。

12．某氮肥厂某月生产含氮量为 46%的尿素 185 吨（水份含量 25%），含氮量为 35%的碳酸氢铵 280 吨（水份含量 35%），含氮量为 32%的硫酸铵 85 吨（水份含量 38%），含氮量为 34%的硝酸铵 68 吨（水份含量 38%），含氮量为 26%的氨水 86 吨（水份含量 70%），要求计算：

（1）氮肥的实物产量和纯氮产量。
（2）以尿素为标准分别计算湿基标准产量（水份）和干基标准产量（不含水份）。

第3章 统计资料搜集

本章主要阐述统计资料搜集的方式、方法、技术工具,统计资料搜集方案设计等基本知识和基本方法。统计资料搜集的核心是如何有效地采集统计数据。

3.1 统计资料搜集概述

3.1.1 统计资料搜集的意义

统计资料搜集是指根据统计研究的目的,采用科学的调查方式和方法,向调查单位搜集统计数据的过程,又称统计调查或统计信息采集。统计资料搜集涉及到为何搜集、向谁搜集、搜集什么、怎样搜集、谁来搜集等基本问题。

统计资料搜集的任务,就是要根据设计的调查项目,通过具体的调查,以取得反映总体现象及其各部分间的相互联系的原始资料以及次级资料,以满足统计研究的需要。统计资料搜集在整个统计研究过程中,担负着提供基础资料的任务,关系到统计信息职能的有效发挥。

3.1.2 统计资料搜集的要求

统计资料搜集的基本要求是:准确性、及时性、系统性。

(1)**准确性**。统计资料的准确性的含义主要包括:统计数据必须是对客观现象如实的客观的描述;统计数据涉及的时间、地点、主体单位都要准确无误;统计数据的计量范围必须明确,计量单位科学;统计数据有可靠的来源,计量依据可靠,原始记录齐全;调查误差应尽可能小,没有人为的干扰等。

(2)**及时性**。统计资料的及时性又称时效性,其含义主要包括:统计数据的采集应及时进行,按时完成,及时提供;统计数据从采集到加工、再到使用的时间间隔应尽量缩短;统计数据要及时传递,以提高使用的效率;统计数据的采集应注意获取先兆性信息;统计数据库应注意及时更新和充实等。

(3)**系统性**。统计资料的系统性的含义主要包括:统计项目齐全,能组成一个有机的指标体系;总括性数据与结构性数据相结合;内部统计信息与外部统计信息并存;主体统计信息与相关统计信息齐全;横向统计信息与纵向统计信息相结合等。

3.1.3 统计调查的种类

统计资料的搜集又称统计调查,可作如下分类。

(1)按调查对象包括的范围不同,分为全面调查和非全面调查。凡对总体内的全部个体进行全面的计量、登记和观察,称为全面调查。如普查、全面统计报表。凡对总体内部部分个体进行计量、登记和观察,称为非全面调查或抽查。如抽样调查、主观抽样调查。

(2)按调查登记的时间是否连续,可分为经常性调查和一次性调查。经常性调查是对调查对象的变化情况进行连续不断的登记，或不间断地进行记录，按期提供统计数据。一般来说，流量统计指标的数据采集需采用经常性调查，如企业的收入、成本、利润、产值、产量等统计。一次性调查是指对调查对象的数量表现间隔一定时间进行一次性的登记，可以定期进行，也可以不定期进行，常用于存量统计指标的数据采集，如企业的存货、资产、设备、人员、土地、人口等均可每隔一定时期进行一次性登记。

（3）按组织方式不同可分为统计报表和专门调查。统计报表是按一定的表式和要求、自上而下统一布置、自下而上提供统计资料的一种统计调查方式。专门调查是指为了研究某些专门问题而专门组织的调查，大都属于一次性调查，如普查、抽样调查、非概率抽样调查等。

3.1.4 统计资料搜集的基本问题

（1）必须制定科学的调查方案。统计调查方案的作用在于统一内容，统一方法，统一步调，使调查工作有组织有计划地进行，以达到预期的调查目的。

（2）必须制定科学的调查表或调查问卷。调查表与问卷是统计调查内容或调查项目的具体体现，无论采用何种方法搜集统计资料，都必须借助调查表或问卷作为口头询问和书面登记的依据。

（3）必须选择合适的统计调查组织方式。应根据统计调查的目的要求、范围大小、经费多少、时效要求、调查组织的可行性选择合适的统计调查组织方式。

（4）必须选择恰当的搜集资料的具体方法。在调查方式既定的前提下，应根据调查的目的要求、数据源的特点、数据搜集的可行性确定搜集统计数据的具体方法。

（5）必须重视调查数据质量的控制。要确保统计数据的质量，必须重视统计调查质量的事前、事中和事后控制。

3.2 统计调查的组织方式

统计调查的组织方式通常有普查、统计报表、抽样调查、非概率抽样调查等，以及这些调查方式的结合应用。

3.2.1 普查

普查是一种专门组织的一次性的全面调查，是指对所要研究的总体中的所有个体进行计量和登记的一种统计调查方式。一般来说，国家为了掌握有关国情、国力的重要事项，常采用普查搜集属于一定时点上的社会经济现象的总量。如人口普查、工业普查、农业普查、经济普查、第三产业普查等；一定地区或一定行业（部门）亦可组织本地区或本行业范围内的普查，如 IT 行业普查、烟草行业普查、电力行业普查、某市商业网点普查或产业单位普查等。企业亦可组织本企业范围内的普查，如员工基本情况普查、员工忠诚度全面测评、设备物资普查等。

普查的组织方式有两种，一是组织专门的普查机构，配备一定数量的普查人员，由普查员直接对调查单位进行登记；二是颁发一定的普查表，利用调查单位的原始记录和核算资料，由调查单位填报。后一种方式，也要求有普查机构和专门人员负责普查的组织领导。

普查的涉及面广、工作量大，需要花费许多的人力、物力、财力和时间。获取的数据要求具有较高的标准化程度，为此，普查必须遵循以下原则。

(1) 必须统一规定普查项目，以保证普查内容的一致性；
(2) 必须规定普查的标准时点，以保证普查数据在时间上保持一致性；
(3) 必须加强普查的质量检查和控制，以保证普查数据的质量；
(4) 普查应尽可能在短期内完成，以提高普查数据的时效性；
(5) 普查应尽可能按一定周期进行，以保持普查数据的可比性。

普查优点是，能够获得较为全面、准确、系统的调查数据，能够研究总体的基本特征，了解国情、省情、地情、县情、企情等，能够为重大决策提供信息服务。但普查也存在一些缺点，如调查费用较高；调查工作的时间较长，应急性和时效性较差；调查工作量大，导致非抽样误差增大等。因此，普查只有在非常需要的时候和调查经费允许的条件下才采用。

3.2.2 统计报表

统计报表是按照统一规定的表格形式，自上而下地统一布置、自下而上地逐级提供统计资料的一种统计调查方式。统计报表要以一定的原始记录为基础，按照统一的表式、统一的指标、统一的报送时间和报送程序进行填报。统计报表是我国政府统计部门、国民经济各部门（行业）和企业内部搜集统计资料的传统调查方式。

【例 3.1】表 3-1 是某工业行业的产品产销存月报的表式，该统计报表是根据产销存的平衡关系设计的，其中全部产品的产销存为价值指标，具体产品的产销存为实物指标。

表 3-1 某工业行业产品产销存月报

填报单位：　　　　　　　　　　　　　　　　　　　　　　年　　月

产品名称	单位	月末库存量	生产量		销售量		自用量及其他		月末库存量
			本月	累计	本月	累计	本月	累计	
甲	乙	1	2	3	4	5	6	7	8
全部产品	万元								
××产品	吨								
××产品	台								
××产品	件								
…									

目前，统计报表在一定范围、一定部门和企业内部仍有较为广泛的应用。采用统计报表搜集统计资料具有原始记录健全，可保证统计资料的连续性，能满足不同层次的统计信息需求，便于积累统计资料等优点。但采用统计报表搜集统计资料需花费较多的人力、物力和财力，灵活性和应急性较差，中间环节多，统计数据的质量容易受到人为的干扰。

统计报表按实施范围不同，可分为全面统计报表和非全面统计报表；按报送周期长短不同，可分为日报、旬报、月报、季报、年报等；按填报单位不同可分为基层报表和综合报表；按报表内容和实施范围不同，可分为国家统计报表、部门或行业统计报表和地方统计报表。

国家、部门和企业采用统计报表搜集统计资料都应制定科学的统计制度，其内容一般应包括报表表式、填报范围、指标解释、分类目录、报送要求等。同时，为了确保报表数据的质量，应重视基层单位的原始记录、统计制度、统计台账和内部报表等基础性工作。

3.2.3 抽样调查

抽样调查又称抽样推断，是指为了特定的研究目的，按照随机原则从总体中抽取部分个体组成样本进行调查，然后根据样本调查数据从数量上推断总体的数量特征。抽样调查具有以下3个特点。

（1）样本单位是按随机原则抽取的，亦即总体中每个个体单位都有同等机会被抽中；
（2）抽样调查的目的是用样本数据推断总体的数量特征；
（3）抽样调查的误差是不可避免的，但可以计算和控制。

抽样调查的应用非常广泛，主要有4个方面：一是不可能进行全面调查的现象只能采用抽样调查，如具有破坏性的产品质量检验；二是不必要进行全面调查的现象可采用抽样调查，如城乡居民收入和消费调查；三是可作全面调查的现象，为了节省时间、人力和调查费用，亦可采用抽样调查；四是用抽样调查弥补全面调查的不足或修正补充全面调查的数据。

当抽样调查的样本容量较大或样本具有代表性时，可用样本的平均值（$\bar{x}$）作为总体平均值（μ）的估计值，用样本的比率（p）作为总体比率（P）的估计值，亦可采用均值估计法或比率法估计总体标志总量，计算公式为

$$总体标志总量 = 样本平均值（\bar{x}）\times 总体单位总量（N）$$
$$或 = 总体单位总量（N）\times 样本比率（p）$$

【例3.2】 某灯泡厂某月生产灯泡8000个，由于产品质量检验具有破坏性，故采用抽样调查检验产品的平均使用寿命和产品合格率，抽样检验的样本容量为120个，检验结果120个灯泡的平均使用寿命为1080小时，产品合格数为114个，合格率为95.0%。由于样本容量较大，因而可推断该批灯泡的平均使用寿命为1080小时，产品合格率为95.0%，总合格数为

$$产品总合格数 = 8000 \times 95.0\% = 7600（个）$$

抽样调查可用于经常性调查，如产品质量抽样检验与控制，也可用于一次性调查。抽样调查的组织方式有简单随机抽样、分层抽样、系统抽样、整群抽样、目录抽样、多阶段抽样等。这些抽样组织方式的抽样误差计算和区间估计，将在"抽样统计"一章中作专门的介绍。

3.2.4 主观抽样调查

主观抽样调查是指调查者有意识地从被研究总体中抽取部分单位组成样本进行调查，又称非概率抽样调查。非概率抽样的优点是成本低而且容易完成，缺点是难以计算抽样误差，不能对估计的精度做出正确的说明。非概率抽样调查组织得当，亦可用样本数据推断总体的数量特征。具体方式有以下几种。

1. 任意抽样

又称随意抽样，是指被调查者依据方便原则抽取样本进行调查的一种主观抽样方式。例如，在街头或路口任意找几个行人询问对公共卫生的看法，在火车站候车室询问旅客对列车提速的看法；在商场询问顾客对销售人员服务态度的看法等。当总体中的各个个体间的标志差异不大时，任意抽样才有较高的代表性，否则，不宜使用。

【例3.3】 某市民调中心的调查员分别深入街道、学校、机关、企事业单位采用随意抽样法用问卷询问市民"最关心的社会问题是什么"（备选答案分为：就业、公共卫生治理、治安、整治腐败、公共设施建设），共询问300名市民，答案的人数分布为：就业60人、公共卫生治理45人、治安75人、公共设施建设90人、整治腐败30人；频率分布为：20%、15%、25%、

30%、10%。因此，市民最关心的社会问题的前 3 位是：公共设施建设、治安和就业。

2. 重点调查

重点调查又称为重点单位判断抽样法，是指在调查对象中，选择其中的一部分重点单位组成样本（简称重点样本）进行调查。所谓重点单位是指在被调查的总体中，少数几个单位的标志总量在总体标志总量中占绝大比重的单位。这些单位在总体中起着举足轻重的作用。重点单位可以是重点企业、重点产区、重点项目等。例如，少数几家大型钢铁企业的钢产量占全国钢产量的较大比重，这些大型钢铁企业就是重点企业。一般来说，掌握了重点样本的基本情况，就可以了解总体的基本情况及其变化趋势。

重点调查可用于经常性调查，如向重点单位布置定期统计报表；也可用于一次调查，如对农产品的重点产区进行一次性的产量调查。对重点单位进行调查，可派调查员到现场进行调查登记，也可发放调查表，由重点单位自行填报。

一般来说，由于变量的取值在重点单位与非重点单位之间存在很大的差异，因而，不能根据重点单位的平均值估计总体的平均值。但如果重点样本的标志总量在总体标志总量中所占的比重（P）相对稳定时，则可采用比率法估计总体标志总量，计算公式为

$$总体标志总量 = 重点样本标志总量 \div P$$
$$= 重点样本平均值 \times n \div P$$

【例 3.4】 某市共有 38 家食品制造企业，其中 5 家为大型企业，根据已往统计资料分析，其食品制造总产值和增加值均占全市的 75%。统计部门采用重点调查对这 5 家大型企业今年各月的总产值和增加值等进行调查，规定重点单位每月填报统计报表。其中某月 5 家大型企业的总产值为 4880 万元、增加值为 1885 万元，则估计全市食品制造业的总产值和增加值为

$$总产值 = 4880 \div 75\% = 6506.67 \text{ 万元}$$
$$增加值 = 1885 \div 75\% = 2513.33 \text{ 万元}$$

3. 典型调查

典型调查又称为典型单位判断抽样法，是根据统计研究的目的，在总体中，有意识地选择一部分有代表性的单位组成样本（简称典型样本）进行调查。典型调查有两个显著的特点：一是样本是有意选择出来的具有代表性的单位组成的样本；二是调查范围小，调查单位少，可对专门问题作深入细致的调查。

典型调查可用于补充全面调查的不足；在一定条件下，可以验证全面调查数据的真实性；当典型单位属于中等水平或者包含上、中、下各类典型时，可根据典型样本的平均值推算总体的数量特征；可用于研究新生事物、新情况和新问题等。

典型调查的首要问题是选择好典型样本，其选择原则如下。

（1）如果要了解总体的一般数量表现，可以选择中等水平（平均型或多数型）的单位组成样本进行调查。此种典型单位抽样法称为"取中选典"或均值选样法。

（2）如果要较为准确地估计总体的一般水平，首先对总体中的个体划分为若干类型，然后再从各类中按其比例大小选择若干典型单位组成样本进行调查。此种典型单位抽样法称为"划类选典"或分类主观选样法。

（3）如果要总结经验或失败的教训，则应选择先进单位或落后单位作为典型，作深入细致的调查。这种典型单位抽样法称为"解剖麻雀法"。

当典型调查为"取中选典"或"划类选典"时，可用典型样本的平均值（$\bar{x}$）作为总体平均值（μ）的估计值，用典型样本的比率（p）作为总体比率（P）的估计值，亦可采用均值估

计法或比率估计法估计总体标志总量，计算公式为

$$总体标志总量 = 典型样本的平均值(\bar{x}) \times 总体单位总量(N)$$

$$或 = 总体单位总量(N) \times 典型样本比率(p)$$

【例 3.5】某县共有农户 24.86 万户，15 个乡镇，按照各乡镇农民的年纯收入可分为高、中、低三类，各有农户 7.10、10.96 和 6.80 万户。现采用典型调查了解农民家庭本年末彩电拥有量和下年需求量，共调查 300 户，按照划类选典的办法，高、中、低三类农户各调查 86、132 和 82 户（样本结构与总体结构一致）。通过问卷测试，所得资料如表 3-2 所示。

表 3-2　某县农民家庭彩电需求测算表

农户类型	农户数		样本户彩电拥有量		下年需求量		
	全县（万户）	样本（户）	拥有量（台）	普及率（%）	样本需求量（台）	需求率（%）	全县需求量（台）
高收入户	7.10	86	73	84.9	6	7.0	4970
中低入户	10.96	132	100	75.8	10	7.6	8330
低收入户	6.80	82	56	68.3	5	6.1	4148
合计	24.86	300	229	76.3	21	7.0	17448

调查结果表明，农民家庭彩电普及率高收入家庭为 84.9%，中等收入家庭为 75.8%，低收入家庭为 68.3%，平均为 76.3%。彩电普及率与家庭收入之间呈现正相关。从下年需求情况来看，中高收入家庭的需求率高于低收入家庭，平均需求率为 7.0%，据此推算本年度全县农民家庭彩电的需求总量为 1.74 万台左右。

4．专家判断抽样

专家判断抽样是指凭借专家的经验和知识从总体中选择其有代表性的若干单位作为样本进行调查。这种抽样法要求选择的专家应具有统计调查的经验和知识，熟悉调查项目的业务，专家人数应控制在 3~5 人为宜，同时，应向专家说明抽样的目的、要求和抽样单位的数目，并提供有关统计资料，以供专家作为判断抽样的参考。

5．相互控制配额抽样

相互控制配额抽样是按照分类控制的原则，首先，搜集总体按两个标准的分类数据；其次，根据两个标准的分类数据的比率分布，对样本容量进行交叉分配，互相控制；最后，由调查者在规定的样本分配数额内用任意抽样或判断抽样法选取样本单位的一种主观抽样方式。这种抽样方式可同时兼顾两个调查分类标准，又可防止样本单位的重复抽取。

【例 3.6】某市有零售超市 180 家，其中：国有企业 60 家，中外合营 48 家，私营企业 72 家；大型超市 18 家（国有 12 家、中外合营 6 家），中型超市 54 家（国有 24 家、中外合营 18 家、私营 12 家），小型超市 108 家（国有 24 家、中外合营 24 家、私营 60 家）。拟组织一次零售超市顾客满意度调查，确定样本容量为 30 家，要求兼顾企业经济类型和企业规模两个标准，采用相互控制配额确定样本容量的分配，根据 180 家零售超市的经济类型和企业规模的比率分布，样本容量分配的结果如表 3-3 所示。从而调查者在抽样时，抽选不同经济类型零售超市时，可兼顾企业规模；或者在抽选不同企业规模的零售超市时，可兼顾企业的经济类型。

表 3-3　相互控制样本容量分布　　　　　　　　　　　　　　　　　　（单位：家）

经济类型＼规模	大型	中型	小型	合计
国有企业	2	4	4	10
中外合营	1	3	4	8
私营企业	0	2	10	12
合计	3	9	18	30

3.3　统计资料搜集方法

统计资料搜集方法又称统计调查方法，是指在调查方式既定的前提下，怎样从所确定的调查单位那里具体搜集统计数据和情况的方法。

3.3.1　原始资料的搜集方法

1. 直接观察法

直接观察法指调查者深入调查单位调查现场进行直接观察、计数、测量、测试和记录，以取得统计资料的方法，这种方法不需要向被调查者提问，而是凭调查者的直接观察和使用测量工具，记录现场发生的事实和有关数据，可以使用表格、卡片、速记、器材等工具进行记录。

2. 访问法

访问法又称询问法。是指调查者以个别采访、集体座谈、电话询问、留置问卷询问、邮寄问卷询问等形式向被调查者搜集统计资料的方法。访问法要求调查者必须事先拟定好调查提纲、问卷或调查表，以便按既定的目的和要求搜集所需的统计资料。

3. 报告法

报告法是指统计调查机构将设计的调查表分发给被调查者，要求各调查单位（填报单位）根据本单位的原始记录和有关核算资料自行填报，向统计调查机构提供统计资料的方法。一般来说，全面统计报表调查方式，就是采用此法逐级汇总上报的。

4. 登记法

登记法有两种形式，一是统计机构规定当事人于某种事件发生后到该机构进行有关事项的申报和登记，如人口的出生、死亡统计就是采用到指定的公安派出所进行登记的方法。二是由调查者深入调查单位后，将调查表分发给被调查者，并向他们讲明填表的要求，被调查者按表中项目自行登填后，再由调查者收回以取得统计资料的方法。

5. 核算法

核算法是指企事业单位直接利用业务活动的原始记录，根据统计的填报要求，通过审核、分类、汇总、计算以取得统计数据的方法。核算法亦可建立企事业单位的数据库系统或管理信息系统进行自动核算和数据生成。

6. 遥测法

遥测法是指利用遥感技术、航测技术等现代科学技术搜集统计资料的方法，如地矿资源、水土资源、森林资源、农产品播种面积与产量估计、水旱灾害、地震灾害等均可采用遥感技术等搜集资料。

7. 实验法

实验法是指实验者为了特定的研究目的，通过实验方案设计和具体实验而获取数据资料的一种方法。实验法不仅广泛适用于自然科学研究，而且也适用于社会经济问题的研究。例如，新产品试销、试用、展销就是通过市场实验以获取必要的市场信息，以便改进产品设计。

8. 网络法

网络法是利用国际互联网这一高度交互性的信息传播载体搜集调查资料的方法。这种调查方法成本低、速度快、调查对象广泛，调查结果较客观，因而它具有较大的优势。网络调查法主要有电子邮件调查、在线调查、视讯会议调查等方式。网络调查的业务流程一般是：项目设计—问卷上网—问卷返回检查—数据处理。

3.3.2 次级资料的搜集方法

1. 次级资料搜集的渠道

（1）内部渠道。主要是指企业内、系统内、部门内或行业内已有的统计资料、财务核算资料、业务资料、其他资料及其原始记录。

（2）外部渠道。主要有各级政府部门发布的有关资料；各级统计机关发布的有关统计资料，如统计年鉴、统计公报；各种信息中心、信息咨询公司以及计算机网络提供的数据资料；各种公开出版的统计数据资料；各种国际组织提供的统计数据资料等。

2. 次级资料搜集的方法

（1）检索查找法。检索查找法是人们积累和查找次级资料的重要方法。主要有手工检索和计算机检索两种。手工检索是利用目录、索引、文摘等检索工具查找所需的资料，计算机检索是利用互联网或局域网从有关网站、数据库和 ERP 中检索有关资料。

（2）直接引用法。就是直接从统计年鉴、经济年鉴，各种公开刊物和电子读物等中抄录有关统计数据，以满足统计研究的需要。

（3）文献查找法。主要是利用有关论文、著作、研究报告等文献及末尾开列的参考文献，或文中涉及到的文献，以此为线索追踪查找有关次级资料的方法。这种方法获得的资料系统，便于直接利用，但要求调查者必须有丰富的专业知识和较强的分析问题的能力。

3.4 调查表与问卷设计

调查表与问卷是统计资料搜集的重要工具，无论采用何种方法搜集统计资料，都必须借助调查表或问卷作为口头询问和书面登记的依据。因此，应重视调查表和问卷的设计。

3.4.1 调查表的设计

调查表是根据统计调查目的所确定的具体项目按照一定的顺序排列而成的表格形式。调查表一般包括表头、表体、表脚三个部分。表头是用来表示调查表的名称、填写单位的名称、性质和各种基本情况的部分；表体是体现调查的各种项目、标志或指标的部分，是调查表的主体；表脚主要包括调查者或填表人的签名或调查日期，以及有关调查项目的解释说明。调查表的设计要点如下。

（1）根据调查目的和要求，先拟订需要调查的项目（标志或指标）。一般应包括被调查者的基本情况、调查的主体内容和相关项目 3 个层面。

（2）根据调查项目的多少和使用要求，确定调查表的设计形式。调查表的形式有单一表和一览表两种。单一表是在一张表中只登记一个调查单位的资料的表格，如表3-4所示，它可包括较多的调查项目，适用于较详细的调查。一览表是指在一张表格上可以登记若干个调查单位的资料的表格，如表3-5所示。在调查项目不多时常采用一览表，以利资料的加工整理。

表3-4 耐用消费品需求调查表

年　　月　　日

户主姓名　　　　家庭人口　　　　月人均收入

品名	数量	现有数	本年需购数	品牌意向	规格意向
电视机	台				
电冰箱	台				
空调器	台				
热水器	台				
计算机	台				
电烤箱	台				
……	…				

表3-5 城镇居民住房基本情况调查表

年　　月　　日

户主姓名	家庭人口（人）	居住面积（m²）	居住间数（间）	房屋类型	房屋产权

（3）列入调查表的项目，要求含义明确，能取得客观的资料。
（4）列入调查表的项目应注意互相衔接和排列的逻辑性。
（5）应注意编写必要的填表说明和指标解释。

3.4.2　问卷设计

问卷是调查者根据调查的目的和要求，预先设计的有详细问题及备选答案的调查测试和记录的清单。问卷既可作为调查者口头询问及记录的提纲，也可发给被调查者填写，因而是搜集原始资料的重要技术和工具。

问卷形式有开放式问卷、封闭式问卷和半封闭式问卷三种形式。开放式问卷是调查者在问卷上提出问题后，预留空白，由回答者自由填写。封闭式问卷是在问卷上提出问题后，列出所有可能的答案，回答者只须从中选择一个或数个答案。半封闭式问卷是封闭式问卷与开放式问卷的结合，即在整个问卷中，一部分是封闭性问题，一部分是开放性问题。

问卷设计的测量或询问技术，从计量水准来看，有列名水准、顺序水准、间隔水准、比率水准四种。从询问的题型来看，有填空题、二项选择题、多项选择题、评等（顺位）题、配对比较题、程度评价题、评分题、自由回答题等，询问题型是计量水准的具体应用。

问卷设计应注意：标题应概括，突出调查的主题；说明词应交待调查的目的，以求被调查者的合作；问项要精炼明确，体现调查的内容；答案设计要注意准确，力求全面；要避免诱导性提问，对个人隐私问题不要涉及，问题的排列要合理，一般先主体资料，后基本资料；先封闭性问题，后开放性问题；先一般性问题，后敏感性问题。

问卷设计的作业流程如图 3-1 所示。

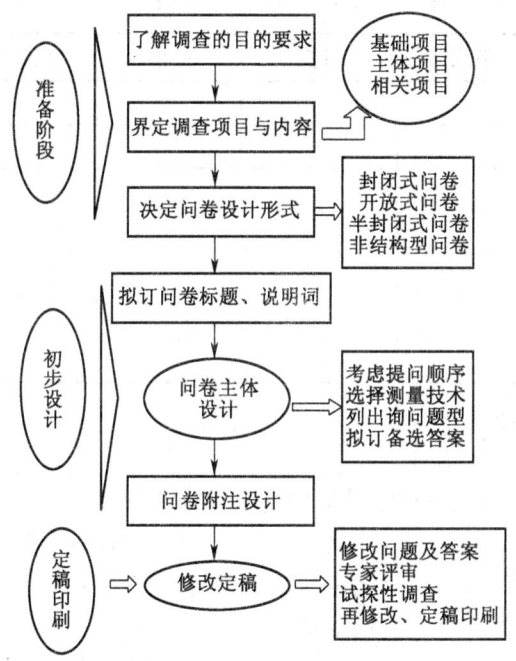

图 3-1　问卷设计作业流程

【例 3.7】某市居民家庭冰箱拥有量和需求量的调查问卷

尊敬的调查户，您好！

为了了解冰箱的社会拥有量和需求量，以便改进产品质量和提高服务水平，满足职工家庭对冰箱日益增长的需要，我们特组织此次市场调查，请您大力协助和支持。本卷不对外公布，希望您填写时不要有任何顾虑，请按实际情况填写，谢谢您的合作。

（1）您的姓名_____，性别_____。
（2）您家现在有没有冰箱？　有（　）无（　）（无冰箱，则跳至8）
（3）您现在用的冰箱是什么牌子？
① 依莱克斯□　　② 新飞□　　③ 容声□　　④ 松下□　　⑤ 三星□
⑥ 海尔□　　　　⑦ 美菱□　　⑧ 荣事达□　⑨ 白雪□　　⑩ 其他□
（4）您家用的冰箱购置了多长时间？_____年。
（5）您为什么选购这种品牌的冰箱？（可选两项答案）
① 购买方便□　　　② 价格合适□
③ 名　　牌□　　　④ 质量好　□
⑤ 功　能　全□　　⑥ 维修方便□
⑦ 较　省　电□　　⑧ 其他（请注明）_____
（6）您是怎样知道这种品牌的冰箱的？
① 熟人推荐□　　　② 老　名　牌□

③ 电视广告☐　　　④ 广播广告☐
⑤ 报刊广告☐　　　⑥ 展销会☐
⑦ 商　　店☐　　　⑧ 其　他☐

（7）您认为自己使用的冰箱质量如何？
（按您的意见，每项目选择一答案，并在空格中打"√"）

项目	很满意	满意	一般	不满意	很不满意
①质量					
②功能					
③式样					
④耐用性					
⑤实用性					
⑥颜色					
⑦价格					

（8）如果您家新买或更新冰箱；将选择_____品牌。
（9）您为什么选择这种品牌？_____
（10）您选择这种品牌的下列哪种类型（请您分4种情形分别作出选择）

冰箱冷却方式选择：　　① 冷藏箱　　　② 冷藏冷冻箱
电冰箱用途选择：　　　① 无霜冰箱　　② 有霜电冰箱
电冰箱适用的环境选择：① 亚温带型　　② 亚热带型　　③ 热带型
电冰箱容量选择：　　　① 小容量　　　② 中等容量　　③ 大容量

（11）您家新买或更新冰箱的计划是_____年。
（12）您的职业是_____，受教育的程度是_____，您的年收入大约是_____，家庭人数为_____人，就业人数为_____人。

访问员_____访问时间_____

3.5　统计调查方案设计和实施

统计调查方案是指在正式调查之前，根据统计研究的目的和要求，对统计资料搜集的各个方面和各个阶段进行的通盘考虑和安排。如人口普查方案、工业普查方案、农产品产量抽样技术方案，产品质量抽样检测方案等。统计资料搜集方案的作用在于统一内容、统一方法、统一步调，使调查工作有组织有计划地进行，以达到预期的目的。

3.5.1　统计调查方案设计

统计调查方案的内容包括总则或引言；调查对象、范围和调查方法；调查的内容和时间；问卷或调查表式、主要调查项目和标准；调查的组织实施；调查经费安排；数据处理与质量控制；数据发布与开发利用；表彰与处罚、附则等。基本内容如下。

1. 明确调查的目的

明确调查的目的是统计资料搜集的首要问题。为此，必须合理界定统计资料搜集为谁服务、满足什么样的统计信息需求、统计调查的基本任务和要求等目的性问题。

2. 确定调查对象的范围和调查单位

（1）调查对象的确定。必须正确界定统计调查总体的时空范围。如企业产品质量抽样检测的统计总体是特定时间范围内本企业生产的全部产品。

（2）调查单位的确定。必须正确界定构成统计总体的个体的性质，如企业产品质量抽样检测的个体（调查样本单位）必须是特定时间范围内与企业生产的每一件已完工的产成品，不包括半成品、在产品等。

（3）填报单位的确定。必须正确规定负责填报和报送调查资料的单位。如产品质量抽样检测的填报单位是各车间（或分厂）的质检部门，而不是产品本身（有时调查单位和填报单位一致，如企业生产情况调查）。

3. 确定调查的项目

调查项目即调查的具体内容，指要向调查单位进行哪些方面的调查，搜集哪些数据和有关情况。一般可根据调查单位所具有的标志或指标结合统计调查的目的要求而确定，一般应包括主体项目和相关项目的两大部分。如产品质量抽样检测的项目应包括产品质量的各种评价要素以及影响产品质量的诸因素两个方面。调查项目确定之后，还应设计调查表或者问卷。

4. 确定调查的方式和方法

（1）调查方式的确定。应根据调查的目的和要求以及调查所需的人力、物力和调查经费来决定是采用全面调查方式，还是采用非全面调查方式，而非全面调查是采用概率抽样，还是非概率抽样，而概率抽样又采用什么样的方式抽取个体组成样本等。如产品质量抽样检测可采用系统抽样或整群抽样等方式。

（2）调查单位数目的确定。全面调查应对构成统计总体的所有个体进行调查，非全面调查应确定必要的调查单位数目（样本容量）。概率抽样的样本容量可根据有关的先决信息进行计算。

（3）调查方法的确定。应根据调查对象和调查目的要求而决定采用何种方法搜集原始资料和次级资料。如产品质量抽样检测一般可采用直接观察法、设备检测登记法、实验法等。

5. 确定调查时间和调查期限

（1）确定调查时间。即明确调查资料的所属时间，调查时期现象的数量表现（流量）时，应确定资料的起止时间。调查时点现象的数量表现（存量）时，应确定统一的标准时点，如人口普查必须规定普查的标准时点，以保证统计资料搜集的统一性和可比性，防止统计的重复和遗漏。

（2）确定调查期限。即明确整个调查工作的起止时间及其工作进度。

6. 确定调查的组织计划

为了确保调查工作的顺利实施，必须确定调查工作的组织计划，主要包括调查的组织领导、调查机构的设置、调查人员的选择和培训、调查的经费和物资的具体安排，调查进度与数据质量控制。

3.5.2 统计调查的组织实施

（1）准备阶段。此阶段主要是根据决策的信息需求提出统计调查的建议，并论证其必要性和可行性。建议获决策者批准后，即可组建调查机构、制定调查方案，开展准备工作。

（2）试点调查。它是根据制定的调查方案，选择若干调查点作为试点单位、模拟调查工作的全过程，用以取得组织实施调查的经验、检验调查方案的科学性、有行性，发现问题和缺陷，为进一步改进和完善调查方案提供依据。为了保证试点调查的有效实施，应注意抓好制定试点方案、选择试点单位、组织试点调查、评估试点结果、修改和完善调查方案等。

（3）正式调查。正式调查阶段包括正式确定调查方案，组建调查队伍，学习调查方案和有关文件，选定调查员进行业务培训，在此基础上组织调查表或问卷的正式填报工作，将调查表或问卷按照规定的时间上报到指定的汇总单位。

（4）数据处理。数据处理阶段的主要工作包括数据处理程序编制，软件使用选定，调查表或问卷人工审核，数据质量抽样复检、数据录入、计算机审核、数据较正、数据汇总、数据备份、数据上报、建立数据库、数据存储、数据管理等工作。

（5）分析研究。分析研究阶段的主要工作包括数据质量评估确认，经批准后组织对外公布；利用调查数据进行多方面的开发和分析研究，为决策者提供信息服务。

复习思考题

1. 统计资料搜集的任务和要求是什么？
2. 统计调查有哪些分类？
3. 普查有哪两种方式，应遵循哪些原则？
4. 简述统计报表的优缺点及其种类。
5. 重点调查中的重点单位的含义是什么？
6. 简述典型调查的作用及其选典原则？
7. 简述抽样调查的特点、应用范围和主要抽样方式。
8. 非概率抽样有哪些方式？
9. 原始资料搜集有哪些具体方法？
10. 简述次级资料搜集的渠道和方法？
11. 简述调查表的设计要点。
12. 简述问卷的形式、设计程序与设计要点。
13. 简述统计资料搜集方案设计的基本内容。

习　　题

1. 某省人口普查后，又抽取 1%的人口进行核查，以了解人口普查时有无重复登记和遗漏登记的问题，用以修正普查数据。这种调查方式是_____和_____的结合应用。

2. 某市需定期了解城镇居民的收入和消费的情况，你建议应采用_____调查方式，并采用_____调查方法。如果想研究该市城镇居民的收入和消费的变动趋势，你认为可通过_____、_____等方式获得其历史数据。

3. 如果你想研究中国电子信息产业的总产值、增加值、主要产品产量、经济效益等变动趋势，可通过_____、_____等渠道获得其历史数据和相关资料。

4. 某工业企业需定期掌握企业的人、财、物、产、供、销等数量信息，你建议该工业企业应采用_____调查方式，数据资料采集应采用_____法。企业应建立_____制度。

5. 某药品生产厂需定期检查流水生产线上的药品生产质量，你建议应采用_____调查方式，并采用_____方法进行产品质量检验。

6. 某电子元件厂某月生产电子管 10000 个，采用随机抽样检验产品的平均使用寿命和产品合格率，样本容量为 180 个，检验结果 180 个电子管的平均使用寿命为 3880 小时，产品合格数为 174 个。要求采用点估计推断该批电子管的平均使用寿命、产品合格率和总合格品数。

7. 某调查员采用随意抽样法，用问卷在候车室询问旅客对火车站的服务态度、服务设施、公共卫生、治安状况、售票管理的看法，问卷要求旅客选择最不满意的 2 个项目，共询问了 200 名旅客，调查结果统计，5 个项目选择的人数分布为：服务态度 98、服务设施 80、公共卫生 95、治安状况 62、售票管理 65。要求编制频数分布和频率分布表，并得出调查结论。

8. 某县有 30 个乡镇，其中 8 个乡镇为烤烟主产区，根据已往统计资料分析，其烤烟产量占全县的 75.5%。种植面积占全县市的 72.5%，在今年的烤烟收获季节，有关部门对烤烟主产区的 8 个乡镇的烤烟种植面积和产量进行了调查，调查结果统计，8 个乡镇的烤烟种植面积为 5680 公顷，平均单产为 2150 公斤/公顷。要求估计全县烤烟种植面积和总产量。

9. 某县共有农户 22.5 万户，按照去年各乡镇农民年纯收入可分为高、中、低三类，各有农户 7.2、10.8 和 4.5 万户。采用划类选典的办法调查农民家庭本年末移动电话拥有量和下年需求量，共调查 300 户，高、中、低三类农户各调查 96、144 和 60 户。通过问卷测试和统计，三类农户本年末移动电话拥有量分别为 54、70 和 21 台，下年需求量分别为 12、14 和 4 台。要求估计全县农民家庭本年末移动电话普及率和总拥有量、下年需求率和总需求量。

10. 某县某年种植早稻 56850 公顷，按照去年各乡镇早稻平均单产分为高、中、低三类地型，采用划类选典的办法调查本年早稻的产量，高、中、低三类地型各调查 66、98 和 50 公顷，共调查 214 公顷。收获季节实割实测结果统计表明，高、中、低三类地型的早稻平均单产为 6218、5945、5430 公斤/公顷。要求估计全县早稻平均单产和总产量。

11. 某县拟在本年末组织一次农民家庭生猪存栏和出栏状态调查，其中生猪存栏调查的内容包括母猪、公猪、子猪和育肥猪存栏（育肥猪存栏应分为 45 公斤以下、45～55 公斤以下、55～65 公斤、65～75 公斤、75 公斤以上）。生猪出栏调查的内容应包括出栏数和出栏去向（商业收购、自宰自售、自宰自食）。要求设计调查方案和调查表（一览表）。

12. 某计算机网络公司为了了解上网网民的行为情况，拟组织一次网络抽样调查，调查的内容包括上网网民的性别分布、年龄分布、职业分布、上网方式分布、上网时间分布、上网时段分布、上网费用分布、上网内容分布、上网网站分布、上网速度满意度、上网内容满意度、上网价格满意度、上网网站满意度等。要求设计调查方案和调查问卷。

13. 某家电公司为了了解居民的家用电脑拥有量和需求情况，拟组织一次居民家用电脑需求抽样调查，调查项目包括居民家庭基本情况，居民家庭生活收支情况，家用电脑拥有情况，家用电脑需求情况，居民对不同品牌家用电脑的质量、配置、速度、功能、造型、价格、服务等方面的评价意见等。要求设计调查方案和调查问卷。

第4章 统计资料整理

本章主要阐述统计资料加工整理的基本理论和基本方法,包括分类、汇总、列表、绘图等统计资料整理的技术性知识。

4.1 统计资料整理概述

统计整理是根据统计研究的需要,对统计调查获得的原始资料进行分类、汇总列表,或对次级资料进行再加工的工作过程。统计资料整理的任务在于使统计资料系统化、综合化和系列化,为揭示和推断总体的数量特征提供初步加工的统计信息。整理的一般程序如下。

4.1.1 整理的一般程序

1. 设计整理方案

统计资料整理方案的主要内容包括:分组方法、统计指标、整理表式、汇总方式和方法的设计与选择,整理的时间和质量要求等。

2. 审核统计资料

主要是审核原始资料或次级资料的完整性、准确性和时效性,以便发现问题进行纠正、补充或删除。审核的方法主要有复计审核、逻辑审核、表表审核、表实审核、对比审核等,其中复计审核主要有平衡审核、加总审核。

3. 统计分组

统计分组是根据统计研究的需要,按一定的标志或标准将总体各单位区分为若干组(类)的一种统计方法。统计分组对总体而言,是将总体区分为性质不同的若干部分;对个体而言,是将性质相同或相近者归为一类,从而体现组间的差异性和组内的同质性。统计分组的作用在于划分现象的类型,揭示现象的内部结构及分布特征,显示现象之间的依存关系。

统计分组的关键在于分组标志的选择和各组界限的划分。应根据统计研究的目的、现象所处的具体历史条件,选择具有本质性的标志作为分组标志。统计分组的标志通常有品质标志(属性水准)和数量标志(数量水准)两大类。

4. 统计汇总

统计汇总是在统计分组的基础上,采用手工汇总或计算机汇总技术求出各组的单位数、总体单位数、各组指标、总体综合指标等。其中手工汇总技术主要有划线法、过录法、折叠法、卡片法、单据分类汇总法等;采用电子计算机汇总一般包括编程、编码、数据录入、逻辑检索、自动汇总计算、制表打印等工作程序。它具有速度快、精度高和存储数据等特点,特别适合于大批量数据处理。统计汇总的组织方式有逐级汇总、集中汇总、逐级与集中汇总相结合三种。统计汇总的结果常用统计表陈示。

5. 制作统计图表

统计资料整理的最终结果需要借助于一定的形式表现出来,以便人们阅读和使用,统计汇总的结果常用统计图和统计表来陈示,统计图常配合统计表使用。

4.1.2 统计数列的种类

统计分组的结果通常表现为多种多样的统计数列，归纳起来，有以下六类。

（1）品质数列。指同一时空间条件下，总体各单位按品质标志（属性水准）分类而形成的数列，又称属性数列。如人口按性别、城乡、民族分类而形成的数列。

（2）变量数列。指同一时空间条件下，总体各单位按数量标志（数量水准）分类而形成的数列。如人口按年龄、人均收入等分类而形成的数列。变量数列按变量取值是否连续，又分为连续数列和离散数列。

（3）时间数列。指同一统计总体的变量或统计指标依时间取值顺序排列而成的数列。如企业历年的产品销售收入或一年内分月的产品销售收入。

（4）空间数列。指同一时间、同一变量或统计指标而不同地区、部门、单位的统计数据依特定次序排列而成的数列。如一年内不同地（市）的居民消费水平。

（5）相关数列。指具有一定联系的不同变量或统计指标在不同时间或不同空间条件下的数值按照一定顺序排列而成的数列。如历年的 GDP 和总投资并行排列而成的数列。

（6）平衡数列。指根据有关变量或统计指标之间的数量平衡关系而编制的统计数列。如工业企业产品产销存平衡统计数列、贸易企业商品购销存平衡统计数列。

4.1.3 统计资料的陈示

统计资料整理的最终结果需要借助于一定的形式表现出来，以便人们阅读和使用。统计资料表现或陈示的形式有以下五种。

（1）统计表。统计表是以纵横交叉的线条所绘制的表格来表现统计资料的形式，它能有条理、有系统地排列和组织统计资料，统计表是最常用的表现统计资料的形式。

（2）统计图。统计图是以圆点多少、直线长短、曲线起伏、条段长短、柱状高低、面积或体积大小、实物形象大小或多少、地图等图形来表现统计资料。本章以下各节分别介绍了各种图形的应用场合。统计图表现统计资料能给人以深刻而明确的印象，能揭示现象间的相互关系和变化规律，便利宣传、讲演、广告和辅助统计分析。但统计图能包含的统计项目较少，且只能显示出统计指标的概数，故统计图常配合统计表使用。

（3）统计报告。统计报告是采用文字与数据相结合的方式表现统计资料。其特点是文数结合，数为基础。统计报告是表现统计资料的高级形式，常见的统计报告有统计调查报告、统计分析报告、统计预测报告、统计公报等。

（4）统计模型。统计模型是采用数学模型来描述变量或统计指标之间的数量关系。统计模型既可用于浓缩大量的数据，又可用于统计分析、预测和决策。

（5）统计数据库。统计数据库是利用计算机技术，以一定的组织方式存储在一起的相关统计数据的集合，它能以最佳的方式和最少的数据冗余为多种统计应用服务。

4.2 品质数列

4.2.1 品质数列编制的一般步骤

品质数列是指同一时空间条件下，总体各单位按品质标志（属性水准）分类而形成的数列。具有各组名称和各组次数两个基本要素，又称性质数列或属性分布数列。在此基础上，可进一步计算各组的比率（频率），则属性的不同表现及其相应的频率构成属性数列频率分布。如表 4-1 和图 4-1 所示。

表 4-1　某市 2014 年末人口性别分布表

性别	人数（万人）	频率（%）
男	97.76	52.0
女	90.24	48.0
合计	188.00	100.0

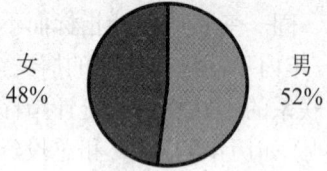

图 4-1　某市 2014 年末人口性别分布

品质数列编制的一般步骤如下。

（1）选择分组标志。正确选择品质分组标志和划分各组的界限是编制品质数列的关键，一般来说，总体中的个体具有多种品质标志，为此，应根据统计研究目的，选择能够反映现象本质特征的、主要的品质标志作为分组的依据。特别是对某些重大问题的统计研究，需要选择多个品质标志作为分类依据，这种由一系列的相互联系和相互补充的品质标志对现象进行多种分组的体系，称为品质标志分组体系。

（2）划分各组的界限。编制品质数列时，品质标志确定后，各组的组别也就确定了，但某些较为复杂的现象，各组的名称需作专门研究才能确定。如企业的经济类型需区分哪些组别，各组名称如何确定，需要作专门研究。各组名称确定后，而各组的界限或范围更需要作出明确的规定。如人口按城乡分组时，城镇人口与乡村人口的界限或范围必须作出具体的规定。一般来说，对一些重要的品质标志分组的各组名称、界限等，国家制定了统一的标准分类目录。如企业经济类型分类标准、国民经济行业分类标准、人口职业分类标准、工业产品分类目录等。

（3）决定品质数列的形式。品质数列一般有简单分组品质数列、平行分组品质数列、复合分组品质数列三种形式，应根据统计研究的目的和要求而决定。

（4）统计汇总。即汇总求出各组的单位数和总体单位数，以及各组的比率或频率。某些品质数列还应汇总求出各组的标志总量和总体的标志总量，以及有关的综合指标。

（5）编制统计图表。即把按品质标志分组整理好的统计资料，用统计图表的形式陈示出来，最终形成品质数列。

4.2.2　简单分组品质数列

简单分组品质数列是对统计总体只按一个品质标志进行分组而形成的品质数列，用于整理和表现按列名水准（或顺序水准）计量的统计资料。按列名水准编制时，各组名称为属性的类别名；按顺序水准编制时，各组名称为次序尺度的类别名。

【例 4.1】某企业抽样调查 50 名员工对自己的工作绩效是否满意，采用顺序水准设计的问句为"您对自己的工作绩效的感觉是否满意？"备选答案为"01 很满意、02 较满意、03 一般满意、04 不满意、05 很不满意"，测评结果如下。

01　01　03　03　03　02　02　02　02　02　03　03　04　04　04
04　03　03　03　04　04　03　03　04　04　04　04　04　04　03　03　05
05　05　03　03　03　02　02　02　05　05　05　05　05　05　01　01

由于备选答案有 5 种情形，即可分为 5 组，因而，可编制简单分组单项品质数列，用点计的方法可求得各备选答案出现的次数，进而可求得各备选答案出现的频率。编制的简单分组品质数列如表 4-2 所示。

表 4-2　某企业抽查 50 名员工工作绩效自评满意状态分布

满意状态	很满意	较满意	一般满意	不满意	很不满意	合计
人数（人）	4	8	18	12	8	50
频率（%）	8.0	16.0	36.0	24.0	16.0	100.0

分组结果表明，员工对自己的工作绩效很满意和较满意的占 24.0%，一般满意的占 36.0%，不满意和很不满意的占 40.0%，因此，员工工作绩效自评的满意度是偏低的。频率分布的直线图如图 4-2 所示。

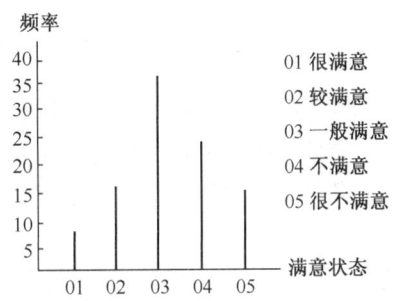

图 4-2　员工工作绩效自评满意状态分布

4.2.3　平行分组品质数列

平行分组品质数列是对统计总体同时采用两个或两个以上的列名水准（或顺序水准）进行平行排列的分组（面分类）而形成的品质数列。此类品质数列中，不同分组的各组次数之和应分别等于总次数，不同分组的各组频率之和应分别等于 1 或 100%。

【例 4.2】某高校某专业有 20 名教师，其学历和职称如下。

本科（讲师）　　研究生（副教授）　博士（教授）　　研究生（助教）　　研究生（讲师）
博士（副教授）　博士（讲师）　　　研究生（讲师）　研究生（副教授）　博士（教授）
本科（助教）　　研究生（助教）　　研究生（副教授）　博士（副教授）　博士（讲师）
研究生（教授）　博士（教授）　　　研究生（讲师）　博士（副教授）　　研究生（助教）

若编制平行分组品质数列，则学历可分为本科、研究生和博士 3 组，职称可分为助教、讲师、副教授和教授 4 组，将两种分组结果平行设置（上下排列或左右排列均可），即为平行分组品质数列，见表 4-3（左右排列）。频率分布的长条图如图 4-3 所示。从学历来看，研究生和博士占 90%；从职称来看，副教授和教授占 50%。

表 4-3 某高校某专业 20 名教师学历和职称分布

学历	人数	频率（%）	职称	人数	频率（%）
本科	2	10.0	助教	4	20.0
研究生	10	50.0	讲师	6	30.0
博士	8	40.0	副教授	6	30.0
			教授	4	20.0
合计	20	100.0	合计	20	100.0

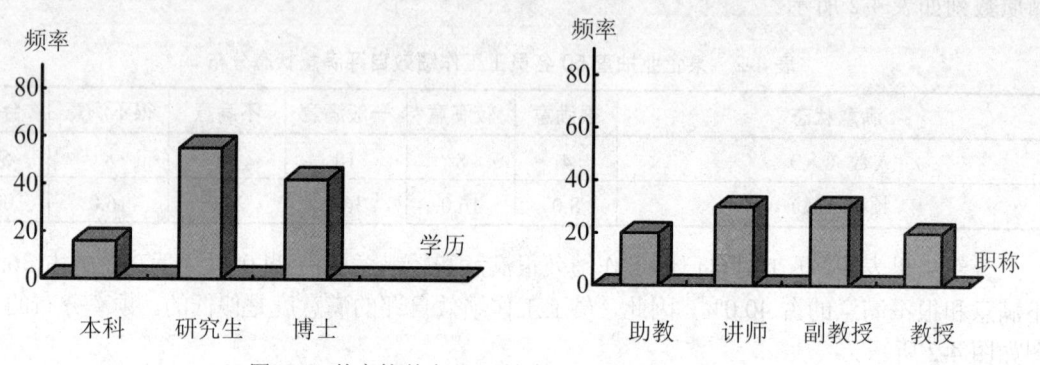

图 4-3 某高校某专业 20 名教师学历和职称分布

4.2.4 复合分组品质数列

复合分组品质数列是对统计总体同时采用两个或两个以上的列名水准（或顺序水准）层叠起来进行分组（线分类）而形成的品质数列。复合分组品质数列中的各种分组之间具有层次性和隶属关系，在分组标志相同的条件下，提供的统计信息量比平行分组品质数列更多，因而具有较大的优势性。

【例 4.3】以例 4.2 某高校某专业 20 名教师的学历和职称的资料为依据，将教师学历和职称层叠（交叉）起来进行分组，分组结果可按主词分层排列，亦可采用主宾排列，即为复合分组品质数列，见表 4-3（主宾排列）。

表 4-4 某高校某专业 20 名教师学历和职称分布

职称 学历	助教	讲师	副教授	教授	人数合计	频率（%）
本　科	1	1	—	—	2	10.0
研究生	3	3	3	1	10	50.0
博　士	—	2	3	3	8	40.0
人数合计	4	6	6	4	20	100.0
频率（%）	20.0	30.0	30.0	20.0	100.0	—

4.2.5 品质数列图示法

用统计图表现品质数列能使人们获得明确和深刻的印象。常用的品质数列图有圆面图、直线图和长条图三种。

（1）圆面图。是以圆形的面积代表总体指标数值，圆形的各扇形面积代表各组指标数值，或将圆形面积分为若干角度不同的扇形，分别代表各组的频率。（在实际应用时，亦可将圆面改为圆饼或圆台，变成圆形立体图），如图 4-1 所示。

（2）直线图。是以直线的长短来表示属性统计指标数量大小的图形。常以横轴代表属性的不同组别，纵横代表各组的组数或频率。如图 4-2 所示。

（3）长条图。是以若干等宽平行长条的长短来表示属性统计指标数量大小的图形。也是以横轴代表不同的组别，纵轴代表各组的次数或频率，如图 4-3 所示。长条图中的长条亦可改用长条柱和圆柱体代替，转化为立体图，以增加图形的美观性和感染力。

4.3 变量数列

4.3.1 变量数列的类型

变量数列是指同一时空条件下，总体各单位按数量标志（数量水准）分类而形成的数列。变量数列是由变量的不同取值及其相应的次数或频数两个要素构成，如表 4-4 所示。在变量数列的基础上，计算出各组的频率，可形成变量数列频率分布，它是由变量的不同取值及其相应的频率构成。实际上，变量数列的次数分布与其频率分布往往合编在同一变量数列中。变量数列是整理按数量水准计量的统计数据的重要形式，可以显示总体的分布特征。由于变量有离散型与连续型两类，因而变量数列也有两大类。

（1）离散型变量数列（不连续数列）。离散型变量数列是对离散型变量的不同取值进行分组处理而编制的变量数列。按组别设置形式不同，可又分为单项数列和组距数列。单项数列是由变量的单个取值及其相应的次数或频数两个要素构成的数列，如表 4-5 所示。组距数列是由变量的不同取值区间及其相应的次数或频数两个要素构成的数列，如表 4-6 所示。

（2）连续型变量数列（连续数列）。连续型变量数列是对连续型变量的不同取值进行分组处理而编制的数列。连续型变量数列因变量取值连续一般编制组距数列。组距数列按组距是否相等又分为等距数列和异距数列。

4.3.2 单项式变量数列

当离散型变量的取值个数少，且变量变动程度小，则可编制单项式变量数列（简称单项数列），即采用列举式的分组方式，按变量值从小到大的先后顺序排列单个变量值，并计算出单个变量值出现的次数或频率即为单项数列。

【例 4.4】某调查机构在某市抽样调查 80 户居民家庭的空调拥有量的数据如下。

0 1 1 0 2 3 0 1 2 2 3 4 1 1 2 2 0 0 2 2
5 1 1 2 2 2 2 1 1 3 2 2 1 1 3 2 1 2 1 2
2 2 2 2 3 3 1 4 0 0 1 1 2 2 3 5 4 3 2 2
1 3 1 2 2 2 2 2 3 3 4 2 2 2 1 3 0 5

由于空调拥有量为离散型变量，其变量的取值只有 5 种情形即 0、1、2、3、4、5 台，因而，可编制单项数列，用点计的方法可求得单个变量值出现的次数，进而可求得各变量值出现的频率。编制的单项数列如表 4-5 所示。分组结果表明，居民家庭的空调拥有量的分布特征是"两头小，中间大"，近似于对称分布，即靠近中间的变量值分布的次数或频率多，靠近两端的变量值分布的次数或频率少,有 42.5%的居民家庭的空调拥有量为 2 台,有 64%的居民家庭的空调拥有量在 1～3 台之间,频率分布的直线图如图 4-4 所示。

表 4-5 某市抽样调查 80 户居民家庭的空调拥有量分布

拥有量（台）	0	1	2	3	4	5	合计
家庭数（个）	8	15	34	15	5	3	80
频率（%）	10.00	18.75	42.5	18.75	6.25	3.75	100.00

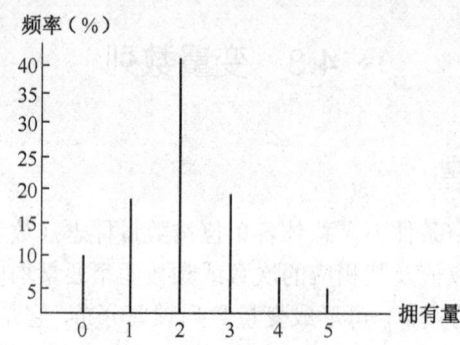

图 4-4 某市抽样调查 80 户居民家庭的空调拥有量分布

4.3.3 等距式变量数列

当离散型变量的取值个数较多,且变量值变动的程度较大,或连续变量的取值范围较大,且取值无极端偏斜分布状态时,宜编制等距式数列(简称等距数列),等距数列编制的关键在于确定组数、组距和组限。其编制的方法和步骤如下:

(1) 求全距 R。全距是全部变量值中的最大值与最小值之差,又称极差。求全距的目的在于考察全部变量值的变动范围,为决定变量数列的组数和组距提供依据。

(2) 确定组数。组数的确定应考虑组距数列的各组之间应能充分反映事物的不同性质的差异及其分布特征。一般来说,组数(i)应取 5、7、9、11 等奇数较为合适。

(3) 确定组距。组距是每组的大小距离,常用全距(R)除以组数(i),并取整求得。

(4) 确定组限。组距决定之后,应进一步确定每组的界限(上限和下限),每组最小值为下限,最大值为上限。一般来说,离散型变量的组距数列,相邻两个组的上限和下限应间断,连续型变量的组距数列,相邻两个组的上限和下限一般应重叠。若变量的取值中有特大、特小值时,为使分组符合穷举和互斥的原则,可设置开口组:最前组可定为"……以下",最高组定为"……以上"。

(5) 列表计算各组频数和频率、各组的平均值或组中值。将原始数据依组限分别归入所属各组(连续型变量组距数列的上限不在本组内,列入上一组),即可得到各组的频数。各组频数分别除以总频数即为各组频率。

为了满足统计研究的需要,亦可计算各组的累计频数和累计频率。有两种累计法:一是较小制,由变量值低的组向变量值高的组累计;二是较大制,由变量值高的组向变量值低的组累计。较小制表明各组上限以下的累计频数或和累计频率为多少,较大制表明各组下限以上的累计频数或和累计频率为多少。各组的平均值可根据原始数据计算;而组中值的计算有三种情形:

（1）组中值=（上限+下限）/2
（2）缺下限开口组的组中值=上限-相邻组距/2
（3）缺上限开口组的组中值=下限+相邻组组距/2

【例 4.5】某企业从 500 盒零件中抽查 50 盒检查每盒中是否有次品，检查结果如下。

0 1 1 1 0 0 2 2 0 0 1 1 3 3 4 4 5 4 3
6 6 7 8 8 6 9 10 11 12 14 0 1 1 1 0 0 2
2 3 3 4 4 5 6 7 8 8 9 10 12 （个）

次品数为离散型变量，其变量的取值有 14 种情形，即 0 到 14 个，因而，可编制等距数列。全距 R 为 14，组数定为 5 组，由于离散型变量的组距数列，相邻两个组的上限和下限应间断，故组距定为[14-(5-1)]/5=2，组限的设置如表 4-6 所示，用点计的方法可求得各组变量值出现的次数，进而可求得各组变量值出现的频率。编制的等距数列如表 4-6 所示，次品数的频率分布的直方图如图 4-5 所示。

表 4-6 某工厂 50 盒零件次品数分布

次品数（个）	组平均值（个）	盒数（盒）	频率（%）	累计频率（%）
0～2	0.80	20	40.0	40.00
3～5	3.75	12	24.0	63.33
6～8	7.00	10	20.0	83.33
9～11	9.80	5	10.0	93.33
12～14	12.67	3	6.0	100.00
合计	4.36	50	100.0	-

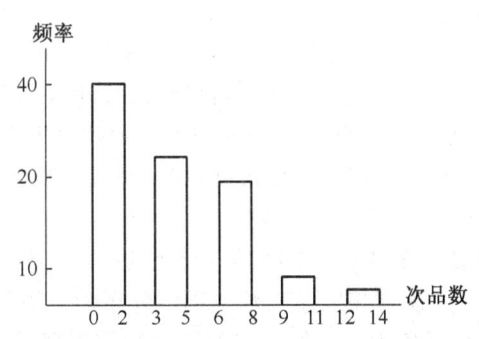

图 4-5 某工厂 50 盒零件次品数分布

【例 4.6】某班 40 名学生统计学考试的分数如下。

88 89 76 98 74 60 78 60 88 87
94 98 95 82 78 79 99 78 95 82
87 84 79 66 84 67 59 72 84 85
50 76 77 74 58 66 78 60 79 70

由于分数的取值范围在 50～99 分之间，无极小分数出现，因此，宜编制等距数列。全距 R=99-50=49。宜分为 5 组，以反映不及格、及格、中等、良好、优秀之间的性质差异；组距可定为 R/i=49/5≈10；根据原始数据计算的各组取值范围、平均值、频数和频率列表 4-7。分组结果表明，考试分数分布的特征是"两头小，中间大"，近似于对称分布。考试分数分布的直方图如图4-6所示。

表4-7　某班统计学成绩人数分布

考分	人数（人）	组平均值	频率（%）	累率频数		累计频率	
				较小制	较大制	较小制	较大制
50～60	3	55.67	7.5	3	40	7.5	100.0
60～70	6	63.67	15.0	9	37	22.5	92.5
70～80	14	76.29	35.0	23	31	57.5	77.5
80～90	11	85.45	27.5	34	17	85.0	42.5
90～100	6	96.50	15.0	40	6	100.0	15.0
Σ	40	78.40	100.0	—	—	—	—

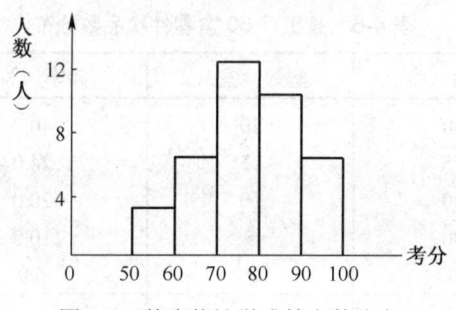

图4-6　某班统计学成绩人数分布

4.3.4　异距式变量数列

当连续型变量或离散变量的取值呈极端偏斜分布状态时，宜编制异距式变量数列（简称异距数列）。编制的难点在于确定组数、组距和组限，为此可先将原始数据从小到大排列，其次，对排列的数据列进行合理的分段，最后根据数据分段的结果确定组数、组距和组限，并计算各组的次数、频率和均值，编制出异距数列。

异距数列和等距数列编制亦可采用K-均值聚类法进行编制。K-均值聚类法是以原始数据为依据，通过对数据的聚类来识别和描述次数或频率分布的类型与特征。聚类时先确定聚类的组数K，再将差异不大的数据集中在一组（以各组的均值为聚类中心），最后根据聚类的结果来描述次数或频率分布的类型与特征。

【例4.7】某县2014年31个乡镇的人均GDP如下。

45 444　35 784　14 782　12 495　16 331　18 983　13 348　14 434　51 474
24 560　27 703　8 675　18 646　9 440　20 096　11 346　11 431　10 426
24 435　8 788　10 871　10 982　9 060　5 052　7 835　9 114　9 899
7 477　10 045　10 239　13 108（元）

由于人均GDP的取值范围在5052～51474元之间，差异悬殊，宜编制异距数列。根据原始数据设定分类的组数$K=9$，聚类结果整理如表4-8所示。聚类结果表明，某县2014年31个乡镇人均GDP的分布为右偏（低偏）分布，其特征是：以中间聚类组为界，人均GDP偏小的部分，次数或频率较大；人均 GDP 偏大的部分，次数或频率较小。同时，31 个乡镇人均 GDP 的平均数为 16203.29 元，小于均值的有 21 个乡镇，占 67.74%，大于均值的只有 10 个乡镇，占 32.26%。因此，某县 2014 年 31 个乡镇人均 GDP 之间的差异悬殊。31 个乡镇人均 GDP 分布的折线图如图 4-7 所示。

表 4-8 某县 2014 年 31 个乡镇人均 GDP 聚类

人均 GDP（元）	聚类中心（平均数）	乡镇个数（个）	频率%	累计频率%
5 000～7 000	5 052.00	1	3.23	3.23
7 000～10 000	8 786.00	8	25.80	29.03
10 000～15 000	11 958.92	12	38.70	67.73
15 000～21 000	18 514.00	4	12.90	80.63
21 000～25 000	24 497.50	2	6.45	87.08
25 000～30 000	27 703.00	1	3.23	90.31
30 000～40 000	35 784.00	1	3.23	93.64
40 000～50 000	45 444.00	1	3.23	96.77
50 000～60 000	51 474.00	1	3.23	100.00
合计	16 203.29	31	100.00	—

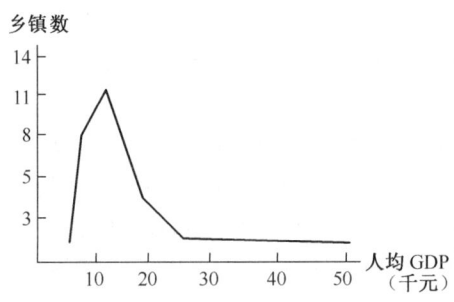

图 4-7 某县 2014 年 31 个乡镇人均 GDP 聚类

4.3.5 交叉式变量数列

交叉式变量数列是对统计总体同时采用两个或两个以上的数量水准进行交叉分组而形成的变量数列。交叉式变量数列中的各种分组之间具有层次性和隶属关系，在分组标志相同的条件下，提供的统计信息量比平行分组变量数列多，并能揭示变量之间的相互关系。分组结果可按主词分层排列，亦可采用主宾排列。交叉式变量数列也也适应于属性水准与数量水准的交叉分组。

【例 4.8】某单位 35 名员工的工龄（年）和月薪（百元）的数据如下。

1（8） 5（12） 9（10） 13（11） 17（18） 21（16） 1（9） 6（11） 10（13）
14（15） 18（18） 22（18） 3（10） 7（12） 4（10） 11（12） 15（15） 1（9）
19（20） 22（20） 4（10） 5（13） 6（10） 8（12） 20（20） 23（22） 8（10）
30（28） 29（21） 28（27） 26（25） 27（26） 24（22） 25（22） 3（10）

若编制交叉式变量数列，工龄和年薪均为连续变量，工龄的变动范围为 1～30 年，月薪的变动范围为 8~28（百元），应采用等距分组（定为 5 组），将工龄和月薪二个数量水准进行交叉分组，采用主宾排列而形成的交叉式变量数列如表 4-9 所示。

表 4-9 某单位 35 名员工的工龄和月薪分布

工龄＼月薪	8~12	12~16	16~20	20~24	24~28	人数合计	频率（%）
1~6	7	2				9	25.71
6~12	5	3				8	22.86
12~18	1	2	1			4	11.43
18~24			3	4		7	20.00
24~30				3	4	7	20.00
人数合计	13	7	4	7	4	35	100.0
频率（%）	37.14	20.0	11.43	20.0	11.43	100.00	—

4.3.6 变量数列图示法

变量数列的次数分布和频率分布的表现形式有统计表和统计图两种。常用的次数或频率分布图有直线图、直方图、折线图和平滑图。

（1）直线图。直线图是用直线的长短来表示各组次数或频率的大小。常用于表现品质数列、离散型变量数列的次数分布或频率分布，如图 4-4 所示。离散型变量组距数列采用直线图时，直线应绘在各组组距的中点。

（2）直方图。直方图是以若干等宽的平行直方长条的长短来表示各组次数或频率的大小。常用于表现组距数列的次数分布或频率分布。如图 4-5 和图 4-6 所示。离散型变量组距的直方图中的条形应间断，连续变量组距数列的直方图的条形应相接起来。

（3）折线图。折线图是在直方图的基础上，用折线将各组次数或频率高度的坐标点连续起来，或用各组均值（或组中值）与次数或频率求坐标点连接而成的分布图。常用于表现连续型变量组距数列的总体分布，如图 4-7 所示。

（4）平滑图。当变量值非常多，变量数列的组数无限增多时，折线图中的折线便近似地表现为一条平滑的曲线。平滑图又称曲线图，是变量数列的组数趋向于无限多时的折线的极限描绘，是一种理论曲线，实质上是对应于连续变量的次数或频率分布的函数关系图。

（5）径叶图。径叶图是一种将数字与图形结合使用的表现统计资料的方式，适合于描述变量数列的次数分布。当变量值为两位数字时，效果更佳。现以例 4.6 的数据说明绘制的步骤。① 将数字从 0 至 9（视需要增减）写成一行，并划一垂直线，这些前置数表示十位数，即为枝干（或径）的部分。② 将每个变量值的第二位数字（个位数）写在垂直线的右边，且与设变量值第一位数字（十位数）对应在横列上。③ 将每一列的第二位数（个位数）依递增次序排列，即为叶的部分。如有必要，可计算列出次数或频率。

将枝叶图翻转 90º 来看，即为一个可表示特定变量值分布的直方图，此图的效果和直方图一样，但原始数据并未漏失，故枝叶图比直方图更有价值。例如，根据例 4.6 的原始数据可绘制的枝叶图如图 4-8 所示。

树茎	树叶	人数
5	0 8 9	3
6	0 0 3 6 6 7	6
7	0 2 4 4 6 6 7 8 8 8 8 9 9 9	14
8	2 2 4 4 4 5 7 7 8 8 9	11
9	4 5 5 8 8 9	6

图 4-8 某班统计学成绩人数分布

4.4 空间数列和时间数列

4.4.1 空间数列

空间数列指同一时间、同一变量或统计指标而不同地区、部门、单位的统计数据依特定次序排列而成的数列。它反映统计指标的数量表现或变量的取值在不同地区或不同单位间的分布状况和数量特征，亦可描述某种社会经济现象或自然现象在地区间的差异情况。

空间数列具有地区名称和统计指标两个要素，如表 4-10 所示。空间数列既可用于整理和表现原始资料，亦可用于整理和表现次数资料。在统计年鉴、经济年鉴等出版物中，可以见到大量的空间数列。空间数列可为研究区域社会经济问题提供重要的统计资料。空间数列编制的一般步骤如下。

表 4-10 某市各县、区 2014 年末人口分布统计表

县（区）名称	人口（万人）	频率（%）
市区	82.95	16.3
郊区	69.94	13.7
甲县	46.94	9.2
乙县	74.51	14.6
丙县	70.94	13.9
丁县	67.88	13.3
戊县	97.19	19.0
合计	510.35	100.00

（1）审查统计资料。首先应审查行政区划有无变动，如有变动，则应按当前的口径用加进、减去等手段进行调整。其次应审查统计指标在各地区的计算范围、方法、价格、时间长度等方面是否一致，如不一致，则应采用换算、推算等手段作出调整。

（2）确定空间数列的形式。空间数列有三种形式：单指标空间数列（如表 4-10 所示），多指标空间数列（如表 4-11 所示）和时空结合数列（如表 4-13 所示）。应根据统计研究的需要作出选择。如要说明多项指标在不同空间的数量分布及其数量关系，应编制多指标空间数列；若要从静态和动态结合上说明现象在不同空间的数量分布，应编制时空结合数列。

表 4-11　某市县区 2014 年国内生产总值分布表

县区名称	国内生产总值（亿元）	比重（%）	人均国内生产总值（元/人）
市区	111.21	39.65	15017
郊区	38.25	13.67	8483
甲县	18.02	6.43	9850
乙县	27.50	9.81	8544
丙县	28.78	10.26	7070
丁县	32.08	11.44	7703
戊县	24.52	8.74	5828
合计	280.36	100.00	9534

（3）确定空间数列的层次。空间数列的层次有两类：一是一级列举层，如某市人口空间数列只列举到各县（区）；二是多级列举层，如某市人口空间数列除列举各县（区）之外，在各县的下面又列举各乡（镇），就是二级列举层。空间数列设置的层次或级数越多，提供的统计信息越具体。究竟设置多少层次，应服从统计研究的目的要求。

（4）确定地区的排列顺序。空间数列中，地区的排列顺序有两种：一是按自然顺序排列；二是按统计指标数值大小的名次排序。一般按自然顺序排列者居多。

（5）编制空间数列表。即把审核后的统计资料，按照确定的空间数列的形式、层次和排列顺序，用统计表的形式陈示出来。

空间数列除用统计表陈示外，亦可采用图示的方法进行表现。最常用的图示法是统计地图。统计地图是以地图为底本，利用点、线条、面积、象形、形象、标志等来表现各区域某种统计指标的大小及其在地理上的分布情形，又称空间数列图或地理数列图。

根据所利用的图形不同，统计地图一般可分为：数据地图、点地图、面地图、象形地图、线路地图、彩色地图、标志地图、模型地图等。图 4-9 是根据表 4-10 的统计数据所绘制的某市人口地区分布数据地图。

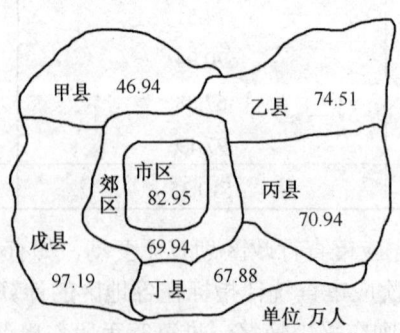

图 4-9　某市各县、区 2014 年人口分布

4.4.2　时间数列

1. 时间数列的性质和种类

时间数列是同一统计指标或变量在同一地区不同时间的数值，按发生的时间先后顺序排

列而成的统计数列,又称动态数列或时序数列。时间数列一般由现象所属的时间和统计指标数值(或变量的取值)两个基本要素构成,如表 4-12 所示。时间数列是整理和表现次级资料或现成资料的重要形式,也是进行动态分析的基础。时间数列可以描述现象的发展变化过程、状态和结果,可以分析研究现象发展变化的水平、速度、趋势和规律,亦可建立时间数列预测模型推测未来的变化。

表 4-12 某市 2005~2014 年末总人口和从业人员统计表

年份	年末总人口(万人)	人口自然增长率(‰)	年末从业人员(万人)	从业者负担系数(人)
2005	591.6	16.50	295.1	1.98
2006	601.4	15.84	304.5	1.96
2007	611.1	16.10	312.5	1.94
2008	616.6	9.40	319.1	1.92
2009	620.7	6.95	325.1	1.90
2010	624.6	6.85	331.2	1.88
2011	630.2	5.87	337.3	1.86
2012	639.2	5.61	343.4	1.84
2013	642.8	5.60	349.1	1.84
2014	646.5	5.36	353.8	1.82

时间数列中的统计指标有绝对数(总量)、相对数和平均数之分,因而时间数列按其排序的统计指标不同,可分为绝对数数列、相对数数列和平均数数列三种。相对数数列和平均数数列都是由绝对数数列派生出来的数列。

绝对数时间数列按性质不同可分为时期数列和时点数列。时期数列又称流量时间数列,数列中各指标数值是可以相加的,并且指标数值大小与其时期长短有直接联系,通常是通过连续不断地登记而取得的。时点数列又称存量时间数列,数列中不同时点的指标数值是不能相加的(相加没有实际意义),其指标数值大小与其间隔长短没有直接联系;通常是按一定时间间隔登记而取得的。

2. 时间数列的编制原则

编制时间数列的目的在于揭示现象发展变化的过程,趋势的规律,因而保证各期统计指标数值的可比性,是编制时间数列应遵循的基本原则。具体应注意以下几点。

(1) 时期长短应相等。时期数列中各指标数值的大小与时期长短有直接关系,因而,各指标所属的时期长度应相等,以保证可比性。这一原则也不是绝对的,有时为了特殊的研究需要(如研究不同历史阶段的发展变化)也可编制时期不等的数列。时点数列不存在指标所属时期的长短问题,但为了更清楚地表现现象发展的过程,其指标数值之间的间隔最好相等。

(2) 总体范围应统一。时间数列中,各个指标所属的系统范围和地区范围应统一。为此,在编制时间数列时,应考虑前后不同时期的统计指标计算的地区口径、部门或行业口径是否一致,如不一致,应按现在的口径调整以往的统计数据,才能保证统计指标的可比性。

(3) 指标内容应统一。在时间数列中,应注意各统计指标内容的同质性和统一性,即统计指标所涵盖的业务内容或经济内容应一致,若不一致,则影响时间数列的可比性,为此,应按现在的业务口径调整以往的统计数据,使统计指标的内容(内涵)前后一致。

(4) 计算要素应统一。计算要素包括计量单位、计算价格、计算公式等。编制时间数列时，如果统计指标的计算要素不一致，如价值指标中计算价格不统一，实物指标中计量单位不统一，相对指标或平均指标的计算公式不一致等，都将导致指标数值不可比。

时间数列编制的可比性问题是一个十分重要的问题，必须十分重视，但也不能绝对化，有时，由于资料来源不同，只要大体可比，就能用来进行分析。

3. 时间数列的编制方法

(1) 审查和调整统计资料。即按照可比性原则审核各个时期的统计指标的时间长短、总体范围、指标内涵、计算价格、计量单位、计算公式等是否一致，如不一致，应采用加入、减去、核算、推导等手段作出调整。

(2) 确定时间数列的形式。时间数列有三种形式：单指标时间数列，多指标时间数列和时空结合数列。若研究的项目只有一个统计指标，则编制单指标时间数列；若要说明多个项目的动态变化及其相互关系，需编制多指标时间数列，实践中，大多编制此类时间数列；若要研究多个地区某一统计指标的动态变化、数量分布及其地区之间的差异，宜编制时空结合数列，如表 4-13 所示。

表 4-13 某市各县历年农民人均经营性收入　　　　　　　　　　（单位：元）

年份 \ 县别	市区	郊区	甲县	乙县	丙县	丁县
2006	5630	4740	4580	4420	4640	4120
2007	6280	5800	52100	5112	5328	5010
2008	7180	6250	5840	5740	6013	5320
2009	7250	6430	6100	5880	5428	5614
2010	7500	6700	6420	6210	6614	6010
2011	7800	7200	6810	6518	7102	6218
2012	9220	8100	7840	7632	7910	7324
2013	9860	9120	8930	8780	9010	8538
2014	12480	9880	9134	9013	9482	8918

(3) 确定时间数列的排列时间。时期数列的排列时间有年度、季度、月份等时距之分，应根据编制的目的作出选择。为了反映历年的变化趋势，应选择年度作为排列时间；为了反映季节变化规律，应选择季度或月份作为排列时间；为了研究趋势变动和季节变动，应将年度和季度（或月份）结合起来作为排列时间。时点数列的排列时间有年末、季末、月末、日（或年初、季初、月初、日）等时点之分，也应根据编制的目的而定。

(4) 编制时间数列表。即把审核后的统计资料，按照确定的时间数列的形式和排列时间，用统计表表现出来，某些时间数列的编制，还应在绝对数数列的基础上，经过计算，求出相对数和平均数派生数列，以满足统计研究的需要。

4. 时间数列图示法

用统计图配合时间数列陈示统计资料，能使人们对时间数列所展现的现象的变化过程和动态获得明确而深刻的印象。常用的时间数列图有动态条形图、动态曲线图、动态象形图等。

(1) 动态条形图。是以宽度相等的条形的长短或高低来比较不同时期统计数据的大小的图形。其条形的排列可以是纵列（垂直条形图），也可以横列（水平或带彩条形图）。动态条形图按涉及的统计指标多少和性质不同可分为单式条形图、复式条形图（如图 4-10 所示）、分段条形图、对称条形图、累计条形图等。

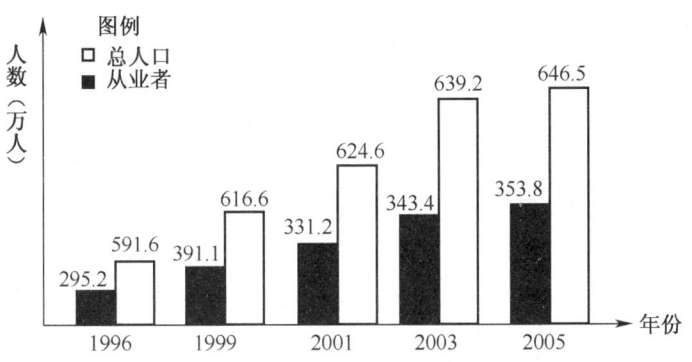

图 4-10　某市 2010～2014 年总人口和从业人员复式条形图

以上图形，也可改换为人数为横轴，年份为纵轴的水平式图形。图中的条形亦可改为图柱形。为使横轴与纵轴的尺度配合适宜，二者的比例为 4:3 为宜。从属指标的长度亦可按占总体指标的比例绘制。

（2）动态曲线图。是以曲线的升降、起伏来表示数据的动态变化。按涉及指标的多少，有单式曲线图和复式曲线图之分；按使用尺度不同，有等差曲线图或等比曲线图（数据取对数）之分。常用横轴代表时间，时间列在等分区间的中点。纵轴代表指标数值，一般应有正确的基准，若有必要可用破格法省去纵轴的一部分。图 4-11 是一种复式曲线图。

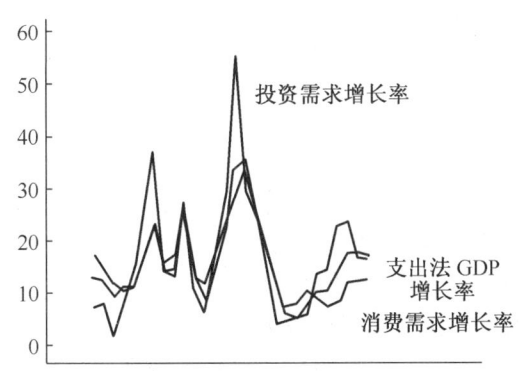

图 4-11　1978～2014 年 GDP、消费和投资增长率波动图

4.5　相关数列和平衡数列

4.5.1　相关数列

1. 相关数列的性质

相关数列是具有一定联系的不同变量或统计指标在不同时间或不同空间条件下的取值，按照一定顺序排列而成的统计数列，又称关联数列。通常用相关表或相关图表示。相关数列是

双变量或多变量分组的品质数列、变量数列、时间数列和空间数列的体现，亦可是这4类数列中的两者交叉分组的复合数列的体现。

相关数列一般由一组有联系的变量名称和变量在具体时空条件下的取值两个基本要素构成。相关数列既是整理和表现原始资料或现成资料的重要形式，也是进行相关分析的基础。相关数列可用于描述现象之间相互联系的数量关系，可用于分析现象之间相关关系的紧密程度，亦可建立统计模型进行预测和控制。

相关数列中的变量一般可区分为因变量和自变量两种。因变量是指受其他因素影响的结果性变量，通常作为研究的目标或对象来对待，又称被解释变量；自变量是影响因变量的各种原因性变量，又称解释变量。例如，用居民收入解释支出时，收入为自变量，支出为因变量，如表4-14和图4-12所示。

表4-14 某市某年居民家庭人均可支配收入和生活消费支出（元/人）

月人均可支配收入（X）	368	435	536	630	762	905	1038	1276
月人均生活消费支出（Y）	360	424	530	550	690	796	901	1088

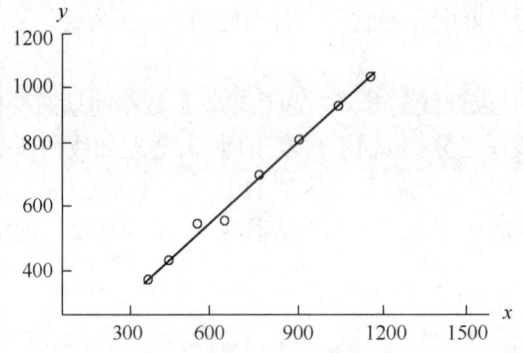

图4-12 某市某年居民家庭人均可支配收入和生活消费支出

2. 相关数列的种类

（1）按相关数列的取值不同，可分为动态相关数列和空间相关数列。前者如分年度的城镇居民家庭人均可支配收入和生活消费支出数列，后者如同一年度不同城市（或不同家庭）的城镇居民人均可支配收入和生活消费支出数列。

（2）按相关数列涉及的变量多少，可分为两变量相关数列和多变量相关数列。前者称为简单相关数列，如表4-12所示；后者称为复变量相关数列，如某种商品历年的需求量与总人口、居民收入、商品价格等多变量的相关数列。

（3）按相关数列中变量性质不同，可分为属性相关数列和数值相关数列。表4-4为属性相关数列，表4-9和表4-14为数值相关数列。

（4）按相关数列中的因变量是否与其他变量相关，可分为因相关数列和自相关数列。因相关数列是因变量Y与自变量（X）在具体时空条件下取值而形成的相关数列，自相关数列是因变量Y的本期数值与过去某期数值相关联而编排的相关数列。

（5）按相关数列中变量是否分组，可分为简单相关数列和分组相关数列。简单相关数列是指因变量Y和自变量X未作分组处理的相关数列，因变量Y和自变量X的取值是一一对应的平行排列，如表4-14所示。分组相关数列可分为单变量分组和双变量分组相关数列两种。

单变量分组相关数列：自变量分组并计算次数，而对应的因变量不分组，只计算其平均值。根据自变量取值的具体情况，自变量分组可以是单项式，也可以是组距式。表 4-15 是 30 个同类工业企业的产品单位成本按产量分组的单变量分组相关数列。

表 4-15　某市 30 个同类企业的产量与单位成本

产量（件）X	企业数 n	平均成本（元/件）Y
20	9	16.8
30	5	15.6
40	5	15.0
50	6	14.8
80	5	14.2

双变量分组相关数列：是对自变量和因变量都进行分组处理而编制的相关数列，这种双变量分组相关数列表现为一种棋盘式的相关表。其编制程序是：首先分别确定自变量和因变量的组数；其次按两个变量的组数设计棋盘式表格；最后计算各组次数置于相应的方格之中。如表 4-16 所示。

表 4-16　某市 30 个同类企业的产量与单位成本

单位成本（Y）（元/件）	产量 X（件）					合计
	20	30	40	50	80	
18	4	-	-	-	-	4
16	4	3	1	1	-	9
15	1	2	3	3	1	10
14	-	-	1	2	4	7
合计	9	5	5	6	5	30

4.5.2　平衡数列

1. 平衡关系与平衡数列

平衡数列是利用总体内部有关变量或统计指标之间的数量平衡关系而编制的统计数列，又称平衡表。可用于研究现象之间的相互联系的数量关系，包括结构关系、比例关系等。平衡关系是平衡数列或平衡表编制和分析的基础，按照项目（指标）之间的对等关系不同，平衡关系有以下 3 种表现形式。

（1）相加平衡关系，即分量相加等于总量。例如，国内生产总值与各收入项目或支出项目之间具有如下关系。

$$\text{国内生产总值} = \text{固定资产折旧} + \text{劳动者报酬} + \text{生产税净额} + \text{营业盈余} \quad \text{（收入法）}$$

$$= \text{总消费} + \text{总投资} + \text{净出口} \quad \text{（支出法）}$$

（2）相减平衡关系，即总量减去分量等于某一分量。例如，国内生产总值与总产出，中间消费具有如下平衡关系。

$$\text{国内生产总值} = \text{总产出} - \text{中间消耗} \quad \text{（生产法）}$$

又如，企业商品销售利润形成的平衡关系为

$$\text{商品销售利润} = \text{商品销售收入} - \text{销售折扣折让} - \text{商品销售成本} - \text{经营费用} - \text{销售税金与附加}$$

（3）收支平衡关系，即收入项目之和等于支出项目之和。例如，工业企业原材料收支平衡关系式为

$$\text{期初结存量} + \text{本期收入量} = \text{本期使用量} + \text{期末结存量}$$

商业企业商品购销存平衡关系式为

$$\text{期初商品存货量} + \text{本期购进量} + \text{其他收入量} = \text{本期销售量} + \text{其他支出量} + \text{期末商品存货量}$$

企业资产负债平衡关系式为

$$\text{流动资产} + \text{长期投资} + \text{固定资产} + \text{无形及递延资产} = \text{流动负债} + \text{长期负债} + \text{所有者权益}$$

2. 平衡数列的分类

平衡数列表现为平衡表的形式，而平衡表可作如下分类。

（1）按平衡表的内容不同，可分类人口平衡表、劳动力平衡表、自然资源平衡表、资产负债平衡表、主要商品产销平衡表、物资平衡表、财政收支平衡表、国际收支平衡表、信贷资金平衡表、居民货币收支平衡表等。

（2）按平衡表的计量单位不同，可分为价值量平衡表和实物量平衡表。价值量平衡表是采用货币单位计量的平衡表，编制时，既要列出所有的收支项目，又要注意采用同一计价标准，才能保持平衡关系的成立。实物平衡表是采用实物单位编制的平衡表，如主要产品产销存平衡表，主要商品购销存平衡表。

（3）按平衡表的统计范围不同，可分综合平衡表和专项平衡表。综合平衡表是对全部产品或商品的价值量进行综合统计的平衡表，如国内生产总值及其使用平衡表，投入产出表、资产负债表等。专项平衡表是对个别产品或个别商品的价值量或实物量进行统计的平衡表，如粮食产销平衡表、石油平衡表、电力平衡表、钢材平衡表等。

（4）按平衡表项目排列形式不同，可分为收支对照式和棋盘式两种。收支对照式又分为左右排列式和上下排列式两种。表 4-17 是左右排列式的平衡表，表 4-18 是棋盘式平衡表。

表 4-17　某商场主要商品购销平衡表

商品	单位	期存存货	本期购进	溢余	本期销售	损耗	期末存货
电视机	台	180	320	—	280	—	220
电冰箱	台	80	120	—	90	—	110
洗衣机	台	120	220	—	150	—	190
电风扇	台	240	160	—	210	2	188
空　调	台	58	62	—	85	—	35

棋盘式平衡表是一种特殊平衡表，适用于联系平衡分析。在这种平衡表中主词和宾词采用完全相同的分组，一般按地区、单位、部分进行分组，以说明产品或商品在不同部门、地区或单位之间的流动方向和流动数量。

表 4-18　某产品产销平衡表

生产＼分配		分配地区				合计
		甲地	乙地	丙地	丁地	
生产地区	甲地	120	300	80	100	600
	乙地	20	40	10	30	100
	丙地	60	200	540	240	1040
	丁地	40	20	70	30	160
合计		240	560	700	400	1900

3．平衡数列（表）的编制

（1）审核和调整统计资料。即审核收支的各个要素指标是否齐全，总体范围是否一致，取值时间是否一致，计量单位是否统一，如不一致应作出调整。

（2）确定平衡表的形式。平衡表根据平衡的内容、平衡的数量关系、项目的排列形式不同而有不同的形式，选择何种形式应考虑研究的目的而定。

（3）确定项目的排列顺序。平衡数列（表）中的项目排列，应根据平衡关系式中的项目先后顺序进行排列，一般是先收入项目，后支出项目。

（4）编制平衡表。编制平衡表时，一般应进行项目的试算平衡，如不平衡，应查明原因，作出调整，某些平衡表亦可设置平衡差来反映。

4.6　统计表的设计

4.6.1　统计表的概念与构成

统计表是以纵横交叉的线条所绘制的表格来表现统计资料的一种形式。用统计表表现统计资料能合理地、有条理性地、系统地排列和组织统计资料，使人阅读时一目了然，印象深刻，便于对照比较。统计表的构成可从形式和内容两个方面看。

从形式上看，统计表由总标题、横行标题、纵栏标题、指标数值四个部分构成。

（1）总标题。统计表的名称，写在表上端中部。如表 4-19 的总标题。

表 4-19　某市 2014 年年末各县区人口统计

县区	总人口（万人）	总户数（万户）	城镇人口（万人）	农村人口（万人）
市区	285.1	105.2	285.1	-
东县	103.2	29.4	24.8	78.4
西县	86.4	35.6	18.9	67.5
南县	78.0	24.8	20.2	57.8
北县	81.2	23.5	17.0	64.2
合计	633.9	208.5	366.0	267.9

（2）横行标题。横行各组的名称，写在表的左方。表 4-19 中有 5 个各县区名称。

（3）纵栏标题。纵栏各指标的名称，写在表的上方。表 4-19 中有 4 个指标名称。

（4）指标数值。列在横行标题和纵栏标题的交叉对应处。

从内容上看，统计表由主词和宾词两大部分构成。

（1）主词。统计表所要说明的总体各单位或各组别的名称。

（2）宾词。统计表所要说明的统计指标名称和指标数值。

主词列在横行标题的位置，宾词列在纵栏标题的位置。有时为了编排合理和阅读方便的需要，宾词和主词可以互换位置。

4.6.2 统计表的分类

（1）按作用分，广义的统计表有调查表、汇总整理表、分析表三种。调查表是用于登记、搜集原始资料的表格；汇总整理表用于表现统计汇总整理结果的表格；分析表是用于统计定量分析的表格，通常是整理表的延续，即在整理表的基础上增加若干分析指标的栏目。

（2）按统计数列的性质不同，可分为品质数列表、变量数列表、时间数列表、空间数列表、相关数列表、平衡数列表。这些类别的统计表可参阅本章各节所列的统计表。

（3）按分组情况不同，可分为简单表、简单分组表和复合分组表。凡总体未经任何分组，仅罗列各单位名称和按时间顺序排列的统计表称为简单表；凡总体仅用一个标志分组所形成的统计表称为简单分组表。凡总体按两个或两个以上标志进行层叠分组所形成的统计表称为复合分组表。

4.6.3 统计表的设计

设计统计表必须遵循科学、实用、简练、美观的原则。

1. 统计表形式的设计

（1）统计表通常都应设计成由纵横条交叉组成的长方形表格，长宽之间应保持适当的比例，过于细长、过于泛短和长宽基本相等的方形表，均不符合美观原则，应尽量避免。

（2）统计表上、下两端的端线应以粗线或双线绘制，表中其他线条一般应以细线绘制。但某些必须用明显线条分隔的部分，也应以粗线或双线绘制。统计表左、右两端习惯上均不划线，采用不封闭的"开口"表式。

（3）统计表各横行如需合计时，一般应将合计列在最后一行，并在合计之上划一细线。各纵栏如需合计时，一般应将合计列在最前一栏。

（4）复合分组列在横行标题时，应在第一次分组的各组组别下后退一、二字填写第二次分组的组别。这时，第一次分组的组别就成为第二次分组各组小计。若需进行第三、四次分组，可按此类推。

（5）复合分组列在纵栏标题时，应先按第一次分组的组别分别列为各大栏，再按第二次分组的组别分别将各大栏分列为各小栏，并在各小栏前加列一小计栏。余者按此类推。合计栏（行）仍列在最前一栏。复合分组的第二次以后的分组如果没有必要列出所有组别时，应在所列出的组别前注明"其中"字样，以表示只列出了部分组别。

（6）统计表纵栏较多时，为便于阅读，可按栏次编号。习惯上对非填写统计资料的各栏分别以（甲）、（乙）、（丙）……的次序编栏，对填写统计资料的各栏分别以（1）、（2）、（3）、（4）……的次序编栏。各栏统计数字间有一定计算关系的，也可用数学符号表示其计算关系。有些横行较多的表，也可同样编行号。

2. 统计表内容的设计

（1）统计表的总标题应当用简练而又准确的文字来表述统计资料的内容，以及资料所属的空间和时间范围。

（2）统计表的主词和宾词之间必须遵守相互对应的原则，以便表明统计表中任一指数值反映的量所属的社会经济性质及其限定的时间、空间和条件。

（3）统计表各主词之间或宾词之间的次序，应当按照时间的先近、数量的大小、空间的位置等自然顺序编排。某些项目之间存在着一定的客观联系，如先有计划、后有实际、才有计划完成相对数；上期结余、加本期收入、减本期支出、等于本期结余数等，则应根据事物运动的客观规律合理编排。

（4）指标数值的计算单位应按下述方法表示：当表中所有指标数值都以同一单位计量时，应将计量单位写在表的右上方，当同栏指标数值采用同一单位计量，而各栏的计量单位不同时，则应将计量单位标写在各纵栏标题的下方或右侧，并用半圆括号括起来。当同一横行用同一计量单位，而各行的计量单位不同时，则可在横行标题后添列一计量单位栏，用以表示横行计量单位。

3. 统计表制表技术要求

（1）文字应书写工整，字迹清晰；数字应填写整齐、数位对齐。

（2）当数字为 0 时要写出来，某格中不应有数字时，要用符号"—"表示出来，当缺某项数字或因数值小可略而不计时，用符号"……"表示；当某项数字资料可免填时，用符号"×"表示。统计数字部分不应留空白。当某些数值与上、下、左、右的数值相同时，亦应填写该数值，不得用"同上"、"同左"等代替。

（3）对某些需要特殊说明的统计资料，应在表下加注说明。

（4）统计表填写经审核后，制表人和主管人都应签名，并加盖本单位公章，以示负责。

复习思考题

1. 简述统计资料整理的程序。
2. 简述统计分组的涵义与作用。
3. 统计数列有哪四种基本形式？
4. 统计资料表现形式有哪三种？
5. 简述品质数列编制的步骤与方法。
6. 简述变量数列编制的方法与步骤。
7. 次数分布的表示方法有哪些？
8. 次数分布有哪些主要类型？
9. 空间数列编制的步骤怎样？
10. 简述时间数列编制的原则与步骤。
11. 简述统计表的构成及其分类。

习　　题

1. 某市有 25 家轻工企业，其工业增加值和经济类型如下（单位：万元）。

820（国有）	580（集体）	630（股份）	380（私营）	420（外资）
820（股份）	280（私营）	720（国有）	650（外资）	348（集体）
780（国有）	280（集体）	380（集体）	480（私营）	398（台资）
538（私营）	988（国有）	784（集体）	828（股份）	630（台资）
386（私营）	428（集体）	826（国有）	488（外资）	288（私营）

要求：（1）按经济类型编制简单分组品质数列；

（2）按工业增加值编制等距式变量数列；

（3）按经济类型和工业增加值编制复合（交叉）分组数列；

（4）用直线图、直方图描述企业经济类型分布，用直方图描述工业增加值分布。

2. 某县有三个制鞋厂。甲厂月产胶鞋 220 万双，其中男鞋 130 万双，女鞋 90 万双；总产量中一等品 150 万双，二等品 52 万双，三等品 18 万双。乙厂月产皮鞋 290 万双，其中男鞋 140 万双，女鞋 150 万双；总产量中一等品 188 万双，二等品 86 万双，三等品 16 万双。丙厂月产布鞋 188 万双，其中男鞋 98 万双，女鞋 90 万双；总量中一等品 110 万双，二等品 68 万双，三等品 10 万双。

要求：（1）按产品类别、产品人群定位、产品等级编制平行分组品质数列；

（2）按产品类别和产品人群定位编制复合（交叉）分组数列；

（3）按产品类别和产品等级编制复合（交叉）分组数列。

3. 某班 50 名学生的数学考试成绩如下。

50	70	71	72	73	73	72	71	60	68
69	70	70	81	82	75	76	78	78	81
81	83	84	86	91	92	96	86	88	84
89	90	92	93	95	78	79	80	76	74
56	72	69	70	80	81	84	48	53	68

要求：（1）编制等距式变量数列；

（2）绘制频数分布直方图、折线图和径叶图；

（3）根据次数分布的类型评价考试试卷的难易程度。

（4）计算考试成绩的平均分、合格率、优秀率、优良率。写出评价说明。

4. 某省某年 32 个市县城镇居民人均可支配收入如下，要求编制组距式变量数列，计算各组的次数和频率，累计频数和累计频率，指出次数分布属于什么类型。

31613	25874	10508	7402	8734	14258	9334	11623
46718	16796	19730	6889	15006	6677	13654	7530
9001	7554	16990	5964	9655	8075	6418	3601
5647	6874	6480	4984	7276	6685	9686	7860

5. 某省某年 30 个县市的职工平均工资/人均 GDP（元）如下。

34191/45480	25271/35788	14707/14812	15645/12496	15985/16334	17331/18986
14409/13350	14458/14435	34345/15214	20957/24568	25896/27733	15334/8678
13688/9442	16614/20112	14282/11348	14419/11442	15659/10432	23959/24438
15461/8792	14417/10882	16630/10988	14344/5063	16140/7842	28950/9118
14796/9899	14939/7484	19084/10054	17211/10243	15558/13128	15826/9072

要求：（1）按职工平均工资编制异距式变量数列，并绘制频数或频率分布折线图；

（2）按人均 GDP 编制异距式变量数列，并绘制频数或频率分布折线图；
（3）按人均 GDP 和职工平均工资编制复合（交叉）分组异距式变量数列；
（4）写出评价说明。

6. 某市 2000～2014 年社会消费品零售额（亿元）/总人口（万人）如下。

   8.30/114.33   9.41/115.82   10.99/117.17   14.27/118.52   18.62/119.85
   23.61/121.12 28.36/122.39 31.25/123.63   33.38/124.76   35.65/125.79
   39.11/126.74 43.06/127.63 48.14/128.45   52.52/129.23   59.50/129.98

   要求计算人均消费品零售额、社会消费品零售额年增长率，并编制多指标时间序列，分别绘制社会消费品零售额、人均消费品零售额、社会消费品零售额年增长率的动态曲线图。

7. 某省某市去年 14 个市州的 GDP（亿元）/最终消费支出/总人口（万人）如下。

   1520/6630/634 524/268/362   367/191/270   591/435/664   360/297/667
   635/354/507   634/354/537   111/52/146   295/227/413   478/269/431
   361/236/506   295/211/450   311/184/380   123/101/245

   要求：（1）计算人均 GDP、人均最终消费支出和消费率，编制多指标空间数列；
   （2）绘制人均 GDP 和人均最终消费支出分布的数字地图；
   （3）按人均 GDP 和消费率编制复合（交叉）组距式变量数列；
   （4）按人均 GDP 和人均最终消费支出编制复合（交叉）分组组距式变量数列；
   （5）写出评价说明。

8. 某汽车经销商某月销售私车 30 台，购车者的职业/年龄记录如下，要求按购车者的职业和年龄编制复合（交叉）分组数列，并给出你的结论。

   私营业主/45   公务员/50   教科人员/43   公司职员/38   工人/46   医务人员/45
   公务员/32   农民/52   私营业主/40   私营业主/35   公务员/38   教科人员/36
   教科人员/41   公司职员/51   工人/55   私营业主/56   私营业主/45 农民/38
   医务人员/42   医务人员/53   公务员/44   教科人员/53   私营业主/36 公务员/37
   教科人员/43   私营业主/55   公司职员/39   医务人员/43   工人/56   农民/38

9. 某行业 25 种股票价格/账面价值/每股盈余如下。

   12.34/4.95/-2.50   11.12/5.00/0.86   65.80/9.58/2.04   35.95/8.45/1.18
   15.00/7.35/-0.88   43.50/22.40/-2.94 14.35/4.15/0.86   16.45/6.85/0.75
   12.85/9.15/0.86   39.13/6.10/1.76   61.54/14.15/2.65   28.76/6.35/1.05
   30.54/3.75/0.48   27.38/12.65/1.26   16.32/3.65/1.08   11.86/3.55/0.18
   33.20/10.00/1.83   28.20/10.65/0.36   27.45/9.15/-0.45   15.14/6.15/0.98
   55.35/22.38/2.54   48.12/6.5/1.68   34.36/9.50/1.05   38.96/10.25/1.52

   要求：（1）按股票价格编制组距式变量数列，并绘制频数或频率分布直方图；
   （2）按股票价格和账面价值编制复合（交叉）组距式变量数列；
   （3）按股票价格和每股盈余编制复合（交叉）组距式变量数列；
   （4）将股票价格、账面价值、每股盈余三个变量结合起来进行 K-均值聚类分析；
   （5）给出你的结论。

10. 某工业行业 18 家企业的产值利税率（%）/劳动生产率（万元）如下。

    12.09/9.63   18.19/10.81   9.68/7.07   9.77/9.53   7.74/7.40   5.16/4.98
    24.85/15.77 23.01/15.41   9.09/8.26   5.71/5.91   15.87/10.24 10.81/7.98

    8.23/9.43   8.77/9.26   5.36/5.70   18.76/9.62   9.42/9.63   9.01/9.45

  要求：（1）编制简单相关数列，并绘制相关散点图；

     （2）编制双变量分组相关数列，并绘制相关散点图；

     （3）给出你的结论。

11．某食品制造厂某月产品产销存资料如下（单位：Kg）。

  （1）月初产品存货：方便面 2880，方便米粉 2350，方便米饭 850，面包 385，糕点 2850。

  （2）本月产品产量：方便面 24580，方便米粉 9850，方便米饭 8500，面包 3450，糕点 23580。

  （3）本月产品销售量：方便面 25850，方便米粉 9540，方便米饭 7350，面包 3650，糕点 25350。

  （4）本月产品盘亏：方便面 12，方便米粉 20，方便米饭 10，面包 15，糕点 25。

  （5）产品销售价（元/ Kg）：方便面 8，方便米粉 6，方便米饭 5，面包 12，糕点 24。

  （6）产品成本价（元/ Kg）：方便面 6.2，方便米粉 4.5，方便米饭 3.8，面包 10，糕点 18。

  要求：（1）编制产品产销存实物量平衡表（表中应有产销存总实物量）；

     （2）按产品销售价编制产品产销存价值量平衡表（表中应有产销存总价值量）；

     （3）按产品成本价编制产品产销存成本平衡表（表中应有产销存总成本）；

     （4）计算本月产品销售毛利额及其分布；

     （5）给出你的结论和建议。

12．某酒类批发商某月酒类商品购销存资料如下（单位：Kg）。

  （1）月初商品存货：白酒 180，啤酒 350，饮料酒 380。

  （2）本月商品购进量：白酒 3180，啤酒 3560，饮料酒 2880。

  （3）本月商品销售量：白酒 2450，啤酒 3780，饮料酒 3180。

  （4）本月商品盘亏量：白酒 20，啤酒 10，饮料酒 15。

  （5）商品购进价格（元/ Kg）：白酒 180，啤酒 18，饮料酒 48。

  （6）商品销售价格（元/ Kg）：白酒 198，啤酒 20，饮料酒 53。

  要求：（1）编制商品购销存实物量平衡表（表中应有购销存总实物量）；

     （2）按销售价编制商品购销存价值量平衡表（表中应有购销存总价值量）；

     （3）按购进价编制商品购销存进价成本平衡表（表中应有购销存进价总成本）；

     （4）计算本月商品销售毛利额及其分布；

     （5）给出你的结论和建议。

13．某市居民对 A 品牌空调满意度测评，很满意人数 300，满意人数 500，较满意人数 600，不满意人 400，很不满意人数 200；要求计算总满意率和不满意率，绘制空调满意度测评频数分布和频率分布统计表，绘制频数分布或频率分布直线图、总满意率和不满意率的圆饼图。

14．某市抽样调查 1000 个家庭，其人均可支配收入 0.5～1.0 万元的家庭 135 个，1.0～1.5 万元的家庭 273 个，1.5～2.0 万元的家庭 286 个，2.5～3.0 万元的家庭 184 个，3.0～3.5 万元的家庭 122 个，要求绘制人均可支配收入频数分布和频率分布统计表，绘制频数分布或频率分布直方图或折线图。

15．某企业为了加强产品销售信息管理，要求依据销售原始记录，定期提供产品销售按品种、类别、客户、区域、月份、年度、客户订货量大小，产品销售与相关变量的关系，产销存平衡关系等统计数据。要求设计各种统计表（区分不同的统计数列）。

16．某学院有10个专业，要求：（1）编制分专业并按学生性别、城乡、年龄、政治面貌等并列分组统计表；（2）编制分专业并按教师的性别、学历、职称、年龄等并列分组统计表。（3）分专业编制近5年的年招生人数、毕业人数、在校人数等时间数列统计表。

实验　Excel 在数据整理中的应用

1. 用 Excel 做数据分类汇总

以本章的习题3中的第1题为例，Excel 数据分类汇总的步骤如下。

第1步：打开 Excel 数据表，键入数据，如表4-20所示。在"A"下键入"经济类型"，在"B"下键入"企业数目"，在"C"下键入"工业增加值"，然后依次键入原始数据。

表4-20　键入数据示意表

	A	B	C
1	经济类型	企业数目	工业增加值
2	国有	1	820
3	集体	1	580
4	股份	1	630
5	私营	1	380
…	…	…	…
25	外资	1	488
26	私营	1	288

第2步：单击"经济类型"任一单元格，在打开"数据"栏中的"排序"，在对话框中选择"升序"并单击"确定"按钮。

第3步：打开"数据"栏中的"分类汇总"命令，在话框中选择"经济类型"为分类字段，在"选定汇总项"中选择"企业数目"和"工业增加值"为分类的复选框，并单击"确定"按钮。

第4步：单击左上角的分级显示符号 1 2 3，和创建汇总统计表。如单击2可得到如表4-21 的汇总统计表。

表4-21　汇总统计表

经济类型	企业数目	工业增加值
股份 汇总	3	2278
国有 汇总	5	4134
集体 汇总	6	2800
私营 汇总	6	2352
台资 汇总	2	1028
外资 汇总	3	1558
总计	25	14150

2. 用 Excel 做频数分布表和分布图

以本章例4.6为例，用 Excel 做频数分布表和分布图的步骤如下。

第1步：打开Excel数据表，键入数据，如表4-22所示。其中代码1表示50~60分，2表示60~70分，3表示70~80分，4表示80~90分，5表示90~100分；代码上限表示全部数据可分为5组。

第2步：选择"工具"下拉菜单，选择"数据分析"选项。

第3步：在分析工具中选择"直方图"。

第4步：当出现对话框时，在"输入区域"框内键入B1:B41；在"接受区域"框内键入C4:C8；在"输出区域"框内键入E3，选择"累积百分率"、"图表"输出，并单击"确定"按钮。

表4-22　键入数据示意表

	A	B	C
1	考分	代码	代码上限
2	88	4	
3	89	4	
4	76	3	1
5	98	5	2
6	74	3	3
7	60	2	4
8	78	3	5
…	…	…	
40	79	3	
41	70	2	

Excel输出的频数分布表如表4-23所示，分布图如图4-13所示。其中的"频率"应理解为频数。"累积百分率"下数据的"%"是多余的。这些都是Excel不严谨的地方。

表4-23　频数分布表

接收	频率	累积 %
1	3	7.50%
2	6	22.50%
3	14	57.50%
4	11	85.00%
5	6	100.00%
其他	0	100.00%

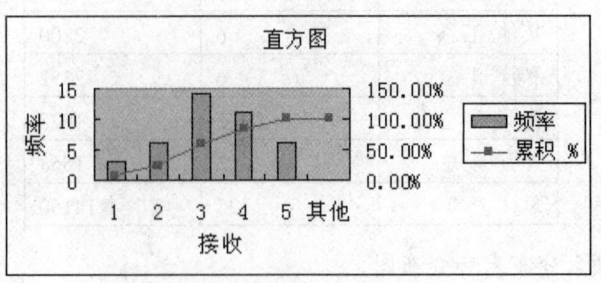

图4-13　频数分布直方图

第5章 统计比较分析

本章主要阐述统计比较分析中各种相对指标的基本计算和分析应用问题。相对指标是统计中应用最为广泛的基本分析方法,要运用好各种相对指标,必须掌握它们的性质、计算方法和应用原则。

5.1 统计比较分析法概述

5.1.1 比较分析法的形式

统计为了研究现象之间的数量关系,通常需要将两个有联系的统计指标进行比较,以揭示现象在不同时间、不同空间、事物内部以及事物之间的数量关系及其特征。而统计比较法的基本形式通常可作如下分类。

1. 差额法和比率法

统计比较法按对比的方式不同,可分为差额法和比率法。差额法是用两个有联系的同类统计指标相减的差额来说明同类现象之间的差异;比率法是用相对指标来说明现象之间的数量关系和特征。相对指标又称相对数或比率,是两个有联系的统计指标对比得到的比值,基本计算公式如下。

$$相对指标 = \frac{比较对象的指标数值}{比较基础的指标数值}$$

差额法一般只适用于同一单位的同类指标的动态比较,而不能进行横向比较。相对指标是说明现象之间数量关系的综合指标,既适用动态比较,也适用横向比较,因而是统计比较分析中最常用的方法,通常所说的统计比较分析法是指相对指标法或比率法。

2. 动态比较和静态比较

统计比较法按对比说明的数量关系不同,可分为动态比较、横向比较和关联。动态比较是同一单位的同类指标在不同时间状态下的对比,用以说明现象发展变化的速度或增长程度,常用动态相对数进行分析。静态比较是同类指标在同一时间、不同空间的横向比较,或者是两个有联系的不同统计指标在同一时空范围内的关联性比较。常用比较相对数、计划完成相对数、结构相对数、比例相对数、强度相对数等进行静态比较分析。动态比较和静态比较通常结合起来分析问题和说明问题。

3. 水平比较、增量比较和相对量比较

统计比较法按对比的指标不同,可分为水平比较、增量比较和速度比较。水平比较是两个有联系的总量指标或平均指标的比较,一般来说,总量指标适宜于动态对比,结构研究和依存关系研究;平均指标适宜于时空对比,以说明地区间、单位间或不同时期的水平差异。增量比较是两个有联系的统计指标的增量的比较,又称边际分析法。相对量比较是两个有联系的相对指标的比较,一般来说,当对比的两个同类指标本身为相对指标时,一般采用差额法较为合适，如甲市今年国内生产总值比去年增长 8.8%，比乙市增长率快 2.3 个百分点。当两个有联系的变量的变化率或增长率进行比较时，亦可用弹性系数来表示比率，如需求的收入弹性就是需求的变化率与收入的变化率之比。

5.1.2 比较分析法的作用

（1）反映现象发展变化的速度、比例、结构以及现象之间的联系程度。既可用于动态比较分析，也可用于静态或横向对比分析，亦可将动态对比和静态对比结合起来进行分析。

（2）可以使原来不能直接对比的总量指标找到共同对比的基础。例如，两个性质不同或规模不同的企业之间，它们的增加值、总产量、销售收入、总成本、总资产、利润总额等总量指标往往是不可比的，只有计算出相对指标才可以对比。

（3）相对指标是比较、评估、考核工作质量和经济效益的重要依据。例如，考核工业企业经济效益常用的相对指标有：增加值增长率、增加值率、产品综合销售率、资产负债率、资产周转率、资金利税率、成本费用率、销售收入利润率、劳动生产率等。

5.2 相对指标分析法

相对指标根据对比的指标性质和作用不同，可分为动态相对数、计划完成相对数、结构相对数、比例相对数、比较相对数、强度相对数等 6 种。这六种相对数可归纳为以下"六比六看"。

（1）报告与基期比，看增减变化的速度；
（2）实际与计划比，看计划完成程度或执行进度；
（3）部分与总体比，看结构与分布特征；
（4）部分与部分比，看比例关系及其变化；
（5）落后与先进比，看差异及其发展潜力；
（6）与有关现象比，看强度、密度和普遍程度。

5.2.1 动态相对指标

动态相对指标是同类统计指标在不同时间状态下的对比而求得的相对数，是综合说明现象发展变化的速度或增长程度的综合指标。动态相对指标是动态对比分析最常用的基本指标。通常把用来作为对比基础的时期称作基期，将与基期对比的时期称作报告期或计算期。动态相对指标有发展速度和增长速度两种基本形式。

（1）发展速度。发展速度是报告期水平（α_n）与基期水平（α_0）之比，用以说明报告期水平为基期水平的多少倍或百分之几。计算公式为

$$发展速度 = \frac{\alpha_n}{\alpha_0}$$

（2）增长速度。增长速度是报告期水平与基期水平的差额（增长量）除以基期水平而求得的相对数，说明报告期水平比基期水平增长了多少倍或百分之几。计算公式为

$$增长速度 = \frac{\alpha_n - \alpha_0}{\alpha_0} = \frac{\alpha_n}{\alpha_0} - 1$$

增长速度又称为增长率,而增长率按其数值大小,通常可区分为负增长、零增长、略有增长、低速增长、适度增长、较快增长、高速增长等不同等级。而且,当各年的增长率逐步扩大时,称为加速增长;各年的增长率逐步减小时,称为减速增长;各年的增长率大体相同时,称为等速增长或稳步增长;各年的增长率起伏波动较大时,则应考察现象是否存在周期性波动。

【例 5.1】表 5-1 是某地 2009~2014 年城镇居民人均可支配收入和消费性支出动态分析,可以看出,居民人均可支配收入增长了 67.09%,比人均消费性支出增长率 58.92% 快 8.17 个百分点。在消费支出中,增长率居前 3 位的依次是交通通信、医疗保健、教育文化娱乐及服务;增长较慢的是家庭设备用品及服务。意味着居民人均消费支出的格局有较大的变化。

表 5-1 某地城镇居民人均可支配收入和消费性支出动态分析

项目	2009 年	2014 年	发展速度(%)	增长率(%)
人均可支配收入(元)	6279.98	10493.03	167.09	67.09
人均消费性支出(元)	4998.00	7942.88	158.92	58.92
1. 食品	1971.32	2914.39	147.84	47.84
2. 衣着	500.46	800.51	159.95	59.95
3. 家庭设备用品及服务	374.49	446.52	119.23	19.23
4. 医疗保健	318.07	600.85	188.90	88.90
5. 交通通信	426.95	996.72	233.45	133.45
6. 教育文化娱乐及服务	669.58	1097.46	163.90	63.90
7. 居住	565.29	808.66	143.05	43.05
8. 杂项商品与服务	171.83	277.75	161.64	61.64

在动态分析中,亦可在计算增长率的基础上,进一步计算不同类别的增长对总增长的贡献率与拉动率,用以说明不同类别的增长对总增长的贡献大小及其影响。

(1)贡献率。贡献率是总体中某类增长量与总增长量之比,用以说明不同类别的增长在总增长中所占的份额,贡献率越大,对总增长的贡献越大。贡献率可以逐期计算,亦可按较长时期计算,应根据研究目的而定。同时,贡献率之和应等于 1。计算公式为

某类贡献率=某类增长量/总增长量

(2)拉动率。拉动率是总体中某类贡献率与总增长率的乘积,用以说明不同类别的增长对总增长的拉动作用,拉动率越大,对总增长的拉动作用越大。拉动率可以按逐期计算,亦可按较长时期计算,应根据研究目的而定。同时,拉动率之和应等于总增长率。计算公式为

某类拉动率=总增长率×某类贡献率

【例 5.2】表 5-2 是某市 2009~2014 年三次产业对 GDP 的贡献率和拉动率分析。2014 年各产业的增加值比 1978 年均有显著的增长,其中第三产业增长了 82.3 倍,第二产业增长了 49.06 倍,第一产业增长了 12.65 倍。从各产业对 GDP 的贡献率和拉动率来看,第二产业最大,第三产业居第二位,第一产业最小。这说明 2009~2014 年期间,第二产业和第三产业是推动 GDP 增长的主要内在原因,工业化和城镇化的推进促进了经济的增长。

表 5-2 某市 GDP 的三次产业贡献率和拉动分析

GDP 分组	1987 年 总额（万元）	2014 年 总额（万元）	增长率（倍）	贡献率（%）	拉动率（倍）
第一产业	1018.4	23070.4	12.65	12.24	5.93
第二产业	1745.2	87364.6	49.06	47.51	23.01
第三产业	881.6	73432.9	82.30	40.25	19.50
合计	3645.2	183867.9	49.44	100.00	48.44

5.2.2 计划完成相对指标

计划完成相对指标是实际完成数与计划任务数对比而求得的相对数，是评价计划完成程度或计划执行进度的综合指标。计划完成相对指标有计划完成程度和计划执行进度两种。

1. 计划完成程度

计划完成程度是本期的实际完成数与计划任务数（目标值或标准值）对比而求得的相对数，用以评价计划期终了时计划目标是否实现。计算公式为

$$计划完成程度 = \frac{实际完成数}{计划任务数}$$

计算和应用计划完成程度指标，应注意以下几点。

（1）当计划目标是按最低限额规定的，如增加值、产量、劳动生产率、利润等，则计划完成程度大于 100% 为好；当计划目标是按最高限额规定时，如职工人数、原材料消耗、产品成本、费用等，则计划完成程度以小于或等于 100% 为好，否则应查明失控的原因。

（2）当计划指标是规定各期应累计达到的总量指标时，则实际数应是计划期内各期累计实际完成数，即采用累计法计算计划完成数。当计划指标是规定计划期末应达到的目标值时，则实际数应是计划期末实际达到的水平，即采用水平法计算计划完成程度。

（3）当计划指标和实际指标均为总量指标或平均指标时，可直接用上述公式计算完成程度。当计划指标和实际指标都是用增减率或差率表示时，应把增减率或差率还原为发展速度或比率，再计算计划完成程度。如表 5-2 中单位成本的计划完成程度为

$$单位成本计划完成程度 = \frac{1-4.8\%}{1-4.0\%} = 99.2\%$$

（4）当计划指标和实际指标均为相对数时，采用差额法（实际指标－计划指标）说明计划完成情况比用计划完成程度要直接通俗一些。如本年单位成本降低率为 4.8%，比计划规定的降低率 4.0% 低 0.8 个百分点。

【例 5.3】某企业某年主要计划指标完成程度如表 5-3 所示。可以看出各项计划指标的完成程度都比较理想，特别是工业增加值、产品销售收入、劳动生产率、利润总额计划超额完成程度较高。各项质量指标，实际比计划均有不同程度的改善和提高。工资总额实际超计划 10.4%，具体原因是调高职工工资和增发超产奖所致。

表 5-3　某企业主要计划指标完成情况

项目	计划	实际	计划完成（%）
1. 工业增加值（万元）	880.0	988.0	111.4
2. 产品销售收入（万元）	1100.0	123.80	112.5
3. 产品销售率（%）	95.0	98.0	103.2
4. 劳动生产率（万/人）	5.0	5.6	112.0
5. 单位成本降低率（%）	4.0	4.8	99.2
6. 产品合格率（%）	95.0	96.0	101.1
7. 利润总额（万元）	63.8	76.6	120.1
8. 工资总额（万元）	178.0	196.6	110.4

2. 计划执行进度

计划执行进度是指计划期内某段时间的实际完成数与全时期的计划数对比求得的相对数，是评价计划执行进度快慢的综合指标。计算公式为

$$计划执行进度 = \frac{某段时间的实际完成数}{全时期的计划数} \times 100\%$$

计算和应用计划执行进度的指标时，应注意以下几点。

（1）当计划指标（年度计划、长期计划）是按累计法规定的总量指标时，则应先求某段时间的实际累计完成数，再与全时期的计划数对比求计划执行进度。而计划执行进度的快慢，应根据已执行的时间长度和综合其他因素的影响作出评价。如：时间过半，计划执行进度一般应≥50%。在累计法条件下如果计划提前完成，则提前完成计划时间为

$$提前完成计划时间 = \frac{累计完成数 - 计划任务数}{日（月季）平均计划数} + 剩余时间$$

（2）当长期计划指标是按水平法规定的计划期末年应达到的总量指标时，一般只需要有连续一年时间的实际水平达到了计划规定的末年水平时，就算达到了长期计划的要求。如在五年计划期间内，第4年第5月到第5年4月实际完成数已达到了计划规定的第5年的计划水平时，则提前8个月实现了计划规定的目标。

（3）当计划指标为平均数、相对数等质量指标时，一般应先计算期内某段时间的实际质量指标数值，再与计划目标对比，以评价实际质量指标是否符合计划目标的要求，如产品合格率、费用率、利润率、单位产品成本等。但有些质量指标如月度劳动生产率或月度资产周转率等，与规定的年度目标值对比，仍具有计划执行进度的性质，亦可采用下列公式进行预计分析。

$$预计计划完成程度 = \frac{月劳动生产率 \times 12}{年劳动生产率目标值} \times 100\%$$

【例 5.4】某商业企业主要指标计划执行进度分析如表 5-4。从表中可以看出，该企业本年上半年商品销售额、劳动效率、资产周转率、利润总额等指标，均实现了时间过半任务完成过半的要求，计划执行进度较快。商品流通费用率 6.3%，低于计划控制目标 6.5%的要求，说明费用有所节约；利润率为 5.2%，比计划利润有所提高，说明企业的盈利能力增强。总的结论是：该企业 2000 年半年计划执行进度快，经济效益提高。

表 5-4 某商业企业主要指标计划执行进度分析

（本年 1～6 月）

项目	年计划	1～6 月实际	计划执行进度（%）	去年同期	比去年同期（±%）
1. 商品销售（万元）	4940	2588	52.4	2424	6.8
其中：批发额	1740	908	52.2	862	5.3
零售额	3200	1680	52.5	1562	7.6
2. 费用率（%）	6.5	6.3	(96.9)	6.6	—
3. 劳动效率（万元/人）	8.0	4.3	53.8	4.1	4.9
4. 资产周转率（次）	6.8	3.8	55.9	3.3	15.2
5. 利润总额（万元）	248	134.6	54.3	116.4	15.6
6. 利润率（%）	5.0	5.2	(104.0)	4.8	8.3

5.2.3 结构相对指标

结构相对指标是总体中部分数值与总体全部数值的对比而求得的相对数，又称比重或频率，是评价总体内部结构及其分布特征的综合指标。计算公式为

$$结构相对数 = \frac{总体部分数值}{总体全部数值}$$

结构相对指标的计算结果可用系数、成数、百分数表示；各组的比重值介于 0 与 1 之间，各组比重之和等于 1 或 100%。

结构相对指标是对现象进行结构分析的重要工具和方法。总体内部的组成状况称作结构，人们对总体现象的认识，不仅要了解其总量，而且要对总体现象内部进行结构分析。为此，必须计算和运用结构相对数。具体应用有以下几个方面。

（1）认识事物的类型和分布特征。事物的结构反映着事物的性质，不同的结构，通常表明事物质的差异。因而，通过总体结构分析，可以认识事物的类型及其分布特征。例如，国际上通常认为 0～14 岁人口占总人口 40%以上者，则为年轻型人口国家，65 岁及以上人口占 10%以上者，则为年老型人口国家。而我国 2005 年根据全国 1%人口抽样调查数据计算，0～10 岁人口占总人口 18.47%，比 2000 年下降了 4.42 个百分点，而 65 岁及以上人口占总人口的 9.07%，比 2000 年提高了 2.51 个百分点。这说明我国人口类型已接近年老型。

【例 5.5】表 5-5 是某地调查 1200 名农村消费者对空调售后服务的满意状态的评价，从消费者对空调售后服务的满意率（包括很满意、较满意、一般）为 44.4%。其深层次的原因可能是厂商比较注重城市彩电市场营销，农村因消费者居住分散，交通不便，售后服务存在较大的难度。从分布类型来看，农村消费者的满意状态偏态分布的形态，即不满意率 55.6%大于满意率 44.4%，不满意占较大的比率。

表 5-5 农村消费者对空调售后服务的评价

满意状态	很满意	较满意	一般	不满意	很不满意	合计
调查人数	112	146	275	420	247	1200
频率（%）	9.3	12.2	22.9	35.0	20.6	100.0

（2）认识事物发展变化的过程、趋势和规律。事物的变化总是先从总体的内部结构演变

开始的，这种演变反映事物发展的不同阶段的量变过程，分析研究这一过程，可以认识事物发展变化的特征、趋势和规律。

【例 5.6】表 5-6 是某市 GDP 产业结构演变分析。2014 年各产业的增加值均比 1978 年有显著的增长，但结构发生了重大变化。第一产业所占比重由 1978 年的 27.9%下降到 2014 年的 12.5%，由第二位退居第三位；第二产业所占比重由 47.9%调整到 47.5%，仍居第一位，第三产业 GDP 所占比重由 24.2%提高到 40.0%，由第三位上升到第二位。这说明 1978~2014 年期间，随着工业化、城镇化、信息化的推进，三次产业结构的格局已由"二、一、三"演变为"二、三、一"，产业结构调整取得了明显的成效。

表 5-6　某市 GDP 产业结构动态分析　　（GDP：万元　比重：%）

GDP 分组	1978 年		2010 年		2014 年	
	总额	比重	总额	比重	总额	比重
第一产业	1018.4	27.9	14716.2	14.8	23070.4	12.5
第二产业	1745.2	47.9	45555.9	45.9	87364.6	47.5
第三产业	881.6	24.2	38942.5	39.3	73432.9	40.0
合计	3645.2	100.0	99214.6	100.0	183867.9	100.0

【例 5.7】表 5-7 是某市城镇居民家庭恩格尔系数分析。恩格尔系数是指居民的食品类消费支出占消费支出总额的比重。恩格尔定律认为，随着居民收入的增加，恩格尔系数呈下降趋势。从长期趋势来看，表中恩格尔系数的变化是符合恩格尔定律的。联合国粮农组织依据恩格尔系数的高低，提出的划分贫困与富裕的标准是：恩格尔系数在 59%以上者为绝对贫困，50~59%为勉强度日，40~50%为小康水平，30~40%为富裕，30%以下为最富裕。

表 5-7　某市城镇居民家庭恩格尔系数分析

项目	1995 年	2000 年	2005 年	2010 年	2014 年
城镇居民消费支出	673.2	1278.89	3537.57	4998.00	7942.88
其中食品（元/人）	351.72	693.77	1771.99	1971.32	2914.39
恩格尔系数（%）	52.24	54.25	50.09	39.44	36.69

（3）反映人力、物力、财力的利用程度，评价工作质量。结构相对指标本身是说明总体内涵上的数量对比关系的重要质量指标，因而具有反映人力、物力、财力利用程度和评价工作质量的功能。例如，职工出勤率、缺勤率、工时利用率是反映人力资源利用程度的重要指标；增加值率和利税率、原材料利用率、设备利用率等，都是反映物力资源利用程度的重要指标；产品合格率、副次品率、废品率、优等品率、商品损耗率等，都是反映产品质量的重要指标。

（4）评价经济结构或资源配置是否合理。通常利用动态比较或横向比较进行结构分析，评价经济结构或资源配置是否合理。例如，通过职工结构分析，可以评价企业人力资源配置是否合理；通过国民经济结构分析，可以评价产业结构、行业结构、分配结构、使用结构是否合理；通过投资结构分析，可以评价投资方向是否合理；通过企业的资产、负债结构分析，可以评价企业资产配置是否合理等。

（5）研究现象之间的协调程度。这种分析通常将两个有联系现象的结构分析结合起来进行分析。例如，将人口的地区结构与产量的地区结构联系起来进行分析，可以考察二者之间是否协调；将各收入阶层的人口结构与收入结构联系起来进行分析，可以评价收入分配的公平程度。

5.2.4 比例相对指标

比例相对指标是总体各部分数值之间相互对比而求得的相对数,是评价总体中各组成部分之间的比例关系和联系程度的综合指标。计算公式为

$$比例相对数 = \frac{总体中某部分数值}{总体中另一部分数值}$$

比例相对指标一般用 1:m:n 的形式表示,亦可用百分比的形式表示,某些特殊的比例亦可用系数表示。例如,某市 2014 年男性人口为 673.75 万人,女性人口为 633.81 万人,则人口的性别比例为 1.063:1 或 106.3:100 或 51.53:48.47。

比例相对指标属于一种结构性比例,也具有反映总体结构的作用,它同结构相对指标有密切的联系,二者的作用相同,只是对比的方法不同,侧重点有所差别。比例相对指标和结构相对指标可互相转换。由于比例相对指标与结构相对数具有相同的作用,而且二者之间可以相互转换,因此,结构分析法亦可改用比例分析法。以下介绍几种重要的比例或比例系数:

(1)三次产业比例。是指 GDP 中第一产业、第二产业和第三产业增加值之间的比例,通过这一比例关系的动态分析,可以反映三次产业的比例关系是否协调。

(2)积累与消费的比例。是指 GDP 中资本形成总额与最终消费额的比例,通过这一比例关系的动态分析,可以反映积累率与消费率的变化及其比例关系是否协调。

(3)霍夫曼系数。是指工业净产值或增加值中,消费资料净产值或增加值与资本工业净产值或增加值之比,用以说明一个国家或地区工业水平的高低,随着工业化水平的不断深入,霍夫曼系数呈下降趋势。

$$霍夫曼系数 = \frac{消费资料工业净产值}{资本资料工业净产量}$$

(4)人口的性别比例。是指总人口中,男性人口与女性人口的比例,通过这一比例的大量观察和动态观察,可以反映人口的性别比例是否稳定和协调。

(5)劳动者负担系数。是指总人口中非劳动年龄人口(14 岁以下人口和 65 岁及以上人口)与劳动年龄人口(15~64 岁)的比例值,即每个劳动者负担的人口数,随着家庭规模的缩小和就业率的提高,负担系数呈下降趋势。

$$劳动者负担系数 = \frac{非劳动年龄人口}{劳动年龄人口}$$

实际计算时,非劳动年龄人口中还可加上劳动年龄人口中丧失劳动能力的人口,再减去无需就业者负担的离退休人口。若根据城乡居民家庭调查资料计算,则有

$$劳动者负担系数 = \frac{家庭人口 - 离退休人口}{就业人口}$$

5.2.5 比较相对指标

比较相对指标是同一时间不同空间的同类统计指标对比而求得的相对数,是表明同类事物在不同空间条件下的数量对比关系及其差异程度的综合指标。计算公式为:

$$比例相对数 = \frac{甲地(单位)某指标数值}{乙地(单位)同期同类指标数值}$$

比较相对指标的分子和分母可以互换，即可从不同的出发点说明问题。比较时，应以何地或何单位的指标作为比较的基础，应根据研究目的而定。例如，甲企业职工平均工资 8860 元/年，乙企业为 9326 元/年，甲企业为乙企业的 95%；乙企业为甲企业的 105.3%。

比较相对指标一般应根据平均指标或相对指标对比计算，由于总量指标受社会经济条件不同的影响，因而将总量指标先转化为平均指标或相对指标，再计算比较相对指标较为合适。

比较相对指标可用于不同国家、地区、单位之间的比较，也可用于先进水平与落后水平的比较、国家标准水平同企业水平的比较。比较的目的在于揭示空间差异的程度，而不能说明现象内部结构或比例关系是否合理的问题。

【例 5.8】表 5-8 是 2005 年湖南与周边 6 个省（区）人均 GDP 比较分析。若以湖南的人均 GDP 作为比较的基础，则广东为湖南的 2.3437 倍，与 2000 年相比差异有所扩大；湖北为湖南的 1.0964 倍，差异有所缩小；而广西、贵州、四川和江西均低于湖南水平，但广西、贵州和四川与湖南的差距有所缩小，湖南人均 GDP 在 7 个省（区）中居第 3 位。

表 5-8　湖南与周边省区人均 GDP（元）比较

省（区）	2000 年		2005 年		人均 GDP 年增长率%
	人均 GDP	比较（%）	人均 GDP	比较（%）	
湖南	5639	100.00	10426	100.00	84.89
广东	12885	228.50	24435	234.37	89.64
广西	4319	76.59	8788	84.29	103.47
贵州	2662	47.21	5052	48.46	89.78
四川	4784	84.84	9060	86.90	89.38
湖北	7188	127.47	11431	109.64	59.03
江西	4851	86.03	9440	90.54	94.60

5.2.6　强度相对指标

强度相对指标是同一时空条件下两个性质不同，但有联系的统计指标对比而求得相对数，是表明现象强度、密度、普遍程度和依存关系的综合指标。计算公式为：

$$强度相对数 = \frac{某现象的统计指标}{有联系的现象的统计指标}$$

例如，人口总数与土地面积对比求得的人口密度、主要产品产量与人口数对比求得的人均产量，人均 GDP 或人均 GNP，资产周转率等都是强度相对数。强度相对指标具有以下特点。

（1）强度相对指标一般采用有名数，如人口密度用"人/平方公里"表示，人均产品产量用"公斤/人"表示，资产周转次数用"次/年（月）"表示。也有少数强度相对指标采用无名数，如人口自然增长率用千分数表示等。

（2）强度相对指标的分子、分母可以互换，因而有正指标与逆指标之分。强度相对数大小与现象的强度、密度或普遍程度成正比，则为正指标；若成反比，则为逆指标。例如，我国 2005 年 GDP 为 183867.9 亿元，能源消费总量为 223319 万吨标准煤，则万元 GDP 的能源消费率为 1.21 吨/万元（逆指标），而能源消费的 GDP 产出率为 0.82 万元/吨（正指标）。

（3）强度相对指标说明的是现象之间的依存性或相关性比例关系，而不是结构性比例关系。强度相对指标具有"平均"的含义，某些强度相对数也往往使用如"人均"之类的字眼，但它与平均指标在含义上是有严格区别的。平均指标是同一总体的各单位某一数量标志的一般水平,而强度相对指标是两个性质不同的现象的统计指标之间的比值,而不是总体各单位某一数量标志的一般水平。

强度相对指标的应用十分广泛,主要表现在以下几个方面。

(1)反映现象的密度和普遍程度。如以人口数与土地面积对比求得的人口密度,以铁路(公路)总长度与土地面积对比求得的铁路(公路)密度,以森林面积与土地面积对比求得的森林覆盖率,以零售商业(饮食、服务)机构数与人口数对比求得的商业(饮食、服务)网密度,以及每万人拥有的邮电所数、每万人拥有的电话机、每万人拥有的医生数或医院床位数等等,都是反映有关现象密度和普遍程度的强度相对数。

(2)反映一个国家或地区的经济实力。由于强度相对指标能说明社会经济现象的强弱程度,因而,可用于评价一个国家或地区的经济实力。常用的评价经济实力的强度相对指标有:人均GDP或GNP,人均主要工业产品,人均主要农产品产量,人均财政收入额,人均投资额,人均国际储备或黄金储备、人均公共教育经费等。

(3)反映社会经济活动条件的优劣程度。这类强度相对数一般都是技术经济指标,如人均耕地面积、人均森林蓄积量、人均水资源拥有量、人均主要矿产资源保有储量、每个职工拥有的固定资产额、每万亩耕地拥有的拖拉机台数、每万人拥有的自然科技人员数等。

(4)评价社会经济活动的效果或效益。这类强度相对指标都是重要的考核指标,并且与其他有关相对指标一起可组成经济效益考核指标体系。如评价企业经济效益的主要强度相对指标有:资金利税率、成本费用利润率、资本金利润率、资产报酬率、总资产周转率、流动资产周转率、应收账款周转率、存货周转率、资产负债率、流动比率、速动比率等。

【例5.9】表5-9是某市2000~2014年全部国有及规模以上非国有工业主要经济效益指标。这些评价指标大都是强度相对指标,其中资产负债率为逆指标,其余为正指标。可以看出,2014年各项效益指标比2010年都有不同程度的改善,说明我国全部国有及规模以上非国有工业经济效益具有提高的态势。为此,还可计算经济效益综合指数来评价工业经济效益综合提高的程度,而综合指数的计算将在第8章统计指数中介绍。

表5-9 某市2000~2014年工业主要经济效益指标

项目	2000	2005	2010	2014
1. 工业增加值率(%)	28.11	29.64	28.69	28.77
2. 总资产贡献率(%)	8.29	9.00	11.82	12.74
3. 资产负债率(%)	59.24	60.81	57.81	57.46
4. 流动资产周转率(次/年)	1.58	1.62	2.35	2.50
5. 工业成本费用利润率(%)	3.81	5.56	6.42	6.74
6. 全员劳动生产率(元/人年)	18477	45679	104680	123771
7. 产品销售率(%)	94.42	97.67	98.14	98.18

5.3 边际与弹性分析法

相对指标通常用于两个有联系的总量指标或平均指标的比较,但在实际分析中,有时需要对两个有联系的总量指标或平均指标的增减量或增减率进行比较,即采用边际分析法或弹性分析法来反映现象之间的数量关系和变化特征。边际系数和弹性系数是一种特殊的相对指标。

5.3.1 边际分析法

边际分析法又称增量比较分析法，它是通过计算两个有联系的统计指标或变量的边际系数来反映现象之间的数量关系和变化特征。边际又称边际效应、边际系数、边际倾向、增量系数等，它是因变量 y 的增减量 $\triangle y$ 与自变量 x 的增减量 $\triangle x$ 的比值，用以说明自变量每增加一个单位能引起因变量 y 能增加多少个单位。计算公式为

$$M_i = \frac{\Delta y_i}{\Delta x_i} = \frac{y_i - y_{i-1}}{x_i - x_{i-1}} \quad (i=1, 2, \cdots, n)$$

以上是逐期边际的计算，而定基边际的计算公式为

$$M_i = \frac{\Delta y_i}{\Delta x_i} = \frac{y_i - y_0}{x_i - x_0} \quad (i=1, 2, \cdots, n)$$

从逐期边际的长期变化趋势来看，一般有边际递减，边际递增，边际稳定，边际波动等形态。而每一种形态都是现象间相互联系的数量关系变动规律的客观反映。因此，逐期边际可以考察现象间数量关系的变动过程和趋势，而定基边际主要反映较长时期的一般边际水平。

【例 5.10】表 5-10 是某市 2004~2014 年城镇居民家庭人均可支配收入和消费支出的基本分析，从中可看出，消费倾向（人均消费支出/人均可支配收入）总的趋势是下降的，但在一定的阶段则具有相对的稳定性；而边际消费倾向波动较大，总的趋势是围绕边际消费倾向的平均线而上下波动。因此，在动态分析中，消费倾向和边际消费倾向并非随着居民收入的提高而总是具有不断递减的变动趋势，而是具有阶段稳定性或周期波动性的特征。2004~2014 年定基边际为

$$M = \frac{7942.9 - 3537.6}{10493.0 - 4283.0} = 0.7094$$

计算结果表明 2004~2014 年边际消费倾向的一般水平为 0.7094，即人均可支配收入平均每增加一元，人均消费支出平均增加 0.7094 元，人均储蓄平均增加 0.2906 元。

表 5-10 某市城镇居民家庭人均可支配收入和消费支出基本分析

年份	人均可支配收入（元）	消费支出（元）	消费倾向（%）	边际消费倾向	消费的收入弹性
2004	4283.0	3537.6	82.60	0.8723	1.0696
2005	4838.9	3919.5	81.00	0.6870	0.8317
2006	5160.3	4185.6	81.11	0.8279	1.0222
2007	5425.1	4331.6	79.84	0.5514	0.6798
2008	5854.0	4615.9	78.85	0.6629	0.8302
2009	6280.0	4998.0	79.59	0.8969	1.1375
2010	6859.6	5309.0	77.40	0.5366	0.6742
2011	7702.8	6029.9	78.28	0.8550	1.1047
2012	8472.2	6510.9	76.85	0.6252	0.7986
2013	9421.6	7182.1	76.23	0.7070	0.9199
2014	10493.0	7942.9	75.70	0.7101	0.9315

5.3.2 弹性分析法

弹性分析法又称相对量比较分析法，它是通过计算两个有联系的统计指标或变量的增减率的比值来反映现象之间的数量关系和变化特征。这种分析是通过计算弹性系数来进行分析，弹性系数是指因变量 y 的增减率与自变量 x 的增减率之比，用 E 表示。它能说明自变量 x 每变化百分之一，因变量 y 能相应地变化百分之几。计算公式为

$$E = \frac{y_i - y_{i-1}}{y_{i-1}} \div \frac{x_i - x_{i-1}}{x_{i-1}}$$

$$= \frac{y_i - y_{i-1}}{x_i - x_{i-1}} \cdot \frac{x_{i-1}}{y_{i-1}}$$

$$= \frac{\Delta y}{\Delta x} \cdot \frac{x_{i-1}}{y_{i-1}} \quad (i = 1, 2, 3, \cdots, n)$$

以上是逐期弹性的计算公式，若需计算定基弹性系数 $\overline{E}$，则可采用下列公式计算：

$$\overline{E} = \frac{y_n - y_0}{y_0} \div \frac{x_n - x_0}{x_0} = \frac{y_n - y_0}{x_n - x_0} \cdot \frac{x_0}{y_0}$$

逐期弹性主要反映两个有联系的变量增减率之间的数量关系和变化特征，表 5-10 中的消费的收入弹性是逐期弹性；定基弹性主要反映较长时期弹性的一般水平。弹性可按数值大小、取值正负、衡量对象不同进行分类。

（1）按弹性系数的大小，可分为零弹性（$E=0$）、低弹性或弱效应弹性 $|E|<1$，等效应弹性 $|E|=1$，强效应弹性 $|E|>1$。

（2）按弹性系数取值正负，分为正效应弹性 $E>0$ 和负效应弹性 $E<0$。前者说明两个变量之间同向变动，即正相关；后者说明两个变量之间异向变动，即负相关。

（3）按弹性衡量对象不同，可分为需求弹性、供给弹性、产出弹性等。其中每一类弹性又可细分为不同的弹性，如需求弹性可分为需求的收入弹性、需求的价格弹性、需求的交叉弹性或弧价格弹性。产出弹性可分为产出的劳动力弹性、资本弹性、能源弹性等。

弹性在经济研究和统计分析中应用较为广泛，可以研究现象之间相互联系的数量关系，例如，运用弹性可测定居民收入变动对居民各类商品消费或需求的变动影响，研究国内生产总值变动对消费、资本积累、财政收支、能源消费等变量的影响。亦可揭示现象间数量关系的变动趋势和规律。这种分析通常计算逐期弹性进行长期趋势分析。一般来说弹性系数的变动趋势也有递减型、递增型、相对稳定型和周期波动型等形态。

【例 5.11】表 5-11 是根据表 5-1 的数据计算的某市 2009~2014 年城镇居民家庭人均消费支出的定基（2009 年为基期）边际和弹性分析。其中消费的收入弹性为 0.8782，说明收入每增长 1%，消费支出增长了 0.8722%，消费的增长略慢于收入的增长，说明居民的储蓄倾向增大。在各类商品消费的收入弹性中，食品、衣着、家庭设备用品和居住的弹性较弱，而医疗保健和交通通讯均为高效应弹性。娱乐教育及文化服务和杂项商品与服务为中等效应弹性。这说明 2009~2014 年期间，随着城镇居民收入的增长，消费结构发生变化，人们的食品问题解决后，更加注重医疗保健、交通通讯、娱乐教育及文化服务等方面的消费，同时，亦说明这三类消费已成为消费的增长点，这三类消费是否存在价格上涨过快的问题，则需要进一步分析。

表 5-11 某市城镇居民人均消费性支出的边际和弹性分析

项目	2009 年	2014 年	消费边际	增长率（%）	消费的收入弹性
人均可支配收入（元）	6279.98	10493.03	-	67.09	-
人均消费性支出（元）	4998.00	7942.88	0.6990	58.92	0.8782
1. 食品	1971.32	2914.39	0.2238	47.84	0.7131
2. 衣着	500.46	800.51	0.0712	59.95	0.8936
3. 家庭设备用品及服务	374.49	446.52	0.0171	19.23	0.2866
4. 医疗保健	318.07	600.85	0.0671	88.90	1.3251
5. 交通通信	426.95	996.72	0.1352	133.45	1.9891
6. 教育文化娱乐及服务	669.58	1097.46	0.1016	63.90	0.9525
7. 居住	565.29	808.66	0.0578	43.05	0.6417
8. 杂项商品与服务	171.83	277.75	0.0252	61.64	0.9188

5.4 比较分析法的应用

5.4.1 比较分析法的应用原则

比较分析法是统计中应用最为广泛的基本分析方法，为了使统计比较分析法能正确反映事物间的数量对比关系和变化特征，应用时应注意以下几个原则。

（1）注意对比指标可比性。相对指标、边际和弹性系数的计算，应注意对比的两个指标在指标涵义、计算口径、空间范围和计算方法等方面的可比性。一般来说，对比的结果能够确切地说明所要研究的问题，这样的对比就符合可比性原则。

（2）正确选择对比基数。计算和应用相对指标，不仅要注意可比性，而且必须注意根据研究的目的，从现象的性质和特点出发，正确选择对比的基数，以便真实地反映事物间的数量关系。因为对比的基数不同，所反映的问题就不同，对比基数不正确，就会得出错误的结论。

（3）相对指标和总量指标结合。总量指标是反映总体现象规模的综合指标，相对指标是反映总体在内涵上的数量对比关系的综合指标，二者必须结合运用，才能较为全面地分析问题和说明问题。否则，光有相对指标，则看不出相对数背后的绝对数大小，光有总量指标，则看不出事物间的数量对比关系。

（4）动态比较与横向比较相结合。计算和应用相对指标应善于从动态比较上去考虑事物发展变化的过程、特征、趋势和规律，从横向比较上去揭示事物在不同空间状态下的差异程度。而且动态比较和横向比较应尽量结合运用，以便更为全面地说明问题。

（5）定量分析与定性分析相结合。计算和运用相对指标不能只根据数量的大小、多少来比较事物的好坏或判断正常与否，而必须结合社会经济现象的实际内容来考察，注意定性分析与定量分析相结合，注意具体问题具体分析。

5.4.2 比较分析法的综合运用

一个统计指标只能反映总体现象一个侧面的情况，而要了解总体现象的全面情况，必须将多项总量指标、相对指标和平均指标结合起来进行运用。例如，社会经济发展水平的综合评价、企业经济效益的综合评价、城市化、工业化、信息化水平的综合评价等，往往需要运用多种相对指标和平均指标组成的指标体系进行考核和评价。

【例 5.12】 美国经济学家英克尔斯提出的现代化国家 10 项指标如下。这 10 项指标构成了一个现代化国家的评价指标体系，但指标体系中未包括信息化、知识化等评价指标，因而，是传统现代化的评价指标体系，当代现代化的评价还应增列信息化、知识化等方面的评价指标。

（1）人均 GNP 在 3000 美元以上；
（2）农业增加值在 GNP 中占 12%～15%；
（3）第三产业在 GNP 中占 45%以上；
（4）非农业就业人口占就业总人口 70%以上；
（5）识字人数占总人口 80%以上；
（6）适龄青年受高等教育人数占 10%以上；
（7）城市人口占总人口人数的 50%以上；
（8）平均每个医生服务人口在 1000 人以下；
（9）平均寿命在 70 岁以上；
（10）人口自然增长率在 1%以下。

复习思考题

1. 统计比较分析有哪两种基本形式？
2. 简述相对指标的特点、作用和种类。
3. 动态相对指标有哪两种基本形式？
4. 计算和应用计划完成程度和计划执行进度指标各应注意哪些问题？
5. 简述结构相对指标的性质和应用。
6. 试列举社会经济统计中重要的比例相对指标。
7. 简述比较相对指标的性质和应用。
8. 简述强度相对指标的性质和应用。
9. 相对指标的应用应遵循哪些原则？
10. 简述边际系数和弹性系数的性质和应用。

习 题

1. 某市 2008 年、2013 年和 2014 年地区生产总值及分类资料如下（单位：亿元）。

项目	2008 年	2013 年	2014 年
地区生产总值	3551.49	6511.34	7568.89
其中：第一产业	784.92	1255.08	1332.23
第二产业	1293.18	2596.71	3151.70
第三产业	1473.39	2659.55	3084.96

要求：①列表分析地区生产总值的动态变化和结构变化；②列表分析三次产业增长对地区生产总值增长的贡献率和拉动；③写出简要的分析评价。

2．某市 2008 年、2013 年和 2014 年支出法 GDP 及分类资料如下（单位：万元）。

项目	2008 年	2013 年	2014 年
支出法 GDP	98749.0	188692.1	221170.5
其中：最终消费	61516.0	97822.7	110413.2
资本形成	34842.8	80646.3	94103.2
净出口	2390.2	10233.1	16654.1

要求：①列表分析支出法 GDP 的动态变化和结构变化；②列表分析三大需求增长对 GDP 增长的贡献率和拉动；③写出简要的分析评价。

3．某工业企业某年有关计划与实际完成数如下，要求列表分析计划完成程度和各指标的动态变化（表中应增列工业增加率、产品销售收入、利润率等指标）。

项目	计划	实际	去年实际
工业总产值（万元）	3520	3858	3480
工业增加值（万元）	1760	1980	1700
产品销售收入（万元）	3480	3828	3350
产品销售率（%）	95.0	98.0	94.6
劳动生产率（万元/人）	10.0	11.2	9.5
单位成本降低率（%）	5.0	5.4	4.2
产品合格率（%）	960	97.8	95.4
利润总额（万元）	128.0	148.4	118.8

4．某商业企业某年 1~8 月计划执行进度的有关资料如下，要求分析计划执行进度和动态变化。

项目	计划	实际	去年实际
商品销售额（万元）	5880	4180	3852
费用率（%）	6.8	6.5	6.9
劳动效率（万元/人）	10.0	7.2	6.6
资产周转率（次）	5.8	3.2	3.0
利润总额（万元）	28.2	218	168.0
利润率（%）	4.8	5.2	4.4

5．某县 2009 年和 2014 年农民纯收入和生活消费支出如下（元/人），要求：①列表分析农民收入和生活消费支出的动态变化和结构变化；②列表分析人均消费的收入边际和弹性；③写出简要的分析评价。

项目	2009 年	2014 年
人均纯收入	2235.4	2982.7
人均消费支出	1367.9	1925.2
其中：食品	823.9	1123.0
衣着	92.1	124.7
居住	192.4	267.9
用品	68.8	79.9
医疗	35.6	62.1
交通	26.3	60.2
文教	128.8	207.6

6. 某地近两年各县农民纯收入资料如下（单位：元/人），要求列表进行农民纯收入的县际比较，写出简要的分析评价。

县别	去年	今年
甲县	2830	3042
乙县	2871	3058
丙县	2933	3232
丁县	4532	5144
戊县	2751	2972
已县	1861	1965
平均	2987	3388

7. 某地 2003~2014 年 GDP、城乡居民人均收入、人均消费如下（单位：元/人），要求进行综合比较分析，并归纳分析结论。

年份	人均 GDP	城镇居民		农村居民	
		人均收入	人均消费	人均收入	人均消费
2003	2630	3888	3138	1155	1088
2004	3359	4699	3886	1425	1367
2005	3963	5052	4098	1792	1737
2006	4420	5210	4317	2037	1816
2007	4667	5434	4371	2064	1889
2008	4933	5815	4801	2147	1920
2009	5425	6218	5219	2197	1942
2010	6120	6781	5546	2299	1990
2011	6734	6959	5575	2398	2069
2012	7589	7674	6083	2532	2139
2013	9165	8618	6885	2838	2472
2014	10426	9524	7505	3118	2756

实验　Excel 在比较分析中的应用

以本章例 5.1 为例，用 Excel 作比较分析计算的步骤如下。

第 1 步：打开 Excel 数据表，键入数据，如图 5-1 所示。

	A	B	C	D	E	F
1	6279.8	10493.03	167.0918	67.09179		
2	4998	7942.88	158.9212	58.92117	100	100
3	1971.32	2914.39	147.8395	47.83952	39.44218	36.69185
4	500.46	800.51	159.9548	59.95484	10.01321	10.07833
5	374.49	446.52	119.2342	19.23416	7.492797	5.621638
6	318.07	600.85	188.9050	88.90496	6.363946	7.564637
7	426.95	996.72	233.4512	133.4512	8.54241	12.5486
8	669.58	1097.46	163.9027	63.90275	13.39696	13.8169
9	565.29	808.66	143.0522	43.05224	11.31032	10.18094
10	171.83	277.75	161.6423	61.64232	3.437975	3.496842

图 5-1　用 Excel 作比较分析计算

第 2 步：在 C1 键入 "=A1/B1*100"，若定义增长率则为 "=A1/B1*100-100"。按回车键，则有 C1 的计算结果，然后将 C1 这个结果框住，将这个框的右下角向下拖动就会出现 A2/B2 的计算结果，再向下拖动就是 A3/B3 的计算结果，以此类推，可得到全部结果。

第 3 步：若要分别计算 2000 和 2005 年城镇居民人均消费性支出的比重，2000 年的计算可在 E2 键入定义 "=A2/4998*100"，按回车键，则有 E2 的计算结果，然后将 E2 的计算结果框住，再向下拖动就是 E3 的计算结果，以此类推，可得到全部结果。2005 年的计算可在 F2 键入定义 "=B2/7942.88*100"，其他操作与以上相同，全部计算结果如图 5-1 所示。

若要作边际分析或弹性分析的计算，同样可先键入定义 "公式"，再逐格拖动可得到全部计算结果，具体操作略，读者可自行实践。

第6章 数据分布特征测度

本章主要阐述数据分布特征测度的基本方法，主要包括集中趋势测度与离散趋势测度。其中集中趋势测度主要有算均、调均、几均、中位数和众数，离散趋势测度主要有全距、四分位差、方差与标准差、变异系数。此外，本章还阐述了偏度与峰度的测度方法。

6.1 数据分布特征测度概述

6.1.1 数据分布特征测度的内容

数据分布特征测度是对总体各单位按数量水准或属性水准分组形成的分布数列进行定量分析，以揭示总体的分布特征、集中趋势、离散趋势等。主要分析内容包括以下4个方面。

（1）分布特征识别。主要考察变量数列或属性数列中次数分布或频率分布的状况，识别次数分布或频率分布类型与分布特征等。

（2）集中趋势测度。主要考察变量数列或属性数列中数据分布的集中程度，主要测度有算均、调均、几均、中位数和众数等平均指标。

（3）离散趋势测度。主要考察变量数列或属性数列中数据分布的差异程度，主要测度有全距、四方位差、方差与标准差、变异系数等变异指标。

（4）偏度与峰度测定。主要考察变量数列次数分布的非对称程度和次数分布曲线的尖峭程度。二者测度的方法主要是动差法。

6.1.2 数据分布特征测度的作用

（1）认识作用。通过数据分布特征测度可以认识总体的内部结构与分布特征，总体各单位的一般水平与差异程度，掌握客观现象的数量特征与规律。

（2）比较作用。通过集中趋势与离散趋势测度，可以比较不同国家、不同地区、不同企业同类现象一般水平的高低及其差异程度。例如计算不同地区农民平均收入及其标准差，可以衡量不同地区农民收入的差异程度以及收入差距是否扩大。

（3）数量标准作用。以平均数为标准，可以判断某种现象或事物数量的大小、水平的高低、效果和质量的好坏。在制定各种管理定额中，常以相应的平均数为基础。

（4）推断作用。集中趋势测度的样本平均数和离散趋势测度的样本方差或标准差，是抽样推断的重要依据。亦可根据总体单位总量及总平均数推算总体标志总量。

6.1.3 数据分布特征测度的原则

（1）注意总体各单位的同质性。若总体中具有极端值的非同质总体单位的混入，则大大削弱了平均指标的意义，扩大了总体各单位之间的离散程度，从而忽视了不合理现象的存在。

（2）用组平均数补充总年均数。用组平均数对总平均数作补充说明，可以说明总平均数变动的内部原因或说明不同时间、不同空间总平均数差异的成因。

（3）用次数分布补充总平均数。总平均数把总体各单位的差异抽象化了，掩盖了总体各单位的差异及其分布状况。因此，用次数或频率分布补充总平均数，可以较为全面地认识总体的数量特征。

（4）集中趋势与离散趋势测度相结合。集中趋势测度的平均数只能说明数列的一般水平，离散趋势测度的变异指标，可以衡量平均数的代表性高低，评价现象变动的均衡性或稳定性。因此，二者必须结合应用。

（5）注意一般与个别相结合。为了丰富平均数对客观现象的认识作用，往往需要结合典型事例，特别是要用先进和落后的典型，来补充总平均数的不足，或用分段平均数补充说明总平均数的不足。

6.2 次数分布的类型与识别

6.2.1 次数分布的类型

次数分布是由变量的不同取值及其相应的次数所构成的分布数列；频率分布则是由变量的不同取值及其相应的频率所构成的分布数列。次数分布和频率分布都能够说明总体中所有个体在各组间的分布状态和分布特征。因此，在编制变量数列或属性数列时，常把频率列入数列中，以便更好地说明问题。在变量数列或属性数列中，各组次数 f_i 占总次数的比率即频率。任何频率分布都应满足以下两个要求。

（1） $0 \leqslant \dfrac{f_i}{\sum f_i} \leqslant 1$

（2） $\sum \dfrac{f_i}{\sum f_i} = 1$

由于现象的性质不同，次数分布或频率分布的主要类型有三种。

1. 钟形分布

钟形分布的特征是"两头小，中间大"，即靠近中间的变量值分布的次数或频率多，靠近两端的变量值分布的次数或频率少，绘成曲线图，犹如一口古钟，故称钟形分布。钟形分布可分为对称分布和非对称分布，非对称分布又分为右偏分布和左偏分布。

对称分布如图 6-1（a）所示，对称分布的特征是：中间变量值分布的次数或频率最多，两侧变量值分布的次数或频率随着与中间变量值距离的增大而逐渐减少，并且围绕中心变量值两侧呈对称分布。对称分布中最重要的是正态分布，许多现象的总体分布都趋于正态分布，因而它在统计研究和应用中具有极其重要的作用。

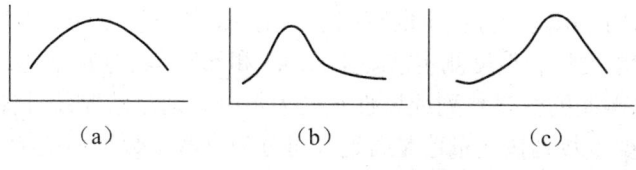

图 6-1　钟形分布

右偏分布如图 6-1（b）所示，又称负偏分布或低偏分布，其特征是：以中间变量值为界，变量值偏小的部分，次数或频率较大；变量值偏大的部分，次数或频率较小。

左偏分布如图 6-1（c）所示。又称正偏分布或高偏分布，其特征是：以中间变量值为界，变量值偏小的部分，次数或频率较小；变量值偏大的部分，次数或频率较大。

2. U 形分布

U 型分布的特征是靠近中间的变量值分布的次数或频率少，靠近两端的变量值分布的次数或频率多，形成"两头大，中间小"的分布特征。绘成曲线图，像英文字母"U"，如图 6-2 所示。典型的 U 型分布是人口死亡率的分布，因为人口总体中婴儿死亡率和老年死亡率均较高，中年死亡率最低。

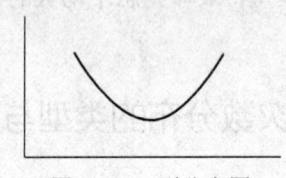

图 6-2 U 型分布图

3. J 型分布

J 型分布有正 J 型分布和反 J 型分布两种类型，如图 6-3 所示。

正 J 型分布的特征是次数或频率随着变量值的增大而增加，绘成曲线图，如英文字母"J"；如图 6-3（a）所示。实际工作中，投资额按利润率大小分布，一般呈正 J 型分布。

反 J 型分布的特征是次数或频率随着变量值的增大而减少，绘成曲线，就如反写的英文字母"J"。如图 6-3（b）所示。人口总体按年龄大小分布，费用率按销售额大小分布等一般均呈反 J 型分布。

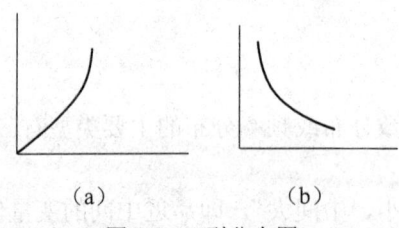

（a）　　　　　（b）

图 6-3 J 型分布图

次数或频率分布的类型是由现象本身的性质决定的。编制的次数分布数列的形态，一般应符合该现象的分布特征。如不相符，说明现象总体发生了寻常变化，或者说明编制的次数分布数列不科学。

6.2.2 次数分布类型的识别

变量数列次数分布类型的识别，主要考察变量数列次数或频率分布的类型与分布特征，描述总体或样本的结构。识别的方法主要有图示识别法、位置测度法和偏度测定法等。以下介绍图示识别法，位置测度法和偏度测定法在本章 6.3 和 6.5 节将分别阐述。

图示识别法是以编制的变量数列或属性数列为依据，通过绘制统计图来识别次数或频率分布的类型与特征。变量数列按变量值是否连续可分为离散型数列和连续型数列，属性数列一般是离散型数列。数列性质不同其统计图的绘制有所不同。离散型数列宜采用直线图和直方图，连续型数列宜采用直方图、折线图、平滑图。这些图形的绘制见第 4 章。

【例 6.1】表 6-1 和图 6-4 是某市某年被调查的 1000 户居民家庭现有住房面积的分布。从表中可看出,被调查的 1000 户居民家庭的住房面积在 60m² 以下的占 3.1%,在 80m² 以下的占 10.4%,在 120m² 以下的占 57.9%,在 120m² 以上的占 42.1%(累计频率)。从图 6-4 可看出,样本户现有住房面积的频率分布近似为正态分布。即数列的两边小,中间大。由于随着居民收入的不断提高,居民对住房面积和居房条件的改善是日益增长的,假定 120m² 以下的居民户的住房面积都提高到 120m² 及以上,则全市现有 57.9%的居民家庭低于这一水平,因此,该市房地产投资和开发仍有较大的市场潜力。

表 6-1 居民家庭现有住房面积分布

住房面积 m²	户数(户)	频率(%)	累计	
			户数(人)	频率(%)
40 以下	10	1.0	10	1.0
40~60	21	2.1	31	3.1
60~80	73	7.3	104	10.4
80~100	195	19.5	299	29.9
100~120	280	28.0	579	57.9
120~140	206	20.6	785	78.5
140~160	98	9.8	883	88.3
160~180	65	6.5	948	94.8
180 以上	52	5.2	1000	100.0
合计	1000	100.0	——	——

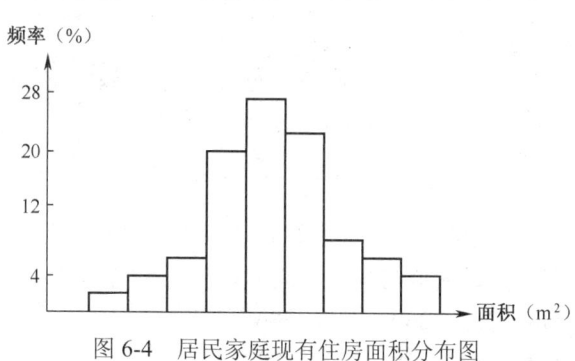

图 6-4 居民家庭现有住房面积分布图

6.3 集中趋势测度

集中趋势是指数列中数据分布的中心值或一般水平。数列中的数据是以平均数为中心而上下波动的,故平均数反映了总体分布的集中趋势,它是总体分布的重要特征值之一。而平均数有算术平均数、调和平均数、几何平均数、中位数和众数等五种,前三种称为数值平均数,后两种称为位置平均数。

6.3.1 算术平均数

1. 基本算式

算术平均数是数列中所有数据的总和(总体标志总量)除以数据个数(总体单位总量)

所得之商，一般所称的平均数常指算术平均数。用 $\bar{x}$ 表示，基本算式为

$$\bar{x} = \frac{总体标志总量}{总体单位总量}$$

【例6.2】表6-2是某省2009年和2014年独立核算工业企业的平均规模变动分析，表中有关平均指标是根据平均数的基本算式计算的。分析结果表明，2014年企业平均增加值2031.65万元，比2009年增长84.98%；企业平均从业人员211.02人，比2009年下降14.47%；劳动生产率9.6278万元/人，比2009年增长2.0414倍；企业平均总资产5592.37万元，比2009年下降1.29%。企业平均从业人员下降的幅度大于平均总资产下降的幅度，而劳动生产率大幅度提高。因此，工业增加值的增长主要是依靠科技进步提高劳动生产率来实现的。

表6-2 某省独立核算工业企业平均规模变动分析

项目	2009年	2014年	增长率%
1. 企业单位数（个）	4808	8022	66.85
2. 工业增加值（亿元）	528.06	1629.79	208.64
平均每个企业增加值（万元）	1098.29	2031.65	84.98
3. 年均全部从业人员（万人）	166.71	169.28	1.54
劳动生产率（万元/人）	3.1656	9.6278	204.14
平均每个企业从业人员（人）	246.73	211.02	-14.47
4. 年末总资产（亿元）	2723.95	4486.20	64.69
平均每个企业总资产（万元）	5665.45	5592.37	-1.29

2. 简单算术平均法

简单算术平均法用于未分组数据求平均数。先求变量值或标志值（x）的总和（Σx）再除以变量值的个数（n），即得算术平均数（$\bar{x}$）。计算公式为

$$\bar{x} = \frac{x_1 + x_2 + \cdots + x_n}{n} = \frac{\sum x}{n}$$

【例6.3】某工厂某生产班组8个工人本月和上月生产某种产品的件数分别如下，要求计算工人月平均产量、总产量、最大值与最小值之差等指标进行对比分析。

上月：198 220 230 252 260 275 286 308
本月：212 225 238 262 268 282 293 310

上月 $\bar{x} = \dfrac{198+220+230+252+260+275+286+308}{8} = \dfrac{2029}{8} = 253.63$（件）

本月 $\bar{x} = \dfrac{212+225+238+262+268+282+293+310}{8} = \dfrac{2090}{8} = 261.25$（件）

计算结果表明，本月工人平均产量261.25件，比上月工人平均产量253.63件提高3.0%；由于工人人数不变，工人劳动生产率提高使总产量由上月的2029件提高到本月的2090件，增长3.0%。同时，工人月产量的最大值与最小值之差，由上月的110件缩小到本月的98件，说明工人月产量之间的差距有所缩小。

3. 加权算术平均法

加权算术平均法用于分组数列求平均数。当已知数列各组的变量值（x_i）和次数（f_i）或频率（w_i），则用下列公式求算术平均数。

$$\bar{x} = \frac{\sum x_i f_i}{\sum f_i} = \frac{\sum x_i w_i}{\sum w_i}, \text{ 其中 } w_i = \frac{f_i}{\sum f_i}$$

式中：x_i 代表各组的变量值或组中值；f_i 代表各组变量值的次数（绝对权数）；w_i 代表各组变量值的频率（比重权数）。

计算加权算术平均数应注意以下两点。

（1）权数对平均数大小起权衡轻重的作用，但不取决于它的绝对值的大小，而是取决于它的比重，如果各组绝对权数按同一比例变化，则不会影响平均数的大小，故比重权数更能反映权数的实质。

（2）根据组距数列求加权算术平均时，需取组中值作为各组变量值的代表，是假定总体各单位在各组内部是均匀分布的，但并非如此，故计算的平均数只是一个近似值。

【例6.4】表6-3是某市2000年和2005年家庭规模分布表，要求分别计算两年的平均家庭规模，并分析平均家庭规模和总人口的变动。

表6-3 某市2000年和2005年家庭规模分布表

人口数（户/人）	1	2	3	4	5	6	总户数	总人口
2000年家庭数（万）	8.5	16.8	30.5	16.6	6.8	2.8	82.0	250.8
2005年家庭数（万）	8.8	18.4	33.5	16.5	6.4	2.6	86.2	259.7

2000年 $\bar{x} = \frac{1\times 8.5 + 2\times 16.8 + 3\times 30.5 + 4\times 16.6 + 5\times 6.8 + 6\times 2.8}{82.0} = 3.0585$（人/户）

2005年 $\bar{x} = \frac{1\times 8.8 + 2\times 18.4 + 3\times 33.5 + 4\times 16.5 + 5\times 6.4 + 6\times 2.6}{86.2} = 3.0128$（人/户）

计算结果表明，2005年平均家庭规模3.0128人/户，比2000年平均家庭规模3.0585人/户缩小0.0457人/户。2005年家庭总户数86.2万户，比2000年增长5.12%，总人口259.7万人，比2000年总人口250.8万人增长3.55%，由于平均家庭规模缩小，使总人口的增长慢于总户数的增长。

【例6.5】甲、乙两班学生统计学考试成绩如表6-4所示，要求分别计算甲、乙两班平均分数和总平均分数、及格率、优良率等指标并进行对比分析。

表6-4 某班40名同学统计学成绩分布

成绩分组	组中值 x	甲班人数	乙班人数	两班合计
50~60	55	3	6	9
60~70	65	6	10	16
70~80	75	14	16	30
80~90	85	11	9	20
90~100	95	6	4	10
合计	—	40	45	85
平均分 $\bar{x}$		77.75	73.89	75.71
及格率%		92.5	86.67	89.41
优良率%		42.5	28.89	35.29

甲班　　　$\bar{x} = \dfrac{55 \times 3 + 65 \times 6 + 75 \times 14 + 85 \times 11 + 95 \times 6}{40} = 77.75$（分）

乙班　　　$\bar{x} = \dfrac{55 \times 6 + 65 \times 10 + 75 \times 16 + 85 \times 9 + 95 \times 4}{45} = 73.89$（分）

两班　　　$\bar{x} = \dfrac{55 \times 9 + 65 \times 16 + 75 \times 30 + 85 \times 20 + 95 \times 10}{85} = 75.71$（分）

计算结果表明，甲班的平均分为 77.75 分，比乙班平均分 73.89 分高 3.86 分；甲班及格率 92.5%，比乙班及格率 86.67%高 5.83 个百分点；甲班优良率 42.5%，比乙班优良率 28.89%高 13.61 个百分点；从总体上看，甲、乙两班考试成绩的分布"两头小，中间大"，近似于对称分布，总平均分和及格率处于正常水平，说明考试试券的难易度适中。

4．算术平均数的数学性质

（1）算术平均数与总体单位总数的乘积等于总体标志总量。

$$\bar{x} \cdot \sum f_i = \sum x_i f_i \quad \text{或} \quad \bar{x} \cdot n = \sum x$$

（2）各变量值与算术平均数的离差总和为零。

$$\sum (x_i - \bar{x}) f_i = 0 \quad \text{或} \quad \sum (x_i - \bar{x}) = 0$$

（3）各变量值与算术平均数差离平方和最小。

$$\sum (x_i - \bar{x})^2 f_i = \text{最小值} \quad \text{或} \quad \sum (x_i - \bar{x})^2 = \text{最小值}$$

（4）组平均数（$\bar{x}_x$）的加权算术平均数等于总平均数

$$\bar{x} = \dfrac{\sum \bar{x}_i n_i}{\sum n_i} \quad (n_i = \text{组权数})$$

5．总平均数与分段平均数

总平均数是变量数列中全部数据的平均数 $\bar{x}$，以总平均数为临界点，可将变量数列划分为两部分，即低于总平均数的部分和高于总平均数的部分，进而可计算低段 n_1 个数据的平均数 $\bar{x}_1$ 和高段 n_2 个数据的平均数 $\bar{x}_2$ 来概括数据变动的特征，分段平均数可补充说明总平均数的不足，亦可度量先进平均水平和落后平均水平，作为制定先进平均定额的依据。

【例 6.6】某年某省 14 个地市城镇居民人均可支配收入（元）从小到大排列如下，要求计算总平均数、低段平均数和高段平均数，并说明数据分布的特征。

7 856　　8 222　　8 261　　8 652　　8 742　　9 227　　9 443
9 669　　10 129　　10 248　　10 501　　11 781　　12 065　　13 371

根据以上数据用简单算术平均法可算出，总平均数 $\bar{x}$ 为 9869.07 元，低段平均数 $\bar{x}_1$ 为 7859.00 元，高段平均数 $\bar{x}_2$ 为 11349.17 元。由于低段数据项 $n_1 = 8$ 大于高段数据项 $n_2 = 6$，并且，$\bar{x} - \bar{x}_1$ 为 2010.07 元，$\bar{x}_2 - \bar{x}$ 为 1480.1 元，因此，14 个地市城镇居民人均可支配收入的分布是不对称的，属于右偏（低偏）分布。

6．几种特殊的算术平均数

算术平均数中被平均的数值除了变量数列中的变量值外，还可以是属性数列中的等级、项目评定的分数或其他数值；权数除了各组次数或比重之外，也可以是能衡量变量作用大小的其他数值，如人们事先确定的各评价项目的重要程度。

（1）等级平均数。通常把属性数列中的等级量化为 1、2、3……，用观察的次数作权数，用加权平均法计算平均等级来反映集中趋势。

【例6.7】某企业某产品等级其产量资料如表6-5所示，试计算平均等级。

去年平均等级　　$\bar{x} = \dfrac{1\times 38 + 2\times 186 + 3\times 744 + 4\times 250 + 5\times 160}{38 + 186 + 744 + 250 + 160} = 3.22$（级）

今年平均等级　　$\bar{x} = \dfrac{1\times 186 + 2\times 380 + 3\times 480 + 4\times 200 + 5\times 150}{186 + 380 + 480 + 200 + 150} = 2.82$（级）

今年与去年相比，产品平均等级提高了0.4级。

表6-5　某企业某产品等级其产量

产品等级 x	去年产量（吨）	今年产量（吨）
1	38	186
2	186	380
3	744	480
4	250	200
5	160	150

（2）评分平均数。通常把人们对评价项目的评分值作为 x，把事先规定的项目重要程度作权数 f，计算评分平均数。

【例6.8】某企业某种新产品，专家对该产品的性能、外观、包装、成本、价格评定的分值分别为95、85、86、68、75分；项目规定的权重分别为50、10、10、10、20，则五个项目评估的平均分值为

$$\bar{x} = \dfrac{95\times 50 + 85\times 10 + 86\times 10 + 68\times 10 + 75\times 20}{100} = 86.4（分）$$

（3）截尾平均数。由于算术平均数易受极端值的影响，在实际工作中，为了消除少数特别大或特别小的数值影响，而采用截尾平均数。常用于某些评级评奖项目的平均分值的计算，而去掉一些最低分和最高分，再求平均分。

【例6.9】12位评委对某作品的评价分值如下（100分制）。

　　　　42　45　60　65　70　75　80　85　86　88　95　98

若去掉两个最高分和两个最低分，则平均分值为

$$\dfrac{60+65+70+75+80+85+86+88}{8} = 76.13（分）$$

若将数据分为四等分，首尾各去掉一部分，则平均分值为

$$\dfrac{65+70+75+80+85+86}{6} = 76.83（分）$$

6.3.2　调和平均数

调和平均数是各个变量值倒数的算术平均数的倒数，又称倒数平均数，用 H 表示，调和平均数也分简单调均与加权调均两种，计算公式为

简单调均：$H = \dfrac{n}{\sum \dfrac{1}{x}}$（未分组资料）

加权调均：$H = \dfrac{\sum m}{\sum \dfrac{m}{x}}$（分组资料）

其中，n 代表变量值项数，m 代表调均的权数。

【例 6.10】 某班组 8 名工人日产量分别为 20，22，23，24，25，26，28，30 件，则调和平均数为

$$H = \frac{8}{\frac{1}{20}+\frac{1}{22}+\frac{1}{23}+\frac{1}{24}+\frac{1}{25}+\frac{1}{26}+\frac{1}{28}+\frac{1}{30}}$$

$$= \frac{8}{0.3281} = 24.38 \text{（件/人）}$$

调和平均数可避免算术平均数易受极端值的影响，但本意上的调和平均数应用很少，在实际工作中，常把调和平均数作为算术平均数的变形来使用。其变形形式为（算均变形）

$$H = \frac{\sum m}{\sum \frac{m}{x}} = \frac{\sum xf}{\sum \frac{xf}{x}} = \frac{\sum xf}{\sum f} = \bar{x} \quad (m = xf)$$

【例 6.11】 某企业月职工工资数据如表 6-6 所示，试计算职工月平均工资。

表 6-6　某企业月职工工资分布

月工资（x）元	2420	2450	2500	2560	2680	合计
工资总额（M）元	24200	44100	87500	66560	29480	251840

$$H = \frac{251840}{\frac{24200}{2420}+\frac{44100}{2450}+\frac{87500}{2500}+\frac{66560}{2560}+\frac{29480}{2680}}$$

$$= \frac{251840}{100} = 2518.4 \text{（元/人）}$$

由此可见，已知各变量值和各组次数，采用算术平均法求平均数；若已知变量值和各组标志总量，缺各组次数时，可采用调和平均法求平均数。

【例 6.12】 已知某市某公司三个商店的费用额、商品销售额、费用率资料如表 6-7 所示，试计算三个企业的平均费用率。

表 6-7　某公司三个商店费用率

企业	费用额（万元）	商品销售额（万元）	费用率（%）
甲	62.40	1200	5.20
乙	104.16	1860	5.60
丙	111.60	2480	4.50
合计	278.16	5540	5.02

由费用率定义公式计算，则为

$$\text{平均费用率} = \frac{\text{费用总额}}{\text{商品销售总额}} = \frac{278.16}{5540} \times 100\%$$

$$= 5.02\%$$

若上表中缺各企业费用额资料，则为

$$\text{平均费用率} = \frac{1200 \times 5.2 + 1860 \times 5.6 + 2480 \times 4.5}{5540} = 5.02\%$$

若上表缺各企业商品销售资料，则为

$$\text{平均费用率} = \frac{278.16}{\frac{62.4}{0.052} + \frac{104.16}{0.056} + \frac{111.6}{0.045}} = 5.02\%$$

由上可知，由相对数和平均数分组资料计算平均数时，若已知分子、分母两个总量指标时，可直接对比平均数；若已知分母资料，缺分子资料时，可采用加权算术平均法求平均数；若已知分子资料，缺分母资料时，可采用调和平均法求平均数。由相对数或平均数资料计算的平均数，其实质就是数列的总相对数或总平均数。

6.3.3 几何平均数

1. 几何平均数的计算

几何平均数是数列中 n 个变量值的连乘积的 n 次方根，用 G 表示，最适宜于求数列的平均比率、平均速度。几何平均数也有简单几均与加权几均之分，计算公式分别为：

简单几均：$G = \sqrt[n]{x_1 \cdot x_2 \cdots x_n} = \sqrt[n]{\Pi x}$

加权几均：$G = \sqrt[\Sigma f]{x_1^{f_1} \cdot x_2^{f_2} \cdots x_n^{f_n}} = \sqrt[\Sigma f]{\Pi x^f}$

其中：Π 为连乘符号，f 为权数。

几何平均数的计算常采用函数型计算器或对数进行运算。计算时，应注意各变量值中不能有数值为零或为负数的数出现。

【例 6.13】 用几何平均法求例 6.10 的某班组 8 名工人的平均日产量。

$$G = \sqrt[8]{20 \times 22 \times 23 \times 24 \times 25 \times 26 \times 28 \times 30}$$
$$= 24.57 \text{（件/人）}$$

【例 6.14】 某产品的质量必须通过三道工序检验，各工序检验合格率为 95%、92% 和 90%，试计算三道工序检验的总合格率和平均工序合格率。

$$\text{总合格率} = 95\% \times 92\% \times 90\% = 78.66\%$$

$$\text{平均合格率} = \sqrt[3]{0.95 \times 0.92 \times 0.90} = 0.9231 \text{ 或 } 92.31\%$$

【例 6.15】 某项存款存期为 10 年，前 3 年年利率 5%，中间 3 年为 8%，后 4 年为 10%，求平均年本利率和平均年利率（年本利率=1+年利率）

$$\text{平均年本利率} = \sqrt[10]{1.05^3 \times 1.08^3 \times 1.10^4} = 1.0788 \text{ 或 } 107.88\%$$

$$\text{平均年利率} = 107.88\% - 1 = 7.88\%$$

2. 几均、算均、调均的关系

对同一变量数列而言，若分别计算几何平均数、算术平均数、调和平均数，则有算均最大、调均最小、几均居中，即几均大于调均而小于算均，三者的关系用不等式表示为

$$H \leqslant G \leqslant \bar{x}$$

例如，根据例 6.10 所计算的算均 $\bar{x} = 24.75$ 件，调均 $H = 24.38$ 件，几均 $G = 24.57$ 件，故上式关系成立。因此，适合用算术平均数的场合而用了其他平均数，则结果必然偏小；适合用几何平均数的场合而用了其他平均数，则结果不是偏大，就是偏小。

6.3.4 中位数

中位数是指变量值大小排列的顺序数列或变量数列中属于中间位置的变量值，又称二分

位数。由于中位数位置居中，其数值既不太大，也不太小，因而，可用来代表数列的一般水平。用 M_e 表示中位数，其确定方法有下列三种情形。

（1）未分组资料求中位数。由未分组资料确定中位数，首先应将 n 个数值按由小到大排列；其次用 $(n+1)/2$ 确定中位数所处的位置；最后，寻找该位次的数值，即为中位数，若 n 为偶数，则以第 $n/2$ 个与第 $n/2+1$ 的数值的平均数作为中位数。

【例 6.16】某车间甲、乙两个班组各有 7 名和 8 名工人的日产量（件）分别如下，试确定平均数、中位数、最大值与最小值之差。

甲班组：14　16　16　18　19　22　24
乙班组：13　15　16　17　18　20　24　26

不难确定，甲班组工人平均日产量为 18.43 件，中位数为 18 件，最大值与最小值之差为 10 件；乙班组工人平均日产量为 18.625 件，中位数为 17.5 件即 $(17+18)/2$，最大值与最小值之差为 13 件。计算结果表明，乙班组工人平均日产量比甲班组高，但工人日产量之间的差异大于甲班。

（2）单项数列求中位数。由单项数列确定中位数，首先应采用较小累计制求累计次数，其次用公式 $(\Sigma f+1)/2$ 决定中位数的位次，并决定中位数所在的组别，最后确定中位数，若中位数正好处在某组内，则该组的变量值即为中位数；若中位数介于两组之间，则相邻两个变量值的平均数为中位数。

【例 6.17】根据表 6-8 某企业月职工工资分布的数据，确定平均数和中位数。

表 6-8　某企业月职工工资分布

月工资（x）	2420	2450	2500	2560	2680
职工人数（f）	10	18	35	26	11
累计人数	10	28	63	89	100

平均数 $\bar{x} = \dfrac{2420\times10+2450\times18+2500\times35+2560\times26+2680\times11}{100} = 2518.4$（元/人）

中位数位次：$\dfrac{100+1}{2} = 50.5$

中位数 $M_e = 2500$ 元

（3）组距数列求中位数。由组距数列确定中位数，首先采用较小或较大累计制计算各组累计次数；其次用 $(\Sigma f+1)/2$ 确定中位数的位次即所处在的组别，最后根据均匀分布假设，用下列公式求中位数 M_e。

$$M_e = L + \left(\dfrac{\Sigma f}{2} - F_{m-1}\right)\dfrac{i}{f} \quad （下限公式）$$

$$= u - \left(\dfrac{\Sigma f}{2} - F_{m+1}\right)\dfrac{i}{f} \quad （上限公式）$$

其中 L、u 为中位数所在组的下限、上限；i、f 为中位数所在组的组距和次数，F_{m-1} 为中位数组以下各组的累计次数；F_{m+1} 为中位数组以上各组的累计次数。

【例 6.18】根据表 6-9 某班 40 名同学统计学成绩分布的数据，求中位数。

表 6-9 某班 40 名同学统计学成绩分布

成绩分组	50~60	60~70	70~80	80~90	90~100	合计
人数（f）	3	6	14	11	6	40
较小累计（人）	3	9	23	34	40	-
较大累计（人）	40	37	31	17	6	-

中位数位置 $\dfrac{40+1}{2}=20.5$

中位数组   70~80

$L=70$，$u=80$，$i=10$，$f=14$，$\Sigma f=40$，$F_{m-1}=9$，$F_{m+1}=17$

中位数 $M_e = 70 + \left(\dfrac{40}{2} - 9\right) \times \dfrac{10}{14} = 77.86$（分）

或 $M_e = 80 - \left(\dfrac{40}{2} - 17\right) \times \dfrac{10}{14} = 77.86$（分）

6.3.5 众数

众数是数列中出现次数最多的变量值，即现象总体中最常见的数，通常用 M_0 表示。由于众数在数列中出现的频率较高，有时利用众数来表示现象的一般水平或集中趋势。对于列名尺度的属性数列而言，亦可用"众数选项"来表示某项测度回答的集中趋势。众数存在于分组资料中，众数的确定有以下两种情形。

（1）单项数列求众数。根据单项数列确定众数，只要直接找出出现次数最多的变量值即为众数。例如，表 6-8 中的职工工资的众数为 2500 元。

（2）组距数列求众数。在组距数列中，众数处在次数最多的一组内，而此组称为众数组。若根据集中分配假设，众数 M_0 为众数组的组中值，这样确定的众数称为粗众数，粗众数只考虑了众数值组，事实上会受众数组前后两组次数（f_{-1} 及 f_{+1}）的影响。为此，要计算较为正确的众数有下列两种方法。

① 金氏插值法。根据众数组前后两组次数，用下列公式求众数 M_0。

$$M_0 = L + \dfrac{f_{+1}}{f_{-1}+f_{+1}} i \text{（下限公式）}$$

$$M_0 = u - \dfrac{f_{-1}}{f_{-1}+f_{+1}} i \text{（上限公式）}$$

式中，L、u、i 为众数组的下限、上限和组距。f_{-1} 为众数组前一组的次数，f_{+1} 为众数组后一组的次数。当 $f_{-1} > f_{+1}$ 时，众数 M_0 处在众数组的组中值的左边；当 $f_{-1} < f_{+1}$ 时，众数 M_0 处在众数组的组中值的右边。

【例 6.19】根据表 6-9 的数据，用金氏插值法求考试成绩的众数。

众数组为：70~80，$i=10$，$f_{-1}=6$，$f_{+1}=11$，则

$$M_0 = 70 + \dfrac{11}{6+11} \times 10 = 76.47 \text{（分）}$$

$$= 80 - \dfrac{11}{6+11} \times 10 = 76.47 \text{（分）}$$

② 切伯插值法。是根据众数组次数分别与前后两组次数之差，用下列公式求众数 M_0。

$$M_0 = L + \frac{\Delta_1}{\Delta_1 + \Delta_2} i \quad （下限公式）$$

$$M_0 = u - \frac{\Delta_2}{\Delta_1 + \Delta_2} i \quad （上限公式）$$

式中，$\Delta_1 = f - f_{-1}$，$\Delta_2 = f - f_{+1}$，f 为众数组次数。当 $\Delta_1 < \Delta_2$ 时，则众数 M_0 处在众数组组中值的左边；当 $\Delta_1 > \Delta_2$ 时，则众数 M_0 处在众数组组中值的右边。

【例 6.20】根据表 6-9 的数据，用切伯插值法求考试成绩的众数。
众数组为：70~80，$i = 1$，$f = 14$，$\Delta_1 = 14 - 6 = 8$，$\Delta_2 = 14 - 11 = 3$，则

$$M_0 = 70 + \frac{8}{8+3} \times 10 = 77.27 \quad （元）$$

$$= 80 - \frac{3}{8+3} \times 10 = 77.27 \quad （元）$$

6.3.6 四分位数

四分位数亦是衡量变量数列中数据位置的量度。四分位数是将一群由小到大排列的数值或数列分为四等分，可得到三个分割点 Q_1、Q_2、Q_3，分别称为下四分位数、中位数、上四分位数。自 Q_1 至 Q_3 的距离为数列中间的一段，在此段内的数据占全部数据的 50%，每个部分大约包括 1/4 即 25% 的数据项，这种划分的三个临界点就是四分位数，定义如下。

Q_1 = 下四分位数，即第 25% 百分位数

Q_2 = 中位数，即第 50% 百分位数（中位数）

Q_3 = 上四分位数，即第 75% 百分位数

【例 6.21】某年某省 14 个地市人均 GDP（元）从小到大排列如下，要求计算四分位数。

5026　5399　6564　7130　7139　7588　8193
8899　11073　11811　12532　13604　14497　23968

下四分位数的位置 $i = 25\% \times 14 = 3.5$　　　$Q_1 = 7130$

中位数的位置 $i = 50\% \times 14 = 7.0$　　　$Q_2 = (8193+8899)/2 = 8546$

上四分位数的位置 $i = 75\% \times 14 = 10.5$　　　$Q_3 = 12532$

计算结果表明，下四分位数 7130 元，中位数为 8546 元，上四分位数为 12532 元。

6.3.7 五数概括法和箱线图

五数概括法是用变量数列中的最小值（min）、下四分位数 Q_1、中位数 Q_2、上四分位数 Q_3 和最大值（max）五个数来概括数据的变动范围和特征。例 6.21 中 14 个地市人均 GDP 的最小值为 5026 元，最大值为 23968 元，最大值为最小值的 2.49 倍，中位数与 Q_1 的间距为 1416 元，中位数与 Q_3 的间距为 3986 元，因此，14 个地市人均 GDP 之间的差异较大，其分布是不对称的，属于右偏（低偏）分布。

箱线图就是根据上述五个数据绘制的图形来显示数据，即以 Q_1 和 Q_3 为盒箱的边界，以 $Q_3 - Q_1$ 的间距作为盒箱的长度，最小值和最大值以实线与盒箱联接，并在盒箱中用一条竖线标出中位数的位置，箱线图的下方可标出横坐标。图 6-5 是根据例 6.21 绘制的箱线图。一般

地说，中位数处在盒箱的正中间，则为对称分布；处在盒箱的右侧，则为右偏（低偏）分布；处在盒箱的左侧，则为左偏（高偏）分布。

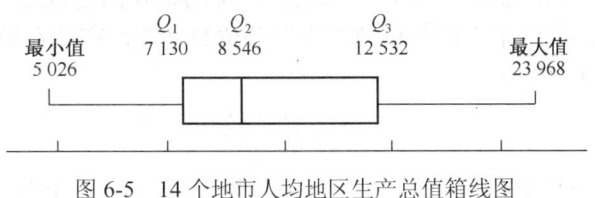

图 6-5　14 个地市人均地区生产总值箱线图

6.4　离散趋势测度

离散趋势是指数列中变量值之间的差异程度、分散程度或离中程度。用以测定离散趋势的指标称为标志变异指标。标志变异指标是衡量数列中变量值离散程度的综合指标，可以评价平均数代表性大小、衡量事物变动的均衡性或稳定性。标志变异指标越小，平均数的代表性越大，事物变动则具有较强的均衡性或稳定性。

常用的离散程度测度指标，根据数据类型不同主要有异众比率、四分位差、全距、平均差、方差与标准差、变异系数、基尼系数等。其中异众比率、四分位差一般用于测度属性水准数据的离散程度；而数量水准数据离散程度的测度，这些测度指标都可采用。

6.4.1　异众比率

异众比率又称离异比率或变差比，一般用于测度属性水准数据的离散程度，也可用于测度数量水准数据的离散程度。异众比率是非众数组的次数占总次数的比率，计算公式为

$$V_r = \frac{\Sigma f - f_m}{\Sigma f} = 1 - \frac{f_m}{\Sigma f}$$

其中，V_r 为异众比率，Σf 为数列的总次数，f_m 为众数组的次数。

一般来说，异众比率越大，非众数组的次数占总次数的比率越大，众数的代表性越差；反之，众数的代表性越大。例如，第 4 章例 4.1 中，总次数为 50 人，众数选项为一般满意，众数组的次数为 18 人，则，众数组的次数占总次数的比率为 36%，异众比率为 64%，异众比率较大，说明 50 名员工工作绩效满意度自评的离散程度较大。

6.4.2　全距

全距是数列中最大变量值与最小变量值之差，又称极差，表示某一总体全部变量值的变动范围。全距（用 R 表示）越大，平均数的代表性越低，反之，则越强。全距的计算公式为

R = 最大变量值 − 最小变量值（单项数列）

R = 最高组上限 − 最低组下限（组距数列）

极值比 = 最大变量值/最小变量值

例如，例 6.21 中 14 个地市人均 GDP 的最小值为 5026 元，最大值为 23968 元，则全距 R 为 18942 元，最大值为最小值的 2.49 倍，差异较大。

全距计算简单方便，通俗易懂，但易受极端值影响，并且未考虑全部数据的差异，不能准确反映全部数据的实际离散程度。

6.4.3 四分位差

为了克服全距易受极端值的影响，可采用四分位间距和四分位差来衡量变量数列中变量值的变异程度。四分位间距是上四分位数与下四分位数之差，亦即在数列中间的 50%的数据的间距。四分位差 QD 定义为

$$QD = \frac{Q_3 - Q_1}{2}$$

例如，例 6.21 中下四分位数为 7130 元，中位数为 8546 元，上四分位数为 12532 元，则四分位间距为 5402 元，即数列中间 50%的地市的人均 GDP 的间距为 5402 元，四分位差为 2701 元。

四分位差一般可用于测度顺序水准数据的离散程度。但四分位差不够通俗，并且未考虑全部数据的差异，实际工作中一般不采用四分位差测度数量水准数据的离散程度。

6.4.4 平均差

平均差是数列中各变量值与算术平均数的离差绝对值的算术平均数。记作 AD。采用离差绝对值计算平均离差，是为了消除 x 对 $\bar{x}$ 的正负离差相抵为 0 的影响，以便反映平均的离散程度。计算公式为：

$$AD = \frac{\sum |x - \bar{x}|}{n} \quad \text{（未分组资料）}$$

$$AD = \frac{\sum |x - \bar{x}| f}{\sum f} \quad \text{（分组资料）}$$

例如，例 6.21 中 14 个地市人均 GDP 的平均数和平均差计算如下。

$$\bar{x} = \frac{5026 + 5399 + \cdots + 23968}{14} = 10244.50 \text{（元）}$$

$$AD = \frac{|5026 - 10244.5| + |5399 - 10244.5| + \cdots + |23968 - 10244.5|}{14}$$

$$= 3716.86 \text{（元）}$$

【例 6.22】根据表 6-10 某企业职工月工资的数据，计算职工月平均工资和平均差。

表 6-10 某企业职工月工资平均差计算表

月工资（x）	职工人数（f）	$x - \bar{x}$	$|x - \bar{x}| f$
2420	10	-98.4	984.0
2450	18	-68.4	1231.2
2500	35	-18.4	644.0
2560	26	41.6	1081.6
2678	11	159.6	1755.6
合计	100	—	5696.4

$$\bar{x} = \frac{2420 \times 10 + 2450 \times 18 + 2500 \times 35 + 2560 \times 26 + 2678 \times 11}{10 + 18 + 35 + 26 + 11} = 2518.4 \text{（元）}$$

$$AD = \frac{\sum |x - \bar{x}| f}{\sum f} = \frac{5696.4}{100} = 56.96 \text{（元）}$$

平均差能够全面地准确地反映各变量值的离散程度，但带有绝对值符号，运算上很不方便，实际工作中很少采用。

6.4.5 方差与标准差

1. 方差与标准差的计算

方差与标准差是最常用的离散趋势测度指标。方差是各变量值与算术平均数的离差平方的平均数，方差的平方根称为标准差。方差是采用平方的方法来避免正负离差互相抵消为零的问题。方差用 σ^2 表示，标准差用 σ 表示。其计算公式为：

（1）未分组资料

$$\sigma^2 = \frac{\sum(x-\bar{x})^2}{n} = \frac{\sum x^2}{n} - \left(\frac{\sum x}{n}\right)^2 = \overline{x^2} - \bar{x}^2$$

$$\sigma = \sqrt{\sigma^2} = \sqrt{\frac{\sum(x-\bar{x})^2}{n}}$$

（2）分组资料

$$\sigma^2 = \frac{\sum(x-\bar{x})^2 f}{\sum f} = \frac{\sum x^2 f}{\sum f} - \left(\frac{\sum xf}{\sum f}\right)^2 = \overline{x^2} - \bar{x}^2$$

$$\sigma = \sqrt{\sigma^2} = \sqrt{\frac{\sum(x-\bar{x})^2 f}{\sum f}}$$

例如，根据例 6.21 的数据计算 14 个地市人均 GDP 的平均数和标准差如下。

$$\bar{x} = \frac{5026 + 5399 + \cdots + 23968}{14} = 10244.50 \text{（元）}$$

$$\overline{x^2} = \frac{5026^2 + 5399^2 + \cdots + 23968^2}{14} = 128003736.5 \text{（元）}$$

$$\sigma^2 = 128003736.5 - 10244.50^2 = 23053956.25 \text{（元）}$$

$$\sigma = \sqrt{23053956.25} = 4801.45 \text{（元）}$$

【例 6.23】根据表 6-10 的数据，列表计算职工月工资标准差，如表 6-11 所示。

表 6-11　某企业职工月工资标准差计算表

月工资（x）	职工人数（f）	（$x-\bar{x}$）	$\|x-\bar{x}\|^2 f$
2420	10	-98.4	96825.60
2450	18	-68.4	84214.08
2500	35	-18.4	11849.60
2560	26	41.6	44994.56
2678	11	159.6	280193.76
合计	100	—	518077.60

$$\sigma^2 = \frac{\sum(x-\bar{x})^2 f}{\sum f} = \frac{518077.60}{100} = 5180.776 \text{（元）}$$

$$\sigma = \sqrt{5180.776} = 71.98 \text{（元）}$$

标准差和平均差都能全面反映数列中变量值平均化的离散程度，但标准差比平均差大，这是由于采用离差平方的方法来消除正负离差互相抵消的问题时，夸大了绝对值较大的离差的影响。标准差运算方便，实际工作中常采用。

2. 方差的性质

(1) 数列的方差等于其变量值平方的平均数减去平均数的平方：$\sigma^2 = \overline{x^2} - \overline{x}^2$

(2) 由于离差平方和 $\Sigma(x-\overline{x})^2$ 或 $\Sigma(x-\overline{x})^2 f$ 为最小值，故据此求得的方差小于各变量值对其他任意数的方差。即

$$\sigma_c^2 = \sigma_x^2 + (c+\overline{x})^2 \quad (c \text{ 为任意常数})$$

故 $\sigma_x^2 < \sigma_c^2$

(3) 若原变量 x 的方差为 σ_x^2，标准差为 σ_x，a、b 为常数，若

① $y = x \pm a$ 则 $\sigma_y = \sigma_x$

② $y = ax$ 则 $\sigma_y = |a|\sigma_x$

③ $y = x/a$ 则 $\sigma_y = \dfrac{\sigma_x}{|a|}$

④ $y = a \pm bx$ 则 $\sigma_y = |b|\sigma_x$

(4) 方差的分解定理（加法定量），一个分组数列的总方差等于其各组组内方差的平均数与其组间方差之和，即

$$\sigma_{\text{总}}^2 = \overline{\sigma_{\text{组内}}^2} + \sigma_{\text{组间}}^2$$

即

$$\frac{\Sigma(x-\overline{x})^2 f}{\Sigma f} = \frac{\Sigma \sigma_k^2 f_k}{\Sigma f_k} + \frac{\Sigma(\overline{x_k}-\overline{x})^2 f_k}{\Sigma f_k}$$

式中：σ_k^2 为各组的组内方差；$\overline{x}_k$ 为各组的算术平均数；f_k 为各组的次数。

【例 6.24】 某班 50 名学生参加数学考试，其中女同学 20 名，平均成绩 82 分，标准差为 12.4 分；男同学 30 名，平均成绩 78.8 分，标准差 15.6 分。试确定全班同学的总平均成绩，方差和标准差。

$$\overline{x} = \frac{\Sigma \overline{x}_k f_k}{\Sigma f_k} = \frac{82 \times 20 + 78.8 \times 30}{50} = 80.08 \text{（分）}$$

$$\text{组内方差平均数} = \frac{12.4^2 \times 20 + 15.6^2 \times 30}{50} = 207.52$$

$$\text{组间方差} = \frac{(82-80.08)^2 \times 20 + (78.8-80.08)^2 \times 30}{50}$$

$$= 2.46$$

$$\text{总方差} = 207.52 + 2.46 = 209.98$$

$$\text{总标准差} = \sqrt{209.98} = 14.49 \text{（分）}$$

6.4.6 离散系数

离散系数也称标志变异系数或离散度，是衡量数列变量值离散程度的相对指标，通常用标志变异指标与相应的算术平均数对比求得。全距系数是全距与算术平均数之比，平均差系数是平均差与算术平均数之比，标准差系数是标准差与算术平均数之比。其中，最常用的是标准差系数，记作 v_σ，计算公式为

离散度　　$v_\sigma = \dfrac{\sigma}{\bar{x}}$

集中度　　$1 - v_\sigma$

通常将1-标准差系数称为集中度或均衡度。标准差系数的应用应注意以下几点。

(1) 若两个数列或两个总体的均值相同，可直接比较标准差大小来衡量平均数代表性大小或现象的均衡性，而不必计算标准差系数。

(2) 若两个数列或两个总体的均值不相同，则应计算标准差系数来比较其平均数代表性大小或现象的均衡性。

【例6.25】表6-12是某省2009年和2014年城镇居民可支配收入。要求计算平均数及分段平均数、中位数、众数、标准差、极差等指标进行描述性分析。计算结果见表6-13所示。从表6-12中可归纳出如下结论。

表6-12　某省2009年和2014年城镇居民可支配收入抽样数据

按收入高低分组	2009年			2014年		
	可支配收入（元/人）	调查人数（人）	比重 %	可支配收入（元/人）	调查人数（人）	比重 %
最低收入	2593.7	344	11.11	2970.38	418	11.52
低收入	3528.3	335	10.82	4718.44	398	10.97
中下收入	4581.7	638	20.61	6517.29	763	21.03
中等收入	5857.2	608	19.64	8986.99	738	20.34
中上收入	7453.1	602	19.45	12251.28	693	19.10
高收入	9391.0	293	9.47	17091.81	313	8.63
最高收入	12565.9	275	8.90	26948.70	305	8.41
合计	—	3095	100.00	—	3628	100.00

表6-13　某省城镇居民可支配收入差异分析

项　目	2009年	2014年	增长率%
1. 算术平均数（元）	6220.50	10138.89	62.99
低段平均数	4445.98	6355.05	42.94
高段平均数	9140.13	16826.26	84.09
2. 中位数（元）	5857.20	8986.99	53.43
3. 众数（元）	4581.70	6517.29	42.25
4. 标准差（元）	2766.01	6399.25	131.35
5. 标准差系数（%）	44.47	63.13	—
6. 极差（元）	9972.20	23978.32	140.45
极值比（倍）	4.84	9.07	

(1) 城镇居民可支配收入不断提高。2014年总平均数为10138.89元/人，比2009年的6220.5元/人，增长62.99%；低段平均数为6355.05元/人，比2000年的4445.98元/人，增长

42.94%；高段平均数为 16826.26 元/人，比 2009 年的 9140.13 元/人，增长 84.09%。

（2）城镇居民之间的可支配收入差异呈扩大趋势。2014 年的标准差为 6399.25 元/人，比 2009 年的 2766.01 元/人，扩大了 1.31 倍；标准差系数由 2009 年的 44.47%，扩大到 2014 年的 63.13%，极差由 2009 年的 9972.20 元/人，扩大到 2014 年的 23978.32 元/人；极值比由 2009 年的 4.84 倍，扩大到 2014 年的 9.07 倍。

（3）城镇居民可支配收入的分布为右偏分布。2009 年和 2014 年均为算术平均数＞中位数＞众数，低段平均数的频率由 2009 年的 62.19%，扩大到 2014 年的 63.86%；高段平均数的频率由 2009 年的 37.81%，下降到 2014 年的 36.14%。

6.4.7 基尼系数

基尼系数又称洛伦茨系数，是反映收入和财富在城镇居民之间、农村居民之间、城乡居民之间、不同地区之间和不同行业之间的分配是否平等的重要指标，亦可用于测定分组变量数列的离散程度。基尼系数是建立在落伦茨曲线基础之上的（图 6-6 所示），其纵轴表示累计收入比重，横轴表示收入由低到高的人口累计比重。图中 45 度的对角线为"绝对平均线"，线上每一点都表示总人口中一定比重的人口在总收入中拥有相同比重的收入。而根据实际人口累计比重和收入累计比重的对应关系而绘制的实际曲线，称为"绝对不平等线"，亦即洛伦茨曲线。实际曲线与 45°对角线围成的面积，就是不平等面积（A），实际曲线越接近对角线，不平等面积越小，收入分配越接近平等；反之，则收入分配越不平等。基尼系数就是依据 A、B 两块面积而计算的比重。

$$G = \frac{A}{A+B}$$

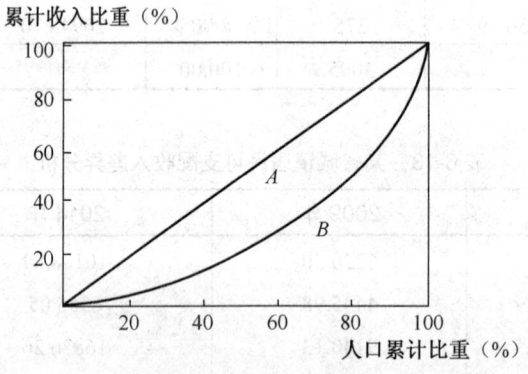

图 6-6　洛伦茨曲线

基尼系数的取值介于 0 与 1 之间，越接近于 1，越不平等；越接近于 0，越平等。一般认为，基尼系数在 0.2 以下高度平均；0.2～0.4 合理；0.4～0.6 差距较大；0.6 以上高度不平均；小于 0.2 或大于 0.6 则不合理。基尼系数的具体计算方法很多，较简便的方法主要有以下 3 种。

（1）等距分组测定法。当样本容量足够大，收入按相等组距分组的前提下，可采用等距分组测定法计算基尼系数，计算公式为

$$G = \Sigma W_i y_i + 2\Sigma W_i (1-I_i) - 1$$

其中：W_i 是各组人口数占总人口数的比重，y_i 是各组收入占总收入的比重，I_i 是各组累

计收入比重。

（2）等级测定法。是将全部家庭户或人口按其收入等分为 n 组，y_i 为各组收入占总收入的比重，λ_i 为各组收入等级（按收入由低到高的顺序，λ_1，λ_2，…λ_n），则有

$$\alpha = 2/n,\quad \beta = (n+1)/n$$
$$U = \lambda_1 y_1 + \lambda_2 y_2 + \cdots + \lambda_n y_n$$
$$G = \alpha U - \beta$$

（3）简易测定法。若将全部家庭户或人口按其收入等分为 5 部分，则基尼系数的简易公式为 $G = P_5 - P_1$，也就是说，基尼系数等于收入 5 分法中收入最高的 20%的人群的收入占总收入的比重与收入最低的 20%的人群的收入占总收入的比重之差。

【例 6.26】根据表 6-14，若采用等距分组测定法计算基尼系数，则有

$$\Sigma w_i y_i = 0.1500$$
$$\Sigma w_i (1 - I_i) = 0.5874$$
$$G = 0.1500 + 2 \times 0.5874 - 1 = 0.3248$$

若采用简易测定法计算基尼系数，根据表 6-14 中的数据，用插值计算可得收入最高的 20%的人群的收入占总收入的比重为 0.4046，收入最低的 20%的人群的收入占总收入的比重为 0.0733，则基尼系数为

$$G = 0.4046 - 0.0733 = 0.3313$$

计算结果表明，以上两种方法计算的基尼系数是有差异的，但计算的结果是接近的，即 2014 年某省城镇居民可支配收入的基尼系数大约为 0.33，处在 0.2～0.4 的合理区间内。

表 6-14 2014 年某省城镇居民可支配收入基尼系数计算

可支配收入（元/人）	调查人口（人）	人口比重 w_i	累计人口比重（%）	总收入（万元）	收入比重 y_i	累计收入比重 u_i	$1-u$
2970.38	418	0.1152	0.1152	124.16	0.0338	0.0338	0.9662
4718.44	398	0.1097	0.2249	187.79	0.0511	0.0849	0.9151
6517.29	763	0.2103	0.4352	497.27	0.1352	0.2201	0.7799
8986.99	738	0.2034	0.6386	663.24	0.1803	0.4004	0.5996
12251.28	693	0.1910	0.8296	849.01	0.2308	0.6312	0.3688
17091.81	313	0.0863	0.9159	534.97	0.1454	0.7766	0.2234
26948.70	305	0.0841	1.0000	821.94	0.2234	1.0000	0.0000
合计	3628	1.0000	—	3678.38	1.0000	—	—

6.4.8 是非标志的方差

是非标志是指能将被研究的全部总体单位划分为具有某种特征和不具有某种特征的两组的分组标志。如全部产品分为合格品与不合格品，人口分为男性与女性人口等。许多是非标志没有专门的标志名称，而是直接用标志表现作标志品称，如合格品与不合格品。

设全部总体单位数为 N，具有某种特征的标志表现用"1"表示，其单位数为 N_1，不具有某种特征的标志表现用"0"表示，其单位数为 N_0。具有某种特征的总体单位数在全部总体单位数中所占的成数（比重）用 p 表示，不具有某种特征的单位数在全部总体单位数中所占的成

数（比重）用 q 表示，即

$$p = \frac{N_1}{N} \quad q = \frac{N_0}{N} \quad p + q = 1$$

根据平均数和方差的定义，则有

成数的平均数
$$\bar{x} = \frac{\sum xf}{\sum f} = \frac{1 \times p + 0 \times q}{p + q} = p$$

成数的方差
$$\sigma_p^2 = \frac{\sum (x - \bar{x})^2 f}{\sum f} = \frac{(1-p)^2 p + (0-p)^2 q}{p + q}$$
$$= p(1-p) = pq$$

成数的标准差
$$\sigma = \sqrt{\sigma_p^2} = \sqrt{p(1-p)}$$

由此可见，成数的平均数就是该成数的本身，成数的方差就是 pq 或 $p(1-p)$。

【例 6.27】 某种产品 2000 件中有 100 件不合格，则合格率为 95%，也就是平均合格率为 95%（平均不合格率为 5%），合格率（或不合格率）的方差则为

$$\sigma_p^2 = p(1-p) = 0.95(1 - 0.95)$$
$$= 0.0475 = 4.75\%$$
$$\sigma_p = \sqrt{p(1-p)} = \sqrt{4.75\%} = 21.8\%$$

由于成数 p 总是大于 0 小于 1，从成数方差的计算公式可知，成数方差的最小值为 0（即 $p=0$ 或 $p=1$ 时）；最大值为 0.25（即 $p=50\%$ 时），此时成数的标准差是 0.5。

6.5　偏度与峰度

6.5.1　偏度

偏度又称偏态，是指数列中次数分布的非对称程度。有时平均数与标准差相同的数列，其次数分布的形态可能不完全一样，这与次数分布的对称程度有关。如果次数分布是完全对称的，称为对称分布，如果不是完全对称的，则称偏态分布。一般有下列几种情形。

对称分布：$\bar{x} = M_e = M_0$

右偏分布：$\bar{x} > M_e > M_0$

左偏分布：$\bar{x} < M_e < M_0$

次数分布偏度的测定方法有以下两种。

1. 算术平均数与众数比较法

这种方法是利用算术平均数 $\bar{x}$、中位数 M_e、众数 M_0 之间的关系测定偏态的一种方法。如前所述，在非对称分布中，$\bar{x}$、M_e、M_0 三者彼此分离，$\bar{x}$、M_0 分居两边，M_e 介于二者之间。因而，算术平均数 $\bar{x}$ 与众数 M_0 之间的距离，可作为测定偏态的一个尺度。则有

$$\text{绝对偏态量} = \bar{x} - M_0$$

$$\text{偏态系数} \quad k = \frac{\bar{x} - M_0}{\sigma}$$

由 $\sigma > 0$，故 k 的取值为 0、为正、为负由 $\bar{x} - M_0$ 决定，如图 6-7 所示。

（1）$\bar{x} - M_0 = 0$，$k = 0$，对称分布；

(2) $\bar{x} - M_0 > 0$，$k > 0$，右偏分布；
(3) $\bar{x} - M_0 < 0$，$k < 0$，左偏分布。

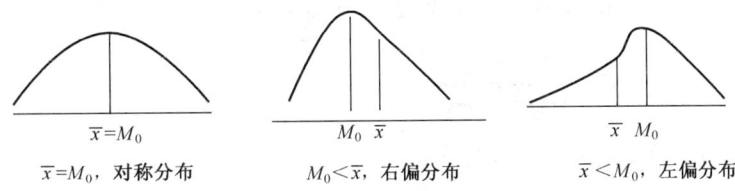

$\bar{x} = M_0$，对称分布　　　　$M_0 < \bar{x}$，右偏分布　　　　$\bar{x} < M_0$，左偏分布

图 6-7　对称、右偏、左偏分布图

【例 6.28】以表 6-15 某批产品不合格品数分布资料为例，计算绝对偏态量、偏态系数，判断次数分布的形态及偏斜程度。根据表中数据，可求得 $\bar{x}=2.08$ 个，$\sigma=1.1410$ 则

$$\text{绝对偏态量} = 2.08 - 2 = 0.08 \text{ 元} > 0$$

$$\text{偏态系数 } k = \frac{0.08}{1.1410} = 0.0701 > 0$$

因此，该批产品不合格品数的分布属于右偏分布，偏态系数为 0.0701。

表 6-15　某批产品不合格品数分布

不合格品 x（个）	0	1	2	3	4	5	合计
合数 f	10	18	44	20	10	2	104
xf	0	18	88	60	40	10	216
$x - \bar{x}$	-2.08	-1.08	-0.08	0.92	1.92	2.92	—
$(x - \bar{x})^2 f$	43.26	21.00	0.28	16.93	36.86	17.05	135.38
$(x - \bar{x})^3 f$	-89.99	-22.67	-0.02	15.57	70.78	49.79	23.46
$(x - \bar{x})^4 f$	187.18	24.49	0.00	14.33	135.90	145.40	507.30

2. 动差法

动差又称为距，原为物理学中力与臂对重心关系的术语，这个关系和统计学中变量与权数对平均数的关系在性质上很相似，故用动差来说明次数分布的性质。变量以算术平均数为中心的 γ 阶动差为

$$\text{动差} \begin{cases} M_\gamma = \dfrac{\sum(x - \bar{x})^\gamma}{n} & \text{（未分组资料）} \\ M_\gamma = \dfrac{\sum(x - \bar{x})^\gamma f}{\sum f} & \text{（分组资料）} \end{cases}$$

将 $\gamma = 1, 2, 3, 4$ 代入中心动差公式，则有一阶中心动差为 0，二阶中心动差为方差 σ^2，三阶中心动差和四阶中心动差分别为

$$M_3 = \frac{\sum(x - \bar{x})^3}{n} \text{ 或 } M_3 = \frac{\sum(x - \bar{x})^3 f}{\sum f}$$

$$M_4 = \frac{\sum(x - \bar{x})^4}{n} \text{ 或 } M_4 = \frac{\sum(x - \bar{x})^4 f}{\sum f}$$

在中心 γ 阶动差中，任何离差经过偶次平方，皆为正值，汇总时不再抵消，因而 M_2、M_4、M_6 亦不可作为测定偏态的依据。在对称分布中，任何离差经过奇次方后，都可以互相抵消，

故 M_3、M_5 都等于 0，但在非对称分布中，M_3、M_5 则都不等于 0。因此，利用这种关系可测定次数分布的非对称程度。为简便计算，常用 M_3 作为偏态测定的依据。

绝对偏态量 $\qquad M_3 = \dfrac{\sum(x-\bar{x})^3}{n}$ 或 $M_3 = \dfrac{\sum(x-\bar{x})^3 f}{\sum f}$

相对偏态量 $\qquad \beta_1 = \dfrac{M_3}{\sqrt{M_2^3}} = \dfrac{M_3}{\sigma^3}$

（1）当 $M_3=0$，$\beta_1=0$ 时，对称分布；
（2）当 $M_3>0$，$\beta_1>0$ 时，右偏分布；
（3）当 $M_3<0$，$\beta_1<0$ 时，左偏分布。

【例 6.29】仍以表 6-15 某批产品不合格品数分布资料为例，计算三阶中心动差和相对偏态量，判断数列次数分布的形态。由表 6-15 可求得：$\sigma=1.1410$

$$M_3 = \dfrac{\sum(x-\bar{x})^3 f}{\sum f} = \dfrac{23.46}{104} = 0.2256$$

$$\beta_1 = \dfrac{M_3}{\sigma^3} = \dfrac{0.2256}{1.1410^3} = 0.1519$$

$M_3<0$，$\beta_1<0$，产品不合格品数的分布形态为右偏分布。

一般来说，相对偏态量 β_1 的取值在 0 到 1 之间。在左偏分布中，β_1 值越小，左偏的程度越高；在右偏分布中，β_1 值越大，右偏的程度越大。

6.5.2 峰度

峰度是次数分布曲线顶端的尖峭程度，又称峰态。某种次数分布曲线与正态分布曲线相比，是尖顶，还是平顶，以及尖顶或平顶的程度如何，这是峰度测定应回答和解决的问题。峰度通常有三种：正态峰度（如图 6-8 中 a 所示）又称常态峰；尖顶峰度（如图 6-8 中 b 所示），又称高狭峰；平顶峰度（如图 6-8 中 c 所示），又称低阔峰。峰度的测定，通常用四阶中心动差 M_4 除以 σ^4 即（M_2^2）所得的相对数为测量值，用 β_2 表示峰态系数，即：

$$\beta_2 = \dfrac{M_4}{\sigma^4} = \dfrac{M_4}{M_2^2}$$

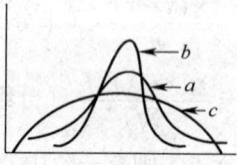

图 6-8 峰度示意图

根据经验，有下列三条判断准则：
（1）$\beta_2=3$，正态峰度（常态峰）；
（2）$\beta_2>3$，尖顶态峰度（高狭峰）；
（3）$\beta_2<3$，平顶峰度（低狭峰）；
（4）$\beta_2=1.8$，矩形分布；
（5）$\beta_2<1.8$，u 形分布。

【例 6.30】 以表 6-15 某批产品不合格品数分布资料为例，计算四阶中心差和峰态系数，判别次数分布的峰态类型。

$$\sigma = 1.1410$$

$$M_4 = \frac{\Sigma(x-\overline{x})^4 f}{\Sigma f} = \frac{507.30}{104} = 4.8779$$

$$\beta_2 = \frac{M_4}{M_2^2} = \frac{4.8779}{1.1410^4} = 2.8780 < 3$$

故产品不合格品数的分布曲线为平顶峰度（低狭峰）。

复习思考题

1. 试述数据分布特征测度的内容、作用和原则。
2. 简述平均数的种类及其计算。
3. 简述平均数的主要算术性质。
4. 简述调和平均数、几何平均数的计算与应用。
5. 简述中位数、众数的概念及其计算。
6. 常用的离散趋势测度指标有哪几种？应如何计算？
7. 标准差系数在什么情形下应用？
8. 方差有哪些主要性质？
9. 成数的平均数和方差各是什么？

习 题

1. 已知某工业企业有关统计资料如下，要求计算空白处的平均指标，并作对比分析说明。

项目	去年	今年	增长率%
工业总产值（万元）	888	1052.8	
职工人数（人）	352	372	
劳动效率（元/人）			
工资总额（万元）	288.6	382.4	
平均工资（元/人）			

2. 某工厂生产班组 12 个工人日生产某种产品件数分别是：20、22、23、25、26、24、28、30、31、32、34、36 件。则一般算术平均数为_____；先进平均数为_____；落后平均数为_____；劳动定额宜采用_____平均数。

3. 某产品 12 个企业的单位产品成本分别是：20、20.2、20.3、20.6、20.8、21.0、21.1、21.4、21.6、21.8、21.9、22.1，则算术平均数为_____，标准差为_____，离散度为_____%，集中度为_____%；先进平均数为_____。

4. 某厂生产的零件须经过三道工序，而某批零件各工序的合格率分别为 96.8%，95.2% 和 98.3%，则该批零件的总合格率为_____，各道工序的平均合格率为_____。

5. 某项存款存期为 10 年，前 3 年年利率 3.5%，中间 3 年为 4.5%，后 4 年为 5.4%，则平均年本利率为_____，平均年利率为_____。

6．根据平均数与标准差的性质，计算并回答以下问题。

（1）某数列平均数为 1000，标准差系数为 0.256，则标准差为_____。

（2）某数列平均数为 12，各变量值平方的平均数为 169，则标准差系数为_____。

（3）某数列的标准差为 3，各变量值平方平均数为 25，则平均数为_____。

（4）某数列标准差为 30，平均数为 50，则变量值对 90 的方差为_____。

7．设甲县农民人均纯收入为 8880 元，标准差 980 元，农业人口 88.5 万人；乙县农民人均纯收入 9240 元，标准差 1086 元，农业人口 89.8 万人；则甲、乙两县农民人均纯收入的总平均数为_____，方差为_____，标准差为_____，离散度为_____%，集中度为_____%。

8．从一批茶叶中抽取 100 包进行检验，其中重量在 500 克以下的有 10 包，要求计算该批茶叶在 500 克以上者的成数和标准差。

9．某市调查 1000 人中有 180 人不喜欢 A 品牌产品，820 人喜欢 A 品牌产品，则不喜欢 A 品牌的人数的比率为_____，标准差为_____。喜欢 A 品牌的人数的比率为_____，标准差为_____，离散度为_____%，集中度为_____%。

10．甲、乙两车间工人日产量的均值分别为 80 件和 88 件，标准差分别为 15 件和 18 件，故_____车间工人平均日产量的代表性大，工人技术熟练程度较均衡。

11．当 $P=$_____或 $P=$_____时，比率（P）的方差的最小值为_____；当 $P=$_____时，比率（P）的方差的最大值为_____，标准差为_____。

12．已知甲乙两个班组各 10 名工人日产量（件）如下：

甲：24　26　32　34　34　35　37　38　42　44

乙：28　30　31　33　33　34　36　38　40　42

要求计算算术平均数、全距、标准差、标准差系数，并作对比分析说明。

13．已知甲、乙两企业职工月工资资料如下，要求计算各企业的职工平均工资、标准差、标准差系数、中位数、众数，并作对比分析说明。

月平均工资（元/人）	甲企业（人）	乙企业（人）
2660	70	76
2780	80	86
2900	54	56
3180	36	40
3880	24	28

14．已知甲、乙两班学生数学考试成绩如下表，要求计算各班的平均成绩、标准差、标准差系数、合格率、优良率、中位数、众数等指标，并对两个班的学习成绩作对比分析说明。

成绩分组	甲班（人）	乙班（人）
60 以下	6	10
60～70	16	12
70～80	18	14
80～90	7	9
90～100	3	6

15. 已知甲乙两个农产品各试种 10 片地的平均亩产量（公斤）如下：
    甲：324 326 432 434 534 535 637 638 742 884
    乙：228 230 331 433 533 634 736 838 840 1042

要求：计算甲乙两个品种的总平均亩产量、全距、标准差、标准差系数，说明哪个品种更有推广应用价值。

16. 已知甲、乙两地同种商品的销售价格、销售量（额）如下表，要求分别计算甲、乙两地的平均价格、平均等级，并作分析说明。

商品等级	价格（元）	甲地销售量（件）	乙地销售额（元）
1	2.6	1000	2600
2	2.4	3000	2400
3	2.2	1000	6600

17. 已知某市 20 家零售商店某年有关统计资料如下，要求计算平均费用率和平均销额计划完成率。

计划完成程度（%）	企业数（个）	商品销售总额（万元）	费用率（%）
90 以下	3	4590	9.8
90~100	4	6480	8.6
100~110	8	1380	7.4
110~120	3	9430	6.3
120 以上	2	6280	5.8

18. 某市 2009 年和 2014 年城镇居民人均年收入抽样调查资料如下，要求分别计算各年的平均数、低段平均数、高段平均数、中位数、众数、标准差、标准差系数、基尼系数等指标，并作分析说明。

按收入高低分组	2009 年		2014 年	
	可支配收入（元/人）	调查人数（人）	可支配收入（元/人）	调查人数（人）
最低收入	2694	345	3074	420
低收入	3628	336	4818	398
中下收入	4685	639	6619	765
中等收入	5958	609	9087	738
中上收入	7555	603	12354	695
高收入	9496	293	17192	315
最高收入	12668	275	27049	309

19. 某地 2009 年和 2014 年农民人均年纯收入抽样调查资料如下，要求分别计算各年的平均数、中位数、众数、标准差、标准差系数、基尼系数等指标，并作分析说明。

按纯收入分组（元/人）	2009 年抽查		2014 年抽查	
	户数	人数	户数	人数
1500 以下	49	188	48	178
1500～2000	93	348	88	322
2000～2500	93	338	112	398
2500～3000	190	676	176	608
3000～3500	178	612	233	782
3500～4000	180	603	214	695
4000～4500	93	298	114	358
4500～5000	91	285	98	303
5000 以上	54	165	82	245

20. 某省某年 32 个市县人均 GDP（元）如下，要求：①用五数概括法和箱线图判断人均 GDP 分布的形态；②计算平均数、标准差、标准差系数，说明人均 GDP 分布的离散度和集中度；③编制聚类分组表，计算中位数和众数，指出次数分布属于什么类型。

45444	35783	14782	12495	16331	18983	13348	14434
51474	24560	27703	8675	18646	9440	20096	11346
11431	10426	24435	8788	10871	10982	9060	5052
7835	7835	9114	9899	7477	10045	10236	13108

实验 Excel 在描述统计中的应用

1. Excel 未分组数据的描述统计

以本章习题中的第 20 题为例，用 Excel 作描述统计的步骤如下。

第 1 步：打开 Excel 数据表，键入数据 A1:A32。

第 2 步：选择"工具"下拉菜单，选择"数据分析"选项。

第 3 步：在"分析工具"中选择"描述统计"。

第 4 步：当出现对话框时，在"输入区域"框内键入 A1:A32，在"输出选项"中选择"新工作表组"，选择"汇总统计"（该选项可给出全部描述统计量），单击"确定"按钮。Excel 输出的全部描述统计量如图 6-9 所示。该表中的标准误差是指数列的标准分布线与实际分布线之间的误差，区域是指全距 R。

2. Excel 作分组数据的描述统计

以本章表 6-12 的数据（2014 年）为例，用 Excel 作分组数据描述统计的步骤如下。

第 1 步：打开 Excel 数据表，键入数据 A1:A7（可支配收入 x），B1:B7（调查人数 f）。

第 2 步：用函数计算加权平均数 $\bar{x}$。在 "f_x" 后键入=

	A	B
1	平均	15941.69
2	标准误差	1921.734
3	中位数	11388.5
4	众数	7835
5	标准差	10870.97
6	方差	1.18E+08
7	峰度	3.928432
8	偏度	2.019754
9	区域	46422
10	最小值	5052
11	最大值	51474
12	求和	510134
13	观测数	32
14	置信度(95	3919.402

图 6-9 Excel 输出的描述统计量

SUMPRODUCT(A1:A7,B1:B7)/SUM(B1:B7)，单击回车键，则加权平均数 $\bar{x}$ 为 10138.89。

第 3 步：用函数计算加权平方平均数 $\overline{x^2}$。在"f_x"后键入= SUMPRODUCT(A1:A7,A1:A7,B1:B7)/SUM(B1:B7)，单击回车键，则加权平方平均数 $\overline{x^2}$ 为 143747359。

第 4 步：计算方差 σ^2。在"f_x"后键入=143747359-10138.89*10138.89，单击回车键，则方差 σ^2 为 40950269。

第 5 步：计算标准差 σ。在"f_x"后键入=Sqrt(40950269)，单击回车键，则标准差 σ 为 6399.24。

第 7 章　时间数列分析

本章主要阐述动态分析的基本方法，主要包括时间数列水平分析、速度分析、趋势分析、季节变动分析、周期波动分析的基本知识和基本方法。其核心是通过处理和分析动态数据，以揭示现象发展变化的水平、速度、趋势和规律。

7.1　水平分析

水平分析主要是分析现象在一定时期发展变化的一般水平、增长量和平均增长量。

7.1.1　发展水平

发展水平是时间数列中的每一项统计指标数值，反映现象在不同时期所达到的水平，它是计算其他动态分析指标的基础。发展水平可作如下分类。

（1）按指标性质不同，分为总量水平、相对水平和平均水平。

（2）按所处位置不同，分为最初水平（a_0）、中间水平（a_i）、最末水平（a_n）

（3）按对比关系不同，分为报告期水平（或计算期水平）、基期水平。

发展水平在文字说明上，习惯用"增加到"或"增加为"，"降低到"或"降低为"来表示。例如：某市国内生产总值（GDP）由 2005 年的 88.5 亿元增加到 2014 年的 328.2 亿元；而人口的自然增长率由 2005 的 12.3‰降低到 2014 年的 6.1‰。

7.1.2　平均发展水平

平均发展水平又称序时平均数或动态平均数，是对一定时期内的各期发展水平求平均数，用以反映现象在一定时期内的一般发展水平。

1. 由时期数列求序时平均数

采用简单平均法，即将各期的指标数值 a_1，a_2…，a_n 相加求和再除以项数，计算公式为

$$\bar{a} = \frac{a_1+a_2+a_3+\cdots a_n}{n} = \frac{\Sigma a}{n}$$

【例 7.1】某市场某年各季度销售额分别为 2880 万元，2650 万元，2820 万元，3210 万元，试计算季平均销售额、月平均销售额、日平均销售额。

$$季平均销售额 = \frac{2880+2650+2820+3210}{4} = 2890（万元）$$

$$月平均销售额 = \frac{2890}{3} = 963.33（万元）$$

$$日平均销售额 = \frac{963.33}{30} = 32.11（万元）$$

2. 由时点数列求序时平均数

由时点数列求序时平均数，根据时点间隔是否相等，可分为下列 4 种情形。

（1）日间隔时点数列。若时点数列是以日为间隔而编制的，可用简单算术平均法求序时

平均数，即以时点数的总和除以时点个数求得。计算公式为

$$\bar{a} = \frac{\Sigma a}{n}$$

（2）间隔不等连续时点数列。若时点数列是根据每次变动情况编制的，可用每次变动持续的间隔长度（f）作指数，对各时点数（a）加权来计算序时平均数。计算公式为

$$\bar{a} = \frac{\Sigma af}{\Sigma f}$$

【例7.2】某企业1月1日至1月10日职工人数均为865人，1月11日到1月31日均为880人，则该企业1月份平均职工人数为

$$\bar{a} = \frac{865 \times 10 + 880 \times 21}{31} = 875（人）$$

（3）间隔相等间断时点数列。若时点数列是按间隔相等的时点编制的，如每月末职工人数、月末商品库存、月末资产额等时点数列大都是间隔相等的时点数列，则可假定现象在相邻两个时点之间的变动是均匀的，因而可对相邻两个时点数求简单算术平均数，然后将这些平均数相加除以平均数的个数，即为整个数列的序时平均数。计算公式为

$$\bar{a} = \frac{\frac{a_1+a_2}{2} + \frac{a_2+a_3}{2} + \frac{a_3+a_4}{2} + \cdots + \frac{a_{n-1}+a_n}{2}}{n-1}$$

$$= \frac{\frac{a_1}{2} + a_2 + a_3 + \cdots + \frac{a_n}{2}}{n-1}$$

$$= \frac{\Sigma \bar{a}_i}{M}$$

式中，$\bar{a}_i$为两个相邻时点数的简单算术平均数，M为$\bar{a}_i$的个数（$M = n-1$）。计算公式中的第2个公式称为"首尾折半简单序时平均法"。

【例7.3】某企业3月末、4月末、5月末、6月末的商品库存额分别为122、130、138和150万元，4月、5月和6月的平均商品库存额分别为126、134和144万元，试求第二季度的平均商品库存额。

$$\bar{a} = \frac{\frac{122}{2} + 130 + 138 + \frac{150}{2}}{4-1} = 134.67（万元）$$

或

$$= \frac{126 + 134 + 144}{3} = 134.67（万元）$$

（4）间隔不等间断时点数列。若时点数列是根据间隔不相等的时点数编制的，则应先计算相邻两个时点数的简单算术平均数（$\bar{a}_i$），然后用各间隔长度作权数（f），采用加权算术平均法求序时平均数。计算公式为

$$\bar{a} = \frac{\Sigma \bar{a}_i f_i}{\Sigma f_i}$$

$$= \frac{\frac{a_1+a_2}{2} f_1 + \frac{a_2+a_3}{2} f_2 + \cdots + \frac{a_{n-1}+a_n}{2} f_n}{\Sigma f_i}$$

【例7.4】某县×年生猪存栏年初为18.2万头，2月末为20.4万头，5月末为21.8万头，6月末为18.6万头，求上半年该县平均生猪存栏量。

$$\bar{a} = \frac{\frac{18.2+20.4}{2} \times 2 + \frac{20.4+21.8}{2} \times 3 + \frac{21.8+18.6}{2} \times 1}{2+3+1}$$

=20.35（万头）

3. 由相对数时间数列求序时平均数

由于相对数时间数列是由分子数列和分母数列对比得到的，因此，不能用各相对数相加除以项数求相对数的序时平均数，应先求分子数列的序时平均数（$\bar{a}$）、分母数列时序平均数（$\bar{b}$），再对比求得相对数的序时平均数（$\bar{c}$），基本计算公式为

$$\bar{c} = \frac{\bar{a}}{\bar{b}}$$

式中分子和分母的序时平均数的计算，应视数列的性质选择相应的计算方法。

【例 7.5】某地 2010~2014 年国内生产总值中的消费率如表 7-1 所示，要求计算平均消费率。

表 7-1 某市国内生产总值中的消费率

年份	2010	2011	2012	2013	2014
a 消费额（亿元）	134.8	152.4	168.2	188.2	226.3
b 国内生产总值（亿元）	170.6	196.5	217.0	239.2	285.6
c 消费率（%）	79.0	77.6	77.5	78.7	79.2

表中，a、b 两数列均为时期数列，可根据时期数列求序时平均数的公式，先求出 $\bar{a}$、$\bar{b}$ 的数值，再对比求得平均消费率（$\bar{c}$）。

$$\bar{c} = \frac{(134.8+152.4+168.2+188.2+226.3) \div 5}{(170.6+196.5+217.0+239.2+285.6) \div 5}$$

$$= \frac{869.9/5}{1108.9/5} = 0.7845 = 78.45\%$$

【例 7.6】某工厂某年第四季度生产工人数占全部职工人数的比重如表 7-2 所示。要求计算第四季度生产工人数占全部职工人数的平均比重。

表 7-2 某厂生产工人占全部职工比重

项目	9月末	10月末	11月末	12月末	第四季度平均
生产工人数（a）	820	840	830	880	840
全部职工（b）	1000	1030	1040	1100	1040
比重%（c）	82.0	81.6	79.8	80.0	80.8

表中，a、b 两数列均为间隔相等的时点数列，必须用"首尾折半简单序时平均法"先求出 $\bar{a}$、$\bar{b}$，再对比求得平均比重 $\bar{c}$。

$$\bar{c} = \frac{(\frac{1}{2} \times 820 + 840 + 830 + \frac{1}{2} \times 880)/3}{(\frac{1}{2} \times 1000 + 1030 + 1040 + \frac{1}{2} \times 1100)/3}$$

$$= \frac{2520/3}{3120/3} = 0.808 = 80.8\%$$

【例 7.7】某商场某年第一季度各月商品销售额、月初库存额和月商品周转次数如表 7-3 所示，要求计算各月商品周转次数、第一季度商品周转次数和月均商品周转次数。

表中，a 数列为时期数列，b 数列为间隔相等的时点数列，因而必须根据它们的性质不同分别求其序时平均数，再对比求各月商品周转次数、季商品周转次数和月均商品周转次数。

表 7-3　某商场某年第一季度商品周转次数

项目	1月	2月	3月	4月	第一季度	月平均
a 商品销售额（万元）	460	663	540	—	1 663.00	554.33
b 月初库存额（万元）	240	260	250	280	—	—
月均库存额（万元）	250	255	265	—	256.67	256.67
c 商品周转次数	1.84	2.16	2.16	—	6.48	2.16

季商品周转次数 = 季商品销售额 ÷ 季均商品库存额

$$= \frac{460+663+540}{(\frac{240}{2}+260+250+\frac{280}{2})/3} = \frac{1663}{256.67} = 6.48 \text{（次/季）}$$

月均商品周转次数 = 月均商品销售额 ÷ 月均商品库存额

= 季商品周转次数 ÷ 3

$$= \frac{(460+663+540)/3}{(\frac{1}{2}240+260+250+\frac{1}{2}280)/3} = \frac{554.33}{256.67} = 2.16 \text{（次/季）}$$

或　　　　　　　　= 6.48 ÷ 3 = 2.16（次/季）

4. 由一般平均数时间数列求序时平均数

一般平均数是由总体标志总量除以总体单位数所得到的结果，因此，计算一般平均数时间数列的序时平均数，可用下列基本公式进行计算。

$$\bar{c} = \frac{总体标志总量序时平均数（\bar{a}）}{总体单位数序时平均数（\bar{b}）}$$

其中总体标志总量数列一般都是时期数列，可用简单平均法求序时平均数；而总体单位数数列有的是时期数列，有的是时点数列，有的则是平均数数列，因此，应区别数列的性质而采用相应的方法计算其序时平均数。

【例 7.8】 某饮料厂某年第二季度单位产品成本和工人劳动生产率资料如表 7-4 所示，要求计算第二季度平均产品单位成本、季工人劳动生产率和月均工人劳动生产率。

表 7-4　某饮料厂某年第二季度生产情况

项目	4月	5月	6月	第二季度	月平均
总成本（万元）	15.20	18.32	23.94	57.46	19.15
总产量（万瓶）	76.0	94.0	126.0	296.0	98.67
单位产品成本（元/瓶）	0.200	0.195	0.190	0.1941	0.1941
平均工人数（人）	13	15	18	15.333	15.333
劳动生产率（万瓶/人）	5.846	6.267	7.000	19.305	6.435

平均单位产品成本 = 产品总成本 ÷ 产品总产量

= 57.46 / 296 = 0.194（元/瓶）

$$季工人劳动生产率=产品总产量÷季月均工人数$$
$$=296÷15.333=19.305（万瓶/人.季）$$
$$月均劳动生产率=月均产品总产量÷月均工人数$$
$$=季工人劳动生产率÷3$$
$$=98.67÷15.333=6.435（万瓶/人.月）$$

或
$$=19.304÷3=6.435（万瓶/人.季）$$

7.1.3 增长量和平均增长量

1. 增长量

增长量是报告期水平与基期水平之差，用以说明报告期水平与基期水平增加或减少的水平。由于采用的基期不同，分为逐期增长量和累积增长量两种。

$$逐期（环比）增长量 = 报告期水平-前一期水平。$$
$$累积（总）增长量 = 报告期水平-固定基期水平。$$

逐期增长量和累积增长量之间具有如下关系。

（1）逐期增长量之和等于累积增长量，即
$$a_n - a_0 = (a_1 - a_0) + a_2 - a_1 \cdots + (a_n - a_{n-1})$$

（2）相邻两个累积增长量之差为逐期增长量，如
$$a_3 - a_2 = (a_3 - a_0) - (a_2 - a_0)$$

2. 平均增长量

平均增长量是一定时期内平均每期增长的水平，通常采用水平法计算平均增长量。即从数列最末达到的水平来计算平均增长量（$\overline{\Delta}$），即 $a_0 + n\overline{\Delta} = a_n$，则平均增长量为

$$\overline{\Delta} = \frac{a_n - a_0}{n}$$

$$=累积增长量/时期数$$
$$=逐期增长量之和/时期数$$

【例7.9】 某市2009～2014年消费品零售额如表7-5所示，从逐期增长量可以看出，该市该时期消费品零售额呈逐步扩张的发展趋势，是消费需求不断扩大的结果（逐期增长量具有揭示现象变化过程及其特征的重要作用）。用水平法计算的消费品零售额的年平均增长量为

$$年平均增长量 = \frac{188.5 - 85.5}{2014 - 2009} = \frac{103}{5}$$
$$=20.6（亿元）$$

表7-5 某市消费品零售额增长动态   （单位：亿元）

年份	消费品零售额	逐期增长量	累积增长量
2009	85.5	—	—
2010	93.5	8.0	8.0
2011	105.2	11.7	19.7
2012	121.9	16.7	36.4
2013	154.3	32.4	68.8
2014	188.5	34.2	103.0

7.2 速度分析

时间数列速度分析就是分析现象在一定时期内发展变化的程度和快慢，反映现象速度的主要指标有发展速度、增长速度、平均发展速度、平均增长速度 4 种。

7.2.1 发展速度和增长速度

1. 发展速度

发展速度是报告期水平与基期水平之比，用以说明现象发展变化的程度，常用倍数和百分数表示，即报告水平为基期水平的多少倍或百分之多少。由于采用的基期不同而分为定基发展速度与环比发展速度两种。

$$定基（总）发展速度=报告期水平÷固定基期水平$$

$$环比（逐期）发展速度=报告期水平÷前一期水平$$

定基发展速度与环比发展速度之间有如下换算关系。

（1）定基发展速度等于相应的各环比发展速度的连乘积，即

$$\frac{a_1}{a_0} \times \frac{a_2}{a_1} \times \frac{a_3}{a_2} \cdots\cdots \frac{a_n}{a_{n-1}} = \frac{a_n}{a_0}$$

（2）相邻两个定基发展速度之商等于相应的环比发展速度，如

$$\frac{a_3}{a_0} \div \frac{a_2}{a_0} = \frac{a_3}{a_2}$$

2. 增长速度

增长速度是增长量与基期水平之比，说明报告期水平比基期水平增加了百分之几或多少倍。计算公式为

$$增长速度=\frac{增长量}{基期水平}=\frac{报告期水平-基期水平}{基期水平}$$

$$=发展速度-1$$

如果发展速度大于 1，增长速度就为正值，表明现象报告水平比基期水平"增加了"或"增长了"多少。反之，则表明现象报告期水平比基期水平"减少了"或"下降了"多少。由于采用的基期不同，增长速度分为以下两种。

$$定基增长速度=定期发展速度-1$$

$$环比增长速度=环比发展速度-1$$

定基增长速度与环比增长速度之间没有直接的换算关系。如果要进行换算，必须先将环比增长速度加 1 化为环比发展速度，再连乘得定基发展速度，然后再减去 1，才能求得定基增长速度。

【例 7.10】某市消费品零售额发展速度分析如表 7-6 所示。可以看出，2014 年消费品零售额 188.5 亿元，比 2009 年增长了 1.205 倍，从环比发展速度和环比增长速度来看，后两年消费品零售额呈现高速增长的态势(环比发展速度和增长速度具有揭示现象变化过程及其特征的重要作用)。

表 7-6 某市消费品零售额发展速度分析

年份	消费品零售额（亿元）	发展速度（%）		增长速度（%）		增长 1%的绝对值
		环比	定基	环比	定基	
2009	85.5	—	100	—	100	—
2010	93.5	109.4	109.4	9.4	9.4	0.855
2011	105.2	112.5	123.0	12.5	23.0	0.935
2012	121.9	115.9	142.6	15.9	42.6	1.052
2013	154.3	126.6	180.5	26.6	80.5	1.219
2014	188.5	122.2	220.5	22.2	120.5	1.543

3. 增减 1%的绝对值

增减 1%的绝对值是逐期增减量与环比增长速度之比，用以说明增长速度与增长量之间的关系，即报告期与前期相比每增长 1%所包含的绝对值为多少。计算公式为

$$增减\ 1\%的绝对值 = (a_n - a_{n-1}) \div \frac{a_n - a_{n-1}}{a_{n-1}} \times 100\%$$

$$= \frac{a_{n-1}}{100\%} \quad 即 = \frac{前期水平}{100}\%$$

增减 1%的绝对值揭示了增长速度与基期水平的关系，基数越大，每增长 1%所包含的绝对值也越大。因此，比较不同单位、不同地区、不同时期的增长速度时，不能只看速度，应联系增减 1%的绝对值进行分析。

7.2.2 平均发展速度和平均增长速度

平均速度指标分为平均发展速度和平均增长速度两种。前者说明现象在较长时期内逐期平均发展变化的程度，后者说明现象逐期平均增长变化的程度。平均增长速度一般不能直接计算，需先计算平均发展速度，再求平均增长速度，即

$$平均增长速度 = 平均发展速度 - 1$$

其中平均发展速度的计算有水平法和方程法两种。

1. 水平法

计算平均发展速度的水平法，也叫做几何平均法，它的理论根据是在最初水平 a_0 的基础上，用平均发展速度 $\bar{x}$ 推算的最末理论水平等于最末实际水平 a_n，即：$a_0 \bar{x}^n = a_n$。则平均发展速度的计算公式如下

$$\bar{x} = \sqrt[n]{\frac{a_n}{a_0}}$$
$$= \sqrt[n]{R}$$
$$= \sqrt[n]{x_1 \cdot x_2 \cdot x_3 \cdots x_n} = \sqrt[n]{\prod x}$$

其中：$\bar{x}$ 代表平均发展速度；x 代表各期环比发展速度，R 代表总发展速度；a_0 代表最初发展水平，a_n 代表最末发展水平；n 代表环比发展速度的项数；$\prod$ 为连乘的符号。

平均发展速度为正值，而平均增长速度则可为正值，也可为负值。正值表明现象在一定发展阶段内逐期平均递增的程度，负值则表明现象逐期平均递减的程度。

【例7.11】根据表7-6的数据，计算某市2009～2014年消费品零售额的平均发展速度和平均增长速度。

$$\bar{x} = \sqrt[5]{\frac{188.5}{85.5}}$$
$$= \sqrt[5]{2.205} = 1.1713 \text{ 或 } 117.13\%$$

平均发展速度为117.13%，平均增长速度17.13%。按此平均发展速度发展，消费品零售额在2014年的基础上再翻一番需要的时间为

$$n = \frac{\lg 2}{\lg \bar{x}} = \frac{\lg 2}{\lg 1.1713} = 4.38 \text{ （年）}$$

用水平法计算平均发展速度，从计算公式看，计算结果受最末水平和最初水平的影响，即以定基发展速度（总速度R）的高低为转移，不受中间水平的影响；从水平看，在最初水平的基础上，用平均发展速度推算的最末理论水平等于最末实际水平；从速度看，平均发展速度的n次方等于数列的总速度。因此，水平法的侧重点是从最末水平出发来进行研究的，如果关心的是研究现象在最末一年达到的水平，则用水平法求平均发展速度。

2. 方程法

方程法又称累计法，用方程法求平均发展速度的数理依据是从最初水平a_0出发，按平均发展速度发展，各年理论水平的总和应等于各年实际水平的总和，即

$$a_0 \bar{x} + a_0 \bar{x}^2 + a_0 \bar{x}^3 + \cdots + a_0 \bar{x}^n = \sum_{i=1}^{n} a$$

式中，左边为各期理论水平总和，右边为各期实际水平总和。等式两边同除以最初水平a_0，可得下列方程：

$$\bar{x} + \bar{x}^2 + \bar{x}^3 + \cdots + \bar{x}^n = \frac{\sum_{i=1}^{n} a}{a_0}$$

此方程的正根就是所要计算的累计法平均发展速度，求解要用代数中的试根法计算，计算过程较繁杂。

【例7.12】根据表7-6的数据，用累计法求平均发展速度和平均增长速度。

$$a_0 = 85.5 \qquad \sum_{i=1}^{n} a = 663.4 \qquad \frac{663.4}{85.5} = 7.75906$$

则用累计法求平均发展速度的高次方程为

$$\bar{x} + \bar{x}^2 + \bar{x}^3 + \bar{x}^4 + \bar{x}^5 = 7.75906$$

用试根法求此高次方程的正根，得平均发展速度为115.02%，平均增长速度为15.02%。

用累计法计算平均发展速度，从计算公式看，所求平均发展速度受全期各年发展水平的影响；从水平看，按平均发展速度推算的各年理论水平的总和等于各年实际水平总和；从速度看,按平均发展速度推算的各年定基发展速度的总和等于各年实际定基发展速度的总和。因此，方程法的侧重点是从研究阶段内各期实际发展水平出发来研究平均发展速度。

3. 计算和应用平均速度应注意的问题

首先，应根据计算对象的特点选择计算方法。如人口、产量、产值、销售量的增长等，侧重于考察最末一年所达到的水平，应采用几何平均法计算平均速度、投资额、植树造林的增

长等，需要观察全期总量的计划完成情况，应采用方程法计算平均速度。

其次，应根据研究目的选择基期。基期不同，所计算的平均速度不同，若选择的基期水平受特殊因素的影响，而过高或过低，必然影响所计算的平均速度，甚至会降低其代表性。因此，应根据研究目的适当地选择基期，并注意所依据的统计指标在整个研究时期的同质性。

再次，应注意用分段平均速度来补充总平均速度，或用突出的速度来补充平均速度。因为总平均速度只能概括地反映现象在较长时期内逐年平均发展或增长的程度，而不能解释现象发展变化的过程。

最后，应联系绝对数和具体原因进行分析。因为高速度可能掩盖低水平，低速度可能隐藏高水平，因此，应注意增长1%的绝对值，并联系具体原因进行分析，以得出正确的结论。

7.3 长期趋势分析

7.3.1 时间数列分解的基本原理

社会经济现象的发展变化，受许多因素的影响，从时间数列变动来考察，按各种因素的性质不同，可归纳为长期趋势（T）、季节变动（S）、周期变动（C）和随机波动（I）四类。

（1）长期趋势。长期趋势是指现象受某些基本因素的影响，在一个相当长的时期内持续发展变化的总趋势。它是现象长期的连续的有规律性的变化，表现为现象持续增加或持续减少的发展趋势。长期趋势是基本因素长期作用的结果。

（2）季节变动。季节变动是指现象受自然条件或社会因素的影响，在一年或更短的时间内，随着季节更替的变化而引起的周期性变动。这种周期性变动一般比较稳定，变动的周期效应是能够预见的。

（3）周期变动。周期变动又称循环变动，是指某现象以若干年为周期的涨落起伏相间的周而复始的变动。不同现象循环变动的时期长短不同，上下波动的程度亦不相同，但每一周期都呈现盛衰起伏相间的状况。

（4）随机波动。随机波动是指现象受意外的和偶然的因素影响而引起的无规则可循的波动。如地震、水灾、旱灾或某些原因不明的因素引起的波动。随机波动由于无规则可循，因而难以预见。

由于时间数列的编制不同，时间数列中不一定都包含上述四种变动，例如以年度为顺序而编制的时间数列，就不存在季节变动。只有按年分月或季编制的时间数列才包含上述四种变动，将这四种变动综合起来，则有下列三种不同的时间数列分解模型：

相乘模型 $\qquad Y = T \times S \times C \times I$

相加模型 $\qquad Y = T + S + C + I$

混合模型 $\qquad Y = T \times S + C \times I$

相乘模型中T采用与原数列一致的单位，S、C以比率与T相乘。相加模型中四种变动均采用与原数列一致的单位。混合模型中S采用比率，T、C、I采用与原数列一致的单位。一般来说，长期趋势和季节变动属于常态现象，$T \times S$可称为常态变动，而将CI称为剩余变动。

时间数列分解分析就是要采用科学的方法，将长期趋势、季节变动和循环变动测定出来，描述现象发展变化的特征和规律，为预测未来和决策提供依据。本节主要介绍长期趋势测定。

7.3.2 长期趋势的测定

测定长期趋势的目的在于认识和掌握现象发展变化的总趋势和规律，以便有效地预测未来和作出正确的决策；还可用来消除原数列中的长期趋势，为研究季节变动和循环变动提供依据。测定长期趋势的方法主要有图示分析法、移动平均法和趋势模型法等。

1. 图示分析法

图示分析法是以时间数列各期数据作纵轴（y），时间（年、月）作横轴（t），绘制散点图或动态曲线图，以显示现象在较长时期内发展变化的总趋势，并识别长期趋势的类型。

【例 7.13】图 7-1 是根据表 7-7 某县 2004~2014 年生猪出栏量的数据绘制的动态曲线图，可看出生猪出栏量的实际值的波动较大，但呈现出直线型的长期趋势。

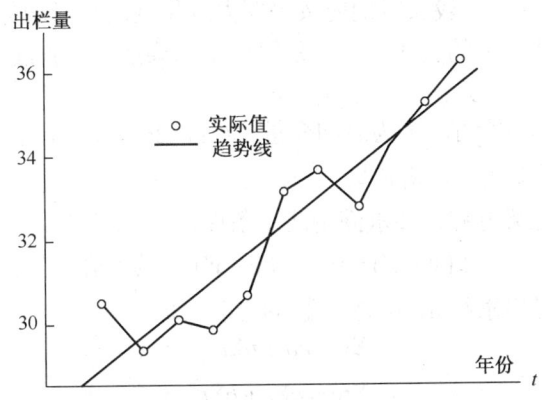

图 7-1 某县生猪出栏量的长期趋势图

2. 移动平均法

移动平均法是相继将原数列的时距扩大，依次采用 n 项（如 3 项或 5 项）数据平均，分别计算出一系列移动的序时平均数，形成一个新的派生的序列平均数数列，以消除偶然因素引起的波动，从而呈现出现象在较长时期内的发展趋势。

【例 7.14】某县 2004~2014 年生猪出栏量如表 7-7 所示。原数列中，因数据波动使长期趋势不明显，采用 3 项或 5 项移动平均所得的序时平均数数列，消除了部分波动的影响，长期趋势变得较明显。

表 7-7 某县生猪出栏量长期趋势分析 （单位：万头）

年份	t	出栏量	移动平均数 $n=3$	移动平均数 $n=5$
2004	1	30.54	—	—
2005	2	29.37	30.00	—
2006	3	30.08	29.77	30.10
2007	4	29.85	30.20	30.62
2008	5	30.68	31.22	31.49
2009	6	33.14	32.51	32.03
2010	7	33.72	33.21	32.91
2011	8	32.77	33.57	33.82
2012	9	34.22	34.09	34.45
2013	10	35.28	35.25	—
2014	11	36.24	—	—

利用移动平均法测定长期趋势，一般采用奇数项移动平均，使数据对准居中年份，移动平均的项数应采用多少项为宜，应根据现象变化的特点而决定。一般来说，移动平均的项数越多，移动平均数的跨越时间越长，所揭示的长期趋势越明显。

3. 趋势模型法

趋势模型法就是用数学方程来描述时间数列中现象发展变化的长期趋势，可用于外推预测。一般程序是，先将时间数列描绘成散点图或动态曲线图，判别长期趋势的类型，选择适当的趋势线方程，最后用最小二乘法求出方程的参数，建立趋势模型用于分析和预测。

现象发展变化的趋势类型多种多样，因而趋势方程也有各种不同的形式。常用的有直线方程、指数曲线方程、二次曲线方程等。这些趋势方程的建立，利用一些常用的统计分析软件是很容易得到的，而且能够同时配合几种不同的趋势方程，以便择优应用。

（1）直线方程。若现象在较长时期内按每期大致相近的数量增加或减少时，或数据的散点图形大致呈一条向下或向上的直线时，可采用最小二乘法配合直线方程描述长期趋势，即

$$y_t = a + bt$$

其中，y_t 为时间数列实际值，t 为时间变量（$t=1, 2\cdots, n$），a、b 为方程参数，a 又称初始水平，b 为直线的斜率或平均增长量。

用最小二乘法配合趋势方程，要求满足两个条件：

$$\Sigma(y - y') = 0 \quad \Sigma(y - y')^2 = 最小值$$

根据这一要求，可导出求解 a、b 的标准方程组，即

$$\Sigma y = na + b\Sigma t$$

$$\Sigma ty = a\Sigma t + b\Sigma t^2$$

衡量直线趋势模型拟合的优良度。主要评价指标有剩余标准差和可决系数，即

剩余标准差 $\quad s_y = \sqrt{\dfrac{\Sigma(y-y')^2}{N-2}}$

可决系数 $\quad R^2 = 1 - \dfrac{\Sigma(y-y')^2}{\Sigma(y-\bar{y})^2}$

其中
$$\Sigma(y - y') = \Sigma y^2 - a\Sigma y - b\Sigma ty$$
$$\Sigma(y - \bar{y}) = \Sigma y^2 - \frac{1}{n}(\Sigma y)^2$$

一般来说，在直线型趋势条件下，可决系数越高，剩余标准差系数越小，直线趋势越严格，直线趋势模型拟合越优良，预测越可靠。

【例 7.15】用最小二乘法配合直线方程描述表 7-7 中的生猪出栏量的长期趋势。有关数据计算如表 7-8 所示。

$$355.89 = 11a + 66b$$
$$2208.78 = 66a + 506b$$

解得：$b = 0.6676$，$a = 28.3478$，进而可计算出 s_y、R^2，得到如下模型

$$y'_t = 28.3478 + 0.6676t$$

（$s_y = 0.8933 \quad R^2 = 0.8724 \quad 2003 年 t = 0$）

将 $t = 1, 2, 3, \cdots, 11$ 代入此方程，求得各年趋势值 y' 如表 7-8 所示。可以看出，消除波动后，生猪出栏量的长期趋势是按直线增长的。同时，在剩余变动中，似乎存在着起伏相间的

周期变动。若不考虑周期变动的影响，预测 2006 年生猪出栏量为
$$y'_{12}=28.3478+0.6676\times 12=36.36（万头）$$

表 7-8　某县生出猪栏量长期趋势测定

年份	t	y	t^2	ty	y'	$(y-y')$
2004	1	30.54	1	30.54	29.02	1.52
2005	2	29.37	4	58.74	29.68	-0.31
2006	3	30.08	9	90.24	30.35	-0.27
2007	4	29.85	16	119.40	31.02	-1.17
2008	5	30.68	25	153.40	31.69	-1.01
2009	6	33.14	36	198.84	32.35	0.79
2010	7	33.72	49	236.04	33.02	0.70
2011	8	32.77	64	262.16	33.69	-0.90
2012	9	34.22	81	307.98	34.36	-0.14
2013	10	35.28	100	352.80	35.02	0.26
2014	11	36.24	121	398.64	35.69	0.55
Σ	66	355.89	506	2208.78	355.89	0

（2）指数曲线方程。若现象在较长时期内每期以大体相近的环比发展速度变化时，则长期趋势属于等速变化型，可用指数曲线描述长期趋势，即

$$y_t = ab^t$$

其中：t 为年次，a 为初始水平，b 为平均发展速度。等式两边取对数可化为

$$\lg y_t = \lg a + (\lg b)t$$

此式类似于直线方程的形式，因而可采用配合直线方程的方法求解 $\lg a$、$\lg b$ 然后取反对数，可得到 a、b 的估计值。求解 $\lg a$、$\lg b$ 的标准方程组为

$$\Sigma \lg y = n \lg a + \lg b \Sigma t$$

$$\Sigma t \lg y = \lg a \Sigma t + \lg b \Sigma t^2$$

剩余标准误差、相关系数用下列公式计算：

剩余标准差　　$s_y = \sqrt{\dfrac{\Sigma(y-y')^2}{N-2}}$

可决系数　　　$R^2 = 1 - \dfrac{\Sigma(y-y')^2}{\Sigma(y-\bar{y})^2}$

【例 7.16】表 7-9 是某企业商品销售趋势分析。其环比增长率大体相近，可配合指数曲线描述长期趋势。用函数型计算器不难算出：$\Sigma \lg y = 26.1668$，$\Sigma t \lg y = 134.7059$，$\Sigma t = 45$，$t^2 = 285$，$n = 9$，代入上述标准方程组：

$$26.1668 = 9\lg a + 45\lg b$$
$$134.7059 = 45\lg a + 285\lg b$$

解得：$\lg b = 0.06453$，$b = 1.1602$，$\lg a = 2.58476$，$a = 384.3793$，进而可计算出 s_y，R^2，可得到如下指数曲线趋势模型：

$$y' = 384.3793 \times 1.1602^t$$
$$(s_y=27.45,\ R^2=0.9944,\ 2005\ 年\ t=0)$$

预测 2015 年商品销售额趋势值为：
$$y'_{10} = 384.3793 \times 1.1602^{10} = 1698.59\ （万元）$$

表 7-9 某企业商品销售趋势分析

年份	t	y_t	增长率（%）	y'	$y_t - y'$
2006	1	469.8	—	446.0	23.8
2007	2	494.6	5.28	517.4	-22.8
2008	3	557.9	12.80	600.3	-42.4
2009	4	713.6	27.91	696.5	17.1
2010	5	842.4	18.02	808.0	34.4
2011	6	955.0	13.39	937.5	17.5
2012	7	1083.0	23.40	1087.7	-4.7
2013	8	1265.0	16.81	1261.9	3.1
2014	9	1440.0	13.83	1464.0	-24.0

（3）二次曲线方程。若时间数列中现象的变化动态曲线为一条向上的抛物曲线或一条向下的抛物曲线，则可用二次曲线方程描述其长期趋势，即

$$y = a + bt + ct^2$$

其中，a、b、c 为方程的参数，用最小二乘法估算参数的标准方程组为

$$\Sigma y = na + b\Sigma t + c\Sigma t^2$$
$$\Sigma ty = a\Sigma t + b\Sigma t^2 + c\Sigma t^3$$
$$\Sigma t^2 y = a\Sigma t^2 + b\Sigma t^3 + c\Sigma t^4$$

若取数列的中间年份为原点，以时间离中差作时间变量 t，则 $\Sigma t = 0$，$\Sigma t^3 = 0$，则有：

$$\Sigma y = na + c\Sigma t^2$$
$$\Sigma ty = b\Sigma t^2$$
$$\Sigma t^2 y = a\Sigma t^2 + b\Sigma t^4$$

由于在估算参数时有关数据已算出，可用下列公式计算剩余标准误差和可决系数。

$$s_y = \sqrt{\frac{\Sigma y^2 - a\Sigma y - b\Sigma ty - c\Sigma t^2 y}{N-3}}$$

$$R^2 = 1 - \frac{\Sigma(y-y')^2}{\Sigma(y-\bar{y})^2}$$

【例 7.17】表 7-10 是某市 GDP 长期趋势分析。根据表中的数据，可算出：

$$\Sigma y = 896.39 \quad \Sigma ty = 1106.03 \quad \Sigma t^2 y = 9849.4$$
$$n = 11 \quad \Sigma t^2 = 110 \quad \Sigma t^4 = 1958$$

代入上述简化方程组，可求出 a、b、c 的值，进而可计算出 s_y，R^2，得到：

$$y'_t = 71.169 + 10.0573t + 1.0321t^2$$
$$(s_y = 4.3504,\ R^2 = 0.9876,\ 2009\ 年\ t=0)$$

预测 2015 年 GDP 的趋势值为

$$y_6^1 = 71.169 + 10.0573 \times 6 + 1.0321 \times 6^2$$
$$= 168.67（亿元）$$

表 7-10　某市 GDP 长期趋势分析

年份	y_t	t	y_t'	$y_t - y_t'$
2004	46.06	−5	46.69	−0.63
2005	47.27	−4	47.45	−0.18
2006	49.95	−3	50.29	−0.34
2007	53.73	−2	55.18	−1.45
2008	63.90	−1	62.14	1.76
2009	75.20	0	71.17	4.03
2010	85.48	1	82.26	3.22
2011	93.45	2	95.41	−1.96
2012	105.17	3	110.63	−5.46
2013	121.90	4	127.91	−6.01
2014	154.28	5	147.26	7.02

（4）其他曲线方程。用数学方程描述长期趋势有多种模型可供选择，除了上述三种外，还有下列一些曲线方程可用于描述现象的长期趋势。

对数曲线方程	$y = a + b \lg t$
幂函数曲线方程	$y = at^b$
双曲线方程	$y = a + b \lg t$
三次曲线方程	$y = a + bt + ct^2 + dt^3$
修正指数曲线方程	$y_t = k + ab^t$
戈伯兹曲线方程	$y_t = ka^{b^t}$
皮尔（S 型）曲线方程	$y_t = \dfrac{k}{1 + be^{-at}}$

这些曲线方程均有自己的适合应用的趋势形态，利用一些常用的统计分析软件是很容易得到的，而且同一时间数列能够同时配合几种不同的趋势方程，以便择优应用。

7.4　季节变动分析

在一个以月份或季度为顺序而编制的时间数列中，往往存在着季节变动。季节变动是指每年都重复出现的周期性变动，如许多商品销售每年各月或各季都按相似的曲线波动，铁路公路客运量每年重大节假日都是高峰等都是季节变动。季节变动一般以一年十二个月或四个季度作为变动周期。

测定季节变动一般要求具备连续若干年或至少 3 年的分月或分季的统计数据，以保证所测定的变动指标能正确反映季节变动的淡旺季规律。反映季节变动的指标通常有平均季节比重和季节指数，测定季节变动的方法通常有同月平均法和趋势与季节模型法两大类。

7.4.1 同月平均法

用同月平均法测定季节变动有平均季节比重和平均季节比率两种方法。

1. 平均季节比重法

平均季节比重法是将历年同月（季）的数值之和与各年数值之和相比，直接求得平均季节比重，计算公式为

$$\text{平均季节比重} = \frac{\text{每年同月（季）数值之和}}{\text{各年度数值之和}} \times 100\%$$

各月（季）的季节比重之和为 100%，一般季节比重大的为旺季，季节比重小的为淡季。季节比重除了能反映季节变化的数量规律外，亦可用于以下预测。

（1）根据年度预测数，用季节比重求月（季）预测数，即

$$\text{月（季）预测值} = \text{年度预测值} \times \text{月（季）季节比重}$$

（2）根据年内某几个月的实际数，用季节比重求全年预测数，即

$$\text{年度预测值} = \frac{\text{某几个月（季）的实际值之和}}{\text{相应的季节比重之和}}$$

【例 7.18】表 7-11 是某地 2010～2014 年分季的消费品零售额。从平均季节比重来看，第一季度和第四季度为旺季，第二季度平淡，第三季度最淡。近三年消费品零售额大体呈直线变化趋势，用平均增长量可预测 2015 年消费品零售额为 392.5 亿元，再用表中的平均季节比重可求得各季度的预测值分别为 99.62，95.85，91.41 和 105.62 亿元。

表 7-11 某地消费品零售额季节变动分析　　　　　　（单位：亿元）

年份	一季	二季	三季	四季	全年
2010	70.6	68.8	66.6	78.6	284.6
2012	80.3	77.5	74.9	85.5	318.2
2013	89.4	85.6	78.6	90.4	344.0
2014	92.8	88.6	85.5	98.6	365.5
合计	333.1	320.5	305.6	353.1	1312.3
季节比重（%）	25.38	24.42	23.29	26.91	100.00
季平均数	83.275	80.125	76.400	88.275	82.019
季节指数%	101.53	97.69	93.15	107.63	400.00

又假如，2015 年上半年该地实际消费品零售额为 197.82 亿元，根据表中一、二季度的季节比重之和 49.8%，可预计今年消费品零售额可达到 397.23 亿元，第三、四季度的零售额则分别为 92.51 亿元，106.89 亿元，今年为 392.5 亿元。

2. 平均季节比率法

平均季节比率又称季节指数，它是以历年同月（季）平均数与全时期月（季）总平均数

相比，用求得的比较相对数来反映季节变动的数量规律。计算公式为：

$$月（季）季节指数 = \frac{各年同月（季）平均数}{全时期月（季）平均数} \times 100\%$$

各月（季）季节指数之和，季度资料为400%，月度资料为1200%。一般地，季节指数大于100%为旺季，小于100%为淡季。季节指数与季节比重之间具有转换关系，即季节指数/4（或12）等于季节比重。平均季节比率亦可用于以下预测。

（1）根据年度预测数用季节指数求季（月）预测数，即

$$季（月）预测数 = \frac{年度预测数}{4（或12）} \times 季（月）的季节指数$$

（2）根据年内某几个月的实际数，用季节指数求全年预测数，即

$$年度预测数 = \frac{某几个季（月）的实际数之和}{相应的季节指数之和} \times 4（或12）$$

例如，根据例 7-18 的数据，预计 2015 年的消费品零售额可达到：

$$\frac{197.82}{101.53\% + 97.69\%} \times 4 = 397.19（亿元）$$

用季节比重法和季节指数法测定季节变动的数量规律，计算简便，容易理解，且能较真实地反映年度数值在各月（季）之间的分布规律。但这两种方法在测定季节变动时，没有考虑长期趋势的影响，外推预测时，年度趋势预测值需要另行确定。

7.4.2 趋势与季节模型法

趋势与季节模型是将趋势变动分析和季节变动分析结合起来，先测定长期趋势，后测定季节变动，将趋势方程与季节指数结合起来，就是趋势与季节模型。计算程序和方法如下。

（1）测定数列的长期趋势

通常可根据数据变化的特点，直接建立线性或曲线趋势方程测定其长期趋势。

【例 7.19】表 7-12 是某地分季消费品零售额，因年度消费零售额为线性变化趋势，故可用直线方程描述各季消费零售额的长期趋势。

根据表 7-12 中 y_t、t 的数值可求得：

$$n = 16, \Sigma t = 136, \Sigma t^2 = 1496$$
$$\Sigma y = 1312.3, \Sigma t_y = 11714.1$$

代入最小二乘法求解直线方程 a、b 参数的方程组：

$$\begin{cases} 1312.3 = 16a + 136b \\ 11714.1 = 136a + 1496b \end{cases}$$

解得：$a = 68.0304$，$b = 1.6457$

$$T_t = 68.0304 + 1.6457t$$

（2001 年第四季度，$t = 0$）

用此趋势方程求得的各季度的趋势值 T_t 如表 7-12 所示。

表 7-12 某地消费品零售额趋势与季节变动分析

年季		Yt	t	Tt	Yt/Tt	S_R	CI
2011	一季	70.6	1	69.7	1.028	1.049	0.980
	二季	68.8	2	71.3	0.965	0.986	0.979
	三季	66.6	3	78.0	0.912	0.921	0.990
	四季	78.6	4	74.6	1.054	1.044	1.010
2012	一季	80.3	5	76.3	1.052	1.049	1.003
	二季	77.5	6	77.9	0.995	0.986	1.009
	三季	74.9	7	79.6	0.941	0.921	1.022
	四季	85.5	8	81.2	1.053	1.044	1.031
20013	一季	89.4	9	82.8	1.081	1.049	1.031
	二季	85.6	10	84.5	1.013	0.986	1.027
	三季	78.6	11	86.1	0.913	0.921	0.991
	四季	90.4	12	87.8	1.030	1.044	0.987
2014	一季	92.8	13	89.4	1.038	1.049	0.990
	二季	88.6	14	91.1	0.973	0.986	0.989
	三季	85.5	15	92.7	0.922	0.921	1.001
	四季	98.6	16	94.4	1.044	1.044	1.000

（2）测定季节指数

先将数列的实际值除以趋势值，求得 Y/T 的比率，即 S_{CI} 的比率值。然后，将所求得的 S 的比率，重新按月（季）进行编排，再按月（季）平均，消除剩余变动（CI）的影响，求得平均的季节比率。见表 7-13。由于所求得的平均季节比率相加，月度资料应为 1200%，季度资料应为 400%，如果大于或小于此数，应用校正系数调整各月（季）的平均季节比率，即为季节指数。此例各季的平均季节比率相加之和为 400.4%，小于 400%，较正系数为 400/400.4=0.999，将此校正系数乘上各季的平均季节比率，即得季节指数 S_R。

表 7-13 季节指数计算表

年份	一季	二季	三季	四季	合计
2011	1.028	0.965	0.912	1.054	—
2012	1.052	0.995	0.941	1.053	—
2013	1.081	1.013	0.913	1.030	—
2014	1.038	0.973	0.922	1.044	—
平均比率	1.050	0.987	0.922	1.045	4.004
季节指数	1.049	0.986	0.921	1.044	4.000

（3）建立趋势与季节分析模型进行预测。将以上建立的趋势方程和测定的季节指数结合起来，建立的趋势与季节模型为

$$y'_t = T_t \cdot S_R$$
$$=(68.0304+1.6457t) S_R$$

其中 S_R 代表季节指数，即 S_1=1.049，S_2=0.986，S_3=0.921，S_4=1.044。

若预测 2015 年各季度和全年的消费零售额，则有

$$y'_{17} =(68.0304+1.6457\times 17)\times 1.049=100.71（亿元）$$
$$y'_{18} =(68.0304+1.6457\times 18)\times 0.986=96.29（亿元）$$
$$y'_{19} =(68.0304+1.6457\times 19)\times 0.921=91.45（亿元）$$
$$y'_{20} =(68.0304+1.6457\times 20)\times 1.044=105.39（亿元）$$

全年消费品零售额预测值=393.84（亿元）

需要指出的是，趋势与季节模型中的季节指数，是建立在长期趋势测定基础之上的，其作用在于调整月（季）的趋势预测值，使之符合季节变动的结果。这种季节指数不能反映年度数值在月（季）之间的分布状况。因此，一般不宜利用这种季节指数由月（季）的实际值预报全年可能达到的水平，这是我们利用趋势与季节模型外推预测应注意的问题。

7.5 周期波动分析

7.5.1 周期波动的含义

周期波动又称循环波动或经济周期。是指现象以若干年为周期的涨落起伏相间的周而复始的变动。或者说，是一种周期较长的有一定规律的从高到低，再从低到高的循环往复的变动。例如，农产品产量中的丰年、平年、歉年相继出现；市场景气与市场疲软交替出现；股价上涨与下跌交替出现；经济迅速增长与低速运行交替进行，都是周期波动的表现。

周期波动按表现形式不同，可分为显性周期（古典周期）波动和隐性周期波动。显性周期波动表现为现象绝对水平的波动，隐性周期波动表现为相对水平（增长率）的波动。

周期波动按周期长度不同，可分为短周期波动（5 年以下），中周期波动（5～10 年），长周期波动（10 年以上）。

7.5.2 周期波动的构成

一个完整的周期波动是由"谷底、峰值、谷底"三个要点，上升期和下降期两大阶段构成的（上升期和下降期的时间长度往往不相等）。上升期是从谷底到峰值的时期，如图 7-2 中 AC 的区间，下降期是从峰值到另一个谷底的时间，如图中 CE 区间，上升期的时间长度与下降期的时间长度之和就是一个完整的循环变动周期长度。如果作进一步的划分，一个完整的循环变动可分为四个小阶段。

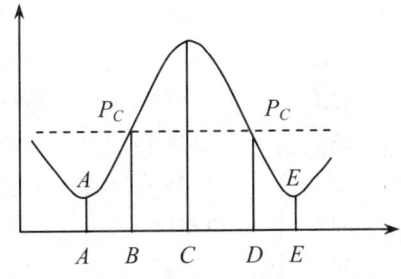

图 7-2 循环变动构成示意图

（1）复苏期。用 AB 区间表示，此时周期水平在均衡线水平 P_C 之下，经济低速运行，前一周期的谷底就是本周期的复苏转折点。

（2）扩张期。如图中的 BC 区间，此时周期运行水平高于均衡线水平 P_C，呈高速增长，期间达到均衡值 P_C 的时刻为扩张转换点。

（3）收缩期。如图中的 CD 区间，此时周期运动水平仍高于均衡水平 P_C，增长速度虽高但已逐期递减，其峰值到 P_C 的时刻为收缩转折点。

（4）萧条期。即图中的 DE 区间，此时周期水平已低于均衡线 P_C，回到均衡值 P 的时刻为萧条转折点。当周期运动水平降至谷底 E 处时，本周期结束，下一周期开始。

复苏期和扩张期统称为上升期，此段时间内经济形势好转，效益递增。收缩期和萧条期统称为下降期，此时经济气候转阴，效益递减。

7.5.3 周期波动的测度

测定周期波动的目的，是为了认识和掌握周期波动的数量规律，判断未来周期波动的基本走向，为预测决策、调控生产经营活动提供依据。而要认识这种数量特征和规律，必须运用统计方法进行测定。

1. 直接分期观察法

直接分期观察法是测度古典周期的方法。当经济变量的绝对水平 Y 的扩张期与收缩期交替出现时，亦即经济变量的绝对水平围绕水平线呈现大起大落的显性循环变动时，可直接把某一时刻的最小值（谷底值）到最大值（峰值）的时期定为扩张期，把最大值（峰值）到另一个最小值（谷底值）的时期定为收缩期。如果原数列存在一定的短期随机波动，可对 $y/\bar{y}$ 的比率取 3 项数据移动平均，消除随机波动，以求得不含随机波动因素的周期比率。亦可借助经济周期图进行辅助测度，即对短期随机波动忽略不计，直接将经济周期图中具有持续增加趋势的时期定为扩张期，将具有持续下降趋势的时期定为收缩期。

【例 7.20】表 7-14 是某地油茶籽产量的循环变动分析。不难看出它是按照"丰年—歉年—丰年"的规律循环的。2004~2014 年期间已经历了两个循环周期，周期长度为 5 年，油茶籽产量之所以存在循环变动，是因为油茶的生长本身具有生物周期。

表 7-14 某地油茶籽产量循环变动分析

年份	产量（万吨）	$\bar{y}$	$CI = y/\bar{y}$	C	峰谷	循环阶段
2004	49.0	53.1	0.922 8	—		
2005	65.4	53.1	1.231 6	1.028 3	峰	
2006	49.4	53.1	0.930 3	0.993 7		下降期
2007	43.5	53.1	0.189 2	0.917 6	谷	
2008	53.6	53.1	1.009 4	0.998 1		上升期
2009	61.9	53.1	1.165 7	1.000 0	峰	
2010	43.8	53.1	0.824 9	0.988 7		下降期
2011	51.8	53.1	0.975 5	0.890 8	谷	
2012	46.3	53.1	0.871 9	1.034 5		上升期
2013	66.7	53.1	1.256 1	1.037 6	峰	
2014	52.3	53.1	0.984 9	—		

2. 环比动态指数分期法

由于经济变量的隐性周期变动一般表现为增长率的波动，因此，可计算数列的动态指数（环比发展速度）或环比增长率来测定隐性周期变动。当环比速度具有明显的周期变动时，可把最小发展速度（谷底）到最大发展速度（峰值）时期称为扩张期或上升期，把最大速度到另一个最小发展速度（谷底）的时期称为收缩期或下降期，依此类推下去，可将原数列的所有周期测度出来，进而可观察各周期变动的过程、形态和周期长度。如果环比发展速度或环比增长率数列存在一定的短期随机波动，亦可借助经济周期图进行辅助测度，即将经济周期图中具有持续增长趋势的时期定为扩张期，将具有持续下降趋势的时期定为收缩期。

【例 7.21】 图 7-3 是某地 1986～2014 年粮食总产量环比发展速度周期波动图。从图中可看出，粮食总产量环比发展速度的波动可区分为 8 个周期（因受表中观察数据的限制，1986 年前的周期不完整），其中第一周期（1988～2003 年）的周期长度为 5 年，后 7 个周期的周期长度基本上都是 3 年。但是各周期的扩张期和收缩期是不相同的，波动的幅度也是不相同的。我国粮食总产量环比发展速度的周期波动是客观存在的，其形成的原因是多方面的，可用农业波动性经济周期理论来解释。其形成的原因主要是粮食生产易受自然条件、气候变化、粮食价格和政策等多因素的综合影响。

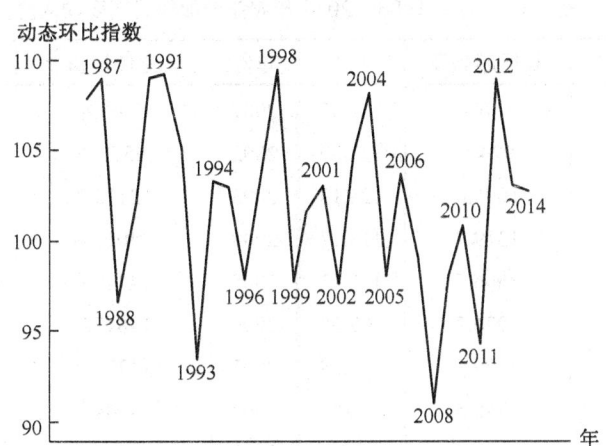

图 7-3 某地 1986～2014 年粮食总产量环比发展速度周期波动图

3. 时间数列分解法

时间数列分解法是依据时间数列的乘法模式或加法模式，首先测定数列的长期趋势和季节变动，然后再测定周期变动。对年度数据而言，测度的程序如下。

首先，用合适的数学模型描述数列的长期趋势，并求出各年的趋势值。

其次，用数列的实际水平减去或除以趋势值，求出剩余变动的绝对量或相对量。

再次，观察剩余变动有无明显的周期波动，如果有明显的周期波动，则剩余变动基本上属于周期波动；如果不够明显，则可采用短期移动平均法消除随机变动的影响。

最后，把剩余变动的绝对量为正值（相对量大于 1）的时期定为扩张阶段，把剩余变动的绝对量为负值（相对量小于 1）的时期定为收缩阶段，依此类推下去，可将原数列的所有周期测度出来，进而可观察各周期波动的过程、形态和周期长度。

对月度数据或季度数据而言，以上测定程序中，应在长期趋势测度的基础上，再增加季节变动的测度，然后再测度周期波动。

【例 7.22】 表 7-15 是某地 1986～2014 年农业增加值长期趋势和周期波动的测度。其中农业增加值的长期趋势是采用二次曲线测度的，即

$$Y_t = 741.1798 + 38.7005t + 26.4807t^2$$

$$R^2 = 0.9744, \quad F = 494.89, \quad SE = 1226.29$$

表中的 Y/T 是实际值与趋势值的比率。从表 7-15 和图 7-4 中可看出，1986～2014 年农业增加值的周期波动大体上可划分为两个半周期，即

1986～2001 年为第一个周期，周期长度为 16 年。其中 1986～1992 年 Y/T 的比率大于 100%，农业增加值的实际值高于趋势值，处于扩张阶段；1993～2010 年 Y/T 的比率小于 100%，农业增加值的实际值低于趋势值，处于收缩阶段。

2001～2011 年为第二周期，周期长度为 11 年。其中 2002～2007 年 Y/T 的比率大于 100%，农业增加值的实际值高于趋势值，处于扩张阶段；2008～2011 年 Y/T 的比率小于 100%，农业增加值的实际值低于趋势值，处于收缩阶段。

从 2012 年起又开始了一个新的尚未完结的周期，其中 2012～2014 年 Y/T 的比率大于 100%，农业增加值的实际值高于趋势值，正处在扩张阶段。

表 7-15 某地 1986～2014 年农业增加值周期变动测度

年份	农业增加值 Y	长期趋势 T	Y/T	年份	农业增加值 Y	长期趋势 T	Y/T
1986	1027.5	806.4	127.42	2001	6963.8	8139.4	85.56
1987	1270.2	924.5	137.39	2002	9572.7	9052.0	105.75
1988	1371.6	1095.6	125.19	2003	12135.8	10017.5	121.15
1989	1559.5	1319.7	118.17	2004	14015.4	11036.0	127.00
1990	1777.4	1596.7	111.32	2005	14441.9	12107.5	119.28
1991	1978.4	1926.7	102.68	2006	14817.6	13231.9	111.98
1992	2316.1	2309.6	100.28	2007	14770.0	14409.2	102.50
1993	2564.4	2745.5	93.40	2008	14944.7	15639.6	95.56
1994	2788.7	3234.4	86.22	2009	15781.3	16922.8	93.25
1995	3233.0	3776.2	85.61	2010	16537.0	18259.1	90.57
1996	3865.4	4371.0	88.43	2011	17381.7	19648.3	88.46
1997	4265.9	5018.8	85.00	2012	21412.7	21090.5	101.53
1998	5062.0	5719.5	88.50	2013	23070.4	22585.6	102.15
1999	5342.2	6473.2	82.53	2014	24737.0	24133.7	102.50
2000	5866.6	7279.8	80.59				

测定经济变量的周期波动，不仅要考察经济变量本身的循环变动过程和形态，而且要注意经济变量之间的联系分析。周期波动的性质和形成原因，因分析对象不同而不同。例如，具体商品的循环变动，取决于不同时期市场供求关系、商品寿命周期及其他因素的影响；整个市场的循环变动，则是众多商品、众多因素综合作用的结果。整个经济周期波动，则是经济运行的内在的和外在的众多因素综合作用的结果。因此，应根据具体对象作出具体分析。

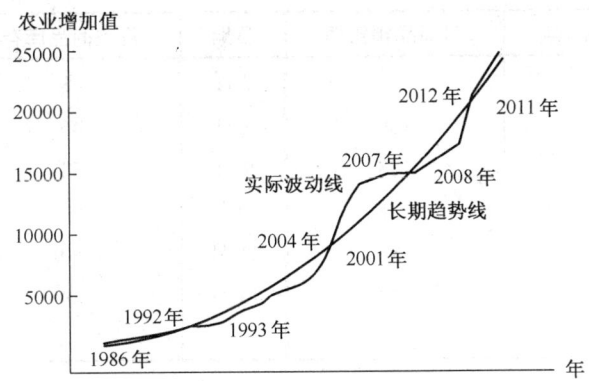

图 7-4　某地 1986～2014 年农业增加值动态曲线图

复习思考题

1. 时间数列水平分析有哪些分析指标？
2. 什么是平均发展水平？如何计算？
3. 何谓增长量，逐期增长量与累积增长量有何关系？
4. 如何计算平均增长量？
5. 什么是发展速度，环比发展速度和定基发展速度有何关系？
6. 何谓平均发展速度与平均增长速度，计算方法怎样？
7. 一个时间数列一般可分解为哪几种变动？
8. 什么是长期趋势？有哪些测定方法？
9. 什么是季节变动？有哪些测定方法？
10. 什么是周期波动？有哪些测定方法？

习　题

1. 某工厂 2009～2014 年末职工人数分别为 250、270、290、300、310、318，要求计算全时期平均职工人数、平均增长量、平均增长速度。

2. 某企业 4 月份产品产量为 7020 吨，工人人数变动情况：4 月 1 日为 1210 人，4 月 11 日增加 30 人，4 月 20 日减少 40 人，5 月 1 日减少 30 人，试计算该企业 4 月份平均工人数和工人人均产品产量。

3. 某工厂某年工业增加值为 28350 万元，而职工人数资料如下表，试计算该厂全年平均职工人数和职工人均增加值。

时间	去年12月31日	3月31日	5月31日	8月31日	10月31日	12月31日
人数（人）	2100	2160	2140	2300	2400	2480

4. 某商店 2004 年月末商品库存和月商品销售额（万元）资料如下：要求列表计算该商店各季度、上半年、下半年和全年商品周转次数。

日期	月末商品库存	月商品销售额	日期	月末商品库存	月商品销售额
去年末	63	—	7月	48	196
1月	60	180	8月	45	210
2月	55	188	9月	54	223
3月	48	175	10月	57	265
4月	43	186	11月	60	234
5月	40	212	12月	68	276
6月	50	208			

5. 某厂工人数和产值资料如下：试列表计算第一季度人均产值和月平均人均产值。

项目	1月	2月	3月	4月
月初工人数（人）	129	112	130	140
月产值（百元）	380	374	458	460

6. 某厂上半年总产值及平均每个工人产值资料如下：试列表计算该厂各季度劳动生产率和各季度月均劳动生产率、上半年劳动生产率和上半年月均劳动生产率。

项目	1	2	3	4	5	6
总产值（万元）	40.0	42.0	44.0	48.4	49.5	48.0
工人人均产值（元）	4000	4200	4400	4400	4500	6000

7. 某企业各季度计划产值和产值计划完成程度的资料如下：试计算该企业年度计划平均完成百分比。

项目	第一季度	第二季度	第三季度	第三季度
计划产值（万元）	860	887	875	898
计划完成（%）	130	135	138	125

8. 某市城镇居民 2009~2014 年消费支出及食品消费支出如下表：

项目	2009	2010	2011	2012	2013	2014
消费支出（元/人）	3138	3886	4098	4317	4375	4800
其中：食品	1497	1898	1987	1973	1908	1942

要求：列表计算消费支出和食品消费支出的序时平均数、平均增长量、平均增长速度、历年恩格尔系数及平均值；用最小二乘法分别拟合消费支出和食品支出的直线趋势方程，并外推预测 2015 年的消费支出、食品支出及恩格尔系数；并写出简要的分析评价。

9. 某企业某年有关资料如下：

项目	1月	2月	3月	4月
月初全部职工（人）	800	1000	1000	1200
月初工人数（人）	530	692	698	856
总产值（万元）	795	1052	1068	

要求：列表计算一季度工人数占全部职工数的平均比重；一季度全员劳动生产率及工人劳动生产率；一季度月均全员劳动生产率和月均工人劳动生产率；并写出简要的分析评价。

10．某市 2004～2014 年工业增加值如下（亿元）：
496 655 809 945 1024 1196 1388 1536 1788 1915 2248

要求：（1）列表计算增长量、发展速度、增长 1%的绝对值；平均增长量、平均发展速度和平均增长速度。在 2005 年基础上，用平均发展速度求再翻一番所需要的时间。

（2）用最小二乘法拟合直线方程、指数曲线方程、二次曲线方程，并比较优劣；选择合适的趋势方程外推预测 2015 年和 2016 年工业增加值。

11．甲地 2010 年和 2014 年国内生产总值分别为 1650 亿元、3858 亿元，乙地国内的生产总值分别为 1860 亿元、3441 亿元。要求计算：

（1）两地的国内生产总值的平均发展速度；

（2）若 2014 年甲、乙两地总人口分别为 6250 和 4576 万人，人口年增长率分别 7‰和 8.5‰；两地国内生产总值仍保持原来的增长速度，甲地人均国内生产总值哪年才能赶上乙地；此时国内生产总值和人口分别达到多少？

（3）假定甲地 2024 年国内生产总值达到 12400 亿元，若前 5 年平均每年递增 12%，则后 5 年平均增长率应为多少才能实现这一目标？

12．某地 2008 和 2014 年国内生产总值分别为 2856 亿元，5288 亿元，则年平均增长量为_____，总增长率为_____，平均增长率为_____；在 2014 年国内生产总值的基础上，按平均增长量增长，再翻一番需要_____年；按平均增长率增长，再翻一番需要_____年。按平均增长量增长，2020 年国内生产总值可达到_____，按平均增长率增长，2020 年国内生产总值可达到_____。

13．某地 2008 年消费品零售额 3860 亿元，比 2003 年增加了 1285 亿元，2013 年消费品零售额比 2008 年增加了 2325 亿元，2014 年消费品零售额比 2013 年增加了 538 亿元，则 2008～2014 年期间消费品零售额的年平均增长量为_____，年平均增长率为_____；在 2014 年国内生产总值的基础上，按平均增长率增长，再翻一番需要_____年。2015 年消费品零售额增减 1%的绝对值为_____。

14．某市近 3 年消费品价格分别上涨了 5.63%、4.85%、3.88%，则近 3 年消费品价格总上涨率为_____；平均增长率为_____。

15．某地 2008 年总人口比 2003 年增长了 2.66%，2013 年总人口比 2008 年增长了 2.59%，2014 年总人口为 6766.78 万人，比 2013 年增长了 0.52%，则 2003～2008 年、2008～2013 年、2003～2014 年人口年平均增长率分别为_____、_____、_____。

16．某地储蓄存款年利率为 2.38%，若 2013 年存入储蓄 5000 元，到 2018 年的终值为_____，若 2018 年的终值要达到目的 10000 元，则 2013 年应存入储蓄_____元。

17．某市 2013 年 GDP 为 3512 亿元，计划到 2023 年再翻一番，若 2013～2018 年期间年平均增长率为 7.5%，则 2018～2023 年期间年平均增长率应为_____。

18．某市城镇居民 2006～2014 年期间人均可支配收入和人均消费支出如下
人均可支配收入 5434，5815，6219，6781，6959，7674，8617，9524 元
人均消费支出   4371，4800，5219，5546，5575，6083，6884，7505 元

要求：①列表计算各年居民消费率和平均消费率；②人均可支配收入和人均消费支出年平均增长率及人均消费支出的平均收入弹性；③人均可支配收入和人均消费支出的年平均增长

量及平均边际；并写出分析评价。

19. 某企业年初和 1～4 季度末总资产、流动资产和各季商品销售额如下

年初和季末总资产　　5860，5980，6112，6234，6450 万元
年初和季末流动资产　4218，4377，4535，4582，4863 万元
季商品销售额　　　　19108，20292，21315，22453 万元

要求：列表计算流动资产占总资产的年平均比率；流动资产年周转次数和周转天数；季均流动资产周转次数和周转天数；年总资产占用率和季均总资产占用率。

20. 某厂某年 1～4 季度总成本分别为 1520、1832、2394、2486 万元，总产量分别为 63、75、95、97 万件，年初和 1～4 季度末工人数分别为 182、186、188、195、198 人，则年单位产品成本为＿＿＿＿；全年工人实物劳动生产率为＿＿＿＿；季均工人实物劳动生产率为＿＿＿＿；月均工人实物劳动生产率为＿＿＿＿。

21. 某市城镇居民 1998～2007 年期间人均可支配收入的趋势方程为 $Y=3880.68+986.45t$（1997 年 $t=0$），则年平均增长量为＿＿＿＿，年平均增长率为＿＿＿＿；预测 2008 年人均可支配收入为＿＿＿＿。

22. 某地 2007～2014 年期间消费品零售额的趋势方程为 $Y=4885.86\times 1.0985t$（2006 年 $t=0$），则年平均增长量为＿＿＿＿，年平均增长率为＿＿＿＿；预测 2015 年人均可支配收入为＿＿＿＿。

23. 某企业 2015 年上半年商品销售额为 8536.8 万元，第一、第二季度的季节比重分别为 25.4%和 24.2%，则预测全年商品销售额为＿＿＿＿万元，下半年商品销售额为＿＿＿＿万元。

24. 某企业 2015 年上半年商品销售额为 5685.8 万元，第一、第二季度的季节指数分别为 108.5%和 98.5%，则预测全年商品销售额为＿＿＿＿万元，下半年商品销售额为＿＿＿＿万元。

25. 某企业 2008～2014 年期间商品销售额的趋势与季节模型 $y'_t=(68.0304+1.6457t)S_R$，（2007 年第四季度 $t=0$）其中 S_R 代表季节指数，即 $S_1=1.051$，$S_2=0.984$，$S_3=0.916$，$S_4=1.049$，则预测 2015 年各季度商品销售额分别为＿＿＿＿、＿＿＿＿、＿＿＿＿、＿＿＿＿，全年商品销售额为＿＿＿＿万元。

26. 某企业近 4 年分季度商品销售额如下（单位：万元）。

季度	第 1 年	第 2 年	第 3 年	第 4 年
1	168	182	200	225
2	103	112	122	136
3	223	248	273	305
4	295	324	356	402
合计	789	866	951	1068

要求：（1）用同季平均法测定平均季节比重和季节指数。

（2）用平均增长率推算第 5 年的商品销售额，并用季节比重或季节指数预测第 5 年各季度商品销售额。

（3）若第 5 年上半年商品销售额为 605 万元，要求预计全年及第三、四季度的商品销售额。

（4）用趋势与和季节模型法测定数列的长期趋势，季节变动和循环变动。并用趋势与季

节模型求第5年各季及全年销售额的预测值。

27. 某地1998～2014年农业增加如下，要求作速度分析、长期趋势分析、循环变动分析。

12.8 14.8 16.5 18.7 21.7 23.4 27.9 30.1 32.4
38.3 53.2 68.5 79.4 85.6 87.8 98.6 108.8

28. 某市1987～2014年社会消费品零售额如下（万元），要求分析社会消费品零售额发展变化的趋势、不同时期发展变化的特点、周期波动、建立时间序列模型进行预测分析。

1558.6 1800.0 2140.0 2350.0 2570.0 2849.4 3376.4 4305.0 4950.0 5820.0
7440.0 8101.4 8300.1 9415.6 10993.7 12462.1 16264.7 20620.0 24774.1
27298.9 29152.5 31134.7 34152.6 37595.2 42027.1 45842.0 53950.1 60736.2

29. 某市1987～2014年GDP年发展速度如下（%），要求采用年增长率分析法和绘制时间序列曲线图分析GDP年增长率的周期波动。

115.49 118.89 109.81 109.36 110.87 118.50 127.50 114.98 117.58 127.84
108.89 102.45 113.44 116.76 113.36 130.51 126.78 120.15 110.19 106.79
106.80 109.69 110.08 111.79 109.08 117.69 112.58 118.86

实验 Excel在时间数列分析中的应用

1. 用Excel计算平均发展速度和直线趋势方程

以本章表7-8某县生猪出栏量的数据为例，用Excel计算的步骤如下。

第1步：打开Excel数据表，键入数据A1:A11（生猪出栏量），B1:B11（时间变量）。

第2步：在"f_x"后键入=exp(ln(36.24/30.54) /10) *100，单击回车键，则平均发展速度为101.726%，平均增长速度则为1.726%。

第3步：选择"工具"下拉菜单，选择"数据分析"选项。在"分析工具"中再选择"回归"。当出现对话框时，在"Y值输入区域"框内键入A1:A11，在"X值输入区域"框内键入B1:B11，在"输出选项"中选择"新工作表组"，单击"确定"按钮。Excel输出的回归分析的结果如图7-5所示。该图显示了直线趋势方程（时间为自变量的直线回归）估计的结果，但编辑时略去了残差、残差图、线性拟合图、参数的区间估计等输出，实际分析中可根据需要保留这些输出。

回归统计	
Multiple	0.933718
R Square	0.871829
Adjusted	0.857588
标准误差	0.894939
观测值	11

方差分析

	df	SS	MS	F
回归分析	1	49.03121	49.03121	61.21896
残差	9	7.20824	0.800916	
总计	10	56.23945		

	Coefficien	标准误差	t Stat	P-value
Intercept	28.34782	0.57873	48.98281	3.09E-12
X Variabl	0.667636	0.085329	7.824254	2.64E-05

图7-5 Excel输出的回归分析结果

2. 用 Excel 作时间数列分解分析

以本章表 7-12 的数据为例，用 Excel 作时间数列分解分析的步骤如下。

第 1 步：打开 Excel 数据表，键入数据 A1:A16（零售额），B1:B16（时间变量）。

第 2 步：选择"工具"下拉菜单，选择"数据分析"选项。在"分析工具"中再选择"回归"。当出现对话框时，在"Y 值输入区域"框内键入 A1:A16，在"X 值输入区域"框内键入 B1:B16，在"输出选项"中选择"新工作表组"，在"残差选项"中选择"残差"，单击"确定"按钮。Excel 输出回归分析的结果后，可抄录直线趋势方程如下：

$$Tt = 68.0304 + 1.6457t$$

（$R^2 = 0.7447$，$SE = 4.75$，2001 年第四季度，$t = 0$）

第 3 步：将"残差"输出表中的"预测 Y"复制到 C1:C16。

第 4 步：在 D1 格中键入"=A1/C1"，单击回车键，则有 D1 的计算结果，然后将 D1 这个结果框住，将这个框的右下角向下拖动到 D16，可得到 Y/T 的全部结果。

第 5 步：计算同季平均值。在 E1 单元格中键入"=(E1+E5+E9+E13)/4"，在 E2 单元格中键入"=(E2+E6+E10+E14)/4"，在 E3 单元格中键入"=(E3+E7+E11+E15)/4"，在 E4 单元格中键入"=(E4+E8+E12+E16)/4"，单击回车键，则有 E1 至 E4 的计算结果。然后，将 E1 至 E4 的计算结果分别键入到 E5 至 E8，再复制到 E9 至 E16。

第 6 步：计算调整系数。在 F1 单元格中键入"=4/(E1+E2+E3+E4)"，单击回车键，则有 1.0000694。

第 7 步：计算季节指数。在 F1 单元格中键入"=F1*1.0000694"，单击回车键，则有 F1 的季节指数，然后将 F1 这个结果框住，将这个框的右下角向下拖动到 F16，可得到全部结果。计算结果如图 7-6 所示（与表 7-12 的计算结果略有差异，是因为计算的精度不同）。如果要进一步分解周期波动和随机波动，则可仿照以上过程进行。

A	B	C	D	E	F
70.6	1	69.67574	1.0132652	1.045794	1.0465193
68.8	2	71.32147	0.9646464	0.986375	0.9870594
66.6	3	72.96721	0.9127388	0.922249	0.9228888
78.6	4	74.61294	1.0534366	1.045305	1.0460308
80.3	5	76.25868	1.0529949	1.045794	1.0465198
77.5	6	77.90441	0.9948089	0.986375	0.9870595
74.9	7	79.55015	0.9415445	0.922249	0.9228888
85.5	8	81.19588	1.0530091	1.045305	1.0460304
89.4	9	82.84162	1.0791677	1.045794	1.0465198
85.6	10	84.48735	1.0131694	0.986375	0.9870595
78.6	11	86.13309	0.9125413	0.922249	0.9228888
90.4	12	87.77882	1.0298611	1.045305	1.0460304
92.8	13	89.42456	1.0377462	1.045794	1.0465198
88.6	14	91.07029	0.9728749	0.986375	0.9870595
85.5	15	92.71603	0.9221706	0.922249	0.9228888
98.6	16	94.36176	1.0449148	1.045305	1.0460304

图 7-6 Excel 输出的时间数列分解结果

第8章　统计指数

本章主要阐述如何测定不能直接加总对比的多种要素组成的总体综合变动程度的问题。其测定的方法主要有综合法指数和平均法指数两类。统计指数可广泛应用于综合评价和因素分析。其实质是对定类数据进行综合分析的一种统计方法。

8.1　统计指数的意义与种类

8.1.1　统计指数的概念

统计指数的概念有广义与狭义之分。广义指数是指凡能表现现象数量变动或数量对比关系的相对数，如发展速度、比较相对数、计划完成相对数等。狭义指数是指表明不能直接加总的多种要素组成的总体在时间或空间上综合变动程度的特殊相对数，如价格总指数、股价总指数、工业生产指数等。狭义指数一般都是总指数，总指数具有以下几个特点。

（1）相对性。总指数是以相对数的形式表现的。
（2）综合性。总指数是多个项目综合变动的反映。
（3）平均性。总指数是多种项目变动的平均值，具有平均数的性质。
（4）代表性。总指数通常选择部分项目作代表进行编制，以表示全部项目的变动。

8.1.2　统计指数的作用

统计指数的实质是对属性数列中的定类数据进行综合分析，具有以下作用。

（1）综合反映现象的变动方向和程度。如价格指数可以反映价格总的变动方向是上涨还是下跌，以及涨跌的程度是多少。

（2）分析现象总变动中各因素变动的影响程度。如测量价格和销售量两个因素分别变动对商品销售额的影响程度和影响值；测定产品产量、原材料单耗、原材料价格三个因素变动对原材料支出费用的影响。

（3）研究现象在较长时期内的发展变化趋势。如按不变价格编制的工业生产指数，可以反映工业生产长期发展变化的动态、趋势和特征。

（4）对现象进行综合测定和评价。如编制经济效益综合指数，可以评价不同地区、不同企业经济效益的高低。

8.1.3　统计指数的种类

（1）按指数所表示现象的属性不同，分为物价指数、物量指数和物值指数。物价指数用以表明商品价格的变动程度，如成本价格指数、出厂价格指数、批发物价指数、零售物价指数、股价指数等。物量指数是用以表明产品或商品数量的变动程度，如工业产量指数、商品销售量指数等。物值指数表明产品或商品价值量的变动程度。如工业总产值指数、商品销售额指数、产品总成本指数、消费品零售额指数等。

（2）按指数反映现象的总体范围不同，分为个体指数、类指数和总指数。个体指数反映单个项目的变动程度，如个体价格指数（P_1/P_0），个体物量指数（q_1/q_0）。类指数反映某类项目的变动程度，如食品类价格指数、日用品类价格指数。总指数反映总体全部项目的变动程度，如零售物价总指数、股市价格总指数等。

（3）按指数所表明的指标性质不同，分为数量指标指数和质量指标指数。数量指标指数是表明总体单位数、规模、物量等数量指标变动程度的相对数，如产量总指数、销售量总指数、职工人数指数等。质量指标指数是表明总体相对水平、平均水平、单位价值等质量指标变动的相对数，如价格总指数、单位成本总指数、劳动生产率指数、平均工资指数等。

（4）按指数对比的基期不同，分为定基指数和环比指数。如果采用某一固定时期作基期计算的指数称为定基指数，它说明现象在一个较长时期变动的程度。如果采用报告期前一时期作基期而计算的指数称为环比指数，它说明现象逐期变动的程度。

（5）按指数对比的关系不同，分为动态指数和静态指数。凡同一指标在同一空间不同时期对比所得的指数都是动态指数，如两个时期对比的价格指数、产量指数等。凡同一指标在同一时期不同空间对比所得的指数都是静态指数，如同一时期两个城市对比的价格指数等。

（6）按指数编制方法不同，分为简单法指数、综合法指数和加权平均法指数。简单法指数是不考虑项目的重要程度而采用简单平均法计算总指数。综合法指数是采用同度量因素作权数而计算总指数。加权平均法指数是对个体指数加权平均求总指数。总指数的编制一般采用综合法指数和加权平均法指数。

8.2 综合法指数

8.2.1 常用综合法指数

综合法指数是对多种商品的价格或物量采用同度量因素作权数编制总指数，一般来说，编制物价指数用物量作同度量因素（权数），编制物量指数用价格作同度量因素（权数）。

1. 物价综合指数

物价综合指数是综合说明多种商品价格或产品价格综合变动程度的相对数，属于质量指标指数。编制物价总指数时，常用报告期物量作同度量因素（权数），计算公式为

$$\bar{k}_p = \frac{\sum p_1 q_1}{\sum p_0 q_1}$$

式中 p_0、p_1 为两个时期的价格，是物价指数要研究的对象，称为指数化因素。q_1 为报告期物量作同度量因素（权数），它能解决由于计量单位不同，多种商品的价格不能简单相加对比的问题，即计算出报告期物值 $\sum p_1 q_1$，再与报告期物量按基期价格算出的物值 $\sum p_0 q_1$ 对比，即为物价总指数。因而同度量因素既具有权数作用，又具有同度量作用。

物价综合指数具有先综合后对比、计算资料要求较全面等特点。物价综合指数分子与分母的差额称为"影响效果"，即 $\sum p_1 q_1 - \sum p_0 q_1$ 为价格变动对物值变动的影响额。

2. 物量综合指数

物量综合指数是综合说明多种商品销售量或产品产量综合变动程度的相对数，属于数量指标指数。由于不同商品的销售或产品的计量单位不同，常用基期价格作同度量因素（权数），计算公式为

$$\bar{k}_q = \frac{\sum p_0 q_1}{\sum p_0 q_0}$$

式中：q_0、q_1 是两个时期的物量，是物量指数要测定的对象，即指数化因素。P_0 为基期的价格作同度量因素（权数），它能解决因计量单位不同，n 项商品或产品的物量不能简单相加对比的问题，即先求出 $\sum p_0 q_1$、$\sum p_0 q_0$ 两个总量指标，然后对比求出物量综合指数。

物量综合指数也具有先综合后对比、计算资料要求较全面等特点。分子与分母的差额 $\sum p_0 q_1 - \sum p_0 q_0$，就是物量变动对物值变动的影响值。

3. 物值综合指数

物值综合指数是表明物值（商品销售额、产品产值、总成本、总费用等）变动程度的总指数。物值指数的变化是由物价和物量两方面同时变动的结果，即两个时期的物值直接对比求得的相对数。计算公式为

$$\bar{k}_{pq} = \frac{\sum p_1 q_1}{\sum p_0 q_0}$$

物值指数是一个广义的指数，其实质是两个时期物值的直接比较所得的相对数。它可以分解为物量指数与物价指数的乘积，即

$$\bar{k}_{pq} = \bar{k}_p \times \bar{k}_q$$

$$\frac{\sum p_1 q_1}{\sum p_0 q_0} = \frac{\sum p_0 q_1}{\sum p_0 q_0} \times \frac{\sum p_1 q_1}{\sum p_0 q_1}$$

绝对数联系：$\sum p_1 q_1 - \sum p_0 q_0 = (\sum p_0 q_1 - \sum p_0 q_0) + (\sum p_1 q_1 - \sum p_0 q_1)$

通常把两个或两个以上指数间的相对数联系及绝对数联系称为指数体系，利用指数体系可由已知的两个或三个指数推算未知的指数，亦可从相对数和绝对数联系两方面对现象的总变动进行因素分析。

【例 8.1】设三种商品报告期和基期的价格、销售量资料如表 8-1 所示，要求计算价格总指数、销售量综合指数、商品销售额指数，并作因素分析。

表 8-1 三种商品报告期和基期的价格和销售量资料

商品	单位	价格		销售量	
		p_0	p_1	q_0	q_1
甲	台	800	880	120	138
乙	件	320	310	240	250
丙	件	280	290	320	300

物价综合指数

$$\bar{k}_p = \frac{880 \times 138 + 310 \times 250 + 290 \times 300}{800 \times 138 + 320 \times 250 + 280 \times 320}$$

$$= \frac{285940}{274400} = 1.042 \text{ 或 } 104.2\%$$

$$\sum p_1 q_1 - \sum p_0 q_1 = 285940 - 274400 = 11540 \text{（元）}$$

销售量综合指数

$$\bar{k}_q = \frac{138 \times 800 + 250 \times 320 + 300 \times 280}{120 \times 800 + 240 \times 320 + 320 \times 280}$$

$$= \frac{274400}{262400} = 1.046 \text{ 或 } 104.6\%$$

$$\sum p_1 q_1 - \sum p_0 q_0 = 274400 - 262400 = 12000 \text{（元）}$$

$$\text{销售额综合指数} = \frac{880 \times 138 + 310 \times 250 + 290 \times 300}{120 \times 800 + 240 \times 320 + 320 \times 280} = \frac{285940}{262400} = 1.090$$

或
$$= 1.042 \times 1.046 = 1.090 \text{ 或 } 109.09\%$$
$$\sum p_1 q_1 - \sum p_0 q_0 = 285940 - 262400 = 23540 \text{（元）}$$

或
$$= 11540 + 12000 = 23540 \text{（元）}$$

计算结果表明，三种商品的销售额报告期比基期增长了 9.0%，增加了 23540 元。从相对数联系来看，是由于价格上涨了 4.2% 与销售量增长了 4.6% 共同影响的结果。从绝对数联系来看，是由于价格上涨使销售额增加 11540 元，销售量增加使销售额增加 12000 元共同影响的结果。

由此可见，编制综合指数时，若要使指数体系成立，并能进行有现实经济意义的因素分析，则编制数量指标指数应固定基期质量指标作同度量因素，编制质量指标指数应用固定报告期数量指标作同度量因素。

8.2.2　各种综合法指数

为了克服简单法指数不顾商品或项目重要程度的缺点，统计学家曾设计了各种综合法指数的编制方法，分述如下。

（1）基期加权综合法指数，公式为

$$\bar{k}_p = \frac{\sum p_1 q_0}{\sum p_0 q_0} \qquad \bar{k}_q = \frac{\sum p_0 q_1}{\sum p_0 q_0}$$

此公式为德国人拉斯拜尔于 1864 年提出，故称拉氏公式。

（2）报告期加权综合法指数，公式为

$$\bar{k}_p = \frac{\sum p_1 q_1}{\sum p_0 q_1} \qquad \bar{k}_q = \frac{\sum p_1 q_1}{\sum p_1 q_0}$$

此公式为德国人帕斯彻 1874 年设计，故称帕氏公式或派式公式。

（3）交叉加权综合法指数，公式为

$$\bar{k}_p = \frac{\sum p_1 (q_0 + q_1)/2}{\sum p_0 (q_0 + q_1)/2} = \frac{\sum p_1 q_0 + \sum p_1 q_1}{\sum p_0 q_0 + \sum p_0 q_1}$$

$$\bar{k}_q = \frac{\sum q_1 (p_0 + p_1)/2}{\sum q_0 (p_0 + p_1)/2} = \frac{\sum p_1 q_1 + \sum p_0 q_1}{\sum p_1 q_0 + \sum p_0 q_0}$$

此公式是美国人马歇尔（1887~1890 年）和埃奇沃思两人共同设计，故称马埃公式。由于计算繁杂，资料要求齐全，实际应用中不采用。

（4）以基期与报告期以外的特定时期加权综合法指数，公式为

$$\bar{k}_p = \frac{\sum p_1 q_n}{\sum p_0 q_n} \qquad \bar{k}_q = \frac{\sum p_n q_1}{\sum p_n q_0}$$

此公式为美国人 Lowe 提出，故称罗氏公式，又称固定加权综合法指数。

（5）以拉氏公式和派式公式的几何平均数为指数，公式为

$$\bar{k}_p = \sqrt{\frac{\sum p_1 q_0}{\sum p_0 q_0} \times \frac{\sum p_1 q_1}{\sum p_0 q_1}}$$

$$\bar{k}_q = \sqrt{\frac{\sum p_0 q_1}{\sum p_0 q_0} \times \frac{\sum p_1 q_1}{\sum p_1 q_0}}$$

此式为美国人费暄设计，故称费氏公式。由于计算繁杂，资料要求齐全，实际应用很少。

由上可见，加权综合法指数的公式是多种多样的，具有实用价值的公式一般为拉氏公式、派氏公式和罗氏公式三种。实际应用时，可根据资料是否容易搜集、权数是否容易确定、计算是否方便而灵活选择加权综合法指数的公式。

8.3 平均法指数

平均法指数也是编制总指数的一种重要形式，它是从个体指数出发来编制总指数，加权平均法指数是对个体指数加权平均求总指数，分为加权算术平均法指数、加权调和平均法指数、固定加权平均法指数三种。

8.3.1 加权算术平均法指数

加权算术平均法指数通常用于编制物量指数或数量指标指数，即以基期的物值 p_0q_0 或以基期物值比重 w 作为权数，对个体物量指数进行加权平均求总指数。计算公式为

$$\bar{k}_p = \frac{\sum \frac{q_1}{q_0} p_0 q_0}{\sum p_0 q_0} = \frac{\sum k_q p_0 q_0}{\sum p_0 q_0} \quad (k_q = \frac{q_1}{q_0})$$

$$= \frac{\sum \frac{q_1}{q_0} w_0}{\sum w_0} \quad (w_0 = \frac{p_0 q_0}{\sum p_0 q_0})$$

式中 q_1、q_0 为报告期与基期个体物量，p_0q_0 为基期个体物值（绝对权数），w_0 为基期物值的比重（相对权数）。由上述公式可以归纳出加权算术平均法指数有以下特点。

（1）加权算术平均法指数的特点是，先对比（求个体物量指数），后综合（求总指数）。

（2）计算结果与综合公式一致，是物量综合指数公式（拉氏公式）的变形公式。

（3）编制总指数时，只要求掌握 q_0、q_1 和基期个体的物值 p_0q_0 或基期物值比重 w_0，故指数公式有较强的实用价值；

（4）权数有绝对权数 p_0q_0 和相对权数 w_0 之分。

【例 8.2】求表 8-2 中的物量总指数、价格总指数、商品销售额指数。

表 8-2 加权算术平均法指数算例

商品	单位	$k_q = \frac{q_1}{q_0}$ （%）	基期销售额		报告期销售额 p_1q_1
			p_0q_0	w_0（%）	
甲	台	115.00	96000	36.6	121440
乙	件	104.16	76800	29.3	77500
丙	件	93.75	89600	34.1	87000
合计	—	—	262400	100.0	285940

$$销售量总指数 = \frac{1.15 \times 96000 + 1.042 \times 76800 + 0.9375 \times 89600}{262400}$$

$$= \frac{274400}{262400} = 1.046 \text{ 或 } 104.6\%$$

或 $= \dfrac{1.15 \times 36.6 + 1.0416 \times 29.3 + 0.9375 \times 34.1}{100} = 1.046$ 或 104.6%

商品销售额指数 $= \dfrac{\Sigma p_1 q_1}{\Sigma p_0 q_0} = \dfrac{285940}{262400} = 1.090$ 或 109.0%

价格指数 $= \dfrac{\Sigma p_1 q_1}{\Sigma p_0 q_0} \div \dfrac{\Sigma \dfrac{q_1}{q_0} p_0 q_0}{\Sigma p_0 q_0} = \dfrac{285940}{274400}$,即

$$109.0\% \div 104.6\% = 104.2\% \text{ 或 } 104.2\%$$

8.3.2 加权调和平均法指数

加权调和平均法指数通常用于编制物价指数或质量指标指数,即以报告期物值 $p_1 q_1$ 作权数或以报告期物值比重 w_1 作权数,对个体物价指数进行调和平均求总指数,计算公式为

$$\bar{k}_p = \dfrac{\Sigma p_1 q_1}{\Sigma \dfrac{p_1 q_1}{p_1/p_0}} = \dfrac{\Sigma p_1 q_1}{\Sigma \dfrac{p_1 q_1}{k_p}} \quad (k_p = \dfrac{p_1}{p_0})$$

$$= \dfrac{\Sigma w_1}{\Sigma \dfrac{w_1}{k_p}} \quad (w_1 = \dfrac{p_1 q_1}{\Sigma p_1 q_1})$$

式中,p_1、p_0 为报告期与基期个体价格,$p_1 q_1$ 为报告期的个体物值(绝对权数),w_1 为报告期物值比重(相对权数),由此公式可归纳出加权调和平均法指数有如下特点。

(1) 加权调和平均法指数的特点也是先对比,后综合;
(2) 只需要掌握 p_1、p_0、$p_1 q_1$ 或 w_1 三种资料,故公式有实际应用价值;
(3) 权数有绝对权数($p_1 q_1$)和相对权数(w_1)之分;
(4) 计算公式是物价综合指数公式(派式公式)的变形。

$$\bar{k}_p = \dfrac{\Sigma p_1 q_1}{\Sigma \dfrac{p_1 q_1}{p_1/p_0}} = \dfrac{\Sigma p_1 q_1}{\Sigma p_0 q_1}$$

【例 8.3】求表 8-3 的价格总指数、销售量总指数、销售额总指数。

表 8-3 加权调和平均法指数算例

商品	单位	p_0	p_1	$\dfrac{p_1}{p_0}$ (%)	报告期销售额 $p_1 q_1$	w_1	基期销售额 $p_0 q_0$
甲	台	800	880	110.00	121440	42.47	96000
乙	件	320	310	96.88	77500	27.10	76800
丙	件	280	290	103.57	87000	30.43	89600
Σ	—	—	—	—	285940	100.00	262400

$$价格总指数 = \dfrac{121440 + 77500 + 87000}{\dfrac{121440}{1.10} + \dfrac{77500}{0.9688} + \dfrac{87000}{1.0357}}$$

$$= \frac{285940}{274400} = 1.042 \text{ 或 } 104.2\%$$

或

$$= \frac{100}{\frac{42.47}{1.10} + \frac{27.10}{0.9688} + \frac{30.43}{1.0357}} = 104.2 \text{ （\%）}$$

销售量总指数 $= \frac{\Sigma p_1 q_1}{\Sigma p_0 q_0} \div \frac{\Sigma p_1 q_1}{\Sigma \frac{p_1 q_1}{k_p}}$

$$= \frac{285940}{262400} \div \frac{285940}{274400} = \frac{274400}{262400}$$
$$= 1.046 \text{ 或 } 104.6\%$$

销售额总指数 $= 1.042 \times 1.046 = 1.090$ 或 109.09%

8.3.3 固定加权平均法指数

固定加权平均法指数是一种独立形式的加权平均法指数，应用较为广泛。这种加权平均法指数所使用的权数不一定是根据全面资料制定的，有的是采用有关的抽样资料确定的权数，并用相对数（比重）的形式固定下来，一用就是几年不变。在统计工作中，零售物价指数、工业生产指数、消费品价格指数等大都采用固定加权算术平均法指数，计算公式为

固定加权价格指数 $\quad \overline{k}_p = \dfrac{\Sigma \dfrac{p_1}{p_0} w}{\Sigma w}$

固定加权物量指数 $\quad \overline{k}_p = \dfrac{\Sigma \dfrac{q_1}{q_0} w}{\Sigma w}$

式中 w 为固定权数，有的指数规定权数之和为 100，有的规定权数之和为 1000。

8.3.4 几种常用的价格指数

我国目前编制的价格指数主要有商品零售价格指数、居民消费价格指数、农业生产资料价格指数、产品收购价格指数、工业品出厂价格指数、固定资产投资价格指数等。其中商品零售价格指数和居民消费价格指数与人民生活关系最为密切。

1. 零售价格指数

零售价格指数是反映城乡商品零售价格变动趋势的重要经济指数。它的变动直接影响到城乡居民的生活支出和国家财政收入，影响居民购买力和市场供需平衡，影响消费和积累的比例等。零售价格指数可按全社会、城乡分别编制，也可按地区编制零售商品分类价格指数。现将我国零售价格指数编制中的主要问题说明如下。

（1）代表规格品的选择。市场零售商品的种类多达上百万种，要编制包括全部商品的零售价格指数显然是不可能的。因此，在编制零售商品价格指数时，只能选择部分具有代表性的商品。首先应对商品进行科学的分类，在此基础上分别选择能代表各类别的代表规格品。例如，我国目前对消费品分为食品类、衣着类、家庭设备用品类、医疗保健类、交通通信类、教育文化娱乐用品类、居住类、杂项商品与服务类等 8 大类。大类下又分小类，小类下分若干商品细目。

（2）典型地区的选择。零售价格总指数用于反映全社会零售商品价格的总体变动水平，但要包括所有的地区也是不可能的，一般选择部分具有代表性的地区编制价格指数。典型地区的选择既要考虑其代表性，也要注意类型上的多样性以及地区分布上的合理性和稳定性。

（3）商品价格的确定。全社会零售价格总指数中的价格是商品的综合平均价，是该商品在一定时期内的各地区和各种价格形式的加权平均，其权数是各种价格形式的商品零售量或零售额。根据每种代表品基期和报告期的综合平均价，可计算每种商品的个体价格指数，以此作为计算类指数的依据。

（4）权数的确定。我国目前的零售价格总指数是采用加权算术平均指数公式编制的，其权数是根据上年商品零售额比重资料和当年住户调查资料予以调整后确定的。确定权数时，先确定大类权数，然后确定小类权数，最后确定商品权数。权数均以百分比表示，各层权数之和等于100。为便于计算，权数一律取整数。

（5）指数的计算。零售价格指数是采用固定加权平均法编制的。除个体指数外，小类指数、中类指数、大类指数到总指数都是层层采用固定加权价格指数公式计算出来的。其计算公式为

$$\bar{k}_p = \frac{\sum \frac{p_1}{p_0} w}{\sum w}$$

式中，k 为个体指数或各层的类指数；w 为各层零售额比重权数。

【例8.4】 根据表8-4的数据，计算零售价格总指数。具体计算过程是，先分别计算出各代表规格品基期和报告期的全社会综合平均价，并计算出相应的个体价格指数，然后分层逐级计算小类、中类、大类和总指数。零售价格总指数是根据各大类指数及相应的权数加权算术平均计算的。计算结果表明零售价格总指数为115.1%。

表8-4 零售价格总指数计算示意表

商品类别及名称	代表规格品	计量单位	平均价格（元） P_0	平均价格（元） P_1	权数（%）	指数（%）	指数×权数
总指数					100	115.1	11514.4
一、食品类					51	117.5	5992.5
1. 粮食					35	105.3	3685.5
（1）细粮					65	10.6	6864.0
面粉	标准品	kg	2.40	2.52	40	105.0	4200.0
大米	粳米标一	kg	3.50	3.71	60	106.0	6360.0
（2）粗粮					35	104.8	3668.0
2. 副食品					45	125.4	5643.0
3. 烟酒茶					11	126.0	1386.0
4. 其他食品					9	114.8	1033.2
二、衣着类					20	115.2	2304.0
三、日用品类					11	109.5	1204.5
四、医疗保健类					5	110.4	552.0
五、交通通信类					2	108.6	217.2
六、教育文化娱乐用品					6	116.4	698.4
七、居住类					2	114.5	229.0
八、杂项商品与服务					3	105.6	316.8

2. 居民消费价格指数

居民消费价格指数是反映一定时期内城乡居民所购买的生活消费品价格和服务项目价格的变动趋势和程度的价格总指数。通过这一指数,可以观察消费价格的变动水平对消费者货币支出的影响,研究实际收入和实际消费水平的变动状况。

居民消费价格指数可就全社会、城乡分别编制全社会居民消费价格总指数、城市居民消费价格指数和农村居民消费价格指数。城市居民消费价格指数是反映城市职工及其家庭所购买的生活消费品和服务项目价格变动趋势和程度的相对数,其编制过程与零售价格指数类似,但内容有所不同。消费价格指数包括消费品价格和服务项目价格两个部分。

编制该指数时,首先要对消费品和服务项目进行分类,并选择代表消费品和服务项目。目前的居民消费价格指数分为食品类、衣着类、家庭设备及用品类、医疗保健用品类、交通和通讯工具类、娱乐教育文化用品类、居住类、服务项目类等。其中服务项目分为房租、水电费、交通费、邮电费、医疗保健费、学杂保育费、文娱费、修理费及其他服务费等8大类。

指数中的权数原则上应采用居民消费支出的构成资料,但由于数据来源的限制,目前仍根据社会商品零售额和服务行业的营业额来确定。最后,分别求出消费品价格指数和服务项目价格指数,并将二者进行加权平均汇总。其计算公式为

$$k_p = \frac{\Sigma kw}{\Sigma w}$$

式中,k 为类指数;w 分别为消费品零售额和服务项目营业额占二者总和的比重。

居民消费价格指数除了能反映城乡居民所购买的生活消费品价格和服务项目价格的变动趋势和程度外,还具有以下几个方面的作用:

(1)反映通货膨胀状况。通货膨胀的严重程度是用通货膨胀率来反映的,它说明了一定时期内商品价格持续上升的幅度。通货膨胀率一般以居民消费价格指数上涨率来表示(居民消费价格指数持续上涨则可能存在通货膨胀)。计算公式为

$$通货膨胀率 = 报告期居民消费价格指数 - 1$$

(2)反映货币购买力变动。货币购买力是指单位货币能够购买到的消费品和服务的数量。居民消费价格指数上涨,货币购买力则下降,反之则上升,居民消费价格指数的倒数就是货币购买力指数。计算公式为

$$货币购买力指数 = \frac{1}{居民消费价格指数} \times 100\%$$

(3)反映对职工实际工资的影响。消费价格指数的提高意味着实际工资的减少,消费价格指数下降则意味着实际工资的提高。因此,利用消费价格指数可以将名义工资转化为实际工资。计算公式为

$$实际工资 = \frac{名义工资}{消费价格指数}$$

3. 股票价格指数

股票市场每时每刻都有多种股票进行交易,且价格各异,有涨有跌。用某一种股票的价格不能反映整个股市的价格变动,这就需要计算股票价格指数。股票价格指数是反映股票市场上多种股票价格变动趋势的一种相对数,简称股价指数,一般以"点"表示,即将基期指数作为100,每上升或下降一个单位称为"1点"。股票价格指数的计算方法很多,但一般以发行量为权数进行加权综合。计算公式为

$$\bar{k}_p = \frac{\Sigma p_{1i}q_i}{\Sigma p_{0i}q_i}$$

式中，p_{1i} 为第 i 种股票报告期价格；p_{0i} 为第 i 种股票基期价格；q_i 为第 i 种股票的发行量，可以定为基期，也可定为报告期，但大多数股价指数是以报告期发行量为权数计算的。

【例 8.5】 设有三种股票的价格和发行量资料如表 8-5 所示，试计算股票价格指数。

表 8-5 三种股票的价格和发行量

股票名称	基期价格（元）	本日收盘价（元）	报告期发行量（万股）
A	25	26.5	3500
B	8	7.8	8000
C	12	12.6	4500

$$\bar{k}_p = \frac{\Sigma p_{1i}q_i}{\Sigma p_{0i}q_i}$$

$$= \frac{26.5 \times 3500 + 7.8 \times 8000 + 12.6 \times 4500}{25 \times 3500 + 8 \times 8000 + 12 \times 4500}$$

$$= \frac{211850}{205500} = 103.09\%$$

即三种股票股价上涨了 3.09 点。

目前，世界各国的主要证券交易所都有自己的股票价格指数，比如，美国的道琼斯股票价格指数和标准普尔股票价格指数、伦敦金融时报指数、法兰克福 DAX 指数、巴黎 CAC 指数、瑞士的苏黎世 SMI 指数、日本的日京指数、香港的恒生指数等。我国的上海和深圳两个证券交易所也编制了自己的股票价格指数，如上交所的综合指数和 30 指数、深交所的成分股指数和综合指数等。

8.4 指数体系与因素分析

8.4.1 指数体系的含义和作用

1. 指数体系的含义

指数体系是建立在客观现象之间相互联系的因果关系之上的，如物价与物量的乘积为物值，产量与单位成本的乘积为总成本等。指数体系是由三个或三个以上相互联系、相互制约的指数所组成的有机整体。指数体系这一概念有两层含义：①若干因素指数连乘积等于实际总变动指数；②若干因素影响的绝对额之和等于实际总变动。常见的指数体系有以下两种基本形式。

（1）两因素指数体系。即两个因素指数与总变动指数之间的联系，如：

销售量指数×销售价格指数=销售额指数

$$\frac{\Sigma p_0 q_1}{\Sigma p_0 q_0} \times \frac{\Sigma p_1 q_1}{\Sigma p_0 q_1} = \frac{\Sigma p_1 q_1}{\Sigma p_0 q_0}$$

$$(\Sigma p_0 q_1 - \Sigma p_0 q_0) + (\Sigma p_1 q_1 - \Sigma p_0 q_1) = \Sigma p_1 q_1 - \Sigma p_0 q_0$$

（2）三因素指数。即三个因素指数与总变动指数之间的联系，如

产品产量指数×原材料单耗指数×原材料价格指数 = 原材料费用总指数

$$\frac{\Sigma q_1 m_0 p_0}{\Sigma q_0 m_0 p_0} \times \frac{\Sigma q_1 m_1 p_0}{\Sigma q_1 m_0 p_0} \times \frac{\Sigma q_1 m_1 p_1}{\Sigma q_1 m_1 p_0} = \frac{\Sigma q_1 m_1 p_1}{\Sigma q_0 m_0 p_0}$$

$$\Sigma q_1 m_1 p_1 - \Sigma q_0 m_0 p_0 = (\Sigma q_1 m_0 p_0 - \Sigma q_0 m_0 p_0) + (\Sigma q_1 m_1 p_0 - \Sigma q_1 m_0 p_0) + (\Sigma q_1 m_1 p_1 - \Sigma q_1 m_1 p_0)$$

2. 指数体系的作用

（1）推算未知指数。利用指数体系可从其中的已知指数推算出某一未知指数。

（2）因素分析作用。指数体系为因素分析提供了理论依据，利用指数体系可以从相对数联系和绝对数联系两方面对总变动展开因素分析。

（3）缩减作用。利用指数体系的原理，可以对一些重要的价值指标进行价格缩减（扣除），称为价格指数缩减法。如：假定货币面值不变，则货币购买力指数等于生活费用价格指数的倒数；工业总产值指数除以工业品出厂价格指数再减去1，则为工业生产的实际增长率；居民货币收入指数除以生活费用价格指数再减去1，则为居民实际收入增长率等。

8.4.2 指数体系因素分析法

利用指数体系的基本原理进行因素分析，可以测定各因素变动对总变动的影响程度和影响额。既可对单一项目进行因素分析，也可对多个项目进行因素。

1. 两因素分析

若项目的总变动只要受两个因素的影响，则应明确两因素中，谁是量因素（数量指标 q），谁是质因素（质量指标 p），然后根据测定数量指标变动质量指标固定在基期，测定质量指标变动数量指标固定在报告期的原则进行因素分析。

有两种测定方法，一是直接利用前面所述的两因素指数体系的相对联系和绝对数联系式，直接测定各因素变动对总变动的影响。二是利用连环替代法进行因素变动影响测定。使用连环替代法进行多项目两因素分析，要注意数量指标（q）在前，质量指标（p）在后的排列顺序，计算过程如下所示。

"倒除" "倒减"

$$\begin{array}{lll}
\text{计算起点} & \Sigma q_0 p_0 & \\
& & \Big\} = \overline{k}_q \quad q\ \text{影响额} \\
\text{第一次替代} & \Sigma q_1 p_0 & \\
& & \Big\} \quad x \qquad\qquad + \\
\text{第二次替代} & \Sigma q_1 p_1 & \\
& & \Big\} = k_p \quad p\ \text{影响额} \\
& & \quad \| \qquad\qquad \| \\
\text{总变动：} & k_{qp} = \dfrac{\Sigma q_1 p_1}{\Sigma q_0 p_0} & \Sigma q_1 p_1 - \Sigma q_0 p_0
\end{array}$$

若两因素分析只涉及一种商品、一种产品、一个企业或一个部门的某个总量指标变动的因素分析，则以上计算公式中的求和符号可去掉。计算过程可简化如下。

相对数联系　　　　　　　　$\dfrac{q_1}{q_0} \times \dfrac{p_1}{p_0} = \dfrac{q_1 p_1}{q_0 p_0}$

绝对数联系　　　　　$(q_1 p_0 - q_0 p_0) + (p_1 q_1 - p_0 q_1) = q_1 p_1 - q_0 p_0$

或　　　　　　　　　$(q_1 - q_0) p_0 + (p_1 - p_0) q_1 = q_1 p_1 - q_0 p_0$

【例8.6】某地近两年粮食播种面积、单产及总产量资料如表8-6所示。要求对总产量变动作因素分析,并计算播种面积变动和单产变动分别对总产量变动的贡献率。

表 8-6　单项目两因素分析算例

指标	单位	去年	今年	指数（%）
播种面积 q	万亩	60.0	61.2	102.0
单产 p	公斤/亩	1400	1540	110.0
总产量 qp	万吨	840	94.248	112.2

相对数联系：102.0%×110.0%=112.2%

绝对数联系：(61.2−60)×1.4+(1.54−1.4)×61.2=94.248−84
　　　　　　　　　　　　　　　=1.68+8.568=10.248（万吨）

贡献率联系：1.68/10.248 + 8.568/10.248 = 10.248/10.248
　　　　　　　　　　=16.4%+83.6% = 100%

计算结果表明，某地今年粮食总产量比去年增加 10.248 万吨，增长 12.2%，是由于播种面积增加 2%，使总产量增加 1.68 万吨；单产提高 10%，使总产量增加 8.568 万吨。播种面积增加和单产提高对总产量增加的贡献率分别为 16.4%和 83.6%，单产的贡献率最大，是总产量增加的主要因素。

2. 三因素分析

若项目的总变动受三个因素的影响，则应明确三个因素指标间的顺序关系，应按照从数量到质量，从基础因素到派生因素的顺序排列，并注意居中因素与前后两因素分别相乘均具有经济意义。例如：

产品产量（q）×原材料单耗量（m）×原材料价格（p）= 原材料消耗总额（qmp）

其 $q×m$ 为原材料消耗总量，再乘以 p 仍为原材料消耗总额。$m×p$ 则为单位产品原材料消耗额，再与 q 相乘则为原材料消耗总额。故 q、m、p 的排序顺序是合理的。

多项目三因素分析。亦有两种测定方法。一是直接用三因素指数体系测定各因素变动的程度和影响额。二是用连环替代法测定各因素变动的程度和影响额。计算过程为

"倒数"　"倒减"

$$\left.\begin{array}{ll}\text{计算起点：} & \Sigma q_0 m_0 p_0 \\ \text{第一次替代：} & \Sigma q_1 m_0 p_0 \\ \text{第二次替代：} & \Sigma q_1 m_1 p_0 \\ \text{计算终点：} & \Sigma q_1 m_1 p_1\end{array}\right\}$$

$=\bar{k}_q$　q 影响额
$=\bar{k}_m$　m 影响额
$=\bar{k}_p$　p 影响额

总变动：$k_{qmp} = \dfrac{\Sigma q_1 m_1 p_1}{\Sigma q_0 m_0 p_0}$　$\Sigma q_1 m_1 p_1 - \Sigma q_0 m_0 p_0$

式中的"倒除"指后一次替代结果除以前一次替代结果，"倒减"指后一次替代结果减去前一次替代结果，"倒除"为某因素指数，"倒减"为某因素的影响额。因此，连环替代法是指数体系因素分析法的简化计算。

若三因素分析只涉及一种商品、一种产品、一个企业或一个部门的某个总量指标变动的因素分析，则以上计算公式中的求和符号可去掉。

【例 8.7】 某企业生产的三种产品的销售量（q）、价格（m）、利润率（p）如表 8-7 所示，要求对利润总额变动进行因素分析。

表 8-7 多项目两因素分析算例

产品	单位	销售量		价格（元）		利润率（%）	
		q_0	q_1	m_0	m_1	P_0	P_1
甲	件	300	400	800	880	10	15
乙	台	500	440	1200	1000	12	10
丙	吨	200	300	1500	1600	24	26

由于产品销售量×价格×利润率=利润额，其中产品销售量×价格为产品销售额，价格×利润率为单位产品利润额，产品销售额×单位产品利润额则为产品利润额，居中因素（价格）与前后两因素分别相乘均具有经济意义。因而，产品销售量（q）、价格（m）、利润率（p）的排序顺序是合理的，可采用连环替代法进行因素分析，计算过程如下：

指数　　变动效果

$\Sigma q_0 m_0 p_0 = 168000$

$\bar{k}_p = 121.05\%$　　+35360 元

$\Sigma q_1 m_0 p_0 = 203360$

$\bar{k}_m = 99.92\%$　　−100 元

$\Sigma q_1 m_1 p_0 = 203200$

$\bar{k}_p = 109.06\%$　　+18400 元

$\Sigma q_1 m_1 p_1 = 221600$

$\bar{k}_{qmp} = \dfrac{221600}{168600} = 131.90\%$　　+53600

计算结果表明，该企业报告期利润总额 221600 元，比基期增加 53600 元，增长 31.9%。主要受三个因素的影响：一是销售量提高 21.05%，使利润增加 35360 元；二是三种产品的价格总水平比基期下降 0.08%，使利润减少 160 元；三是利润总水平比基期提高 9.06%，使利润增加 18400 元。

8.4.3　平均指标变动因素分析

用报告期的加权平均指标（$\bar{x}_1$）与基期的加权平均指标（$\bar{x}_0$）进行对比，计算平均指标指数可以反映现象一般水平的变动程度，计算公式为

平均指标指数
（可变构成指数）　$\dfrac{\bar{x}_1}{\bar{x}_0} = \dfrac{\Sigma x_1 f_1 / \Sigma f_1}{\Sigma x_0 f_0 / \Sigma f_0}$

总平均指标的变动程度受各组平均指标（$\bar{x}$）变动和各组单位数（权数 f）结构变动两个因素的影响，故又称可变构成指数。当总体中各组单位数的结构出现急剧变动时，会导致组平均数均有提高，而总平均数反而下降的矛盾。为此，可对总平均指标的变动进行因素分析。这种分析，需要计算下列两个指数进行因素分析。

（1）结构影响指数。又称权数指数，它反映权数结构变动的程度，通常用基期的组平均数（x_0）作为同度量因素，计算公式为

$$结构影响指数 = \frac{\Sigma x_0 f_1 / \Sigma f_1}{\Sigma x_0 f_0 / \Sigma f_0} = \frac{\bar{x}_n}{\bar{x}_0}$$

（2）固定构成指数。又称组平均数指数，它反映组平均水平的变动程度，通常用报告期各组权数（f_1）作为同变量因素，计算公式为

$$固定构成指数 = \frac{\Sigma x_1 f_1 / \Sigma f_1}{\Sigma x_0 f_1 / \Sigma f_1} = \frac{\Sigma x_1 f_1}{\Sigma x_0 f_1} = \frac{\bar{x}_1}{\bar{x}_n}$$

由以上两个因素指数组成的反映总平均指标变动的指数体系如下。

$$结构影响指数 \times 固定构成指数 = 平均指标指数$$

$$\frac{\bar{x}_n}{\bar{x}_0} \times \frac{\bar{x}_1}{\bar{x}_n} = \frac{\bar{x}_1}{\bar{x}_0}$$

$$(\bar{x}_n - \bar{x}_0) + (\bar{x}_1 - \bar{x}_n) = \bar{x}_1 - \bar{x}_0$$

因此，只要计算出三个总平均数 $\bar{x}_1$、$\bar{x}_0$、$\bar{x}_n$ 就可对总平均指标变动进行因素分析。

【例 8.8】 某企业报告期与基期新老工人的月平均工资如表 8-8 所示，要求对总月平均工资变动进行因素分析。

表 8-8 平均指标变动因素分析算例

组别	职工人数		月工资总额（元）		月平均工资（元/人）	
	f_0	f_1	$x_0 f_0$	$x_1 f_0$	x_0	x_1
新工人	50	120	20000	54000	400	450
老工人	100	60	60000	40800	600	680
合计	150	180	80000	94800	533.33	526.66

根据表列资料，则有：

$$x_0 = \frac{\Sigma x_0 f_0}{\Sigma f_0} = \frac{80000}{150} = 533.33 \text{（百元）}$$

$$\bar{x}_n = \frac{\Sigma x_0 f_1}{\Sigma f_1} = \frac{400 \times 120 + 600 \times 60}{180}$$

$$= \frac{84000}{180} = 466.66 \text{（元）}$$

$$\bar{x}_1 = \frac{\Sigma x_1 f_1}{\Sigma f_1} = \frac{94800}{180} = 526.66$$

相对数联系

$$\frac{466.66}{533.33} \times \frac{526.66}{466.66} = \frac{526.66}{533.33}$$

$$87.5\% \times 112.9\% = 98.8\%$$

绝对数联系

$$(466.66 - 533.33) + (526.66 - 466.66) = 526.66 - 533.33$$

$$= -66.67 + 60 = -6.67 \text{（元）}$$

计算结果表明，该企业报告期新老工人的月平均工资 526.66 元，比基期减少 6.67 元，下降 1.2%，主要原因一是新老工人结构发生重大变化，影响总月平均工资下降 12.5%，减少 66.67 元；二是新老工人月平均工资均有提高，若消除职工结构变化影响，使总月平均工资提高 12.9%，增加 60 元。因此，两个因素一减一增，故月平均工资有所下降。

复习思考题

1. 简述统计指数的概念、特点和作用。
2. 简述统计指数的分类。
3. 综合指数有何特点？编制方法怎样？
4. 平均法指数有哪几种形式？各如何编制？
5. 常用的价格指数有哪些？编制价格指数一般应解决哪些基本问题？
6. 概述指数体系的涵义及其作用。
7. 简述因素分析的基本原理及其计算形式。
8. 平均指标变动受哪两个因素影响？如何进行平均指标变动因素分析？

习　题

1. 某商场三种商品的价格及销售资料如下：

商品	单位	价格		销售量	
		基期	报告期	基期	报告期
甲	双	15	17	4000	5000
乙	件	25	28	240	260
丙	台	880	800	840	980

要求：编制商品销售价格总指数、商品销售量总指数和商品销售额指数，分析销售量和价格变动对商品销售额的影响程度和影响额。

2. 某工业企业三种商品的单位成本和产量如下：

产品	单位	产量		单位成本	
		q_0	q_1	z_0	z_1
甲	件	1800	2200	58	56
乙	台	2100	2400	98	95
丙	吨	850	980	240	248

要求：计算产量总指数、单位成本总指数、总成本指数，并分析产量和单位成本变动对总成本变动的影响程度和影响额。

3. 某工业企业三种商品的总产值及产量变动资料如下（产值：万元），要求计算产量总指数、价格总指数、产值总指数，分析产量和价格变动对总产值变动的影响。

产品	基期总产值	报告期总产值	产量增长率（%）
甲	240	300	10.0
乙	400	420	5.8
丙	800	880	9.4

4. 某地三种商品的销售额和价格变动资料如下（销售额：万元）：

产品	基期销售额	报告期销售额	价格涨跌率（%）
甲	100	140	-4.0
乙	220	260	5.4
丙	80	130	6.8

要求：计算价格总指数、销售量总指数、销售额总指数，分析销售量和价格变动对销售额变动的影响。

5. 某市各类商品零售价格指数和权数如下，要求计算零售价格总指数，并分析哪些类别的价格变动对零售价格总指数影响最大，哪些类别影响较小。若报告期零售额为854.4亿元，比基期增长13.8%，则零售量增长了多少？零售量和价格变动对零售额变动的影响分别为多少？

类别	指数（%）	权数（%）
一、食品类	108.5	48
二、衣着类	103.4	18
三、日用品类	106.3	13
四、文化娱乐用品	109.5	8
五、医疗保健	110.4	3
六、住居	107.6	4
七、交通通讯	108.4	4
八、其他类	104.5	2

6. 某企业三种产品的产量、原材料消耗量、原材料价格如下，要求用因素分析法分析各因素变动对原材料费用总额变动的影响。

产品	单位	产量		原材料单耗		原材料价格（元）	
		q_0	q_1	m_0	m_1	p_0	p_1
甲	件	280	300	80	82	100	105
乙	台	460	520	78	74	88	92
丙	吨	120	132	120	114	86	83

7. 计算并回答下列问题：

（1）某市城镇居民报告期人均可支配收入7840元，基期6615元，同期居民生活费用价格指数为106.5%，则人均可支配收入实际增长率为_____。

（2）某市职工基期和报告期货币工资分别为8480元/人，9815元/人，而居民生活费用价格报告期比基期上涨8.6%，则报告期的真实工资为_____，实际增长率为_____。

（3）某厂生产费用和产量今年比去年分别增长10.89%和11.2%，则单位产品成本今年比去年_____。

（4）若报告期商品价格计划降低5%，而销售额计划增长10%，则销售量计划应增长_____。

（5）某市基期和报告期商品零售额分别为208亿元和239亿元，而报告期比基期物价上涨了8.4%，则物价上涨和零售量增加各使零售额增加_____、_____亿元。

（6）某市2008年和2014年居民生活费用价格指数（1978年为100）分别为288.5%和328.6%，则2008年和2014年货币购买力指数分别为1978年的_____、_____，2008

年和 2014 年通货膨胀率分别为 1978 年的_____、_____,2014 年通货膨胀率为 2008 年的_____。

（7）某企业去年商品销售额为 5680 万元，费用额为 318.08 万元，平均流动资产 1010.68 万元；今年商品销售额为 6390 万元，费用额为 327.17 万元，平均流动资产 1092.31 万元；则商品销售额和费用率变动对费用额变动的影响额分别为多少？贡献率分别为多少？；平均流动资产和流动资产周转率变动对商品销售额变动的影响额分别为多少？贡献率分别为多少？

（8）某企业今年某产品产量为 886 吨、原材料单耗为 0.86 吨、原材材料价格为 1200 元/吨，去年产品产量为 495 吨、原材料单耗为 0.96 吨、原材料价格为 1100 元/吨。则产品产量、原材料单耗、原材材料价格变动对原材料支出总额的影响额分别为多少？贡献率分别为多少？产品产量、原材料单耗、原材材料价格、原材料支出总额的年平均增长率分别为多少？

（9）某企业今年产品销售量为 2880 件、销售价格为 285 元/件、毛利率为 18.8%；去年产品销售量为 2650 件、销售价格为 298 元/件、毛利率为 18.0%；则产品销售量、销售价格、毛利率变动对毛利总额的影响额分别为多少？贡献率分别为多少？销售进价变动对毛利总额的影响额为多少？贡献率为多少？

（10）某市城镇居民 2014 年人均可支配收入为 23864.5 元，2008 年为 16615.6 元，同期居民生活费用价格指数为 116.5%，则 2008~2014 年期间人均可支配收入年名义平均增长率为_____；实际年平均增长率为_____，实际年平均增长量为_____。

（11）某市职工 2008 年和 2014 年货币工资分别为 8480 元/人，15835 元/人，而居民生活费用价格 2014 年比 2008 年上涨 18.6%，则 2014 年的真实工资为_____；名义总增长率为_____；实际总增长率为_____。名义年平均增长率为_____；实际年平均增长率为_____。

（12）某市 2008 年和 2014 年 GDP 分别为 1182 亿元和 3218 亿元，GDP 生产价格总指数为 128.4%，人口自然增长率为 5.2%。则 GDP 的实际年平均增长率为_____，人均 GDP 的实际年平均增长率为_____。

8. 某企业新老工人人数和平均工资如下，要求计算报告期和基期的总平均工资指标并作因素分析。

工人类别	人数		年平均工资（元/人）	
	f_0	f_1	x_0	x_1
新工人	320	560	17200	18160
老工人	580	350	29960	32560

9. 设三种工业股票价格和发行量数据如下，要求计算股票价格指数，并对股价指数的变动作简要分析。

股票名称	前日收盘价（元）	本日收盘价（元）	发行量（股）
A	6.48	6.05	12000
B	12.35	12.88	4500
C	14.80	15.68	3000

10. 某企业工人基期和报告期的产量资料如下，试从相对数和绝对数方面分析总平均劳动率变动受组劳动生产率变动和组人数结构变动的影响程度。

工人分组	产量（万吨）		工人数	
	基期	计算期	基期	计算期
技术工人	26.88	66.6	650	1500
普通工人	22.8	25.2	950	1000
合计	49.6	91.8	1600	2500

11. 某企业基期和报告期总产值和职工人数资料如下，试分析报告期比基期总产值增长中受职工人数、生产工人占职工人数比重及工人劳动生产率三因素的相对影响程度和影响绝对值。

年份	总产值（万元）	职工人数	
		总人数	其中：生产工人数
基期	900	800	640
报告期	1380	842	716

12. 某企业基报两期三种产品销售、利税资料如下，试分析利税额的变动受销售量、价格和利税率变动的影响程度。

产品	计量单位	基期			计算期		
		销售量	价格（元）	利税率	销售量	价格（元）	利税率
甲	台	3600	105	10	3000	100	10.0
乙	件	2000	200	30	2000	200	30.0
丙	台	1000	300	50	1800	280	38.0

13. 设某证券交易所选出五种股票，2010 年的股数以及 2015 年 5 月至 8 月的股价如下，试以 2010 年为基期，计算 2015 年 5 月至 8 月的股票价格指数。

股票	产业	2010年股数	每股价格（元）				
			2010 年	2015 年 5 月	2015 年 6 月	2015 年 7 月	2015 年 8 月
甲	制造业	150	10.6	6.9	7.8	5.7	8.5
乙	建筑业	150	8.5	6.5	5.7	4.6	6.5
丙	电力业	200	10.9	8.6	9.6	8.6	9.2
丁	批零商业	150	12.8	10.8	11.4	8.5	10.2
戊	房地产业	150	13.6	12.8	13.5	9.8	11.4

14. 下表为某工厂 2010~2015 年三种产品产量和不变价格资料。试计算以 2010 年为基期的定期产量总指数和逐年环比产量总指数，并指出这两种指数之间的关系。

产品	计量单位	2010 年不变价（元/件）	产量（件）					
			2010 年	2011 年	2012 年	2013 年	2014 年	2015 年
甲	万件	1.5	210	240	250	300	320	320
乙	万件	0.8	430	500	550	500	480	520
丙	万件	0.5	760	800	900	1 000	980	1 200

实验 用 Excel 计算总指数

以本章表 8-1 的数据为例,用 Excel 计算总指数的步骤如下。

	A	B	C	D	E
	P_0	P_1	q_0	q_1	
	800	880	120	138	
	320	310	240	250	
	280	290	320	300	
	262400	$\bar{k}_q=$	1.045732		12000
	274400	$\bar{k}_p=$	1.042055		11540
	285940	$\bar{k}_{pq}=$	1.08971		23540

图 8-1 用 Excel 计算总指数示意图

第 1 步:打开 Excel 数据表,键入数据,如图 8-1 所示。
第 2 步:用 SUMPRODUCT(两数组乘积和)函数作求和运算。
在 A6 单元格键入 "=SUMPRODUCT(A2:A4, C1:C4)",按回车键,则为 $\sum p_0 q_0$。
在 A7 单元格键入 "=SUMPRODUCT(A2:A4, D1:D4)",按回车键,则为 $\sum p_0 q_1$。
在 A8 单元格键入 "=SUMPRODUCT(B2:B4,D1:D4)",按回车键,则为 $\sum p_1 q_1$。
第 3 步:计算总指数。
在 C6 单元格键入 "=274400/262400",单击回车键,则为销售量指数。
在 C7 单元格键入 "=285940/274400",单击回车键,则为销售价格指数。
在 C8 单元格键入 "=285940/262400",单击回车键,则为销售额价格指数。
第 4 步:计算影响额。
在 E6 单元格键入 "=274400-262400",单击回车键,则为销售量变动影响额。
在 E7 单元格键入 "=285940-274400",单击回车键,则为销售价格变动影响额。
在 E8 单元格键入 "=285940-262400",单击回车键,则为销售额总变动额。

第9章 概率与概率分布

本章主要阐述概率的种类、基本计算、概率分布的种类，常用的概率分布和抽样分布，为后几章的统计推断打下基础。同时，本章主要从应用的角度研究概率与概率分布，而不参与概率的某些定律的数理推导。

9.1 概率的概念与种类

9.1.1 概率的概念

概率是用以测定随机事件中某一结果发生的可能性大小程度的相对指标。所谓随机事件，就是在一次观察或一组实验中，每次出现的结果具有不确定性，又称偶然事件或不确定事件，常把随机事件取值的名称，称为随机变量。例如，某种零件尺寸的取值有多种状态，故零件尺寸是一个随机变量。设 A 为随机事件中的某一结果，$P(A)$ 为 A 结果出现的概率，m 为 A 结果出现的次数，n 代表随机事件中所有结果的次数，则

$$P(A) = \frac{m}{n}$$

概率是一个介于 0 与 1 之间的比率，可用系数或百分数表示。当事件不可能发生时，概率为 0；当事件必然要发生时，概率为 1。

9.1.2 概率的计算方法

概率依其计算方法不同，可分为古典概率、试验概率和主观概率。

1. 古典概率

古典概率是指当随机事件中各种可能发生的结果及其出现的次数都可以由演绎法得知，而无需经过任何统计试验就可计算出各种可能发生结果的概率。古典概率的基本特征如下。

（1）可知性，可由演绎或外推法得知随机事件所有可能发生的结果及其发生的次数。

（2）无需试验，即不必做统计试验就可计算出各种可能发生结果的概率。

（3）准确性，按古典概率方法计算的概率是没有误差的。

【例9.1】同时掷两枚硬币，可能出现正正、反反、正反、反正四种可能的结果，每种可能出现的概率都是 1/4，如表 9-1 所示。

表 9-1 同时掷两枚硬币各种可能结果及概率

事件	可能结果	概率
1	正正	0.25
2	反反	0.25
3	正反	0.25
4	反正	0.25

2. 试验概率

在许多实际问题中，要将全部观察或试验结果列举出来往往是不可能的，同时，试验结果的等可能性假定也很难成立，难以按古典概率法计算概率，而只能利用实际频数数据来估计概率。因此，根据大量的、重复的统计试验结果计算随机事件各种可能发生结果的概率，称为试验概率或频率概率。试验概率的基本特征如下。

（1）试验性，即必须通过统计试验结果才能计算出各种结果的频率，即试验频率。

（2）大量重复性，即试验次数必须足够大，重复进行多次试验的条件和程序必须相同。

（3）误差性，即频率只是概率的估计值，因而存在误差。

因此，概率是一个总体意义上的确定的频率值，当被研究对象是总体的全部单位时，频率就是概率；当被研究对象是总体的部分单位（样本）时，频率只是概率的估计值。当试验次数或抽样次数不断增大时，频率逼近概率。

【例9.2】某工厂生产某种产品 8000 件，根据质检人员每天产品质量检测结果汇总得到的废品、次品和正品的数目和频率如表 9-2 所示，表中的频率即为试验概率。

表 9-2 某厂某年产品质量检测分类及频率

事件	种类	频数（件）	频率
A	废品	200	0.025
B	次品	600	0.075
C	正品	7200	0.900
Σ	—	8000	1.00

3. 主观概率

主观概率是依据个人对随机事件的认识、主观地确定随机事件中各种可能发生结果的概率。在实践中，有些随机事件既不能按古典概率法，也不能按试验概率法计算各种可能发生结果的概率，而只能依据主观判断确定各种可能发生结果的概率。特别是在充满不确定性因素的经济问题中，不存在大量重复性过程，决策者面对的往往是仅发生了一次的事件或在不相同条件下重复发生的事件，因而，需要运用主观概率法。主观概率是人们对某一事件 A 发生的信任程度大小的主观评价，即

$$P(A)=[对 A 发生的信用度]$$

4. 概率的公理

20 世纪 30 年代，苏联数学家柯尔莫哥洛夫提出了概率论的三条公理，从而为概率论理论研究打下了坚实的基础。由这三条公理可推得概率运算的基本法则，进而可导出概率论的整个体系。概率的三条公理是：

公理 1：事件 A 发生的概率 $P(A)$ 为实数，且 $0 \leqslant P(A) \leqslant 1$。

公理 2：令 S 为所有的事件的集合，则 $P(S)=1$。

公理 3：设 $A_1, A_2 \cdots$ 为各互斥事件，则 $P(A_1+A_2+\cdots)=P(A_1)+P(A_2)+\cdots$

9.2 概率运算法则

概率运算法则又称概率运算定理，主要有加法定理和乘法定理。

9.2.1 加法定理

1. 加法的特殊定理

如果事件（A、B、C）之间是互相排斥互不相容的，即各种可能出现的结果不可能重复出现，则各种事件的概率之和等于它们的个别概率之和。

$$P(A+B+C)=P(A)+P(B)+P(C)$$

【例 9.3】已知 10 个灯泡中有 3 个次品，现从中任取 4 个，那么至少有 2 个是次品的概率是多少？

解：以 $P(B)$ 表示取出的 4 个灯泡中至少有 2 个次品的概率，$P(B_1)$ 表示取出的 4 个灯泡中恰有 2 个次品的概率，$P(B_2)$ 表示取出的 4 个灯泡中恰有 3 个次品的概率，则有

$$P(B)=P(B_1)+P(B_2)$$

$$P(B) = \frac{C_3^2 C_7^2}{C_{10}^4} + \frac{C_3^3 C_7^1}{C_{10}^4}$$

$$= \frac{3}{10} + \frac{1}{30} = \frac{1}{3}$$

2. 补偿定理

如果事件之间是相互排斥的，当事件 A 出现而其他事件（记作 $\overline{A}$）不出现时，则称 A、$\overline{A}$ 为互逆事件，它们的概率总和为

$$P(A+\overline{A}) = P(A) + P(\overline{A}) = 1$$

则有
$$P(A) = 1 - P(\overline{A})$$
$$P(\overline{A}) = 1 - P(A)$$

【例 9.4】在例 9.3 中，如果要计算取出的 4 个灯泡中最多有 1 个次品的概率，就可利用加法的补偿定理求出。以 $P(A)$ 表示取出的 4 个灯泡中最多有 1 个次品的概率，$P(B)$ 表示取出的 4 个灯泡中至少有 2 个次品的概率，则

$$P(A) = 1 - P(B)$$
$$= 1 - \frac{1}{3} = \frac{2}{3}$$

当然，也可直接利用加法公式直接求出 $P(A)$。

$$P(A) = \frac{C_3^0 C_7^4}{C_{10}^4} + \frac{C_3^1 C_7^3}{C_{10}^4}$$

$$= \frac{1}{6} + \frac{3}{6} = \frac{2}{3}$$

从例 9.3、例 9.4 中不难看出，10 个灯泡中有 3 个次品，任取 4 个，则 4 个灯泡中，次品分别为 0、1、2、3 个的概率分别为 1/6、3/6、3/10、1/30，其概率之和等于 1。

补偿定理表明，如果直接计算事件 A 的概率比较困难，或者已知其逆事件 $\overline{A}$ 的概率，可利用补偿定理求出事件 A 的概率。

3. 加法的一般定理

加法的一般定理又称广义的概率加法公式。如果事件 A 和事件 B 不是相互排斥，而是重迭出现的复合事件（积事件），如从一副标准的纸牌中随机抽取 1 张，出现既是 K 又是红心（即心 K）的事件，就属于复合事件，这种情况的概率叫做 A 和 B 的联合概率。加法的一般定理为

$$P(A+B) = P(A) + P(B) - P(AB)$$

【例 9.5】 求在一副纸牌中任抽一张为红心或为 K 的概率。

解： 由于 52 张纸牌中，出现 K 的概率是 4/52，出现红心的概率 13/52，出现红心 K 的概率（联合概率）是 1/52（即 52 张纸牌中，有 4 张 K，13 张红心，1 张红心 K）。因此，求 52 张纸牌中任抽 1 张为红心或为 K 的概率，要将出现红心和出现 K 的概率之和减去一张红心和 K 的联合概率 $P(AB)$ 才是合理的，否则这部分就重复计算了。

$$P(A+B) = \frac{13}{52} + \frac{4}{52} - \frac{1}{52}$$
$$= \frac{16}{52} = 0.3077$$

【例 9.6】 某企业职工中男职工占 80%，管理人员占 20%，而管理人员中男职工占 75%，求从该企业职工中任抽 1 人是男职工或管理人员的概率。

解：
$$P(A+B) = P(A) + P(B) - P(AB)$$
$$= 0.80 + 0.20 - 0.75 \times 0.2$$
$$= 0.85$$

9.2.2 乘法定理

1. 乘法的特殊定理

如果一个事件的出现不影响另一个事件的出现，这样出现的事件叫做独立事件。当两个事件独立时，A 发生对 B 发生的概率没有影响，B 发生对 A 发生的概率也没有影响，此时，事件 A 和事件 B 同时出现的概率为

$$P(AB) = P(A) \cdot P(B)$$

【例 9.7】 掷一枚硬币正面和反面向上的概率均为 1/2，而同时掷两枚硬币时，正面都向上的概率只能是正正、反反、正反、反正这四种可能状况之一。因而，同时掷两枚硬币，其正面都向上的概率为

$$P(AB) = \frac{1}{2} \times \frac{1}{2} = \frac{1}{4}$$

【例 9.8】 10 个灯泡中有 3 个是次品，如果将第一次抽出的灯泡放回，连续抽取两次都是次品的概率为

$$P(AB) = \frac{3}{10} \times \frac{3}{10} = \frac{9}{100}$$

【例 9.9】 求六合彩中特等奖的概率。中六合彩的特等奖要求从 0 到 9 的十个数字中选填的六位数必须与摇出的六位数相符，并且填列的组号必须与摇出的组号相符。若组号有 3 种情形，故组号相符的概率为 1/3，而六位数允许重复排列，故六位数相符的概率为 $1/10^6$，根据乘法的特殊定理，则有

$$P(AB) = P(A) \cdot P(B)$$
$$\frac{1}{3} \times \frac{1}{10^6} = \frac{1}{3 \times 10^6} \quad （三百万分之一）$$

2. 乘法的一般定理

乘法的一般定理的应用是有条件的，即事件之间是不独立的，或者说是不重复抽样的。设 A、B 是两个事件，在已知 A 发生的条件下，B 发生的概率称为 B 对于 A 的条件概率，用 $P(B/A)$ 表示。此时 A、B 两个事件均发生的概率为

$$P(AB) = P(A) \cdot P(B/A)$$

【例 9.10】 设 10 个产品中有 3 个次品,不重复抽取 2 个,求 2 个都是次品的概率。虽然第一次抽取一个是次品的概率为 $\frac{3}{10}$,由于不再放回去,剩下的 9 个产品中还有 2 个次品,故第二次抽取是一个次品的概率为 $\frac{2}{9}$,则不重复抽取两个都是次品的概率为二者的乘积,即

$$P(AB) = \frac{3}{10} \times \frac{2}{9} = \frac{1}{15}$$

3. 全概率定理

全概率定理应用的前提条件是:事件 $A_1, A_2, \cdots\cdots, A_n$ 为一完备事件组(即随机事件中,各种可能出现的结果齐备);并且 $A_1, A_2, \cdots\cdots, A_n$ 两两相互排斥,则对任一事件 B 都有

$$\begin{aligned} P(B) &= P(BA_1) + P(BA_2) + \cdots + P(BA_n) \\ &= P(A_1)P(B|A_1) + P(A_2)(B|A_2) + \cdots + P(A_n)(B|A_n) \\ &= \sum_{i=1}^{n} P(A_i)P(B|A_i) \end{aligned}$$

【例 9.11】 某企业甲、乙、丙三个车间生产同种产品,各车间的产量(A)占全厂总产量的比率 $P(A_i)$ 分别为 30%、25%、45%,根据过去产品质量检验各车间的次品(B)率 $P(B/A)$ 分别为 5%、4%、3%。则从该厂产品中随机抽出一件为次品的概率为:

$$P(B) = 0.3 \times 0.05 + 0.25 \times 0.04 + 0.45 \times 0.03 = 0.0385$$

9.2.3 贝叶斯定理

贝叶斯定理又称逆概定理,是 18 世纪 40 年代英国数学家 T·贝叶斯提出的一个对决策非常有用的定理,也是一个计算条件概率的公式。即如果事件 $A_1, A_2, \cdots\cdots, A_n$ 为一完备事件组,则对任一事件有

$$P(A_i | B) = \frac{P(A_i)P(B|A_i)}{\sum_{i=1}^{n} P(A_i)P(B|A_i)}$$

【例 9.12】 在例 9.11 中,若从该企业的产品中任抽一件发现为次品,求该产品是甲车间生产的概率。这个问题是在已知抽中次品 B 的条件下,求次品是甲车间生产的概率。根据上式有

$$P(A_i/B) = \frac{0.3 \times 0.5}{0.3 \times 0.5 + 0.25 \times 0.4 + 0.45 \times 0.03} = 0.3896$$

同理可求出该次品是乙、丙车间生产的概率分别为 0.2598 和 0.3506。

从贝叶斯公式中,可看出其分子是乘法的一般公式,分母是全概率公式。$P(A_i)$ 称为先验概率,$P(B/A_i)$ 一般来自样本提供的信息。$P(A_i/B)$ 称为后验概率。因此,贝氏定理实际上是综合利用先验概率和样本信息计算后验概率的一种计算方法。

9.3 概率分布的类型

9.3.1 概率分布的概念

概率分布是由随机变量的所有可能取值(x_i)及相应的概率 $P(x_i)$ 所组成的分布数列,反映

随机变量的分布状况和特征。任何概率分布都具有如下两个性质。

（1）$0 \leq P(x_i) \leq 1$

（2）$\sum P(x_i) = 1$

概率分布有表列法、函数法、图示法三种表示方式。

【例 9.13】 掷一个骰子一次，令 x 为点数，则 x 的分布怎样？

解： （1）表列法，如图 9-3 所示。

表 9-3　掷一个骰子的概率分布表

点数 x_i	1	2	3	4	5	6	合计
概率 $P(x_i)$	1/6	1/6	1/6	1/6	1/6	1/6	1

（2）函数法。

$$P(x) = 1/6 \quad (x = 1, 2, 3, 4, 5, 6)$$

（3）图示法，如图 9-1 所示。

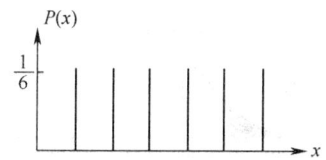

图 9-1　掷一个骰子的概率分布图

9.3.2　概率分布的类型

按随机变量的性质不同，概率分布的类型有以下两类。

1. 品质型随机变量概率分布

品质型随机变量概率分布是由品质型随机变量的所有可能结果（x_i）及相应的概率 $P(x_i)$ 组成的分布数列。如表 9-1 和表 9-2 中的随机事件出现的结果只能用文字表示，属于品质型随机变量，因而，两个数列都是品质型随机变量概率分布。

2. 数量型随机变量概率分布

数量型随机变量概率分布是由数量型随机变量的取值（x_i）及其相应的概率 $P(x_i)$ 组成的分布数列。如例 9.13 中的骰子点数是个数量型随机变量，因而骰子点数的概率分布属于数量型概率分布。数量型随机变量概率分布又分为两种类型。

（1）离散型随机变量概率分布。由离散型随机变量的取值 x_i 及相应的概率 $P(x_i)$ 组成的分布数列，如例 9.13。在统计学中，通常称 $P(x)$ 为 x 的概率密度函数。离散型随机变量概率密度函数具有两个性质：

1）$0 \leq P(x_i) \leq 1$

2）$\sum P(x_i) = 1$

（2）连续型随机变量概率分布。由连续型随机变量（x）的取值区间及相应的概率组成的分布数列，是一种重要的数量型随机变量概率分布。在这种概率分布下，由于连续随机变量的取值是一个区间。因此，必须以面积的形式来表示 x 取某段区间值的概率。根据概率分布的两个要求，若设 x 的全部取值范围在 a 和 b 之间，即 $a \leq x \leq b$，则连续型随机变量概率密度函数必须满足：

1) 概率密度曲线位于 x 轴上方，即非负性：$f(x) \geq 0$
2) 概念密度曲线以下的面积（积分）等于 1，即

$$\int_a^b f(x)d_x = 1$$

【例 9.14】某银行计算机系统办理每笔存款所需时间 x 的概率密度函数为

$$f(x) = 1.5x - 0.75x^2 \quad (0 \leq x \leq 2 \text{ 分钟})$$

其概率密度分布图（连续型随机变量概率分布）一般采用曲线图。利用上述概率密度函数用积分的方法可求得 x 在各段区间的概率。例如，求办理每笔存款所需时间为 $0 \leq x \leq 0.5$ 的概率（图 9-2 阴影部分）为

$$p(0 \leq x \leq 0.5) = \int_0^{0.5}(1.5x - 0.75x^2)dx$$
$$= (1.5x - 0.75x^2)\Big|_0^{0.5} = 0.15625$$

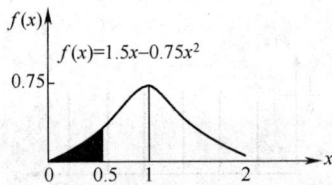

图 9-2 连续型随机变量概率分布

同理，亦可求出表 9-4 中 x 在各段区间的概率分布表。

表 9-4 办理每笔存款所需时间概率分布表

时间（x）	P（$x_1 \leq x \leq x_2$）	累计概率
0~0.4	0.1040	0.1040
0.4~0.8	0.2480	0.3520
0.8~1.2	0.2960	0.6480
1.2~1.6	0.2480	0.8960
1.6~2.0	0.1040	1.0000
Σ	1.0000	—

9.3.3 概率分布的特征值

概率分布又称概率模型或理论分布。由于概率分布是指随机变量的所有可能取值与其对应的概率所组成的分布数列，故概率分布又是总体分布。概率分布的主要特征值有

（1）期望值或总体平均数 μ 为

$$E(x) = \Sigma x_i P(x_i) = \mu$$

（2）方差 σ^2 为

$$V(x) = \Sigma(x_i - \mu)^2 P(x_i) = \sigma^2$$

9.4 离散型随机变量概率分布

9.4.1 分立均等分布

分立均等分布称离散型等概率分布，其定义为：若离散型随机变量的分布具有下列概率函数

$$f(x) = \frac{1}{N} \quad (x=1, 2, \ldots, N)$$

则称其为分立均等分布，如图 9-3 所示。式中 N 为正整数，是此分布的总体参数。分立均等分布的两个重要特征值分别为

（1）期望值 $\quad E(x) = \frac{1}{2}(N+1) = \mu$

（2）方差 $\quad V(x) = E(x-\mu)^2 = E(x^2) - \mu^2$

$$= \frac{1}{12}(N^2-1) = \sigma_x^2$$

由此可知，分立均等分布的总体参数 N 确定后，则该分布的两个特征值也就确定了。

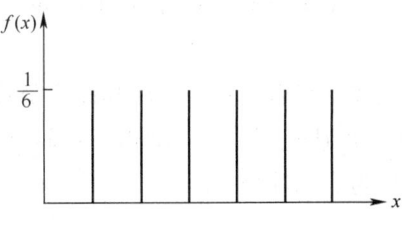

图 9-3　分立均等分布

【例 9.15】掷一枚公正骰子一次，出现点数 x 的分布为

$$f(x) = \frac{1}{6} \quad (x=1, 2, 3, 4, 5, 6)$$

则

$$E(x) = \frac{1}{2}(6+1) = 3.5$$

$$V(x) = \frac{1}{2}(6^2-1) = 2.9167$$

$$\sigma_x = 1.7078$$

9.4.2 二点分布

二点分布又称点二项分布，若互相独立的重复试验只有"成功"和"失败"两种结果，这种试验称为贝努里试验，可取

$$x = \begin{cases} 1 & \text{成功} \\ 0 & \text{失败} \end{cases}$$

如掷硬币，产品质量（合格品和次品）检验、孕妇未出生的婴儿性别判断等问题都属于贝努里实验。贝努里实验的特征如下。

（1）实验的现象只有两种互斥结果，即"成功"与"失败"。
（2）成功事件发生的概率为 p，失败的概率为 q，且 $p+q=1$。
（3）贝努力实验为独立实验。

二点分布的概率函数可表达为

$$f(x) = \begin{vmatrix} p & x=1 \\ 1-p & x=0 \end{vmatrix} \quad (1-p=q)$$

$$f(x) = p^x(1-p)^{1-x}$$
$$= p^x q^{1-x}$$

二点分布的重要特征值为
（1）期望值　　　　　　　　$E(x) = p$
（2）方差　　　　　　　　　$V(x) = pq$

其中 p 为总体参数，当二点分布的总体参数 p 确定后，该分布的期望值和方差也就确定。

【例 9.16】某一生产线的次品率为 2%，若随机抽取 1 件产品，令 x 为次品件数，0 为合格品件数，则出现不良品种数 x 的分布为

$$f(x) = 0.02^x \times 0.98^{1-x}$$

则
$$E(x) = \Sigma x f(x) = 0.02$$
$$V(x) = \Sigma (x-p)^2 f(x) = 0.0196$$
$$\sigma_x = 0.14$$

如图 9-4 所示，二点分布的图形只有两点，因而其概率函数为二项分布的概率函数，即

$$f(x) = C_x^n p^x (1-p)^{n-x} \quad (x=0,\ 1,\ 2,\ \cdots,\ n)$$

$n=1$ 时的特例，故二点分布又称为点二项分布。

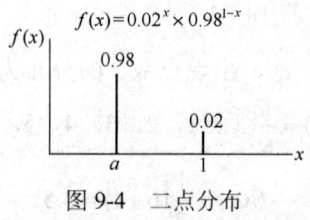

图 9-4　二点分布

9.4.3　超几何分布

超几何分布是离散型随机变量概率分布的一种，它是建立在超几何实验基础之上的，若并非独立的不重复试验中，总体 N 中有"成功"类者为 K 个，失败类者为 $N-K$ 个，从总体中抽取 n 个作为样本时，称为超几何实验（如图 9-5 所示）。

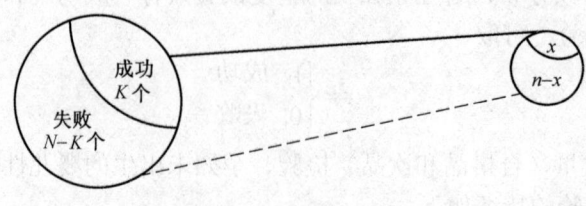

图 9-5　超几何实验

超几何实验具有下列性质。

（1）从一个含有 N 个个体的总体中，以不重复方式随机抽取 n 个作为样本，各次试验（抽样）并非独立的。

（2）总体 N 中成功类者为 K 个，失败类者为 $N-K$ 个。

（3）样本中抽自成功类者为 x 个，抽自失败类者为 $n-x$ 个。

（4）由于不重复试验（抽样），每次试验成功的概率受其前次试验结果的影响，故成功的概率不能维持不变。

超几何分布的定义为：若离散型随机变量的分布具有下列概率函数，即

$$f(x) = \frac{C_K^x C_{N-K}^{n-x}}{C_N^n} \quad (x=0, 1, 2, \cdots, n)$$

则称为超几何分布。

式中 N、K、n 都为正整数，是此分布的三个参数，且 $N>K \geq n$，或 $N-K \geq n$。超几何分布的两个重要特征值为

① 期望值

$$E(x) = \mu = n\frac{K}{N}$$

② 方差

$$V(x) = \frac{N-n}{N-1} \cdot n\frac{K}{N} \cdot \frac{N-K}{N}$$

其中 $\frac{N-n}{N-1}$ 称为有限总体校正因子，当采用不重复随机抽样时才须考虑，因而又称不重复抽样校正因子。

【例 9.17】设 10 件产品中，其中有 2 件为次品，8 件为正品；现采用不重复方式随机抽取 2 个，如表 9-5 所示。试求抽到次品的个数为 0，1，2 个的概率及期望值与方差。

表 9-5　不重复抽样产品分布

x	0	1	2	Σ
$f(x)$	$\frac{28}{45}$	$\frac{16}{45}$	$\frac{1}{45}$	1

解： 设抽到次品的个数为 x，则概率函数、期望值和方差分别为

$$f(x) = \frac{C_2^x C_8^{2-x}}{C_{10}^2} \quad (x=0, 1, 2)$$

$$E(x) = n\frac{K}{N} = 2 \times \frac{2}{10} = 0.4$$

$$V(x) = \frac{10-2}{10-1} \times 2\frac{2}{10} \times \frac{10-2}{10} = 0.2844$$

9.4.4　二项分布

二项分布是一种重要的离散型随机变量概率分布，它是建立在重复进行 n 次贝努里实验（二项实验）基础上的。二项实验的性质如下。

（1）一个简单的贝努里实验重复独立试行 n 次，共有 $n+1$ 个可能发生的结果。

（2）每次试验的结果只有"成功"或"失败"两种互斥的结果。

（3）每次试验关心的是概率 p 保持不变。

(4) 每次试验关心的是成功事件是否出现。

二项分布定义为：若离散型随机变量分布具有下列概率函数，即

$$f(x) = C_n^x p^x (1-p)^{n-x}$$
$$= C_n^x p^x q^{n-x} \quad (x=0, 1, 2, \cdots, n)$$

则称其为二项分布。式中 $q=1-p$，$0 \leqslant p \leqslant 1$；$n$ 为正整数。n 和 p 为二项分布的两个重要参数。

二项分布的重要特征值为

① 期望值 $\qquad E(x) = np$

② 方差 $\qquad V(x) = npq$

③ 偏态系数 $\qquad \beta_1 = \dfrac{q-p}{\sqrt{npq}}$

④ 峰态系数 $\qquad \beta_1 = 3 + \dfrac{1-6pq}{npq}$

由偏态系数 β_1 可知二项分布的偏态有下列 3 种情形：

① 当 $p = \dfrac{1}{2}$，$\beta_1 = 0$，二项分布为对称分布。

② 当 $p < \dfrac{1}{2}$，$\beta_1 > 0$，二项分布为右偏分布。

③ 当 $p > \dfrac{1}{2}$，$\beta_1 < 0$，二项分布为左偏分布。

由峰态系数 β_2 可知二项分布的峰态有下列 3 种情形：

① 当 $pq = \dfrac{1}{6}$，$\beta_2 = 3$，二项分布具有常态峰。

② 当 $pq > \dfrac{1}{6}$，$\beta_2 < 3$，二项分布具有低阔峰。

③ 当 $pq < \dfrac{1}{6}$，$\beta_2 > 3$，二项分布具有高狭峰。

【例 9.18】某银行储户存款在 10 万元以上的为 30%，现从中用重复方式随抽取 5 个账户，如表 9-6 所示。试确定二项分布的概率函数、特征值、偏态和峰态，并求存款 $f(2 \leqslant x \leqslant 4)$ 的概率。

表 9-6 重复抽取 5 个账户的存款分布

x	0	1	2	3	4	5	Σ
$f(x)$	0.1681	0.3602	0.3087	0.1323	0.0284	0.0023	1.0000

解：由于 $n=5$，$p=0.3$，则有

$$f(x) = C_5^x 0.3^x (1-0.3)^{5-x} \quad (x=0, 1, 2, \cdots, 5)$$

① 期望值 $\qquad E(x) = 5 \times 0.3 = 1.5$

② 方差 $\qquad V(x) = 5 \times 0.3 \times 0.7 = 1.05$

③ 偏态系数 $\qquad \beta_1 = \dfrac{0.7 - 0.3}{\sqrt{5 \times 0.3 \times 0.7}} = 0.39 > 0$

④ 峰态系数 $\qquad \beta_2 = 3 + \dfrac{1 - 6 \times 0.3 \times 0.7}{5 \times 0.3 \times 0.7} = 2.75 < 3$

因此，该二项分布为右偏分布，峰态为低阔峰。如图 9-6 所示。

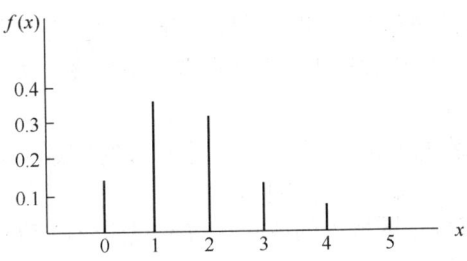

图 9-6 重复抽取 5 个账户的存款分布图

求 $f(2 \leqslant x \leqslant 4)$ 的概率，根据概率的加法定理得

$$f(2 \leqslant x \leqslant 4) = 0.3087 + 0.1323 + 0.0284 = 0.4694$$

【例 9.19】设 $n = 5$，$p = 0.5$，确定该二项分布的概率函数、偏态和峰态。参见表 9-7 和图 9-7 所示。

表 9-7 $n=5$，$p=0.5$ 的二项分布表

x	0	1	2	4	5
$f(x)$	0.0312	0.1562	0.3125	0.1562	0.0312

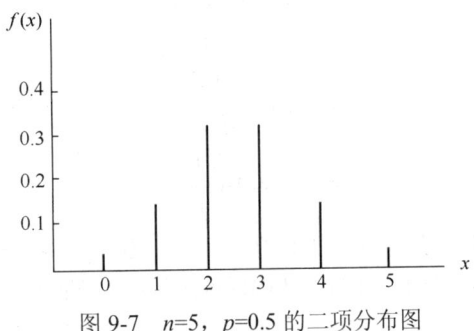

图 9-7 $n=5$，$p=0.5$ 的二项分布图

解： $f(x) = C_5^x 0.5^x (1-0.5)^{5-x}$ （$x=0$，1，2，…，5）

$$\beta_1 = \frac{0.5 - 0.5}{\sqrt{5 \times 0.5 \times 0.5}} = 0$$

$$\beta_2 = 3 + \frac{1 - 6 \times 0.5 \times 0.5}{5 \times 0.5 \times 0.5} = 2.6 < 3$$

此二项分布为对称分布，峰态为低阔峰，见表 9-7 和图 9-7 所示。由此可知：当 $p=0.5$ 时，二项分布为对称分布；若 $n+1$ 为奇数时，二项分布中有一个最大的概率值，当 $n+1$ 为偶数时，二项分布中有两个最大值。

【例 9.20】某公司年产 2 万台冰箱，合格率为 95%，求平均的合格冰箱、方差和标准差。

解： $E(x) = np = 20000 \times 95\% = 19000$（台）

$V(x) = npq = 20000 \times 5\% \times 5\% = 950$（台）

$\sigma_x = \sqrt{950} = 30.82$（台）

9.4.5 泊松分布

泊松分布也是一种重要的离散型随机变量概率分布，它适于描述某些稀有事件的状态或出现机会非常小的一些事件（如特大洪水、火山爆发、民航飞机失事、核反应堆溢漏事件等），它是由普阿松于 1837 年提出的。

设随机变量 x 表示一实验的"成功"次数，即在一段时间或一定区域内，该实验中某一特定事件发生的次数，则普哇松实验具有以下性质：

（1）发生在一定时间或特定区域内的成功次数 x 的期望值 $E(x) = \mu$ 为已知，或 $E(x) = np$ 为已知。

（2）不管时间或区域的始点，某一特定事件在某一段时间或特定区域内发生的概率相同。

（3）在极短时间或极小区域内，某一特定事件发生超过一次的概率略而不计。

（4）某一特定事件在各段时间或特定区域上出现是相互独立的。

（5）特定事件成功次数的期望值 μ 与所选择的时间或区域的大小 t 成正比，其关系为 $\mu = \lambda t$。

泊松分布的定义为：若离散型随机变量 x 的分布具有下列概率函数，即

$$f(x) = \frac{e^{\lambda t}(\lambda t)^x}{x!} = \frac{e^{-\mu}(\mu)^x}{x!} \quad (x = 0, 1, 2, \cdots)$$

称为泊松分布。其中 μ 为此分布的参数，$e = 2.71828$。其分布的重要特征值如下。

① 期望值　　　　　　　　　　　$E(x) = \mu$

② 方差　　　　　　　　　　　　$V(x) = \mu$

③ 偏态系数　　　　　　　　　　$\beta_1 = \dfrac{1}{\sqrt{\mu}}$

④ 峰态系数　　　　　　　　　　$\beta_2 = 3 + \dfrac{1}{\mu}$

期望值与方差均为 μ 是泊松分布的一大特性。当 $\beta_1 > 0$，$\beta_2 > 3$ 时，泊松分布为具有高狭峰的右偏分布；当 β_1 随 μ 增加而趋向于 0 时，其偏斜程度则随 μ 的增加而逐渐减小，最终成对称分布；β_2 随 μ 增加而趋向 3 时，则高狭程度的峰态会随 μ 的增加而逐渐减慢，最终成为常态峰。

【例 9.21】第二次世界大战后，对伦敦西面一片 144 平方公里的地区分为 576 个方块，每块 1/4 平方公里（t）进行德国炮弹投有数调查。整个地区一共投有炮弹 537 枚，每方块中弹的分布情况如表 9-8 和图 9-8 所示。试确定泊松概率分布。

表 9-8　每方块中弹分布表

每方块中弹数 x	$f(x)$	实际中弹方块数	理论中弹方块数
0	0.39365	229	226.74
1	0.36699	211	221.39
2	0.17107	93	98.54
3	0.05316	35	30.62
4	0.01239	7	7.14
5	0.00274	1	1.58
Σ	1.000	576	576.00

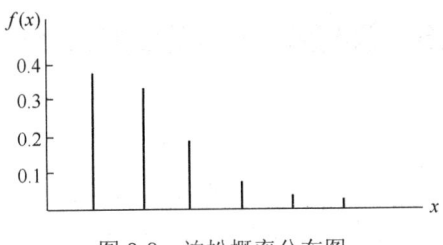

图 9-8 泊松概率分布图

解：
$$t = \frac{1}{4} \quad \lambda = \frac{537}{144} = 3.7291666（枚）$$
$$\mu = \lambda t = 0.93229166（或 \frac{537}{576}）$$

则泊松分布的概率函数为
$$f(x) = \frac{e^{-0.93229166}(0.93229166)^x}{x!}$$

① 期望值 $\quad E(x) = \mu = 0.9323$
② 方差 $\quad V(x) = \mu = 0.9323$
③ 偏态系数 $\quad \beta_1 = \frac{1}{\sqrt{\mu}} = 1.04$
④ 峰态系数 $\quad \beta_2 = 3 + \frac{1}{\mu} = 4.07 > 3$

此泊松分布为具有高狭峰的右偏分布。

【例 9.22】 某批产品的不良率为 2%，现从中重复抽取 10 个，试分别用二项分布和泊松分布确定 10 个中出现 1 个不良品的概率。

解：（1）
$$f(x) = C_n^x p^x (1-p)^{n-x}$$
$$f(x=1) = C_{10}^1 0.2^1 (1-0.2)^{10-1} = 0.1667$$

（2）
$$f(x) = \frac{e^{-\mu}(\mu)^x}{x!}$$
$$f(x=1) = \frac{e^{-0.2} 0.2^1}{1!} = 0.1667$$

结论：当二项分布中的 n 相当大，p 又较小时，二项分布可用 $\mu = np$ 的泊松分布来近似。

【例 9.23】 某市平均每月有 5 人因车祸死亡，试问每月没有人死亡的概率为多少？

解： $\mu = 5$，故没有人死亡的概率为
$$f(x=0) = \frac{e^{-5} \cdot 5^0}{0!} = 0.0067$$

【例 9.24】 设每 10 人中平均有 1 人吸烟，现随机调查 50 人，其吸烟人数最多有 3 人的概率为多少？

解： $\mu = \frac{1}{50} \times 50 = 5$，则吸烟人数最多有 3 人的概率为
$$f(x \leq 3) = \sum_{x=0}^{3} x \frac{e^{-5} \cdot 5^0}{3!}$$

$$= 0.0067 + 0.0337 + 0.0842 + 0.1404 = 0.2650$$

9.5 连续型随机变量概率分布

9.5.1 正态分布

正态分布又称常态分布或高斯分布，是一种非常重要的连续型随机变量的概率分布。其定义为：若连续型随机变量 x 的分布具有下列概率密度函数，即

$$f(x)=\frac{1}{\sqrt{2\pi}\sigma}e^{-\frac{1}{2}\left(\frac{x-\mu}{\sigma}\right)^2} \quad (-\infty<x<\infty)$$

则称为正态分布。式中 μ 和 σ 为此分布的参数。（μ 为总体均值，σ 为总体标准差），$e=2.71828$，$\pi=3.1416$。

正态分布的重要特征值如下。

(1) 期望值　　　　　$E(x)=\mu$，且 $\mu=M_e=M_0$
(2) 方差　　　　　　$V(x)=\sigma^2$
(3) 偏态系数　　　　$\beta_1=0$
(4) 峰态系数　　　　$\beta_2=3$

正态分布具有下列重要性质。

(1) 正态分布具有常态峰，即以 μ 为中心的左右对称分布，左右二者面积相等，均为 $\frac{1}{2}$。

(2) 正态分布曲线左右两尾与横轴渐近，但不与横轴相交，即 $-\infty<x<\infty$。

(3) 当 $x=\mu$ 值时，正态分布的概率密度函数值最大，当 $x\neq\mu$ 时，$f(x)$ 的值随 $|x|$ 的值递增而递减，如图 9-9 所示。

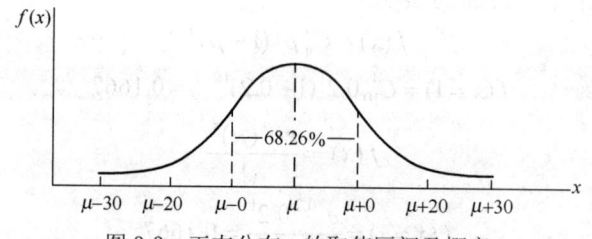

图 9-9　正态分布 x 的取值区间及概率

(4) 正态分布曲线有两个拐点，分别在横轴 $\mu-\sigma$ 与 $\mu+\sigma$ 所对应的曲线上。

(5) 正态分布曲线下的面积（区间概率）是固定的，如表 9-9 所示。

表 9-9　正态分布的概率与概率密度

x 的取值区间	概率 $p(x)\%$	概率密度(x)
$\mu\pm\sigma$	68.26	1.000
$\mu\pm1.645\sigma$	90.00	1.645
$\mu\pm1.96\sigma$	95.00	1.960
$\mu\pm2\sigma$	95.45	2.000
$\mu\pm2.326\sigma$	98.00	2.326
$\mu\pm2.576\sigma$	99.00	2.576
$\mu\pm3\sigma$	99.74	3.000

在实践中，由于不同现象的随机变量有不同的参数 μ 和 σ，且不同随机变量的计量单位也不同，因而有不同的正态分布形状，从而给正态分布的应用带来了不便之处。为此，可令正态分布概率密度中的 $\frac{x-u}{\sigma}=z$，则有

$$f(x)=\frac{1}{\sqrt{2\pi}}e^{\frac{1}{2}x^2} \quad (-\infty<x<\infty)$$

因此，新的随机变量 z 仍服从正态分布，且该正态分布的参数 $\mu=0$，$\sigma=1$。同时，无论 x 的计量单位如何，新变量以 σ 为计量单位，则称 z 为标准正态随机变量，称 z 的分布为标准正态分布，见图 9-10 所示。其重要的特征值为

（1）期望值　　　　　　　　$E(z)=0$
（2）方差　　　　　　　　　$V(z)=1$
（3）偏态系数　　　　　　　$\beta_1=0$
（4）峰态系数　　　　　　　$\beta_2=3$
（5）最高纵轴　　　　　　　$f(z)=\frac{1}{\sqrt{2\pi}}$

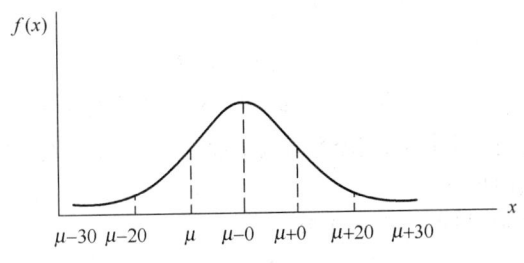

图 9-10　标准正态分布图

由于任何正态分布都可以通过 $\frac{x-\mu}{\sigma}$ 的变量转换化为标准正态分布（z 分布），因此，只要计算出正态随机变量 z 的取值区间 $[-\infty, z]$，就可求出相应的区间概率 $p(z \leqslant z_i)$，并可利用编成的 z 分布表可求出任何正态随机变量 x 的取值区间 $[x_1, x_2]$ 的概率。即

$$p(x_1 \leqslant x \leqslant x_2) = p\left(\frac{x_1-\mu}{\sigma} \leqslant \frac{x-\mu}{\sigma} \leqslant \frac{x_2-\mu}{\sigma}\right)$$
$$= p(z_1 \leqslant z \leqslant z_2)$$
$$= \int_{z_1}^{z_2} f(z)dz$$
$$= \int_{-\infty}^{z_2} f(z)dz - \int_{-\infty}^{z_1} f(z)dz$$
$$= p(z \leqslant z_2)-(z \leqslant z_1)$$

【例 9.25】某机床制造某零件的长度 x 服从正态分布，其平均长度为 15 公分，标准差为 0.2 公分，求零件长度 x 在 14.7 公分至 15.3 公分的概率。

解：　　$\mu=15$，$\sigma=0.2$
$z_1=\frac{14.7-15}{0.2}=-1.5$　　查 z 分布表 $P(z\leqslant-1.5)=0.0668$
$z_2=\frac{15.3-15}{0.2}=+1.5$　　查 z 分布表 $P(z\leqslant+1.5)=0.9332$

$p(14.7 \leqslant z \leqslant 1.5) = 0.9332 - 0.0668 = 0.8664$

【例 9.26】某部战士的身高服从正态分布，经抽查平均身高 175cm，标准差 4cm，现军服厂需裁制 8000 套军服，求身高在 171～179cm 之间的应裁制多少套？

解：$\mu = 175$，$\sigma = 4$

$z_1 = \dfrac{171 - 175}{0.2} = -1$　查 z 分布表 $p(z \leqslant -1) = 0.1587$

$z_2 = \dfrac{179 - 175}{0.2} = +1$　查 z 分布表 $p(z \leqslant +1) = 0.8413$

$p(171 \leqslant z \leqslant 179) = 0.8413 - 0.1587 = 0.6826$

则，身高在 171～179cm 的军服需裁制

$$8000 \times 0.6826 = 54608（套）$$

【例 9.27】某企业对生产中某关键工序进行调查，发现工人完成该工序的时间服从正态分布，均值为 40 分钟，标准差为 6 分钟。

（1）为保证其他工序的连续性，要求以 95%的概率保证该工序生产时间不多于 50 分钟，这一要求能否保证？

$$p(x \leqslant 50) = p(z \leqslant \dfrac{50 - 40}{6})$$
$$= p(z \leqslant 1.67)$$
$$= 0.9525 \quad （其要求能得到保证，0.9525 > 0.95）$$

（2）为鼓励工人提高技术水平，拟奖励该工序生产工人中生产时间用得最少的 10%的工人，奖励标准应定在什么时间内？

解：查 z 分布表，$p = 0.1$ 时，$Z = -1.28$

$$Z = \dfrac{x - 40}{6} = -1.28$$

$$x = 32.12 \text{ 分钟}$$

即应奖励生产时间少于 32 分 7 秒的那些工人。

正态分布在统计方法应用或统计推断的抉择上，占有非常重要的地位。

（1）许多客观现象的分布大多为正态分布，如成年人的身高、机械零件的长度、学童的智力、误差分布等。

（2）正态分布可作为一些离散型随机变量的概率分布的近似，例如二项分布、泊松分布、超几何分布等，当 n 增大时，都可转换为正态分布。

（3）在统计标准中，许多问题都可在正态分布的假设下获得解决。例如，小样本抽样分布（卡方分布、t 分布、F 分布等）常假设总体呈正态分布。

（4）许多大样本的抽样分布通常将正态分布视为极限，以便进行统计推断。

9.5.2　指数分布

指数分布主要应用于产品寿命的分析，是一种连续型随机变量的概率分布。其定义为：若连续型随机变量 x 的分布具有下列概率函数：

$$f(x) \begin{cases} \lambda e^{-2x} & x \geqslant 0 \\ 0 & x < 0 \end{cases}$$

则称为指数分布。式中 $\lambda > 0$，为此分布的参数。

指数分布的重要特征值为

① 期望值 $\quad E(x)=\dfrac{1}{\lambda}$

② 方差 $\quad V(x)=\dfrac{1}{\lambda^2}$

③ 众数 $\quad M_0=0$

【例 9.28】某产品的使用寿命周期分布服从指数分布,如图 9-11 所示,其平均寿命为 50 个月,试求其中一产品在 15 个月内结束使用寿命的概率。

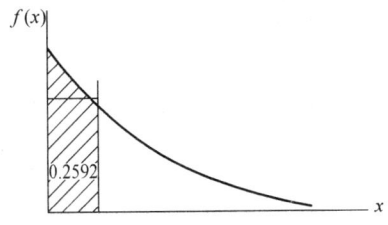

图 9-11 某产品的使用寿命周期的指数分布

解: $\quad E(x)=\dfrac{1}{\lambda}=50$

$$P(x\leq 15)=\int_0^{15}\lambda e^{-x\lambda}d_x=\int_0^{15}\dfrac{1}{50}e^{-x\frac{1}{50}}d_x=-e^{-x\frac{1}{50}}\Big|_0^{15}=0.2592$$

9.5.3 均匀分布

均匀分布是连续型随机变量 x 在有限区间 (a,b) 内取值较为均匀的概率分布。其定义为:若随机变量 x 在有限区间 (a,b) 内取值满足下列概率函数,即

$$f(x)=\dfrac{1}{b-a}\quad (a<x<b)$$
$$f(x)=0 \quad (其他)$$

则称 x 在区间 (a,b) 上服从均匀分布。式中 a,b 为此分布的参数。

均匀分布的两个重要特征为

① 期望值 $\quad E(x)=\dfrac{a+b}{2}$

② 方差 $\quad V(x)=\dfrac{(b-a)^2}{12}$

【例 9.29】设某电阻的阻值 R 是一个随机变量,均匀分布在 1100～1600 欧姆之间,求 R 的概率密度函数及 R 落在 1200～1400 欧姆之间的概率为多少?

解: $\quad a=1100 \quad b=1600$

$$f(R)=\dfrac{1}{1600-1100}\quad (1100<R<1600)$$

$$p(1200<R<1400)=\int_{1200}^{1400}\dfrac{1}{500}dR$$
$$=2.8-2.4=0.4$$

9.6 抽样分布

抽样分布是指从总体中抽取的所有可能的样本的统计量（样本指标）构成的概率分布，又称统计量分布。抽样分布是一种理论分布，其目的于揭示统计量的分布规律，测量抽样推断误差的大小和不确定程度的大小。依据抽样分布规律，当从总体中抽取一个样本进行调查，计算出统计量后，就可对总体的数量特征作出推断。

9.6.1 样本平均数的抽样分布与中心极限定理

样本平均数的抽样分布是指从总体中抽取的所有可能的样本平均数构成的概率分布。中心极限定理是指对任何一个具有总体平均数（数学期望）为 μ，方差为 σ^2 的总体，不论总体是什么分布，只要样本容量大，则样本平均数逼近总体平均数为 μ，抽样方差为 $\sigma_{\bar{x}}^2$ 的分布。令

$$Z = \frac{\bar{x} - \mu}{\sqrt{\sigma^2/n}} = \frac{\bar{x} - \mu}{\sigma_{\bar{x}}}$$

则当 n 足够大时，z 分布以标准正态分布为极限。样本平均数的抽样分布具有如下特征。
（1）样本平均数（$\bar{x}$）的分布也是正态分布。
（2）所有样本平均数的平均数等于总体平均数：$E(\bar{x}) = \mu$。
（3）在重复抽样条件下，当 n 足够大时（$n \geq 30$），样本平均数逼近服从数学期望为 μ，抽样方差为 σ_x^2/n 的正态分布，记为 $N(\mu, \sigma_x^2/n)$。其样本平均数的抽样标准误差为

$$\sigma_{\bar{x}} = \sqrt{\frac{\sigma_x^2}{n}}$$

（4）在不重复抽样条件下，当 n 足够大时（$n \geq 30$），样本平均数逼近服从数学期望为 μ，抽样方差为 $\frac{\sigma_x^2}{n}(\frac{N-n}{N-1})$ 的正态分布，记作 $N[\mu, \frac{\sigma_x^2}{n}(\frac{N-n}{N-1})]$。其样本平均数的抽样标准误差为

$$\sigma_{\bar{x}} = \sqrt{\frac{\sigma_x^2}{n} \frac{N-n}{N-1}}$$

当总体单位数 N 很大，样本样本容量 n 很小，或抽样比 n/N 很小时，样本平均数的抽样标准误差的近似公式为

$$\sigma_{\bar{x}} = \sqrt{\frac{\sigma_x^2}{n}(1 - \frac{n}{N})}$$

【例 9.30】设某仓库每天出库量 x 的概率分布如表 9-10 所示（$\mu = 20$，$\sigma^2 = 60$）。若重复随机抽取两天观察其平均出库量（$\bar{x}$），则 $\bar{x}$ 分布的期望值及抽样方差各为多少？

表 9-10 某仓库每天出库量 x 的概率分布

x	10	20	30
$f(x)$	0.3	0.4	0.3

表 9-11 重复随机抽取两天的平均出库量($\bar{x}$)抽样分布

$\bar{x}$	样本	个数	$f(\bar{x})$
10	(10, 10)	1	0.09
15	(10, 20)(20, 10)	2	0.24
20	(10, 30)(20, 20)(30, 10)	3	0.34
25	(20, 30)(30, 20)	2	0.24
30	(30, 30)	1	0.09
Σ	—	9	1.00

解： ①列出所有样本平均数及出现的概率进行求解。所有可能的样本平均数见表 9-11 所示，可见样本平均数的分布是正态分布，期望值和抽样方差为

$$\mu = \Sigma \bar{x} f(\bar{x}) = 10 \times 0.09 + 15 \times 0.24 + 25 \times 0.34 + 25 \times 0.2 + 30 \times 0.9 = 20$$

$$\sigma_{\bar{x}}^2 = \Sigma(\bar{x} - \mu)^2 f(\bar{x}) = (10-20)^2 \times 0.09 + (15-20)^2 \times 0.24 + (20-20)^2 \times 0.34$$
$$+ (25-20)^2 \times 0.24 + (30-20)^2 \times 0.09 = 30$$

②由样本平均数的抽样分布公式进行求解。根据表 9-11 的数据，则有

$$\mu = 10 \times 0.3 + 20 \times 0.4 + 30 \times 0.2 = 20$$

$$\sigma_{\bar{x}}^2 = (10-20)^2 \times 0.3 + (20-20)^2 \times 0.4 + (30-20)^2 \times 0.3 = 60$$

$$\sigma_{\bar{x}}^2 = \frac{\sigma^2}{n} = \frac{60}{2} = 30, \quad \sigma_{\bar{x}} = 5.4772$$

【例 9.31】 设一分立均等分布的概率函数为 $f(x) = \frac{1}{3}$，$x=1, 2, 3$（$\mu=2$，$\sigma_x^2=0.6667$）。试求样本容量 $n=2$ ($n/N=2/3$，抽样比足够大) 的样本平均数的抽样分布。

解： $n=2$，采用重复抽样，则样本有 9 个，分别是 (1, 1)，(2, 1)，(3, 1)，(1, 2)，(2, 2)，(3, 2)，(1, 3)，(2, 3)，(3, 3) 则样本平均数的分布如表 9-12 所示。

表 9-12 样本平均数的抽样分布

$\bar{x}$	1.0	1.5	2.0	2.5	3.0	Σ
$f(\bar{x})$	1/9	2/9	3/9	2/9	1/9	1

可见，所有可能的样本平均数 $\bar{x}$ 的分布是一个正态分布，则有

$$E(x) = 1 \times \frac{1}{9} + 1.5 \times \frac{2}{9} + 2 \times \frac{3}{9} + 2.5 \times \frac{2}{9} + 3 \times \frac{1}{9} = 2 = \mu$$

$$\sigma_{\bar{x}}^2 = (1-2) \times \frac{1}{9} + (1.5-2) \times \frac{2}{9} + (2-2) \times \frac{3}{9} + (2.5-2) \times \frac{2}{9} + (3-2) \times \frac{1}{9} = 0.3333$$

亦即

$$\sigma_{\bar{x}}^2 = \frac{\sigma_x^2}{n} = 0.6667/2 = 0.3333, \quad \sigma_{\bar{x}} = 0.5773$$

【例 9.32】 某市职工家庭人均年收入的总体分布未知，但已知该市职工家庭人均年收入 $\mu=4800$ 元，标准差 $\sigma=800$ 元，当抽取 64 户进行调查，求样本平均数居于 4600～5000 元之间的概率。

解：
$$\mu = 480 \quad \sigma = 800 \quad 则$$

$$Z_1 = \frac{4600 - 4800}{\sqrt{800^2/64}} = -2$$

$$Z_2 = \frac{5000 - 4800}{\sqrt{800^2/64}} = +2$$

查标准正态分布表 $P(-2 \leq Z \leq 2) = 95.44\%$，故样本平均数居于 4500~6000 元之间的概率为 95.44%。

9.6.2 样本比率的抽样分布

样本比率又称样本成数。在二项分布总体中，成功的单位数占总体单位数之比，称为总体比率（P）；从二项分布总体中抽样，样本中成功的单位数占样本容量的比率，称为样本比率（p）。样本比率是个随机变量，当样本容量 n 足够大时（np 和 $n(1-p)$ 均大于 5），根据中心极限定理，样本比率的抽样分布也近似服从正态分布。

（1）重复抽样条件下，样本成数的平均数等于总体成数，样本比率的抽样方差是总体比率方差的 $1/n$，样本比率的抽样标准误差则为抽样方差的平方根，即

$$E(P) = P$$

$$\sigma_p^2 = \frac{P(1-P)}{n}$$

$$\sigma_p = \sqrt{\frac{P(1-P)}{n}}$$

（2）不重复抽样条件下，样本成数的平均数亦等于总体平均数，样本比率的抽样方差是总体比率方差的 $\frac{1}{n}$ 再乘上 $\frac{N-n}{N-1}$，即

$$E(p) = P$$

$$\sigma_p^2 = \frac{P(1-P)}{n}\left(\frac{N-n}{N-1}\right)$$

当总体单位数 N 很大，抽出样本容量 n 很小，或抽样比 n/N 很小时，样本比率的抽样标准误差的近似公式为

$$\sigma_p = \sqrt{\frac{P(1-P)}{n}\left(1 - \frac{n}{N}\right)}$$

【例 9.33】某企业某月生产甲产品 10000 件，从中重复抽取 200 件检验，其中 190 件合格（$p=0.95$），试估计产品合格率的总体均值，并计算抽样标准误差。并求总体合格率在 91.9%~98.1% 之间的概率为多少。

解：
$$E(p) = P = 0.95$$

$$\sigma_p = \sqrt{\frac{0.95(1-0.95)}{200}} = 0.0155 \text{ 或 } 1.55\%$$

$$Z_1 = \frac{0.919 - 0.95}{0.0155} = -2$$

$$Z_2 = \frac{0.981 - 0.95}{0.0155} = +2$$

故概率为：$P(-2 \leq Z \leq 2) = 0.9544$，即总体合格率在 91.9%~98.1% 之间的概率为 95.44%。

9.6.3 两个独立样本平均数之差的分布

如果有两个正态分布总体,其平均数分别为 μ_1 和 μ_2,方差分别为 σ_1^2 和 σ_2^2,由第一个总体抽出样本容量为 n_1 的样本,样本平均数为 $\bar{x}_1$;由第二个总体抽出样本容量为 n_2 的样本,样本平均数为 $\bar{x}_2$。根据正态分布随机变量的线性组合定理:相互独立的正态分布随机变量的线性组合仍为正态分布,可知两个独立样本平均数之差 $\bar{x}_1 - \bar{x}_2$ 也一定服从正态分布。其数学期望值和抽样方差为

$$E(\bar{x}_1 - \bar{x}_2) = \mu_1 - \mu_2$$

$$\sigma_{(\bar{x}_1 - \bar{x}_2)}^2 = \frac{\sigma_1^2}{n_1} + \frac{\sigma_2^2}{n_2}$$

在两个正态分布总体方差 σ_1^2、σ_2^2 已知的情形下,利用 $(\bar{x}_1 - \bar{x}_2)$ 的抽样分布,可以进行两个正态分布总体平均数 $\mu_1 - \mu_2$ 的推断。

9.6.4 卡方(χ^2)分布

χ^2 是表示标准正态分布随机变量 z 的平方和。若样本容量为 n,$x_1, x_2 \cdots\cdots x_n$ 为 n 个随机变量来自同一正态分布总体,则统计量 χ^2 为

$$\chi_n^2 = \Sigma \left(\frac{x_i - \mu}{\sigma_x} \right)^2 = \Sigma z_i^2 \quad (i=1, 2, \cdots, n)$$

从正态分布总体中抽样,当样本容量为 n 时,其有 N^n 个可能样本,而每一个样本均可求得一个统计量 χ^2,这些所有可能的统计量 χ^2 及其出现的概率构成的抽样分布称为自由度为 n 的 χ^2 分布。其图形如图 9-12 所示,可看出 n 越小,χ^2 分布则为高狭峰的右偏分布,n 越大,χ^2 分布趋近于正态分布。χ^2 分布具有如下性质。

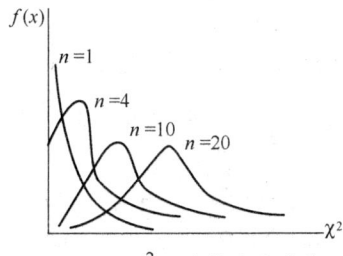

图 9-12 χ^2 分布的密度曲线

(1) 期望值 $E(\chi^2)=n$,方差 $V(\chi^2)=2n$;

(2) 卡方统计量为 $\chi_n^2 = \left(\dfrac{x_i - \mu}{\sigma} \right)^2$;

(3) $n \to \infty$,χ^2 分布趋于正态分布;

(4) χ^2 具有可加性,$\chi^2 = \chi_1^2 + \chi_2^2$;

(5) 当总体平均数 μ 未知时,可用样本平均数 $\bar{x}$ 代替,则卡方统计量的实用公式为

$$\chi_{n-1}^2 = \Sigma\left(\frac{x_i - \overline{x}}{\sigma_x}\right)^2 = \frac{(n-1)\hat{S}^2}{\sigma_x^2} \quad (\text{自由度为} n-1)$$

（6）当总体方差 σ_x^2 未知时，可在一定概率下由 χ^2 分布表查出 χ^2 的理论值，由样本方差 $\hat{S}^2$ 作出估计，估计的公式为

$$\sigma_x^2 = \frac{(n-1)\hat{S}^2}{\sigma_x^2} \quad (\hat{S}^2 = \frac{(x_i - \overline{x})^2}{n-1})$$

9.6.5 F 分布

若有两个正态分布总体 $N_1(\mu_1, \sigma_1^2)$ 和 $N_2(\mu_1, \sigma_2^2)$，从中分别抽取样本，样本容量分别为 n_1，n_2，并分别求出两个样本的卡方统计量 χ^2，则统计量 F 为

$$F = \frac{\chi_1^2 / n_1}{\chi_2^2 / n_2}$$

则来自两个正态总体的所有可能的统计量 F 及其相应的概率组成的抽样分布称为自由度为 (n_1, n_2) 的 F 分布。其图形如图 9-13 所示。曲线形状随 (n_1, n_2) 的取值不同而不同。F 分布不以正态分布为极限，是一个正偏形分布。F 分布具有以下重要性质。

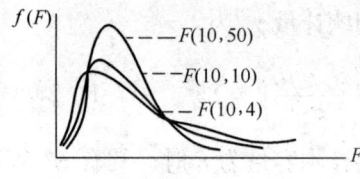

图 9-13 F 分布密度曲线

（1）期望值 $\quad E(F) = \dfrac{n_2}{n_2 - 2} \quad (n_2 > 2)$

方差 $\quad V(F) = \dfrac{2n_2^2(n_1 + n_2 - 2)}{n_1(n_2 - 2)^2(n_2 - 1)} \quad (n_2 > 4)$

（2）若随机变量 x 的分布为 $F(n_1, n_2)$，随机变量 y 的分布为 $F(n_1, n_2)$，则有

$$F_{\alpha(n_1, n_2)} = \frac{1}{F_{1-\alpha(n_2, n_1)}} \quad (\alpha \text{ 为显著水平})$$

（3）F 统计量的实用公式为 $F = \dfrac{\hat{S}_1^2 / \sigma_1^2}{\hat{S}_2^2 / \sigma_2^2}$，称为自由度为 (n_1-1, n_2-1) 的 F 分布。

（4）当 $\sigma_1^2 = \sigma_2^2$ 时，$F = \hat{S}_1^2 / \hat{S}_2^2$，两个样本方差之比服从自由度为 (n_1-1, n_2-1) 的 F 分布。

9.6.6 t 分布

t 分布又称学生分布、小样本分布。假设总体为正态分布 $N(\mu, \sigma^2)$，自其中随机抽取 n 个个体为样本，并计算出统计量 Z 和卡方统计量 χ^2 分别为

$$Z = \frac{\overline{x} - u}{\sigma / \sqrt{n}}$$

$$\chi^2 = \Sigma\left(\frac{x_i - u}{\sigma}\right)^2$$

由于 Z 分布与 χ^2 分布相互独立，则统计量 t 定义为

$$t = \frac{Z}{\sqrt{\chi^2/n}}$$

由总体中抽出的所有样本的统计量 t 及其出现的概率构成的分布称为服从自由度为 n 的 t 分布。其图形如图 9-14 所示。t 分布纵轴为对称分布的中心，当 $n \to \infty$ 时，t 分布趋向于标准正态分布。t 分布具有如下重要性质。

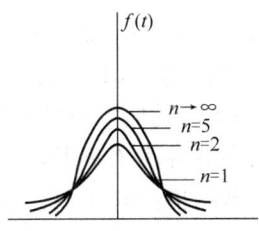

图 9-14　t 分布密度曲线

（1）期望值　　　　　　　　$E(t) = 0$

　　　方差　　　　　　　　$V(t) = \dfrac{n}{n-2}$，$n > 2$

（2）当总体方差未知时，可用样本方差估计，统计量 t 的实用公式为

$$t = \frac{\bar{x} - \mu}{\hat{S}/\sqrt{n}}$$

称为服从自由度为 $n-1$ 的 t 分布。

复习思考题

1. 什么是随机事件和概率？
2. 概率有哪几种计算方法，各有何特点？
3. 概率有哪些定理？其主要定理有哪些？
4. 什么是概率分布？有哪些表示方法？
5. 概率分布有哪些类型？
6. 离散型和连续型随机变量概率分布各有哪些主要类型？
7. 二项分布和正态分布各有哪些重要的特征值？正态分布有哪些重要性质？
8. 正态分布在统计推断中的重要地位体现在哪些方面？
9. 什么是抽样分布？样本平均数的抽样分布有何性质？
10. 怎样理解中心极限定理？
11. 简述样本比率抽样分布，两个样本平均数之差的抽样分布。
12. χ^2 分布有何重要性质？
13. 何谓 F 分布？有何重要性质？
14. 什么是 t 分布，t 分布有何重要性质？

习 题

1. 若 10 个产品有 4 个次品，现从中任取 3 个，求至少有 2 个是次品的概率和最多有 1 个是次品的概率。

2. 若参加某一研究协会，要求参加者为经济学家、统计学家或二者兼备。已知其中 70% 为经济学家，60% 为统计学家，求二者兼备的概率。

3. 若 10 个产品中有 4 个次品，求重复连续抽取 3 次都是次品的概率，以及不重复抽取 3 个都是次品的概率。

4. 某工厂有甲、乙两条生产线生产同一种产品，甲生产线产量占 60%，乙生产线产量占 40%，甲生产线的不良率为 2%，乙为 3%。求：(1) 从该厂产品中随机抽取一件为不良品的概率；(2) 随机抽取 1 件为次品是甲车间生产的概率或是乙车间生产的概率。

5. 掷一钱币一次，求出现正面 x 的概率分布函数、分布图、期望值和方差。

6. 某一生产线的次品率为 5%，若随机抽取 1 件产品，求出现次品数的概率分布函数、分布图、期望值和方差。

7. 若 10 件产品中，有 3 件次品，7 件正品，采用不重复方式随机抽取 4 件检查，求抽到次品个数为 x 的概率函数、分布表、期望值和方差。

8. 某生产线的不合格率为 2%，现随机重复抽取 4 件检查，求出现次品数为 z 的概率分布函数、分布表、分布图、期望值、方差、偏态系数和峰态系数，并判别分布的形态和峰态。

9. 某公司年产空调 5 万台，合格率为 98%，求平均合格空调量、方差和标准差。

10. 某批产品中的不合格率为 3%，现从中重复抽取 10 个，要求分别用二项分布和泊松分布确定 10 个中出现 1 个不合格品的概率。

11. 某市平均每月有 8 人因车祸死亡，求本月没有人死亡的概率。

12. 某电话总机平均每 5 分钟接到 3 个电话，求总机平均每 5 分钟接到电话数为 x 的概率分布函数、期望值、方差、偏态系数、峰态系数，以及 $p(x \leq 2)$ 的概率。

13. 设某总体服从均值为 800，σ 为 120 的正态分布。试求正态分布概率密度函数、期望值、方差、偏态系数和峰态系数。

14. 某产品的重量服从于均值为 500 克，σ 为 10 克的正态分布。求：(1) 重量在 490～510 克之间的概率；(2) 重量小于 490 克的概率；(3) 重量大于 510 克的概率；(4) 重量在 498±5 克之间的概率。

15. 某生产工序的时间服从均值为 60 分钟，标准差为 9 分钟的正态分布。求：(1) 能否以 95% 的概率保证该工序生产时间不多于 75 分钟？(2) 若鼓励工人提高生产技术水平，拟奖励生产时间用得最少的 15% 的工人，奖励的时间标准应定在什么时间内？

16. 某产品使用寿命周期服从指数分布，其平均使用寿命为 60 个月，求其中某一产品在 20 个月内结束使用寿命的概率。

17. 设某电子产品的电阻 R 是一个随机变量，均匀分布在 1800～2400 欧姆之间，求 R 的概率密度函数及 R 落在 2000～2200 之间的概率。

18. 某市居民中拥有格力牌空调的占 20%，若抽取 1000 户调查，求拥有格力牌空调 (1) 170～185 户；(2) 至少 190 户；(3) 至多 168 户的概率各为多少（先求 $\mu=np$，$\sigma^2=npq$，再将二项分布转换为常态分布求解）。

19. 设某粮油店每天大米出售量 x 的概率分布如下，若随机抽取 2 天观察其出售量，则 χ^2 分布的期望值、样本平均数的方差、标准差各为多少？

出售量（x 吨）	20	30	40
$f(x)$	0.2	0.5	0.3

20. 设某有限总体所含数字为 12，14，16，18，20；要求：(1) 重复随机抽取 2 个为一样本，求其所有的样本平均数；组成的抽样分布及其期望值、抽样方差及抽样标准误差；(2) 不重复抽取 2 个为一样本，求所有样本平均数 $\bar{x}$ 组成的抽样分布、期望值、抽样方差和抽样标准误差。

21. 某县农民人均纯收入的总体分布未知，但该县农民某年人均纯收入为 6480 元，标准差为 980 元，当抽取 100 户进行调查，求样本平均数位于 6284～6676 元之间的概率，样本平均数大于 6700 元的概率。

22. 某企业某月生产产品 3 万件，从中抽取 800 件检验，其中 768 件合格。求产品合格率的总体均值，以及重复抽样和不重复抽样条件下的抽样标准误差、总体合格率在 94%～98% 之间的概率。

23. 设两个总体的平均数分别为 88 和 76，方差分别为 174.24 和 113.21。若从两个总体中各抽取 50 个个体作为样本，求两个独立样本平均数之差的期望值、抽样方差、抽样标准误差。

实验　用 Excel 计算分布的概率

1. 用 Excel 计算正态分布的概率

利用 Excel 中的函数工具可计算二项分布、超几何分布、泊松分布、正态分布和抽样分布等概率分布的概率。例如，某机床制造某零件的长度 x 服从正态分布，其平均长度为 15cm，标准差为 0.2cm，用正态分布函数（NORM.DIST）计算零件长度 x 在 14.7cm 至 15.3cm 的区间概率的步骤如下。

第 1 步：打开 Excel 数据表，单击 A1 以备存放正态分布概率计算的结果。

第 2 步：单击"f_x"，弹出"插入函数"对话框时，选择"统计"，在"统计函数名"列表中选择"NORM.DIST"。

第 3 步：单击"确定"按钮，弹出"NORM.DIST"对话框，在 X 框内键入需要计算的概率值 14.7，在 Mean 框内键入分布的期望值 15，在 Standard_dev 框内键入分布的标准差 0.2，在 Cumulative 框内键入逻辑值 TRUE，计算累积分布概率（若键入 FALSE，则计算概率密度函数）。

第 4 步：单击"确定"按钮，在 A1 单元格给出概率的计算结果为 0.066807。

第 5 步：单击 A2，将 A1 单元格的计算结果复制到 A2，再单击"f_x"，弹出"NORM.DIST"对话框时，在 X 框内将 14.7 该为 15.3，单击"确定"按钮，在 A2 单元格给出概率的计算结果为 0.933193。

第 6 步：计算区间概率。在 A3 单元格键入"=0.933193-0.066807"，单击回车键，则 x 在 14.7cm 至 15.3cm 的区间概率为 0.866386。

利用 Excel 正态分布函数（NORM.DIST）亦可计算一定概率下对应的变量值。例如，若想知道 95%的零件在什么长度以下，操作步骤的第 1 步相同，第 2 步应从"统计函数名"列表中选择"NORM.INV"函数；第 3 步应在 Probability 框内键入 0.95 累积分布概率，单击"确定"按钮，则给出的零件长度为 15.32897cm。

2. 用 Excel 计算二项分布的概率.

设 $n=5$，$p=0.5$，用 Excel 计算二项分布概率图表的的步骤如下。

第 1 步：打开 Excel 数据表，在 A1 键入 X，在 B1 键入 P(x=k)，在 D1 键入"n"，在 E1 键入 p，在 A2:A7 键入 0 至 5，在 D2 键入 5，在 E2 键入 0.5。

第 2 步：单击 B2 单元格，键入=BINOMDIST(A2,$D$2,$E$2,FALSE)，单击回车键，再将鼠标移至 B2 单元格右下角，将填充柄下拉到 B7 单元格。

第 3 步：选择 B1:B7 单元格区域，单击"插入"，在菜单中选择"图表"，在弹出的对话框中选择"柱形图"，依次单击"下一步"和"完成"按钮，则有图 9-15 所示的二项分布的概率分布图表。利用此表可进行概率计算，例如 $f(2 \leqslant x \leqslant 4)$ 的概率为 0.78125。

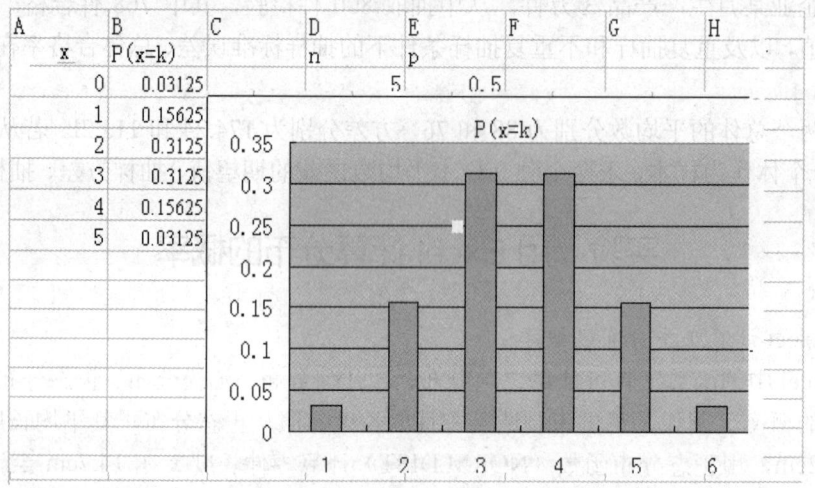

图 9-15　Excel 输出的 n=5，p=0.5 的二项分布的概率图

第 10 章 抽样推断

本章主要阐述抽样推断的基本概念、抽样的组织方式、抽样设计的基本问题。其中抽样组织方式主要有简单随机抽样、类型抽样、等距抽样、整群抽样、目录抽样、二重抽样、多阶段抽样等。其核心是怎样根据随机样本对总体参数作出科学的推断。

10.1 抽样推断的基本概念

抽样推断又叫参数估计，是指根据统计研究的任务和要求，从被研究总体中抽出部分单位进行调查，然后根据这一部分单位所求得的样本指标推断总体指标的统计方法。要理解抽样分布、参数估计必须先理解抽样统计的一些基本概念。

10.1.1 总体与样本

抽样推断中的总体有时又称为全及总体，就是以前所讲的统计总体，即被研究现象的全体，亦具有大量性、同质性和差异性的许多个别事物的集合体。总体单位数通常用 N 表示。总体中某一随机变量的不同的取值及其相应的频率或概率组成的分布，称为总体分布。

样本是根据随机原则从总体中抽出来的进行调查的那一部分总体单位所组成的集合体。样本中包含的单位个数记作 n，又称样本容量，n/N 称为抽样比例。

10.1.2 参数和统计量

参数是总体的数量特征，亦即总体指标。总体的某个参数在抽样时往往是未知的，是需要进行推断的。总体指标（参数）通常有总体平均值（期望值），记作 $\overline{X}$ 或 μ，总体方差或标准差，记作 σ^2 或 σ，总体比率，记作 P。

统计量是样本的数量特征，亦即样本指标。统计量随着样本的不同而不同，因而是个随机变量。从总体中抽出的所有可能的样本的统计量及其相应的概率构成的分布，称为抽样分布。统计量通常有样本均值 $\bar{x}$，样本方差 s^2，样本标准差 S，样本比例 p，此外还有其他一些统计量。

10.1.3 重复抽样与不重复抽样

从 N 个总体单位中抽取 n 个组成样本，有重复抽样与不重复抽样两种抽取方法。重复抽样是：每抽出一个总体单位进行调查登记以后，放回去，混合均匀，再抽下一个，直到抽满 n 个为止。采用这种抽样方法时，前面已经抽到过的总体单位，在以后的抽取中，可以重复抽到，所以叫重复抽样。采用这种抽样方法时，每次都是从 N 个总体单位中去抽取，N 保持原来数目不变，即使抽了 N 次，总体中仍有 N 个总体单位，每个总体单位每次抽中的机会都是 $1/N$。

不重复抽样方法是：每次抽出一个总体单位进行调查登记以后，不再放回，因此凡是前面已经抽到过的总体单位，以后便不能再被抽到。显然采用这种抽样方法时，总体中的总体单位个数是不断减少的，抽了 N 次以后，全被抽光了。采用这种抽样方法时，虽然越往后，仍留在总体中的每个总体单位被抽中概率越大,但从整体观察,每个总体单位被抽中的机会仍是相同的,仅仅是被抽到的先后顺序不同而已。

抽样方法不同,会使可能抽到的样本个数(M)不相同:

(1) 重复抽样条件下 $M = N^n$

(2) 不重复抽样条件下 $M = C_N^n = \dfrac{N!}{n!(N-n)!}$

在实际工作中,全及总体的单位个数通常有成千上万个,样本容量也是几十成百个,因而从总体中可能抽出的样本个数是大得惊人的。然而在一般情况下,人们都只能从这许许多多的样本中抽取一个,并用这个样本的统计量去推断总体指标(参数),因而误差是不可避免的,但可以在一定条件下把这种误差事先计算出来并设法加以控制。

10.1.4 抽样误差与抽样标准误差

统计误差有两大类,一是登记性误差,即在点数、测量、登记、计算、抄录等工作中产生的误差,这种误差是可以而且应当尽可能避免的。二是代表性误差,即用非全面资料推算或代替总体指标时产生的误差。代表性误差又分为系统性代表性误差和偶然性代表性误差两种。系统性误差是指没有遵守随机原则而有意选取变量值较大或较小的单位组成样本而造成的误差,这是应当避免的。偶然性代表性误差是遵守随机原则仍会产生的不可避免的误差。

抽样误差是指在遵守随机原则条件下,样本指标与总体指标的差异,它是一种偶然性的代表性误差。不包括系统性代表性误差和登记性误差。在讨论抽样误差时,假定这两种误差不存在,只考虑偶然性的代表性误差。

抽样标准误差通常是指所有可能的样本平均数(或样本比率)对总体平均数(或总体比率)的标准差。抽样标准误差的平方称为抽样方差。依定义有:

样本平均数的抽样标准误差 $\sigma_{\bar{x}} = \sqrt{\dfrac{\sum(\bar{x} - \bar{X})^2}{M}}$

样本比率的抽样标准误差 $\sigma_{\bar{p}} = \sqrt{\dfrac{\sum(P - \bar{P})^2}{M}}$

上述定义公式可用来解释抽样误差的实质,但不能实际应用,因为可能的样本个数(M)太多,而且总体平均数或总体比率是未知的,是需要推断的。其实用公式以下各节将介绍。

一般来说,影响抽样误差大小的因素有四个:

(1) 样本容量 n。样本容量越大,抽样误差就小,大到 $n=N$ 时,抽样误差等于0。

(2) 总体标准差 σ。总体标准差越大,各总体单位间的标志值的差异越大,抽样误差就越大。

(3) 抽样方法的影响。不重复抽样可以避免极端样本的出现,故抽样误差比重复抽样的抽样误差小。

(4) 抽样方式的影响。抽样方式不同,抽样误差也就不同。不同抽样方式的抽样标准误差的计算方法以下各节将分别介绍。

10.1.5 点估计与区间估计

参数估计是指用样本统计量(样本指标)来估计总体参数(总体指标),通常把用于估计总体参数的样本统计量称为估计量,如样本平均数 $\bar{x}$ 可作为总体平均数 u 的一个估计量。估计结果用点值来表现的称为点估计,用取值区间表现的称为区间估计。

1. 点估计

点估计也叫定值估计,当样本容量足够大时,可直接用样本平均数代替总体平均数,用样本比率代替总体比率,并据此计算有关总量指标,就是点估计。点估计的优点是简单方便,缺点是无法知道估计的准确程度有多大,误差可能有多大。

【例10.1】 某县×年小麦播种面积为2.78万亩,从中不重复抽样调查了100亩,实测后,样本平均亩产量为120公斤,样本标准差为15.2公斤,抽样标准误差为1.52公斤。要求用点估计确定全县平均亩产量和总产量。

解: $N=2.78$ 万亩 $n=100$ 亩 $\bar{x}=120$ 公斤

则 $\hat{\mu}=120$ 公斤

总产量 $=n\hat{u}=2.78 \times 120=333.6$(万公斤)

衡量一个样本统计量是否是总体参数的优良估计量的准则为:

(1) 无偏性。即如果样本统计量的数学期望值等于被估计的参数本身,则该样本统计量就是被估计参数的无偏估计量。

(2) 一致性。即当样本容量 n 充分大时,样本统计量充分地靠近被估计的参数本身,则该样本统计量是被估计参数的一致估计量。

(3) 有效性。即如果一个样本统计量的方差比其他估计量的方差小,则该样本统计量是被估计参数的有效估计量。

按照上述准则,样本平均数的数学期望值等于总体平均数,样本平均数对比任意估计数又具有最小方差;当样本容量 n 充分大时,样本平均数与总体平均数趋于一致,因而样本平均数是总体平均数 μ 的无偏的、有效的和一致的估计量。同样的道理,样本比率也是总体比率的无偏的、有效的和一致的估计量。因此,在实际工作中,只要样本容量充分大时,就可直接用样本平均值(或样本比率)代表总体平均值(或总体比率)。

2. 区间估计

点估计用样本统计量直接代表总体参数,二者可能相等,也可能不等,只是在平均意义上相等。因此,点估计虽可以用,但不是理想的估计方法。

区间估计是用一个取值区间及其出现的概率来估计总体参数,具体来说,是用样本统计量和抽样标准误差构成的区间来估计总体参数,并用一定的概率来保证总体参数落在所估计的区间内。其概率称为置信概率,概率的保证程度称为置信度(Z),估计的取值区间称为置信区间。例如,总体服从正态分布,样本容量 $n>30$,则总体平均数 μ 的置信区间可表示为

$$\bar{x}-\Delta \leqslant \mu \leqslant \bar{x}+\Delta$$

即 $\bar{x}-Z\sigma_{\bar{x}} \leqslant \mu \leqslant \bar{x}+Z\sigma_{\bar{x}}$

其中,Δ 称为极限误差,即 $\Delta=Z\sigma_{\bar{x}}$,$\bar{x}-\Delta$ 为置信区间下限,$\bar{x}+\Delta$ 为置信区间上限。一般地置信概率越大,置信度越大,置信区间越长,总体平均数 μ 落在置信区间的把握程度越大(可靠度越大),但估计的准确度降低。

【例10.2】 根据例10.1的数据,以95%的置信概率($Z=1.96$)估计某县×年小麦平均亩产量和总产量的置信区间。

平均亩产量的置信区间 $120\pm1.96\times1.52$ 即(117.02,122.98)公斤

总产量的置信区间 $(120\pm1.96\times1.52)\times2.78$ 即(325.32,341.88)万公斤

10.2 简单随机抽样

10.2.1 简单随机抽样的方法

简单随机抽样又称纯随机抽样,是一种最基本的抽样方式,是指从总体的全部单位中按随机原则直接抽取 n 个单位组成样本进行调查。具体做法有以下三种。

(1)信手抽取法。即从研究总体中随手抽取所需的调查单位。如从若干箱商品中信手拿出若干个样品作检验,从商店货架上随手抽取若干瓶饮料检验是否超过保质期等。采用这种方式时,对研究总体事先可不作任何处理,既不分类排队,也不编号贴标签,简便易行。适合于总体单位不太多的情形。

(2)抽签法。即先把总体各单位全部编号,然后制成签条或签卡,将其混合均匀后,从中抽取,抽满预定的样本容量为止。也可用摇号机摇出任意号码,确定中选单位。抽签法可作重复抽样,也可作不重复抽样,但也只适合于总体单位不多时使用,否则编号做标签的工作量大。

(3)计算机随机函数法。计算机随机函数法是先将全部总体单位编号,并在计算机中定义随机函数的取值范围和取值形式,然后根据样本容量 n,由计算机自动生成 n 个随机数,凡属于编号范围内的随机数,便是抽中的样本单位。

10.2.2 简单随机抽样标准误差

简单随机抽样最符合随机原则,是最基本的一种抽样方式。当总体各单位的变异较大时,它不能保证所取得的样本单位在总体中有较均匀的分布,所抽得的样本可能缺乏代表性,抽样误差就较大。为减少抽样误差,保证抽样推断结果的精确程度,就需要抽取较多的样本单位数。因此,简单随机抽样只适用于总体单位数不多,总体单位标志变异度较小的情形。简单随机抽样中抽样标准误差的计算在第 9 章抽样分布中已有详细的讨论。现归纳如下。

(1)样本平均数的抽样标准误差

$$\sigma_{\bar{x}} = \sqrt{\frac{\sigma_x^2}{n}} \quad \text{(重复抽样)}$$

$$\sigma_{\bar{x}} = \sqrt{\frac{\sigma_x^2}{n}\left(1-\frac{n}{N}\right)} \quad \text{(不重复抽样)}$$

(2)样本比率的抽样标准误差

$$\sigma_{\bar{p}} = \sqrt{\frac{P(1-P)}{n}} \quad \text{(重复抽样)}$$

$$\sigma_{\bar{p}} = \sqrt{\frac{P(1-P)}{n}\left(1-\frac{n}{N}\right)} \quad \text{(不重复抽样)}$$

10.2.3 总体平均数的估计

1. 大样本($n>30$)的总体平均数的估计

由样本平均数的抽样分布定理可知,无论总体呈何种分布,只要样本容量足够大($n>30$),样本平均数 $\bar{x}$ 的分布均为正态分布。若总体方差 σ^2 已知,则可采用标准正态分布(Z 分布)进行区间估计。估计公式为

$$\bar{x} - Z\sigma_{\bar{x}} \leq \mu \leq \bar{x} + Z\sigma_{\bar{x}}$$

【例 10.3】 某无线电厂从 1200 台某型号收录机中不重复抽取 120 台测试收录机的功率，获得其平均功率为 2.28 瓦，总体标准差为 0.32 瓦，试以 95%的置信概率确定该型号收录机功率的置信区间。

解： $N=1200 \quad n=120 \quad \bar{x}=2.28 \quad \sigma=0.32 \quad Z=1.96$

则
$$\sigma_{\bar{x}} = \sqrt{\frac{0.32^2}{120}\left(1 - \frac{120}{1200}\right)} = 0.028 \text{（瓦）}$$

$$2.28 - 1.96 \times 0.028 \leq \mu \leq 2.28 + 1.96 \times 0.028$$

即
$$2.25 \leq \mu \leq 2.335$$

估计结果表明，有 95%的把握说该型号 1200 台收录机的平均功率在 2.25～2.335 之间。

需要指出的是，在参数估计时，总体方差往往是不知道的，则可用以往的、类似的、估计的总体方差代替，亦可用样本方差代替总体方差，只要样本容量 n 足够大（大样本），仍可用 Z 分布来估计总体平均数的置信区间。由于抽样标准误差只有总体标准差的 $1/\sqrt{n}$，在大样本条件下，样本方差与总体方差的差异对抽样标准误差的影响不大，因而，用样本方差代替总体方差是一种常用的方法。

2. 小样本（$n<30$）的总体平均数的估计

若样本容量 $n<30$，且总体方差 σ_x^2 又未知，则不能采用标准正态分布来估计总体平均数置信区间，需采用 t 分布进行区间估计。总体平均数 μ 的置信区间是

$$\bar{x} - t\hat{\sigma}_{\bar{x}} \leq \mu \leq \bar{x} + t\hat{\sigma}_{\bar{x}}$$

其中，t 为 t 分布的概率保证程度，通常根据自由度 $n-1$ 和给定的置信概率，从 t 分布表中找出对应的 t 值。$\hat{\sigma}_{\bar{x}}$ 为抽样标准误差的估计值，常用样本的调整方差 s^2 作为总体方差的无偏估计量 $\hat{\sigma}_x^2$，进而计算抽样标准误差 $\hat{\sigma}_{\bar{x}}$。样本的调整方差为

$$s^2 = \frac{\sum(x - \bar{x})^2}{n - 1} = \hat{\sigma}_x^2$$

【例 10.4】 某糖果厂某日新包糖机开工，随机抽取 20 包糖果，称重后得样本平均重量为 500 克，样本标准差 S 为 24.62 克，试求重量平均数为 95%的置信区间。

解： $\bar{x}=500 \quad S=24.62 \quad n=20$

$$\hat{\sigma}_{\bar{x}} = \sqrt{\frac{\hat{\sigma}_x^2}{n}} = \sqrt{\frac{24.62^2}{20}} = 5.5 \text{ 克}$$

根据概率 95%和自由度 $n-1=19$，查 t 分布表 $t=1.73$，则重量平均数的置信区间为

$$500 - 1.73 \times 5.5 \leq \mu \leq 500 + 1.73 \times 5.5$$

即 [490.485, 509.515]（克）。

估计结果表明，糖果平均每包重量为 500 克（点估计），有 95%的把握说总体的糖果平均每包重量界于 490.48～509.515 克之间。

10.2.4 两个总体平均数之差的区间估计

1. 两个大样本（$\mu_1 - \mu_2$）用 Z 分布估计

两个总体平均数之差为 $\mu_1 - \mu_2$，如果无法直接得到这种差距数值，就可根据样本数据进行估计。无论总体是否服从正态分布，根据中心极限定理采用大样本抽样时，来自两个总体的

平均数 $\bar{x}_1 - \bar{x}_2$ 也趋近于服从正态分布。当两个总体的方差已知时（大样本抽样时，若两个总体方差未知，可用样本方差 s_1^2 和 s_2^2 作为 σ_1^2 和 σ_2^2 的估计值），可采用标准正态分布进行区间估计。估计公式为

$$\mu_1 - \mu_2 = (\bar{x}_1 - \bar{x}_2) \pm Z\sqrt{\frac{\sigma_1^2}{n_1} + \frac{\sigma_2^2}{n_2}}$$

【例 10.5】 某榨油厂新购进一台装油机。检测新机装油 200 瓶，得平均每瓶重量为 498 克。检测原型号装油机装油 180 瓶，得平均每瓶重量为 492 克。已知新、老装油机的总体标准差分别为 14 克和 16 克，试确定两个总体均值之差为 95% 的置信区间。

解： $\bar{x}_1 = 498$ $n_1 = 200$ $\sigma_1 = 14$
    $\bar{x}_2 = 492$ $n_2 = 180$ $\sigma_2 = 16$

95% 的置信概率： $Z = 1.96$

则

$$\mu_1 - \mu_2 = (498 - 492) \pm 1.96\sqrt{\frac{14^2}{200} + \frac{16^2}{180}}$$

$$= 6 \pm 3.04$$

即

$$2.96 \leqslant \mu_1 - \mu_2 \leqslant 9.04$$

因而有 95% 的把握认为新、老装油机总体均值之差界于 2.96 克和 9.04 克之间。

2. 两个小样本 $(\mu_1 - \mu_2)$ 用 t 分布估计

对于两个服从正态分布的总体，若采用小样本抽样 ($n<30$) 时，如果总体方差未知但相等即 $\sigma_1^2 = \sigma_2^2$ 或 $n_1 = n_2$ 时，则应采用 t 分布进行两总体平均数之差的区间估计。首先应根据两个样本方差用加权平均法求出二者的共同方差 S_p^2 作为总体方差的无偏估计量。即

$$S_p^2 = \frac{(n_1 - 1)\hat{S}_1^2 + (n_2 - 1)\hat{S}_2^2}{n_1 + n_2 - 2}$$

然后根据置信概率和自由度（$n_1 + n_2 - 2$）查出 t 分布的 t 值，得如下估计公式

$$\mu_1 - \mu_2 = (\bar{x}_1 - \bar{x}_2) \pm t\sqrt{\frac{S_p^2}{n_1} + \frac{S_p^2}{n_2}}$$

$$= (\bar{x}_1 - \bar{x}_2) \pm tS_p\sqrt{\frac{1}{n_1} + \frac{1}{n_2}}$$

【例 10.6】 某厂从 A、B 两条相同的生产线上抽检产品，以确定两条生产线生产的产品平均重量的差异，已知两总体服从正态分布且方差大致相同，抽样资料如下，求 $\mu_1 - \mu_2$ 的 95% 的置信区间。

已知： A： $\bar{x}_1 = 320$ $n_1 = 10$ $s_1^2 = 17.78$
    B： $\bar{x}_2 = 310$ $n_2 = 15$ $s_2^2 = 13.71$

解： $\hat{s}_p^2 = \dfrac{(10-1) \times 17.78 + (15-1) \times 13.71}{10 + 15 - 2} = 15.30$

则两个总体平均数之差的置信区间为

$$(320 - 310) \pm 1.96\sqrt{\frac{15.30}{10} + \frac{15.30}{15}}$$

$$= 10 \pm 3.13 \quad 即 [6.87, 13.13]$$

10.2.5 总体比率估计

1. 总体比率的区间估计

若样本容量 $n > 30$，而 np 和 $n(1-p)$ 均大于 5 时，由样本比率的抽样分布可知，样本比率 p 的抽样分布也是服从于正态分布的。因此，可根据标准正态分布用样本比率估计未知的总体比率 P，估计公式为：

$$P \pm \Delta_P = P \pm Z\sigma_P$$
$$= P \pm Z\sqrt{\frac{P(1-P)}{n}} \quad （重复抽样）$$

或

$$= P \pm Z\sqrt{\frac{P(1-P)}{n}\left(1-\frac{n}{N}\right)} \quad （不重复抽样）$$

在实际抽样时，由于总体比率 P 常常是未知数，总体方差 $P(1-P)$ 也难获知。由点估计理论可知，当样本容量足够大时，样本比率是总体比率的最佳估计量，因此，可用样本比率 p 代替上述公式中的总体比率 P。

【例 10.7】某企业生产某种产品 8000 件，不重复随机抽样 300 件，结果有 24 件不合格，要求以 98%的概率求不合格率置信区间。

解： $p = \frac{24}{300} = 8\%$ $n = 300$ 95%的置信概率：$Z = 1.96$

$$P \pm Z\sigma_P = 0.08 \pm 2.33\sqrt{\frac{0.08(1-0.08)}{300}\left(1-\frac{300}{8000}\right)}$$

$$= 0.08 \pm 0.0358$$

即 $[0.0442, 0.1158]$

估计结果表明，有 98%的把握说全部产品的不合格率在 4.42%～11.58%之间，合格率则在 88.42%～95.58%之间。

2. 两个总体比率之差的估计

设两个总体的比率分别为 p_1 和 p_2，从两个总体中各抽取一个样本，样本容量分别为 n_1 和 n_2。当 $n_1 p_1(1-p_1)$ 和 $n_2 p_2(1-p_2)$ 皆大于 5 时，两个样本比率之差 $p_1 - p_2$ 近似服从正态分布，因而可用标准正态分布估计两个总体比率之差($p_1 - p_2$)的置信区间。当总体比率未知，样本容量很大时，可用样本比率代替总体比率进行区间估计。估计公式为

$$p_1 - p_2 \pm Z\sqrt{\frac{p_1(1-p_1)}{n_1} + \frac{p_2(1-p_2)}{n_2}}$$

【例 10.8】某工厂有甲、乙两条产品生产线，某月从甲生产线抽样 200 件产品，结果有 192 件合格，从乙生产线抽样 240 件产品，结果有 216 件合格，要求以 95%的置信概率估计甲乙两条生产线的合格率之差的置信区间。

解： $n_1 = 200$ $p_1 = \frac{192}{200} = 0.96$

$n_2 = 200$ $p_2 = \frac{216}{240} = 0.9$

则有

$$(0.96 - 0.9) \pm 1.96\sqrt{\frac{0.96(1-0.96)}{200} + \frac{0.9(1-0.9)}{240}}$$

即 $\qquad$ 0.06±0.047,即[0.013,0.107]

估计结果表明,有95%的把握认为两条生产线的产品合格率之差在1.3%~10.7%之间。

10.2.6 简单随机抽样的必要抽样数目

简单随机抽样的必要抽样数目就是指适当的样本容量 n。在抽样推断中,人们主要通过样本容量来控制抽样误差,因为样本容量越大,抽样误差就小,反之,样本容量小,抽样误差就大。而样本容量的大小,又直接影响抽样工作量大小和费用的多少。因此,在设计抽样调查方案时,必须确定一个适当的样本容量,既满足抽样推断结果准确度的要求,又能满足节省工作量和费用的要求。一般来说,确定样本容量应考虑以下几个因素。

(1) 总体方差 σ_x^2,在其他条件相同的条件下,总体方差越大,要求样本容量越大;总体方差越小,样本容量越小,样本容量与总体方差成正比。

(2) 极限误差 Δ。要求极限误差小,估计的精度高,也就是要求总体指标的取值区间窄,在其他条件相同的条件下,样本容量就相应大一些,反之,则小一些。

(3) 概率度 Z。概率度 Z(或 t)大,也就是要求置信概率高或把握程度大,在其他条件相同的情况下,样本容量就大;否则样本容量可小一些。

(4) 抽样方法。采用重复抽样时,有可能出现极小值或极大值构成极端样本,因而,样本容量应大一些;采用不重复抽样,可避免极端样本的出现,因而样本容量可小一些。

基于上述四个因素的影响,样本容量的计算公式,可根据抽样标准误差的计算公式和极限误差 $\Delta = Z\sigma_{\bar{x}}$ 的公式,推导出样本容量的计算公式为

(1) 总体均值估计所需的样本容量

$$n = \frac{Z^2 \sigma^2}{\Delta^2} \qquad (重复抽样)$$

或 $\qquad = \dfrac{Z^2 \sigma^2 N}{N\Delta^2 + Z^2 \sigma^2} \qquad$ (不重复抽样)

(2) 总体比率估计所需的样本容量

$$n = \frac{Z^2 P(1-P)}{\Delta^2} \qquad (重复抽样)$$

或 $\qquad = \dfrac{NZ^2 P(1-P)}{N\Delta^2 + Z^2 P(1-P)} \qquad$ (不重复抽样)

用以上公式计算样本容量时,应注意以下三点。

(1) 抽样比例 n/N 较大时(大于5%)时,应采用不重复抽样公式计算必要的样本容量。否则,无论采用重复抽样还是不重复抽样时,均可用重复抽样公式计算样本容量 n,可简化计算,且误差很小。

(2) 当总体方差 σ^2 或总体比率 P 未知时,可用样本方差(或样本比率),或历史的类似的总体方差(或总体比率)代替。计算总体比率估计所需的样本容量时,亦可直接用 $P(1-P)$ 的最大值 0.25 代替。

(3) 在同一抽样调查中,总体均值与总体比率推断需要兼顾时,用以上公式计算的样本容量一般不相等,为了保证推断结果的精确度,应采用其中较大的那个样本容量。

【例 10.9】某厂生产的某零件的设计尺寸为 10cm,根据以往的资料,这种零件的标准差为 0.8cm,合格率一般为 95%。若置信概率为 95%,要求总体均值估计的抽样极限误差不超过

0.1cm，总体合格率估计的抽样极限误差超过 3%，求合适的样本容量。

解：
$$n_1 = \frac{Z^2\sigma^2}{\Delta^2} = \frac{1.96^2 \times 0.8^2}{0.01} = 246 \text{（件）}$$

$$n_2 = \frac{Z^2 P(1-P)}{\Delta^2} = \frac{1.96^2 \times 0.95(1-0.95)}{0.0009} = 203 \text{（件）}$$

由于 $n_1 > n_2$，故合适的样本容量为 246 件。

10.3 分层抽样

10.3.1 分层抽样的意义

分层抽样又称类型抽样或分类抽样，它实际上是将分组法与随机抽样法结合起来而形成的抽样方式。分组时应遵守分组原则，在各组中抽取调查单位时则应遵守随机原则。采用这种抽样方式时，应先将总体按有关的研究标志分组，然后再从每组中按随机原则抽取样本。在每个组中抽取的调查单位的数目，可按相同的比例 (n/N) 抽取，也可按不同的比例抽取。为了简便起见，通常都是按相同比例抽取，称做等比例分层抽样。

分层抽样可以提高抽样调查结果的精确度，或者在一定的精确度要求下减少样本的单位数以节约调查费用。因为分层后抽取的样本单位在总体中散布得更均匀，大大降低了出现极端数值的风险；其样本对这个总体也就有较高的代表性。这一点也可从数理统计得到证明，对总体进行分层后，总体方差可以分解为层内方差和层间方差两部分，在分层抽样时，抽样误差只和层内方差有关，而与层间方差无关。因此，只要能够扩大层间方差而缩小层内方差，就可以提高抽样效率。

10.3.2 分层抽样标准误差

由于分层抽样条件下，层间方差不会引起抽样误差，因此，在计算抽样标准误差时，可以各组层内方差的加权平均数代替总体方差以计算抽样标准误差。

1. 总体平均数估计的抽样标准误差

设 n_i、$\bar{x}_i$、σ_i^2 为样本各组的单位数、平均数、方差，N_i 为总体各组的单位数，在等比例分层抽样条件下，则有下列计算公式

（1）总体平均数点估计　　$\mu = \dfrac{\Sigma \bar{x}_i N_i}{\Sigma N_i} = \dfrac{\Sigma \bar{x}_i n_i}{\Sigma n_i}$

（2）层内方差平均数　　$\overline{\sigma^2} = \dfrac{\Sigma \sigma_i^2 N_i}{\Sigma N_i} = \dfrac{\Sigma \sigma_i^2 n_i}{\Sigma n_i}$

（3）总体平均数的抽样标准误差

$$\sigma_{\bar{x}} = \sqrt{\frac{\overline{\sigma^2}}{n}} \quad \text{（重复抽样）}$$

$$\sigma_{\bar{x}} = \sqrt{\frac{\overline{\sigma^2}}{n}\left(1-\frac{n}{N}\right)} \quad \text{（不重复抽样）}$$

【例 10.10】 某乡种植水稻 88 万亩，耕地分为高产田、中产田、低产田三类，现从这三类中按等比例抽样，共抽取 50 亩组成样本，样本各组的平均水稻亩产量、标准差等如表 10-1

所示。要求在 90%的置信概率（$Z=1.64$）下对全乡平均水稻亩产量和总产量作区间估计。

表 10-1　某乡水稻产量分层抽样数据

类型	面积 N_i（万亩）	样本容量 n_i（亩）	平均亩产 $\bar{x}_i$（千克）	标准差 σ_i
高产区	38.72	22	700	200
中产区	31.68	18	400	120
低产区	17.60	10	300	180
合计	88.00	50	—	—

解：

$$\mu = \frac{700 \times 22 + 400 \times 18 + 300 \times 10}{50} = 512 \text{（千克/亩）}$$

$$\overline{\sigma^2} = \frac{200^2 \times 22 + 120^2 \times 18 + 180^2 \times 10}{50} = 29264$$

$$\sigma_{\bar{x}} = \sqrt{\frac{29264}{50}\left(1 - \frac{50}{880000}\right)} = 24.19 \text{（千克/亩）}$$

平均亩产置信区间：$512 \pm 1.64 \times 24.19$，即 [472，552]（千克/亩）

总产量置信区间：$[427 \times 88, 552 \times 88]$，即 [41536，48576]（万千克）

2. 总体比率估计的抽样标准误差

设 P 为总体比率，p_i 为样本各组比率，在等比例分层抽样条件下，则有下列计算公式

（1）总体比率估计　　$P = \frac{1}{n}\Sigma N_i p_i = \frac{1}{n}\Sigma n_i p_i$

（2）层内方差的加权平均数

$$\overline{P(1-P)} = \frac{\Sigma p_i(1-p_i)N_i}{N} = \frac{\Sigma p_i(1-p_i)n_i}{n}$$

（3）总体比率估计的抽样标准误差

$$\sigma_{\bar{P}} = \sqrt{\frac{P(1-P)}{n}} \quad \text{（重复抽样）}$$

或

$$\sigma_{\bar{P}} = \sqrt{\frac{P(1-P)}{n}\left(1 - \frac{n}{N}\right)} \quad \text{（不重复抽样）}$$

【例 10.11】某广告公司从某市 310 万人中采用等比例分层抽样，调查居民收看某广告的收视率，有关资料整理如表 10-2 所示，要求以 95%的置信概率估计广告收视率的置信区间。

表 10-2　某电视广告的收视率分层抽样数据

分层	N_i（万人）	n_i（人）	观看广告（人）	观看比率 p_i
市区	155	400	320	0.80
郊区	93	240	120	0.50
农村	62	160	40	0.25
Σ	310	800	480	0.60

解：

$$P = \frac{480}{800} = 0.6$$

$$\overline{P(1-P)} = \frac{0.8 \times 0.2 \times 400 + 0.5 \times 0.5 \times 240 + 0.25 \times 0.75 \times 160}{800} = 0.1925$$

$$\sigma_{\bar{P}} = \sqrt{\frac{0.1925}{800}} = 0.0155$$

则收视率 P 的置信区间为：$0.6 \pm 1.96 \times 0.0155$，即 [56.96%，63.04%]

10.3.3 分层抽样的样本容量

采用等比例分层抽样时，样本容量的确定需要预先给定抽样误差的范围和抽样的概率度，同时应根据以往的资料估计层内方差的平均值。其样本容量 n 的确定公式与简单随机抽样样本容量的确定公式基本相同（只需用层内方差的平均值替换总体方差即可）。样本容量 n 确定之后，各层应抽取的样本单位数 n_i 可采用等比例法进行分配，计算公式为

$$n_i = n\frac{N_i}{N} = \frac{n}{N}N_i$$

【例 10.12】以例 10.11 的资料为例，若要求总体平均亩产量的抽样标准误差不超过 15 公斤/亩，概率保证程度为 95%，试确定等比例分层抽样的样本容量。

解： $N = 88$　$N_1 = 38.72$　$N_2 = 31.68$　$N_3 = 17.6$

$$\overline{\sigma^2} = 29264 \quad \sigma_{\bar{x}} = 15 \quad Z = 1.96$$

则

$$n = \frac{1.96^2 \times 29264}{(1.96 \times 15)^2} = 130 \text{（亩）}$$

根据等比例分配，高产区应抽样 57.2 亩，中产区应抽样 46.8 亩，低产区应抽样 26 亩。

10.4　等距抽样

10.4.1 等距抽样的概念与方法

等距抽样又称机械抽样或系统抽样，是将总体各单位按一定顺序排列，然后每隔 N/n 个总体单位抽取一个样本单位组成样本进行调查。例如，从某种产品生产线上每隔相等的距离或相等的时间抽取一件产品作质量检验；在作居民家计抽样调查时，可按居民家庭门牌号码每隔若干户抽取一户组成样本。等距抽样能使样本十分均匀地分布在总体中，从而能增加样本的代表性，减少抽样误差，提高抽样效率。

1．等距抽样的排序方法

采用等距抽样时，必须首先对总体单位按某种标志进行排序，有下列二种排序方法。

（1）按无关标志排序。即总体单位排列的顺序和所要研究的标志是无关的。如调查职工的收入水平，可按姓氏笔划排列的职工名单进行抽样；工业生产质量检验可按产品生产的时间顺序进行等距抽样等。一般认为，按无关标志排队的等距抽样是一种比抽签法、随机数表法更好的纯随机抽样方式，又称无序系统抽样。

（2）按有关标志排序。即总体单位排列的顺序与所要研究的标志是有直接关系的。例如，农产量抽样调查时，可按照当年估产或前几年的平均实产由低到高或由高到低的顺序进行抽样。这种按有关标志排队的等距抽样又称有序系统抽样，它能使标志值高低不同的单位，均有可能选入样本，从而提高样本的代表性，减小抽样误差。一般认为有序系统抽样比等比例分层抽样能使样本更均匀地分布在总体中，抽样误差也更小。

2. 等距抽样的方法

当总体单位的顺序排列之后，可选用下列方法进行等距抽样。

（1）随机起点等距抽样。即在总体分成 K 段（$K=N/n$）的前提下，首先从第一段的 1 至 k 号总体单位中随机抽选一个样本单位，然后每隔 k 个单位抽取一个样本单位，直到抽足 n 个单位为止。这 n 个单位就构成了一个随机起点的等距样本。这种方法能够保证各个总体单位具有相同的概率被抽到，但是，如果随机起点单位处于每一段的低端或高端，就会导致往后的单位都会处于相应段的低端或高端，从而使抽样出现偏低或偏高的系统误差。

（2）半距起点等距随机抽样。这种方法又称为中点法抽取样本，它是在总体的第一段，取 1，2，…，k 号中的中间项为起点，然后再每隔 k 个单位抽取一个样本单位，直到抽足 n 个样本单位为止。当总体是按有关标志的大小顺序排列时，采用中点法抽取样本，可提高整个样本对总体的代表性。

（3）随机起点对称等距抽样。这种方法是在总体第一段随机抽到第 i 个单位，而在第二段抽取第 $2k-i+1$ 的单位，在第三段抽取第 $2k+i$ 的单位，而在第四段抽取第 $4k-i+1$ 的单位，以此交替对称进行。可概括为：在总体奇数段抽取第 $jk+i$ 单位（$j=0, 2, 4, \cdots$）；在总体偶数段抽取第 $jk-i+1$ 单位（$j=2, 4, \cdots$）。这种抽样方法能使处于低端的样本单位与另一段处于高端的样本单位相互搭配，从而抵消或避免抽样中的系统误差。

（4）循环等距抽样。当 N 为有限总体而且不能被 n 所整除，也即 k 不是一个整数时，可将总体各单位按顺序排成首尾相接的循环圆形，用 N/n 确定抽样间隔 k，k 可以取最接近的整数，然后在第一段的 1 至 k 号中抽取一个作为随机起点，再每隔 k 个单位抽取一个样本单位，直至抽满 n 个为止。

10.4.2 等距抽样标准误差

（1）总体采用无关标志排序时，等距抽样与单纯不重复随机抽样相类似，因而可采用单纯不重复随机抽样的公式计算抽样标准误差，即

$$\sigma_{\bar{x}} = \sqrt{\frac{\sigma^2}{n}\left(1-\frac{n}{N}\right)}$$

$$\sigma_{\bar{p}} = \sqrt{\frac{p(1-p)}{n}\left(1-\frac{n}{N}\right)}$$

当总体方差或总体比率未知，样本为大样本时，可用样本方差或样本比率代替。

【例 10.13】已知某选区共有选民 8860 人，按登记名册每隔 10 人抽取 1 人，共抽取了 886 人，调查他们对人民代表候选人的意见，调查结果表示同意的有 685 人。要求在 95%的置信概率下，求赞成率的置信区间。

解： $N=8860 \quad n=886 \quad P=\dfrac{685}{886}=0.7731$

$$\sigma_{\bar{P}} = \sqrt{\frac{0.7731(1-0.7731)}{886}\left(1-\frac{886}{8860}\right)} = 0.0133$$

置信区间：$0.7731 \pm 1.96 \times 0.0133$，即赞成率介于 74.70%～79.92%之间。

（2）当总体采用有关标志排序时，等距抽样称为有序系统抽样。由于总体单位是按有关标志由低到高或由高到低排列的，故抽出的样本单位的排列也存在由低到高或由高到低的排列，因而有一定的系统性误差，故不能采用简单随机抽样误差公式计算抽样标准误差。常把有

序系统抽样看作是一种特殊的分层抽样,即把相邻若干段抽出的样本单位合并为一组,然后计算各组组内方差及平均数,采用等比类型抽样标准误差公式计算抽样标准误差,即

$$\sigma_{\bar{x}} = \sqrt{\frac{\overline{\sigma^2}}{n}\left(1-\frac{n}{N}\right)}$$

$$\sigma_{\bar{P}} = \sqrt{\frac{p(1-p)}{n}\left(1-\frac{n}{N}\right)}$$

【例 10.14】 某企业有 240 名职工,按工资高低排列后,每隔 6 人抽取 1 人,以研究与职工年收入直接有关的问题,共抽出职工 40 名,调查的年收入整理如表 10-3 所示。要求在 95% 的置信概率下估计职工年收入的置信区间。

表 10-3　职工年收入有序系统抽样数据　　　（年收入:千元）

组别	观察值								$\bar{x}_i$	σ_i^2
1	8	10	11	12	11	13	12	14	11.38	2.98
2	12	13	15	14	16	15	17	18	15.00	3.5
3	16	18	20	18	19	21	22	23	19.63	4.73
4	22	23	24	23	26	26	28	28	25.00	4.75
5	26	28	30	31	32	34	36	38	31.88	14.11

解: 本例每组单位数($n_i = 8$)相等,故

总体均值估计　　　　　$\mu = \frac{\sum \bar{x}_i}{n} = 20.58$（千克）

平均组内方差　　　　　$\overline{\sigma^2} = \frac{\sum \sigma_i^2}{n} = 6.01$（千克）

$$\sigma_{\bar{x}} = \sqrt{\frac{6.01}{40}\left(1-\frac{40}{240}\right)} = 0.368 \text{（千克）}$$

总体均值置信区间:$20.58 \pm 1.96 \times 0.368$
即职工平均年收入介于 19.86~21.30 千元之间。

10.4.3　等距抽样的样本容量

（1）无序系统抽样的样本容量。若对总体采用按无关标志排队的等距抽样时,可采用简单随机抽样的样本容量公式确定等距抽样的样本容量。由于等距抽样一般都是不重复抽样,故应采用简单随机抽样中的不重复抽样的样本容量公式确定等距抽样的样本容量。

（2）有序系统抽样的样本容量。若对总体采用按有关标志排队的等距抽样,则样本容量的确定应根据以往的资料估计层内方差的平均值。其样本容量 n 的确定公式与简单随机抽样样本容量的确定公式基本相同(只需用层内方差的平均值替换总体方差即可)。

10.5　整群抽样

10.5.1　整群抽样的概念

整群抽样是将总体按某一标志分为若干群,视每个群为单位进行随机抽样,然后对抽中

的每个群进行全面调查。例如，已装箱的小件商品，单位时间内生产的小件商品，住户调查的居委会或行政村，都可视作是总体中的群体，为方便起见，可以整群为单位进行抽样。

整群抽样的特点是先分群，后抽群作为样本单位，在抽中的群内实行全面调查，不再从中抽样。整群抽样的调查单位集中，可以方便调查工作，节约调查费用。但是，由于整群抽样的样本单位比较集中，而不能均匀分布在总体的各个部分，不同群之间的差别往往比较大，因而抽样误差常常大于简单随机抽样。

10.5.2 整群抽样标准误差

由于整群抽样对群内的总体单位实行全面调查，群内方差并不引起抽样误差，因而计算整值群抽样标准误差，只需以群间方差代替总体方差，当总体的群间方差未知时，可用样本群间方差代替。

设总体共分为 R 群，每群内有 M 个总体单位（每群 M 相等称为等群抽样，不等则称为不等群抽样），样本容量为 r 群，各群平均数为 $\bar{x}_i$，δ^2 为群间方差，则有下列计算公式。

（1）总体均值估计　　　$\mu = \dfrac{\Sigma \bar{x}_i m_i}{\Sigma m_i}$

均值的群间方差　　　$\delta_x^2 = \dfrac{\Sigma (\bar{x}_i - \mu)^2 m_i}{\Sigma m_i}$

（2）总体比率估计　　　$P = \dfrac{\Sigma p_i m_i}{\Sigma m_i}$

比率的群间方差　　　$\delta_p^2 = \dfrac{\Sigma (p_i - P)^2 m_i}{\Sigma m_i}$

（3）整群抽样标准误差　　$\delta_{\bar{x}} = \sqrt{\dfrac{\delta_x^2}{r}\left(\dfrac{R-r}{R-1}\right)}$ （均值抽样标准误差）

$\delta_{\bar{p}} = \sqrt{\dfrac{\delta_p^2}{r}\left(\dfrac{R-r}{R-1}\right)}$ （比率抽样标准误差）

如果为等群抽样，$m_1 = m_2 = m_3 \cdots$，则以上公式中的 m_i 可略去，有关公式的母项则为 r。

【例 10.15】某乡从 18 个行政村中，用整群抽样抽了 3 个村，调查农民家庭生猪存栏量的情况，调查资料整理如表 10-4 所示。要求在 95.45%的概率下，估计户均生猪存栏和全乡生猪总存栏的置信区间（全乡共有 5480 户）。

表 10-4　某乡生猪存栏量整群抽样数据

样本群	$\bar{x}_i$（头/户）	m_i（户）
1	2.0	300
2	2.4	320
3	1.8	280

解：$\mu = \dfrac{2 \times 300 + 2.4 \times 320 + 1.8 \times 280}{300 + 320 + 280} = 2.08$（头）

$\delta_x^2 = \dfrac{(2 - 2.08)^2 \times 300 + (2.4 - 2.08)^2 \times 320 + (1.8 - 2.08)^2 \times 280}{300 + 320 + 280} = 0.063$

$$\sigma_{\bar{x}} = \sqrt{\frac{0.063}{3}\left(\frac{18-3}{18-1}\right)} = 0.14$$

户均生猪存栏置信区间：2.08±2×0.14，即[1.8，2.38]（头）

全乡生猪总存栏置信区间：[1.8×5480，2.36×5480]，即[9864，12933]（头）

10.5.3 整群抽样的样本容量

整群抽样的样本容量为 r，由于整群抽样一般是不重复抽样，故应按不重复抽样计算必要的抽样群数。由整群抽样的极限误差 Δ 和抽样标准误差公式可导出样本容量 r 的公式为

$$r = \frac{Z^2 \delta^2 R}{\Delta^2 R + Z^2 \delta^2}$$

其中 δ^2 为群间方差，可根据以往的资料确定。

【例 10.16】 某厂准备在下月 720 小时的生产产品中，抽取若干小时的产品进行检验，根据以往的资料测算，群间方差为 6%，要求抽样标准误差不超过 3.98%，置信概率为 95.44%，求必要的样本容量 r。

解： $\quad N = 720 \quad \delta_p^2 = 6\% \quad \sigma_p = 3.98\%$

$$\Delta = 3.98\% \times 2 = 7.96\%$$

$$r = \frac{2^2 \times 0.06 \times 720}{0.0796^2 \times 720 + 2^2 \times 0.06} = 36 \text{（小时）}$$

必要的样本容量为 36 小时，即每隔 20 小时抽一小时产品作质量检验。

10.6 目录抽样

10.6.1 目录抽样的概念

目录抽样是对偏斜分布总体实际有效抽样的一种方法。如果总体呈比较严重的偏斜分布时，则要求样本容量比较大。如果采用简单随机抽样，因有少数单位变量值极端大，总体方差很大，其抽样误差也就很大，为此，有必要对偏斜分布总体的抽样设计加以考虑。

目录抽样通常用于企业调查，首先编制一份企业目录（称为抽样框），目录中一般包括企业名称、从业人数、产值、产量、利润等以往的资料。然后，考虑总体分布是否呈偏斜状态分布，如果呈极偏斜状态分布，则将其中的大型企业单列出来作全面调查，对剩余的为数众多的小型企业实行抽样调查。因此，目录抽样是全面调查与抽样调查的有机结合。这种方法，可以减少抽样误差，提高抽样估计的精确度。

10.6.2 目录抽样的参数估计

目录抽样的参数估计通常是对总体的某一总量指标作出推断，设 Y 为总体的总量指标，它可以分解为如下两部分。

$$Y = Y_1 + Y_2$$

其中：Y_1 是全面调查部分，可用汇总统计求得其值。Y_2 是抽样部分，是需要利用抽样资料估计的。设 N_2 为抽样部分的单位数，n_2 为样本容量，x_i 为各样本单位的观察值，则

$$Y_2 = N_2 \frac{\sum x_i}{n_2}$$

在抽样部分中，其抽样标准误差的测定应视抽样方式而定。

【例 10.17】 某市某年有 100 家工业企业，其中 10 家为大中型企业，90 家为小型企业。某月对 10 家大中型企业的工业增加值进行全面调查，汇总得 10 家企业的工业增加值为 9880 元，另从 90 家小型企业中简单随机抽取 12 家进行抽样调查，这 12 家企业的平均增加值为 32 万元，标准差为 1.8 万元。要求在 95%的概率下估计该月全市的工业增加值。

解： 全县工业增加值点估计：$9880 + 32 \times 90 = 12760$（万元）

小企业增加值的抽样标准差：$\delta_{y_2} = 90\sqrt{\frac{1.8^2}{12} \cdot \frac{90-12}{90-1}} = 43.78$ 万元

小企业增加值区间估计：$32 \times 90 \pm 1.96 \times 43.78$，即[2794.2，2965.8]

全县工业增加值区间估计：[2794.2+9880，2965.8+9880]，即在 95%的把握程度下，全县工业增加值介于 12674.2 万元至 12845.8 万元之间；点估计为 12760 万元。

10.7 二重抽样

10.7.1 二重抽样的意义

二重抽样又称双重抽样或双相抽样，是指在抽样时分两次抽取样本，在一般情况下先从总体 N 中抽取一个较大的初始样本 n'，以从这个样本中搜集某个项目的资料，作为进一步抽取第二次样本的基础。第一次抽取的较大样本称为第一重样本，再从中抽取的第二次样本称为第二重样本，其目的在于搜集较为具体的资料。由于样本是分两次抽取的，故称作二重抽样。当然，这种方法可以推广到多次抽取样本，然后结合起来对总体的有关指标作出估计，这就是多重抽样或多相抽样，一般以二重抽样较多。

二重抽样主要用于大规模多项目的调查。对于多项目的调查，由于项目的重要程度不同，要求的精确程度也就不同，需要的样本容量也不一样。例如，城镇居民消费收支调查，需要了解的项目很多，有些项目在户与户之间的差别很大，如人均收入、人均消费支出、耐用品拥有量等，要达到一定的精确度，就需要有较大的样本容量。而有些项目如一般日用品、油、盐、蔬菜、粮食、食糖等开支，户与户之间的差距就比较小，要达到一定的精确度，其样本容量就可小一些，因此，采用二重抽样较合适，即先抽取一个大样本，对差异较大的项目或精度要求比较高的项目先进行调查，获取有关信息后，再抽一个较小的样本，对差异较小的项目进行调查，这样既可满足调查的需要，又可节省调查费用，提高抽样效率。

10.7.2 二重抽样的方法

在二重抽样中，第一重样本主要用于估计、判断总体的结构、重要变量或辅助变量的有关信息。第二重样本用于对总体的有关指标进行推断。二重抽样要在前后抽取两个样本，这就有不同的抽样方法，一般有以下两种方法。

（1）第二重样本在总体中随机抽取。即第一和第二重样本均从总体中随机独立抽取，因而第二重样本不受第一重样本的影响，二者相互独立。

（2）第二重样本在第一重样本中抽取。这种抽样方法使第二重样本完全落于第一重样本之中，受第一重样本的制约，二者不是相互独立的。实际工作中，为节省人力、物力和费用，常采用此类二重抽样法。

需要指出的是，二重抽样无论采用何种抽样方法抽取第一和第二重样本，还涉及到用什么样的抽样组织方式抽取样本的问题，一般地说，第一和第二重样本的抽取都可从简单随机抽样、类型抽样、等距抽样、整群抽样等方式中作出选择。

10.7.3 二重抽样的参数估计

二重抽样的参数估计应根据二重抽样的目的、抽样方法和抽样组织方式确定抽样标准误差的测定方法和参数估计的方法。例如第一和第二重样本均从总体中随机独立抽取，估计的总体指标亦不相同时，则抽样标准误差的测定方法和参数估计的方法应视抽样组织方式而定。

以下介绍二重分层抽样的参数估计。

如果总体 N 个单位没有进行分层，每层的单位数 N_i 和比重 N_i/N 都是未知的，是不能直接进行分层随机抽样的。为了确定各层的权重，可从总体中随机抽取样本容量为 n' 的第一重样本，通过某一变量（x）的调查数据对第一重样本的各个单位进行分层，以计算各层样本的权数 $w_i = n'_i / n'$。然后可采用等比例抽样法从第一重样本中抽取样本容量为 n 的样本，借以搜集研究变量 y 的数据，据以推断总体的均值，即

$$\overline{Y} = \Sigma \overline{y}_i w_i$$

总体均值 $\overline{Y}$ 的抽样标准误差为

$$\sigma_{\overline{y}} = \sqrt{\left(\frac{1}{n} - \frac{1}{N}\right) \Sigma w_i S_i^2 + \left(\frac{1}{n'} - \frac{1}{N'}\right) \Sigma w_i (\overline{y}_i - \overline{Y})^2}$$

【例 10.18】 某市注册登记的个体商业户有 8000 户，由于它们之间的销售额差别较大，拟采用分层抽样，但缺乏现成的分层资料，故采用二重抽样。第一重样本 $n' = 1000$，根据其注册资金分为四层，然后在第一重样本分层的基础上，等比例分层抽取 200 户调查他们的年销售额，资料如表 10-5 所示。要求在 95.45% 的概率下，估计个体户平均每户的销售额。

表 10-5 某市个体商业户销售额二重抽样数据

注册资金（万元）	n'	w_i	n_2	户均销售额 $\overline{y}_i$	s_i^2
1～3	540	0.54	108	2	1.01
3～10	320	0.32	64	7	2.71
10～20	100	0.10	20	15	15.38
20 以上	40	0.04	8	40	690.3
合计	1000	1.00	200	—	—

解：
$$\overline{Y} = \frac{2 \times 0.54 + 7 \times 0.32 + 15 \times 0.1 + 40 \times 0.04}{0.54 + 0.32 + 0.1 + 0.04} = 6.42 \text{（万元）}$$

$$\Sigma w_i s_i^2 = 30.5718$$

$$\Sigma w_i (\overline{y}_i - \overline{Y})^2 = 63.1236$$

$$\sigma_{\overline{y}} = \sqrt{\left(\frac{1}{200} - \frac{1}{8000}\right) \times 30.5718 + \left(\frac{1}{1000} - \frac{1}{8000}\right) \times 63.1236} = 0.45$$

则平均每户销售额的置信区间为：6.42±2×0.45=[5.52，7.32]（万元）

10.8 二阶段抽样

10.8.1 二阶段抽样的概念

二阶段抽样也称二级随机抽样，就是在抽取样本时分两个阶段来进行，第一阶段是从总体中用随机抽样的方法抽取若干个群体，称为初级单位。然后在第二阶段从这些初级单位中又随机抽取若干个样本单位，称为基本单位或最终单位，最后根据所抽的基本单位组成的样本进行调查，用取得的样本资料来推断总体。如果在二阶段抽样之后，又继续在被抽中的二阶单位中进行第三次、第四次随机抽样，就形成了三阶抽样、四阶抽样。二阶和二阶以上的抽样都叫做多阶抽样。例如，农产品产量调查中，由省抽县，由中选的县抽乡，由中选的乡抽村，由中选的村抽地块，就是采用多阶段抽样。

多阶段抽样有利于大规模大范围的抽样调查的组织与实施，能在一定程度上满足各级管理部门对调查资料的需求，有利于减少抽样误差，提高抽样估计的精确度。因而，在实际工作中应用较多，如人口、农产品、城镇居民、农村住户等调查都可采用这一方法。

10.8.2 二阶段抽样标准误差

二阶段抽样标准误差的测定，需要考虑两个部分的抽样误差，一部分是初级单位（群）之间的差异 S_1^2 和抽取的初级单位的抽样数目 n 所决定的抽样误差；第二部分是第二阶段抽样的基本单位之间的平均方差 $\overline{S_2^2}$ 和全部基本单位所决定的抽样误差。由于一般采用不重复抽样，故二阶段抽样标准差测定的基本公式为

$$\sigma_{\bar{x}} = \sqrt{\frac{S_1^2}{\gamma}\left(\frac{R-\gamma}{R-1}\right) + \frac{\overline{S_2^2}}{n}\left(\frac{M-m}{M-1}\right)}$$

其中：R 为总体的群数，r 为抽选的群数；M 为总体各群的相等的单位数；m 为中选群中抽选的单位数（假定亦相等）；n 为全部基本单位，$n=rm$。

【例 10.19】某省有 100 个县，每县有 200 个村，各村的大小相同。现用两阶段抽样估计粮食平均亩产，第一阶段抽取了 A、B、C、D 共 4 个县，第二阶段从中选县又各抽取 5 个村（1，2，3，4，5），一共为 20 个样本村。调查资料整理如表 10-6 所示。要求在 95%的置信概率下估计全省粮食平均亩产量及置信区间。

表 10-6 某省粮食产量两阶段抽样数据

样本村 \ 样本县	A	B	C	D
1	680	620	860	780
2	800	750	810	830
3	780	840	780	850
4	640	760	840	690
5	820	680	680	760
$\bar{x}$	744.0	730	794	782
S	70.88	74.83	63.12	56.36

解：
$$R=100 \quad r=4 \quad M=200 \quad m=5$$

总体均值
$$\mu = \frac{1}{4}(744+730+794+782) = 762.5 \text{（公斤）}$$

第一阶段方差（群间方差）为
$$S_1^2 = \frac{\sum(\bar{x}-\mu)^2}{r-1} = 923.67$$

第二阶段方差（平均群内方差）为
$$S_1^2 = \frac{70.88^2+74.83^2+63.12^2+56.36^2}{4} = 4446.02$$

抽样标准误差为
$$\sigma_{\bar{x}} = \sqrt{\frac{923.67}{4}\left(\frac{100-4}{100-1}\right) + \frac{4446.02}{4\times 5}\left(\frac{200-5}{200-1}\right)} = 21.02 \text{（公斤）}$$

平均亩产量的置信区间为
$$\mu \pm Z\sigma_{\bar{x}} = 762.5 \pm 1.96 \times 21.02$$
$$= [721.3, 803.7] \text{（公斤）}$$

需要指出的是，以上抽样标准误差的测定是假定各群、各单位规模大小相同，但在实际抽样中，各群和各单位的规模大小是不相同的，因此，总体均值的估计、各阶段抽样方差的估计以及抽样标准误差的计算等均应考虑用以加权的方法进行计算。计算公式如下：

设
$$\bar{M} = \frac{1}{R}\sum M_i \text{ 为总体各群平均单位数}$$

总体均值估计为
$$\mu = \frac{\sum M_i \bar{x}_i}{r\bar{M}}$$

抽样标准误差为
$$\sigma_{\bar{x}} = \sqrt{\left(1-\frac{r}{R}\right)\frac{S_1^2}{r} + \frac{1}{rR}\sum\left(\frac{M_i}{\bar{M}}\right)^2\left(1-\frac{m_i}{M_i}\right)\frac{S_{2i}^2}{m_i}}$$

$$\approx \sqrt{\left(1-\frac{r}{R}\right)\frac{S_1^2}{r} + \frac{1}{rR\bar{M}^2}\sum M_i^2 \frac{S_{2i}^2}{m_i}}$$

其中
$$S_1^2 = \frac{1}{r-1}\sum\left(\frac{M_i}{\bar{M}}\bar{x}_i - \mu\right)^2$$
$$S_{2i}^2 = \frac{1}{m_i-1}\sum(x_i-\bar{x})^2$$

【例 10.20】 某县有 200 个村，16.2 万个农户，各村农户数目不同，现采用二阶段抽样估计全县农户生猪存栏量。第一阶段从 200 个村中抽取了 A、B、C、D、E 共 5 个村，第二阶段又从中选村按农户(M_i)的多少再抽取 10% 作为抽样单位(m_i)。有关资料整理如表 10-7 所示，要求在 95% 的置信概率下估计全县农户平均生猪存栏量和全县生猪总存栏量。

表 10-7 某县生猪存栏二阶段抽样数据

样本村	农户数 M_i	抽样户 m_i	户均存栏 $\bar{x}$	方差 S_{2i}^2	$M_i^2 \dfrac{S_{2i}^2}{m_i}$
A	560	56	2.4	0.04	224
B	840	84	3.0	0.09	756
C	680	68	1.8	0.03	204
D	920	92	2.1	0.04	368
E	820	82	2.5	0.08	656
合计	3820	382	—	—	2208

解：

$$R = 200 \quad r = 5$$

$$\bar{M} = \frac{162000}{200} = 810 \ (\text{户/村})$$

$$\mu = \frac{560 \times 2.4 + 840 \times 3.0 + 680 \times 1.8 + 920 \times 2.1 + 820 \times 2.5}{5 \times 810} = 2.24 \ (\text{头/户})$$

$$S_1^2 = \frac{1}{5}\left[\left(\frac{560}{810}2.4 - 2.24\right)^2 + \left(\frac{840}{810}3.0 - 2.24\right)^2 + \left(\frac{680}{810}1.8 - 2.24\right)^2 \right.$$

$$\left. + \left(\frac{920}{810}2.1 - 2.24\right)^2 + \left(\frac{820}{810}2.5 - 2.24\right)^2\right] = 1.7331$$

$$\sigma_{\bar{x}} = \sqrt{\left(1 - \frac{5}{200}\right)\frac{1.7331}{5} + \frac{2280}{5 \times 200 \times 810^2}} = 0.58 \ (\text{头})$$

户均生猪存栏量置信区间为

$$2.24 \pm 1.96 \times 0.58 = [1.1032，3.3768]$$

全县生猪总存栏为

点估计为 $2.24 \times 16.2 = 36.288$（万头）

区间估计为 $[1.1032 \times 16.2，3.3768 \times 16.2] = [17.872，54.704]$（万头）

10.9 抽样方案设计

10.9.1 抽样方案设计的内容

抽样方案设计是指在从一定总体抽取样本进行调查之前，预先对抽样的目的、抽样对象、抽样方式、样本容量、抽样估计等问题进行设计和制定方案。其目的在于保证所抽取的样本对全及总体有充分的代表性，力求取得最经济、最有效的结果，提高抽样效率。抽样设计的主要内容如下。

（1）确定抽样调查的目的。抽样调查目的确定，应根据统计研究的任务和要求、管理者和用户的信息需求而定。

（2）确定总体范围和总体单位。总体范围的确定应根据研究的目的从时间和空间两个方面作出明确的界定。总体范围明确后，应进一步明确总体单位是什么，以便制定抽样框。抽样框就是一个包括全部总体单位的框架，用以代表总体，从中抽选样本的一个框架就是抽样框。

如工业企业抽样调查的抽样框就是全部工业企业的名单,个体商业抽样调查的抽样框就是所有个体商业户的名册。抽样框的设计应力求准确、全面。

(3) 确定抽样调查的组织方式和抽取样本的方法。抽样调查的组织方式多种多样,应根据总体范围大小、总体各单位的分布及变异程度、抽样的目的和要求、抽样的费用约束等因素选择合适的抽样组织方式。抽样组织方式确定之后,还应进一步明确抽取样本的方法,是重复抽样,还是不重复抽样,以及如何具体实施抽样。

(4) 明确主要指标的抽样精确度。在抽样设计中,为了控制抽样误差和确定必要的抽样数目,必须预先提出和明确主要指标的抽样精确度。抽样调查不可能百分之百的准确,只要准确性能满足决策要求就可以了,不必追求过分的精确,以致花费过多不必要的代价。精确度或准确度的表现形式通常有极限误差 Δ,抽样标准误差 $\sigma_{\bar{x}}$,相对抽样标准误差 $\sigma_{\bar{x}}/\bar{x}$。如我国城市家计调查一般要求相对抽样标准误差不超过 2%~3%,可信程度应达到 95.45%。

(5) 确定必要的抽样数目(样本容量)。抽样组织方式和抽样精确度确定之后,就可确定必要的抽样数目,即确定样本容量。需注意的是任何精确度及样本容量的设计都不能回避调查费用这个基本因素。在很多情况下,提高精确度往往需要增大样本容量,而增大样本容量又会导致费用开支提高。因而,精确度要求与节省费用要求是矛盾的。从理论上看,抽样误差越小的抽样设计是最优设计,而从实践上看,最优设计应是在一定的误差要求下选择费用最少的抽样设计。

(6) 设计调查项目、调查表或问卷。调查项目的设计要服从于抽样调查的目的和要求,要考虑时间、经费、调查规模以及被调查者回答的可能性或者能否取得较为准确的数据。调查项目之间应具有系统性、科学性,符合客观实际。调查项目设计之后,应制订抽样调查数据登记表,如产品质量抽样检验应制订产品质量检测项目登记表,居民家计抽样调查应设计居民收支调查表,有关社会问题、需求问题以及民心民意调查应设计问卷等。

(7) 设计数据处理与抽样估计的方法。通过抽样调查取得数据后,如何进行审核、处理与汇总应事先加以考虑。采用计算机汇总,应在设计阶段作好项目的编码和有关汇总程序。特别是明确根据汇总的样本数据应选择何种估计量和估计方法对总体指标作出估计推断。

(8) 制定实施抽样方案工作计划。主要包括组织工作、准备工作、调查员培训、经费预算、工作进度、质量控制等具体问题的安排。

10.9.2 抽样方案评审

由于对复杂的社会经济现象进行调查有多种抽样方式方法可供选择,调查的精确度要求和经费约束条件不同,可以设计出不同的抽样方案以供选择。在抽样实践中,抽样技术方案设计往往先提出了一个初步方案,然后经过抽样专家、调查课题组成员、信息使用者、数据处理人员等组成的评审组,对抽样方案进行可行性评审,在此基础上再进行修改或试点调查,最后确定最终的抽样方案。

1. 抽样方案评审的内容

抽样方案评审主要是评审抽样方案是否具有科学性、可行性和经济性,评审内容如下。

(1) 抽样方案是否体现了调查目的和任务的要求;
(2) 抽样方案是否完整、周密、有无遗漏;
(3) 抽样框的设计是否存在缺陷,总体单位是否有遗漏或重复;
(4) 抽样组织方式的选择是否恰当,是否有更好的抽样方式;

(5) 抽样精确度的界定是否合适，是否需要提高或降低抽样精确度；
(6) 样本量的大小能否满足抽样精确度的要求；
(7) 样本量的大小能否满足调查费用的约束；
(8) 样本的代表性怎样，样本分布与总体分布是否趋于一致；
(9) 抽样估计方法设计是否科学。

2. 抽样方案评审的方法

（1）逻辑评审法。即用逻辑分析的方法评审所设计的抽样方案各部分内容之间是否相互衔接，其逻辑性、系统性、严谨性如何。如抽样框所代表的总体（抽样的总体）与所要获取信息的总体（目的总体）是否一致。

（2）经验判断法。即组织一些有抽样调查经验的专家，对抽样方案设计的科学性、可行性、经济性等进行研究和判断。如抽样组织方式、抽样精确度、样本量的界定是否合适、可采用抽样专家经验判断。

（3）样本分布检验法，即利用抽样框提供的辅助信息和抽取的全部样本单位的辅助信息，分别制订总体分布和样本分布的图表，以判断样本的代表性。

（4）抽样误差检验法，即利用抽样框提供的辅助信息，分别计算总体和样本的均值、方差，以衡量样本的均值是否趋近于总体均值，以决定样本的代表性；亦可进一步计算抽样标准误差、抽样极限误差，并与确定的抽样精确度进行比较，衡量样本的代表性。

（5）试点调查法。当抽样框中没有可供利用的已往的先决信息时，样本分布检验法和抽样误差检验法是不能运用的，对于大规模而又缺乏经验的抽样调查课题来说，可根据设计的抽样方案进行试点调查，从中发现抽样方案的缺陷和问题，以便修订、补充、完善抽样技术方案设计。

总之，抽样方案设计是一项技术性很强的调查设计工作，如果设计存在严重的缺陷，则会导致抽样调查的失败和调查经费的浪费。因此，既要重视抽样方案的设计，又要重视抽样方案的评审。只有确保抽样方案设计做到科学性、可行性和经济性，才能有效地指导和规范抽样调查的过程，提高抽样调查的效率和质量。

复习思考题

1. 简述总体、样本、样本容量的涵义。
2. 简述参数与统计量、重复抽样与不重复抽样的涵义。
3. 简述统计误差、抽样误差、抽样标准误差的涵义。
4. 影响抽样误差大小的因素有哪些？
5. 简述点估计和区间估计的涵义。
6. 衡量一个样本统计量是否是总体参数的优良估计量的标准是什么？
7. 总体平均数估计的方法怎样？
8. 两个样本的平均数之差的区间估计方法怎样？
9. 怎样对总体比率作出估计？
10. 什么是简单随机抽样？有哪些具体做法？
11. 简单随机抽样标准误差和必要抽样数目各如何计算？
12. 决定样本容量大小应考虑哪些因素？
13. 什么是分层抽样？分层抽样标准误差和样本容量各如何计算？

14. 什么是等距抽样？等距抽样有哪些排序方法和抽样方法？
15. 如何测定等距抽样的抽样标准误差和样本容量？
16. 什么是目录抽样？其参数估计和样本容量如何测定？
17. 何谓二重抽样？如何对总体参数进行估计？
18. 什么是二阶段抽样？其抽样标准误差如何测定？
19. 简述抽样方案设计的主要内容和评审的方法。

习　题

1. 某厂电灯泡使用寿命 x 服从正态分布，抽查 50 个灯泡其平均使用寿命为 2480 小时，标准差为 500 小时，试对灯泡使用寿命的总体均值构造 95%的置信区间。

2. 某食品厂从 1 万袋食品中，不重复随机抽取 100 袋检验，其中有 5 袋不合格；同时样本平均重量为 498 克，样本标准差为 2.4 克，要求用 95%的概率（$Z=1.96$）估计总体平均重量和不合格率的置信区间。

3. 某食品厂生产某种食品 1 万袋，随机抽取 20 袋，测得平均重量为 499.8 克，样本标准差为 25 克，试求总体平均重量为 95%的置信区间。

4. 甲、乙两城市各随机抽取 800 户和 500 户调查居民耐用消费品支出情况，调查结果为甲、乙两市平均户均耐用消费品支出分别为 2400 元和 1860 元，标准差分别为 672 元和 558 元。求甲、乙两市户均购买耐用消费品支出平均数之差的 95%的置信区间。

5. 甲、乙两车间生产同种产品，从甲车间产品中随机抽查 90 件，发现次品 9 件，从乙车间产品中随机抽查 100 件，发现次品 5 件。

要求在 95%的置信概率下：
（1）分别求甲、乙两车间总体次品率的置信区间。
（2）求两车间次品率之差的置信区间。

6. 在简单随机抽样条件下，样本容量分别增加 3 倍、8 倍和 15 倍时，相应的抽样标准误差如何变化？样本容量分别减少 81%、64%和 49%时，相应的抽样标准误差如何变化？

7. 在简单纯随机不重复抽样条件下，抽样比例依次取 1%、10%和 15%，抽样标准误差如何变化？

8. 某茶叶公司出口一种名茶，抽样检验 100 包的质量如下，又知这种茶叶每包重量不得低于 150 克，要求以 95.45%的概率估计这批茶叶平均每包重量的范围，确定是否达到规定的质量要求。

9. 在一批产品中抽样检验 200 个，一级品为 190 个，试用 95.45%的概率估计全部产品一级品率的范围。

每包重量	包数
148～149	15
149～150	20
150～151	40
151～152	15
152～153	10

10. 某厂生产的某零件的设计尺寸为 15cm，根据以往的资料，这种零件的标准差为 0.85cm，合格率为 95%。若置信概率为 95.45%，要求总体均值估计的抽样极限误差不超过 0.2cm，总体合格率估计的抽样极限误差不超过 3%，求合适的样本容量。

11. 某乡共有农村居民 5000 户，分为种植、养殖、务工三种户型，用不重复抽样方式抽取 10%的等比例样本户，调查其年人均收入，所求得的样本指标如下，要求以 95%的概率估计全乡年人均收入的置信区间。

户型	总户数（户）	抽样户（户）	户人均收入（元/年）	收入标准差（元）
种植户	3000	300	4800	528
养殖户	1500	150	5200	530
务工户	500	50	5800	841

12. 某广告公司从某市 500 万人中采用等比例分层抽样，调查居民收看某电视栏目的收视率，有关资料如下，要求在 95%的置信概率下，估计收视率的置信区间。

分层	总人数（万人）	抽样人数（人）	观看人数（人）
市 区	258	516	439
郊 区	110	220	132
农 村	132	264	138

13. 以 11 题的资料为例，若要求总体户人均收入抽样平均误差不超过 20 元，概率保证程度为 95.45%，试确定等比例分层抽样的样本容量及其分配。

14. 某水泥厂某天每隔 144 分钟抽取 1 分钟的产量即 10 袋水泥进行包装质量检查，某日所抽的 10 批检查结果如下，要求以 95%的概率估计水泥总体均值的置信区间，一等品包装比率的置信区间。

抽样批次	1	2	3	4	5	6	7	8	9	10
样本均重（公斤/袋）	50	49	48	50	51	50	49	49	48	51
一等品（%）	75	70	78	80	86	76	84	85	80	86

15. 某农场种植某种农作物 300 亩，按过去产量高低分为 6 片，从每片中用等距抽样方式抽取 5 个实割实测点，每点约为 $1m^2$（即 0.0015 亩），实割实测结果如下，要求以 95.45% 的概率估计该农作物平均亩产量及总产量的置信区间（计量单位：公斤$/m^2$）。

序号	1片	2片	3片	4片	5片	6片
①	1.11	1.30	0.98	1.12	1.21	1.24
②	1.12	1.21	1.06	1.08	1.16	1.26
③	0.98	1.08	1.24	0.98	1.18	1.30
④	1.13	1.18	0.99	1.24	1.21	1.15
⑤	0.96	1.06	1.30	1.16	1.14	1.28

16. 某厂为连续性生产企业，采用每隔 36 小时抽取 1 小时的产品进行质量检验。某月抽到的 20 小时产品的合格率如下，要求以 95.45%的概率对该月产品的合格率进行区间估计。

| 95 | 98 | 88 | 98 | 97 | 92 | 98 | 99 | 95 | 96 |
| 93 | 100 | 99 | 91 | 89 | 88 | 88 | 93 | 98 | 98 |

17. 以 11 题的资料为例，若要求下月产品质量检验合格率的抽样标准误差不超过 0.5%，其他条件不变，求应抽取多少小时的产品进行质量检验。

18. 某市有 280 家工业企业，其中有 80 家为大中型企业，200 家为小型企业，某月对 80 家大中型的工业增加值进行全面调查，其工业增加值总计为 19.8 亿元，另从 200 家小型企业中抽取 20 家进行抽样调查，样本平均工业增加值为 48 万元，标准差为 2.4 万元。要求以 95% 的概率估计该月全市的工业增加值。

19. 某市注册登记的个体商业户有 6000 家，采用二重抽样得如下资料，要求以 95% 的概率估计户均月商品销售额和全体个体户月商品总销售额。

注册资金（万元）	n'	n_2	户均月销售额（万元）	S_i^2
1～5	120	30	3.2	1.24
5～15	400	100	8.5	3.12
15～20	300	75	13.8	12.16
20 以上	80	20	32.4	98.18

20. 某县从有 300 个村、24.6 万户，各村农户数目不同。现采用二阶段抽样调查农户收入，第一阶段从 300 个村中抽取了 A、B、C、D、E 共 5 个村，第二阶段从中选村按农户数抽取 10% 作为抽样单位，有关资料如下，要求在 95.45% 的概率下估计全县农户平均户均收入及人均收入。

样本村	农户数（M_i）	抽样户（m_i）	户均收入（$\bar{x}_i$）（万元）	方差（S_{2i}^2）
A	600	60	2.8	0.43
B	850	85	3.2	0.62
C	680	68	2.0	0.38
D	930	93	2.4	0.40
E	860	86	2.6	0.48

实验　用 Excel 作区间推断

用 Excel 的函数工具可以进行抽样推断的区间估计。例如，某工厂从某天生产的零件中抽取 12 个测得其长度（cm）如表 10-8 中的 A2：A13 所示。若零件长度服从正态分布，要求在 95% 的置信概率下估计平均长度的置信区间。为此可在 Excel 数据表中构造区间估计的计算表，如表 10-8 所示。其中 A 列为样本数据，B 列为计算指标，C 列为计算公式（当公式输入后，则有 D 列的计算结果，这里给出的公式是为了便于读者理解）。

对于不同的样本，应对 C 列计算公式中的数据区域作出修改，若置信概率不同，则填入相应的数值即可。计算结果表明，在 95.% 的置信概率下，零件尺寸平均长度的置信区间在 21.802～22.495cm 之间。

表 10-8 Excel 构造区间估计的计算表

	A	B	C	D
1	样本数据	计算指标	计算公式	计算结果
2	21.88	样本数据个数	=COUNT(A2:A13)	0
3	23.82	样本均值	=AVERAGE(A2:A13)	22.14833333
4	21.82	样本标准差	=STDEV(A2:A13)	0.54549116
5	21.88	抽样标准误差	=C4/SQRT(C2)	0.15746973
6	22.06	置信概率	0.95	0.95
7	21.94	自由度	=C2-1	11
8	22.18	t值	=TINV(1-C6,C7)	2.20098552
9	22.00	误差范围	=C8*C5	0.34658855
10	22.32	置信下限	=C3-C9	21.80174479
11	21.88	置信上限	=C3+C9	22.49492188
12	22.06			
13	21.94			

以上是正态分布条件下，总体方差 σ^2 未知的总体均值的置信区间估计。若总体方差 σ^2 已知时，则不必计算样本标准差，可将 B4 单元格的样本标准差改为总体标准差，在 C4 单元格直接输入总体标准差的数值，或用 SQRT 函数工具由总体方差 σ^2 计算总体标准差 σ，将 B8 单元格的 t 值改为 Z 值；C8 单元格的计算公式改为 "=NORMSINV"((1-C6)/2)即可。

第 11 章 假设检验

本章主要阐述假设检验的基本问题、正态总体的参数检验、正态总体方差检验、χ^2 检定法、符号检验法、等级检验法、趋势性与随机性检验。其核心是怎样根据随机样本对某一统计假设作出接受或拒绝的统计决策。

11.1 假设检验的基本问题

11.1.1 假设检验的意义

假设检验是统计推断的一对孪生分支，它是以样本统计量（样本指标）来验证假设的总体参数（总体指标）是否成立，借以决定采取适当行动的统计方法，又称为假设检定或假设测验，包括假设和检验两个基本环节。

统计假设是指对总体参数作出假设，这种假设可能正确，也可能是错误的，而统计检验是检验所作的统计假设是否成立，即对某一统计假设作出接受或作出拒绝的结论。

例如，某工厂生产某零件 1000 个，产品必须经检验合格后方能出厂，规定次品率不得超过 1%，现从中任取 10 个，发现含有次品，试问该产品能否出厂？也就是说该厂根据抽样得到了这样的信息：总体次品率为 p，10 个零件中有次品，需要判断不等式 $p \leqslant 0.01$ 的假设是否成立，如不成立，产品就不能出厂；如成立，则认为产品是合格的可以出厂。这就是一个假设检验的问题。

11.1.2 假设检验的程序

1. 提出原假设 H_0 和备选假设 H_1

原假设是假设未知参数等于某一具体的值，是需要接受检验的假设，记作 H_0，备选假设又称替代假设或备择假设，是原假设的对立假设，记作 H_1，原假设和备选假设是相互对立的，如 H_0 真实，则 H_1 不真实；如 H_1 真实，则 H_0 不真实；否定原假设 H_0，则接受 H_1。例如，关于总体平均数 μ 的假设有以下三种状况。

（1） H_0： $\mu = \mu_0$； H_1： $\mu \neq \mu_0$；（双尾检验）
（2） H_0： $\mu \geqslant \mu_0$； H_1： $\mu < \mu_0$；（单尾检验）
（3） H_0： $\mu \leqslant \mu_0$； H_1： $\mu > \mu_0$。（单尾检验）

2. 确定样本统计量及其分布

在假设检验中，必须依据抽样推断原理，从总体中抽取样本，并根据样本数据计算样本统计量，以作为假设检验的依据。样本统计量通常有样本均值、样本比率、样本方差等，不同的样本统计量具有不同的分布，用于检验不同的统计假设。因此，在假设检验时，应根据检验的内容正确地选择样本统计量及其分布。

3. 选择显著水平

在具体检验中,一般先认为提出的原假设是正确的,发生的概率大,而事件 A 在原假设为真的条件下发生的概率很小。这里概率小的程度就是显著水平 α。最常用的 α 取 0.05 或 0.01。一般在检验之前就需要作出选择。经过抽样检验,小概率事件 A 发生了,那么就要怀疑原假设的正确性。

假设检验是以样本统计量验证假定的总体参数。在检验时,存在着犯两种错误的可能性。第一类错误是当原假设本是正确的,由于 α 值选择过大,我们拒绝了原假设,即弃真错误;第二类错误是当原假设本身是错误的,由于概率 α 值选择过小,而我们接受了原假设,即取伪错误。但 α 大小的选择,没有统一的标准。一般地 α 越大,犯第一类错误的可能性越大,所以如果犯第一类错误会造成严重损失,那么 α 就设小一些;反之,可设大一些。

4. 计算检验统计量或构建置信区间

即根据样本统计量的数据和被假设的总体参数,用检验统计量的计算公式,计算检验统计量;或者根据样本统计量和置信概率构建置信区间,作为检验决策的依据。而不同的检验统计量有不同的计算公式,基本形式可表述为:

$$检验统计量 = \frac{样本统计量 - 被假设参数}{统计量的标准差}$$

5. 作出统计决策

即比较计算的检验统计量和理论分布值,决定是否接受原假设。采用双尾检验时,检验统计量落在接受区域内,接受原假设,反之,则拒绝原假设。采用单尾检验时,若检验统计量的绝对值大于理论临界值的绝对值,则拒绝原假设。反之,则接受原假设。

11.1.3 假设检验的方法

假设检验的方法分为有参数假设检验和非参数假设检验两类。

1. 有参数假设检验

有参数假设检验是在已知总体分布的条件下,对一些主要参数(总体均值、总体比率、总体方差)进行假设检验。在检验时,一般都假设总体服从正态分布、方差相等等。这种考虑总体分布前提下的参数检验的传统方法,称之为有参数检验或有参数统计。有参数检验的方法主要有 Z 检验、t 检验、F 检验等。

2. 非参数假设检验

非参数假设检验又称非参数统计或不计分布检验,是指在不考虑原总体分布或不作关于分布假定的前提下,进行统计检验和判断分析的一系列方法的总称。非参数假设检验主要应用于以下两个方面。

(1)凡要求解决的问题不符合参数假设检验条件时,可采用非参数假设检验。如从总体中抽取一个样本,要想了解其总体是否服从某种分布,或者两个或两个以上的现象之间是否有联系及联系的紧密程度如何等等,这些问题并不一定符合参数假设检验的条件,需采用非参数假设检验。

(2)凡客观现象采用列名尺度和顺序尺度计量,又需要进行某种检验或作出某种判断时,传统的参数统计方法是无法做到的,只能采用非参数假设检验。

非参数统计的具体方法主要有 χ^2 的独立性检验、χ^2 的一致性检验、χ^2 的吻合性检验、正负符合检定法、各种等级检定法、游程检验法等。

11.2 一个正态总体的参数检验

11.2.1 总体方差已知的均值检验

检验样本均值 $\bar{x}$ 是否等于被假设的总体平均数 μ_0 时，若总体为正态分布，且总体方差已知，则可先根据样本平均数 $\bar{x}$、被假设的总体平均数 μ_0、总体方差 σ_x^2 和样本容量 n，计算检验统计量 Z：

$$Z = \frac{\bar{x} - \mu_0}{\sigma_x / \sqrt{n}}$$

其次，选择显著水平 α，查 Z 分表，可得 $-Z_{1-\alpha/2}$，$Z_{1-\alpha/2}$ 两个临界值，若计算检验统计量 Z 落在两个临界值构成的区间内，则可作出接受原假设（H_0：$\mu = \mu_0$）的决策；否则拒绝原假设。双尾检验下，接受原假设的置信区间为

$$-Z_{1-\alpha/2} < Z < Z_{1-\alpha/2}$$

【例 11.1】 某粮油加工厂引进一自动包装线包装大米，设计规格为每袋大米 10 千克，标准差为 0.6 千克，随机抽取 100 袋大米检测，结果表明，每袋大米平均重量 9.8 公斤。问当 $\alpha = 5\%$ 时，该生产线的设计规格 10 千克/袋是否可以接受？

解：①依题意： H_0：$\mu = 10$ H_1：$\mu \neq 10$

$$\sigma_{\bar{x}} = \frac{\sigma_x}{\sqrt{n}} = \frac{0.6}{\sqrt{100}} = 0.06$$

$$Z = \frac{\bar{x} - \mu_0}{\sigma_{\bar{x}}} = \frac{9.8 - 10}{0.06} = -3.33$$

查 Z 分布表 $\alpha = 0.05$ 时，对应的临界值 $-Z_{1-0.05/2} = -1.96$，$Z_{1-0.05/2} = 1.96$。由于检验统计量 $Z = -3.33 < -1.96$，落在临界值构成的区间之外，见图 11-1 所示，所以拒绝原假设。这说明当承担放弃真错误的可能性为 5%时，样本的每袋大米平均重量与包装线设计的每袋大米重量之间存在显著差异，因此，不能接受生产线的设计规格为 10 千克的说法。

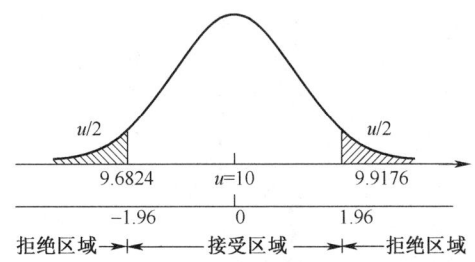

图 11-1　假设检验示意图（双尾检验）

②求总体均值的置信区间作出判断。

$$\mu = \bar{x} \pm 1.96 \sigma_x / \sqrt{n}$$

$= 9.8 \pm 1.96 \times 0.06$　即 [9.6824, 9.9176]

因为 $\mu_0 = 10$ 公斤，落在估计的置信区间之外，所以否定 μ_0。结果与上述一致。

11.2.2 总体方差未知的均值检验

检验样本均值是否等于被假设的总体平均数时,若总体为正态分布,总体方差未知,但样本容量 $n>30$ 时,可用样本方差代替总体方差,仍采用 Z 检验。如果样本容量 $n<30$,则需要采用 t 检验。由于总体方差未知,则可用样本方差先估计总体方差,再计算检验统计量 t 进行假设检验。

$$t = \frac{\bar{x} - \mu_0}{\hat{\sigma}_x} = \frac{\bar{x} - \mu_0}{s/\sqrt{n-1}}$$

它服从自由度为 $n-1$ 的 t 分布。在双尾检验下,接受原假设 H_0 的置信区间为

$$-t_{\alpha/2} < t < t_{\alpha/2}$$

【例 11.2】某生产车间某装置设计的平均工作温度是 200℃。从 16 天构成的随机样本求得的工作平均温度和样本标准差分别为 204.2℃ 和 8℃。设 $\alpha=0.05$,假定工作温度服从正态分布,能否说明实际工作温度比原设计的要高呢?

解:①本题为单尾检验,因而有:

$$H_0: \mu \leqslant \mu_0 = 200℃, \quad H_1: \mu > \mu_0 = 200℃$$

$$\hat{\sigma}_{\bar{x}} = \frac{S}{\sqrt{n-1}} = \frac{8}{\sqrt{16-1}} = 2.066$$

$$t = \frac{\bar{x} - \mu}{\hat{\sigma}_{\bar{x}}} = \frac{204.2 - 200}{2.066} = 2.033$$

根据 $\alpha=0.05$,自由度 $n-1=15$,查 t 分布表,得临界值 $t_{0.05}=1.753$,由于检验统计量 $t=2.033>1.753$,故否定 H_0,接受 H_1,即样本数据说明实际平均工作温度比原设计的要高。

②求总体均值的置信区间作出判断。

$$\mu = \bar{x} \pm 1.753 \hat{\sigma}_{\bar{x}}$$

$$=204.2 \pm 1.753 \times 2.066 \quad 即 [200.6,207.8]$$

原设计工作温度 200℃ 不在此置信区间内,所以否定 H_0,接受 H_1。

11.2.3 总体比率的假设检验

在单个总体比例的假设检验中,当样本单位数 n 大于 30,np 和 $n(1-p)$ 两者都大于 5 时,样本比率 p 的抽样分布近似正态分布,可采用 Z 检验。设 p_0 为假设的总体比率,p 为样本比率,则检验统计量为

$$Z = \frac{p - p_0}{\sqrt{\dfrac{p_0(1-p_0)}{n}}}$$

在双尾检验下,接受原假设 H_0 的置信区间为

$$-Z_{1-\alpha/2} < Z < Z_{1-\alpha/2}$$

【例 11.3】某制药厂生产某种药品,规定其药品中某种成分的平均含量为 92.5%。现从某批药品中抽取 50 粒检验,得某种成分的含量的平均比率为 93%,问在显著水平 $\alpha=0.05$ 的条件下,该批药品是否符合规定的质量要求。

解:①依题意: $\quad H_0: p = p_0 \quad H_1: p \neq p_0$

$$Z = \frac{0.93 - 0.925}{\sqrt{\frac{0.925(1-0.925)}{50}}} = 0.1342$$

查 Z 分布表 $\alpha = 0.05$ 时，对应的临界值 $-Z_{1-0.05/2} = -1.96$，$Z_{1-0.05/2} = 1.96$。由于检验统计量 $Z = 0.1342 < 1.96$，落在临界值构成的区间之内，故接受原假设 H_0，即该批药品符合规定的质量要求。

②由样本的比率估计总体比率的置信区间作出判断。

$$P = p \pm 1.96\sqrt{\frac{p(1-p)}{n}}$$

$$= 0.93 \pm 1.96\sqrt{\frac{0.93(1-0.93)}{50}}$$

$$= 0.93 \pm 0.07 \quad 即 [86.0\%, 100\%]$$

假设的总体比率 92.5%落在估计的区间内，故该批药品是合格的。

实际工作中，并非所有的总体都服从正态分布，对于非正态总体平均数或总体比率的假设检验和区间估计一样，都需要采用大样本，一般情况下，样本容量 $n \geq 30$ 时，就可采用 Z 检验。若总体方差未知，可用样本方差作为总体方差的估计值。检验方法同前一样。

11.3　两个正态总体的参数检验

11.3.1　两个总体平均数之差的检验

1. 样本容量 $n > 30$，采用 Z 检验

在检验两个总体平均数之差的假设时，无论总体是否服从正态分布，当样本容量 $n > 30$ 时，来自两个总体的样本平均数之差趋近于正态分布，故可采用 Z 检验，检验统计量为

$$Z = \frac{(\bar{x}_1 - \bar{x}_2) - (\mu_1 - \mu_2)}{\sqrt{\frac{\sigma_1^2}{n_1} + \frac{\sigma_2^2}{n_2}}}$$

若两个总体的方差 σ_1^2、σ_2^2 未知，样本容量 $n > 30$ 时，可用样本方差 S_1^2、S_2^2 代替或估计总体方差。在双尾检验下，接受原假设 H_0 的置信区间为

$$-Z_{1-\alpha/2} < Z < Z_{1-\alpha/2}$$

【例 11.4】某工厂用甲、乙两种方法生产同种产品，设计的产品抗拉强度的标准差分别为 6 公斤和 8 公斤。从甲方法生产的产品中抽取 36 个，检测的样本平均值为 48 公斤，从乙方法生产的产品中抽取 48 个，检测的样本均值为 44 公斤。要求判断用甲、乙两种方法所生产的产品的平均抗拉强度是否不同（$\alpha = 0.05$）。

解：依题意： H_0：$\mu_1 = \mu_2$　　H_1：$\mu_1 \neq \mu_2$

$$Z = \frac{(48 - 44) - (\mu_1 - \mu_2)}{\sqrt{\frac{6^2}{36} + \frac{8^2}{48}}} = \frac{4 - 0}{1.5275} = 2.62$$

查 Z 分布表 $\alpha = 0.05$ 时，对应的临界值 $-Z_{1-0.05/2} = -1.96$，$Z_{1-0.05/2} = 1.96$。由于检验统计

量 $Z = 2.62 > 1.96$，落在临界值构成的区间之外，故拒绝原假设 H_0，即可认为甲、乙两种方法生产的产品的平均抗拉强度是不同的。

2. 样本容量 $n < 30$，两个正态总体方差未知，采用 t 检验。

如果两个正态总体方差已知，而样本容量 $n < 30$ 时，仍可采用 Z 检验。但是，如果两个正态总体的方差相等而又未知，且样本容量 $n < 30$，则应采用 t 分布检验两个总体平均数之差。首先可利用两个样本的方差求出它们共同方差的估计值 S_p^2，即

$$S_p^2 = \frac{(n_1-1)s_1^2 + (n_2-1)s_2^2}{n_1 + n_2 - 2}$$

检验统计量为

$$t = \frac{(\bar{x}_1 - \bar{x}_2) - (\mu_1 - \mu_2)}{S_p\sqrt{\frac{1}{n_1} + \frac{1}{n_2}}}$$

当 $\mu_1 = \mu_2$ 时，t 服从自由度为 $(n_1 + n_2 - 2)$ 的 t 分布。在给定的显著水平 α 的条件下，查 t 分布表，得出两个临界值 $-t_{\alpha/2}$ 和 $t_{\alpha/2}$，在双尾检验下，接受原假设 H_0 的置信区间为

$$-t_{\alpha/2} < t < t_{\alpha/2}$$

【例 11.5】有两台机器均生产同类钢圈，其钢圈直径均近似服从正态分布，且总体方差相等。现分别抽取 20 个和 25 个钢圈检测，样本均值分别为 1.050 和 1.048，样本标准差分别为 0.021 和 0.019，在显著水平 $\alpha = 0.05$ 下，能否认为两台机器所生产的钢圈直径一致。

解：依题意：　　　　H_0：$\mu_1 = \mu_2$　　H_1：$\mu_1 \neq \mu_2$

$$S_p^2 = \frac{(20-1)0.021^2 + (25-1)0.019^2}{20 + 25 - 2} = 0.000396$$

$$t = \frac{(1.050 - 1.048) - 0}{\sqrt{\frac{0.000396}{20} + \frac{0.000396}{25}}} = 0.335$$

由 $\alpha = 0.05$，自由度 $(n_1 + n_2 - 2) = 43$，查 t 分布表，得 $t_{\alpha/2} = 2.02$，由于 $t = 0.355 < 2.02$，落在临界值构成的区间之内，故接受原假设 H_0。即两台机器生产的钢圈直径是一样的。

11.3.2 两个总体比率之差的检验

当样本容量较大时，来自两个总体的样本比率之差的抽样分布是近似服从正态分布的。当两个总体的比率 P 大体相同时，可先求两个样本比率的联合估计值 $\hat{P}$，代替未知的总体比率值，计算公式为

$$\hat{P} = \frac{n_1 p_1 + n_2 p_2}{n_1 + n_2}$$

检验统计量 Z 为

$$Z = \frac{(p_1 - p_2) - (P_1 - P_2)}{\sqrt{\frac{\hat{p}(1-\hat{p})}{n_1} + \frac{\hat{p}(1-\hat{p})}{n_2}}}$$

在双尾检验下，接受原假设 H_0 的置信区间为

$$-Z_{1-\alpha/2} < Z < Z_{1-\alpha/2}$$

【例 11.6】 某工厂两条生产线,从甲生产线抽取 100 件产品检验,合格率为 95%,从乙生产线抽取 120 件产品检验,合格率为 94.5%,设 $\alpha = 0.05$,问两条流水线的产品合格率有无显著差异。

解:依题意:
$$H_0: p_1 = p_2 \quad H_1: p_1 \neq p_2$$

$$\hat{P} = \frac{0.95 \times 100 + 0.945 \times 120}{100 + 120} = 0.9473$$

$$Z = \frac{(0.95 - 0.945) - 0}{\sqrt{\frac{0.9473 \times (1 - 0.9473)}{100} + \frac{0.9473 \times (1 - 0.9473)}{120}}} = 0.1653$$

查 Z 分布表 $\alpha = 0.05$,$Z_{1-\alpha/2} = 1.96$,由于 $Z = 0.1653 < 1.96$,落在临界值构成的区间之内,所以接受原假设 H_0,即两条流水线的产品合格率无显著差异。

11.4 正态总体方差的假设检验

11.4.1 单个正态总体方差的假设检验

单个总体方差的假设检验,采用 χ^2 分布检验。有两种检验方法:

(1) 根据样本方差 S^2 和给定的显著水平 α,建立总体方差的置信区间,然后观察假设的总体方差 σ^2 是否落在估计的置信区间内。落在置信区间内,则接受原假设,反之,则拒绝原假设。总体方差估计的置信区间为

$$\frac{(n-1)S^2}{\chi^2_{\alpha/2}} < \sigma^2 < \frac{(n-1)S^2}{\chi^2_{1-\alpha/2}}$$

(2) 根据样本方差和假设的总体方差,计算检验统计量 χ^2:
$$\chi^2 = (n-1)S^2/\sigma^2$$

然后根据给定的显著水平 α 查 χ^2 分布的两个临界值,在双尾检验下,接受原假设 H_0 的置信区间为

$$\chi^2_{t_{1-\alpha/2}} \leq \chi^2 \leq \chi^2_{t_{\alpha/2}}$$

【例 11.7】 某机床加工某种零件,设计的加工零件尺寸的方差为 15,且为正态分布总体,现抽取 21 个零件检测,样本方差为 10,在 $\alpha = 0.05$ 的条件下,实际加工零件的方差与设计的方差是否一致。

解:依题意:
$$H_0: \sigma^2 = 15 \quad H_1: \sigma^2 \neq 15$$

$$\alpha = 0.05 \quad n-1 = 20 \text{ 时},\chi^2_{t_{\alpha/2}} = 34.17 \quad \chi^2_{t_{1-\alpha/2}} = 9.591$$

(1) $\dfrac{(n-1)s^2}{\chi^2_{\alpha/2}} < \sigma^2 < \dfrac{(n-1)s^2}{\chi^2_{1-\alpha/2}} = \dfrac{(21-1)10}{34.17} < \sigma^2 < \dfrac{(21-1)10}{9.591}$

即:$5.85 < \sigma^2 < 20.85$

(2) $\chi^2 = (n-1)S^2/\sigma^2 = 20 \times 10/15 = 13.33$

$$9.591 < 13.33 < 34.17$$

由于总体方差 σ^2 落在置信区间之内，χ^2 检验统计量也落在两个临界值区间之内，因此，接受原假设 H_0，即实际加工零件的方差与原设计方差是一致的。

11.4.2 两个正态总体方差比的假设检验

两个正态总体方差比的假设采用服从 F 分布的统计量来检验两个总体方差是否相等或同质的问题。有以下两种检验方法。

（1）根据两个样本方差建立两个总体之比的置信区间，然后观察 $\sigma_1^2/\sigma_2^2=1$ 是否落在置信区间内，则可作出接受或拒绝原假设的决策。其置信区间为

$$\frac{S_1^2/S_2^2}{F_{\alpha/2}} < \frac{\sigma_1^2}{\sigma_2^2} < \frac{S_1^2/S_2^2}{F_{1-\alpha/2}}$$

$F_{\alpha/2}$ 根据自由度 (n_1-1, n_2-1) 和显著水平 $\alpha/2$ 从 F 分布表中查得，$F_{1-\alpha/2}$ 则根据自由度 (n_1-1, n_2-1) 和显著水平 $\alpha/2$ 从 F 分布表中查得 F 值后再取倒数。

（2）直接计算两个样本方差的检验统计量 F，再与 F 分布的理论临界值 $F_{\alpha/2}$ 或 $F_{1-\alpha/2}$ 比较，若 $F_{1-\alpha/2} < F < F_{\alpha/2}$ 则接受原假设；若 $F < F_{1-\alpha/2}$ 或 $F > F_{\alpha/2}$ 则拒绝原假设。

【例 11.8】 某学校从甲、乙两个班中，各随机抽取 13 名和 16 名同学给某任课教师的教学效果评分，甲班评分的方差是 52.5，乙班评分的方差是 35.0，问是否可认为这两个样本的方差是同质的（$\alpha=0.1$）。

解：
$$H_0: \sigma_1^2=\sigma_2^2 \quad H_1: \sigma_1^2 \neq \sigma_2^2$$

$$n_1=13 \quad n_2=16 \quad S_1^2=52.5 \quad S_2^2=35.0$$

查表 $F_{\alpha/2}(12,15)=2.48 \quad F_{1-\alpha/2}(15,12)=1/2.62(15,12)=1/2.62$

（1）用方差之比的置信区间作检验，即有

$$\frac{52.5/35}{2.48} < \frac{\sigma_1^2}{\sigma_2^2} < \frac{52.5/35}{1/2.62}$$

$$0.6 < \frac{\sigma_1^2}{\sigma_2^2} < 3.93$$

由于 σ_1^2/σ_2^2 假定比值为 1，落在置信区间内，故接受原假设。

（2）计算检验统计量 F 作检验，即有

$$F = S_1^2/S_2^2 = 52.5/35 = 1.5$$

由于 1.5>1/2.62，1.5<2.48，故接受原假设，即来自两个班的抽样测评方差是同质的，或两个样本来自方差相同的两个总体。

11.5 χ^2 检定法

11.5.1 χ^2 检验的基本原理

在非参数统计检验中，χ^2（卡方）检验法应用最为广泛。在一些实际问题的研究中，常常需要对一些观察值出现的实际次数（O_i）与理论次数（E_i）进行比较，以便了解实际发生的结果与理论值之间是否一致。χ^2 统计量定义为

$$\chi^2 = \sum \frac{(O_i - E_i)^2}{E_i}$$

数理统计已证明在大量的试验中，若实际次数与理论次数相一致时，χ^2 就服从我们曾在第 10 章介绍过的 χ^2 分布。如果观察的实际结果和理论假设不一致，其离差就会比较大，从而 χ^2 值也很大，当 χ^2 值大到按 χ^2 分布出现的概率很小时，就可判断实际结果和理论假设不一致。χ^2 检验就是利用了这一基本原理。

χ^2 检验有独立性检验、一致性检验和吻合性检验。使用时应特别注意：

（1）卡方检验都是单尾检验。
（2）要求实际次数和理论次数必须为绝对次数，不能采用相对次数或频率。
（3）要求所有观察值的理论次数都需大于等于5，否则需合并。
（4）样本太小（$n < 20$），χ^2 检验不能使用；样本太大，又会使检验失效。

11.5.2 χ^2 的独立性检验

χ^2 的独立性检验用于判别两个变量或两种分类标准是否有联系的问题，如果两者之间没有联系，则称两个变量或两种分类标准是相互独立的。如判断居民受教育程度与收入高低之间是否有联系，判断吸烟与气管炎或肺癌是否有联系等，又称列联表分析。

检验两个变量之间是否有联系，通常要将研究对象按两个变量进行交错分类，编制列联表，如表 11-1 所示。设 n 为样本容量（总次数），第一个变量 x_1 各组的次数合计为 n_i，组数为 γ，第二个变量 x_2 各组次数合计为 n_j，组数为 C；两个变量交叉分组的次数用 n_{ij} 表示（习惯上用 O_{ij} 表示实际次数），其理论次数用 E_{ij} 表示，则检验统计量 χ^2 的计算公式为

$$\chi^2 = \sum \frac{(O_{ij} - E_{ij})^2}{E_{ij}}$$

其中：理论次数 $E_{ij} = \frac{n_i n_j}{n}$。

当显著水平为 a 时，根据自由度 $(\gamma - 1)(\gamma - C)$ 查 χ^2 分布表，得 χ^2_{1-a} 临界值，则：

$\chi^2 > \chi^2_{1-\alpha}$ 两变量间有联系（有关联）。

$\chi^2 < \chi^2_{1-\alpha}$ 两变量是独立的（无关联）。

表 11-1 两向分类的列联表

x_1 \ x_2	1	2	…	C	合计 n_i
1	n_{11}	n_{12}	…	n_{1c}	n_1
2	n_{21}	n_{22}	…	n_{2c}	n_2
⋮	⋮	⋮	⋮	⋮	⋮
γ	$n_{\gamma 1}$	$n_{\gamma 2}$	…	$n_{\gamma c}$	n_γ
合计 n_j	n_1	n_2	…	n_c	n

【例 11.9】某市城调队利用 1386 户家计调查资料，分别按户主的文化程度与人均年收入进入交叉分类，其数据如表 11-2 所示（括号内为理论次数）。要求在显著水平 $\alpha = 0.05$ 下，检

验人均年收入与文化程度之间是否有联系。

表 11-2 居民收入水平与文化程度列联表 （单位：人）

文化程度 收入水平	大学以上	中学	小学及以下	合计（n_i）
4000 以下	93（77.1）	19（26.6）	18（26.3）	130
4000~5000	114（97.3）	27（33.6）	23（33.1）	164
5000~6000	110（111.5）	39（38.5）	39（38.0）	188
6000~7000	178（180.3）	56（62.3）	70（61.4）	304
7000 以上	327（335.8）	143（122.9）	130（121.2）	600
合计（n_j）	822	284	280	1386

解：H_0：两变量是独立的（无关联） H_1：两变量间有联系（有关联）

$$n=1386 \quad \gamma=5 \quad c=3 \quad (\gamma-1)(c-1)=8$$

（1）求每一格的理论次数 E_{ij}，如：

$$E_{11}=\frac{130\times 822}{1386}=77.1 \quad E_{12}=\frac{130\times 284}{1386}=26.6$$

依此类推，计算结果见表 11-2 括号内。

（2）计算统计量 χ^2

$$\chi^2=\frac{(93-77.10)^2}{77.10}+\frac{(114-97.3)^2}{97.3}+\cdots+\frac{(130-121.2)^2}{121.2}$$
$$=23.56$$

（3）作 χ^2 检验。根据显著水平 $\alpha=0.05$ 和自由度 8，查表 $\chi^2_{(0.95,8)}=15.507$。由于 $\chi^2>\chi^2_{(0.95,8)}$，因此，否定 H_0，接受 H_1，即人均年收入与文化程度之间不是独立的，而是有联系的。

χ^2 的独立性检验，当两个变量的分类都只有两类时，从而形成了 2×2 的列联表，若用 a、b、c、d 分别表示其观察值，则 χ^2 统计量的简便公式为

$$\chi^2=\frac{n(ad-bc)^2}{(a+c)(b+d)(c+d)(a+b)}$$

由于 χ^2 分布是一个连续变量分布，而 2×2 的列联表中用的是离散的方法，其自由度为 1，因此 1934 年耶莎（Yate）提出了修正公式，即

$$\chi^2=\frac{n(|ad-bc|-0.5n)^2}{(a+c)(b+d)(c+d)(a+b)}$$

【例 11.10】 为了研究抽烟与气管炎之间是否有联系，某医生利用医院门诊病历搜集了 112 人的资料，如表 11-3 所示，要求检验抽烟与气管炎之间是否有联系（$\alpha=0.05$）。

表 11-3 关于抽烟与气管炎的抽样数据

项目	抽烟	不抽烟	合计
有气管炎	a: 40	b: 32	72
无气管炎	c: 12	d: 28	40
合计 n_j	52	60	112

解：H_0：两变量是独立的（无关联） H_1：两变量间有联系（有关联）

自由度 $(2-1)(2-1)=1$

计算统计量
$$\chi^2 = \frac{112(40\times 28 - 32\times 12)^2}{52\times 60\times 40\times 72} = 6.752$$

或 $$\chi^2 = \frac{112(|40\times 28 - 32\times 12| - 0.5\times 112)^2}{52\times 60\times 40\times 72} = 5.76$$

由 $\alpha=0.05$，自由度=1，查表得 $\chi^2_{(0.95,1)}=3.841$，由于 $\chi^2 > \chi^2_{(0.95,1)}$，因此，否定 H_0，接受 H_1，即抽烟与气管炎之间不是独立的，而是有联系的。

11.5.3 χ^2 的一致性检验

χ^2 的一致性检验通常用来判断两个或两个以上的样本比率是否具有显著的差别，或者说检验两个或两个以上的独立随机样本是否来自一致的总体。

χ^2 的一致性检验的统计量与 χ^2 的独立性检验一样，但二者的不同之处有：

（1）独立性检验仅自一总体中抽取样本容量为 n 的样本，而一致性检验是由不同总体分别抽取样本作比较；

（2）独立性检验是检验不同分类标准间是否互相独立，而一致性检验是检验不同的随机样本所来自的总体是否具有一致性。

（3）χ^2 的一致性检验的决策法则为

$\chi^2 > \chi^2_{1-\alpha}$ 两个样本的比率有显著的差异；

$\chi^2 < \chi^2_{1-\alpha}$ 两个样本的比率无显著的差异。

【**例 11.11**】两家电视收视率调查公司分别对晚间八点档作电话调查，得到的两个样本资料如表 11-4 所示。要求检验两家公司调查的结果是否有差异（$\alpha=0.05$）。

表 11-4 两家电视收视率调查公司的样本资料

公司	中视	湘视	长视	未开机	合计 n_i
甲公司	83	75	74	40	272
乙公司	73	68	60	32	233
合计	156	143	134	72	505

解：H_0：两个样本比率无差异 H_1：两个样本比率有差异

$\alpha=0.05$，自由度 $(2-1)\times(4-1)=3$

（1）各格的理论人数 $E_{ij} = \frac{n_i n_j}{n}$，分别为：

84 77 72 39
72 66 62 33

（2）计算检验统计量 χ^2

$$\chi^2 = \frac{(83-84)^2}{84} + \frac{(75-77)^2}{77} + \cdots + \frac{(32-33)^2}{33}$$
$$= 0.3144$$

（3）$\alpha = 0.05$，自由度=3，临界值 $\chi^2_{(0.95,3)} = 7.81$，检验统计量 $\chi^2 = 0.3144 < \chi^2_{(0.95,3)} = 7.81$，故接受 H_0，即两公司调查的收视率的结果可能没有差异。

【例 11.12】 某厂从甲、乙两个城市各抽取 200 户居民家庭对研制的新型洗衣粉进行试用调查，调查结果如表 11-5 所示。其中喜爱比率甲市为 80%，乙市为 70%。要求检验这两个样本比率是否一致（$\alpha = 0.05$）。

表 11-5　两市消费者对新型洗衣粉喜爱人数

城市	喜爱	不喜爱	合计
甲市	160	40	200
乙市	140	60	200
合计	300	100	400

解： H_0：两个样本比率一致　　H_1：两个样本比率不一致

$\alpha = 0.05$，自由度 $(2-1) \times (2-1) = 1$

检验统计量 χ^2 为

$$\chi^2 = \frac{400(160 \times 60 - 40 \times 140)^2}{300 \times 100 \times 200 \times 200} = 5.333$$

$\alpha = 0.05$，自由度=1，临界值 $\chi^2_{(0.95,1)} = 3.841$，检验统计量 $\chi^2 = 5.333 > \chi^2_{(0.95,1)} = 3.841$，否定 H_0，接受 H_1，即甲、乙两市居民的喜爱比率不一致，是有明显差异的。

11.5.4　χ^2 的吻合性检验

χ^2 的吻合性检验又称拟合优度或适合度检验。主要用于检验某变量的实际次数分布与理论分布是否相吻合，亦即判别某变量是否服从于某一理论分布。检验的统计量 χ^2 仍为

$$\chi^2 = \sum \frac{(O_i - E_i)^2}{E_i}$$

自由度 $v = k - 1$（k 为组数），若总体 σ、μ 等 m 个参数未知，须先作估计，再求理论次数，则自由度 $v = (k - m - 1)$。检验的决策法则为

$\chi^2 > \chi^2_{(1-a,v)}$，次数分配不适合某理论分布；

$\chi^2 < \chi^2_{(1-a,v)}$，次数分配适合某理论分布。

理论次数由 $E_i = np_i$ 确定，其中 p_i 为按某种理论分布计算的概率或频率。

【例 11.13】 一摇奖机内有标示 0~9 的小球 10 个，连续摇奖 100 次，得各数字出现的次数的组次分布如表 11-6 所示，试以 $\alpha = 0.05$ 检验各小球出现的机率是否均等。

表 11-6　10 个小球出现的次数与理论次数

数字 x	0	1	2	3	4	5	6	7	8	9	合计
实际次数 O_i	6	5	7	10	14	15	8	8	12	15	100
理论次数 E_i	10	10	10	10	10	10	10	10	10	10	100

解： H_0：此分布适合分立均等分布　　H_1：此分布不适合分立均等分布

此例若为分立均等分布，则各小球出现的概率均为 1/10，故理论次数均为 100×1/10=10，检验统计量 χ^2 为

$$\chi^2 = \frac{(6-10)^2}{10} + \frac{(5-10)^2}{10} + \cdots + \frac{(15-10)^2}{10} = 12.8$$

$\alpha = 0.05$，自由度 $\nu = 10 - 1 = 9$，临界值 $\chi^2_{(0.95,9)} = 16.92$，检验统计量 $\chi^2 = 12.8 < \chi^2_{(0.95,9)} = 16.92$，故接受 H_0，即各小球出现的概率是相等的，其分布为分立均等分布。

【例 11.14】 某工厂抽查 100 个工人某日的生产量（件）得表 11-7 所示的次数分布，要求以 $\alpha = 0.05$ 检验此次数分布是否可能来自正态分布总体。

表 11-7　100 个工人日生产量次数分布

产量（x）	20～30	30～40	40～50	50～60	60～70
人数 O_i	17	19	26	18	20

解： H_0：此分布适合正态分布　　H_1：此分布不适合正态分布

$$\bar{x} = \frac{\sum \bar{x}_i O_i}{\sum O_i} = \frac{4550}{100} = 45.5 \text{（件/人）}$$

$$\hat{s}^2 = \frac{\sum (\bar{x}_i - \bar{x})^2 O_i}{n-1} = \frac{18475}{100-1} = 186.62$$

$$\hat{s} = 13.66 = \hat{\sigma}$$

根据标准正态变量 $z = \dfrac{x - \bar{x}}{\sigma}$，求各组的累计概率、各组概率和理论次数如表 11-8 所示。

检验统计量为

$$\chi^2 = \sum \frac{(O_i - E_i)^2}{E_i} = 4.8646$$

$\alpha = 0.05$，自由度 $5 - 3 = 2$（此例 σ、μ 是被估的两个参数，合并后有 5 组，故自由度为 $5 - 3 = 2$），临界值 $\chi^2_{(0.95,2)} = 5.991$，检验统计量 $\chi^2 = 4.8646 < 5.991$，故 100 个工人日产量的次数分布服从正态分布。

表 11-8　100 个工人日生产量次数分布 χ^2 检验计算表

日产量	人数 O_i	$Z = \dfrac{L - 45.5}{13.66}$	累计概率	各组概率	E_i	$\dfrac{(O_i - E_i)^2}{E_i}$
20 以下	0	—		0.0300	3.00 }	1.2884
20～30	17	−1.87	0.030	0.0992	9.92	
30～40	19	−1.13	0.1292	0.2154	21.54	0.2995
40～50	26	−0.40	0.3446	0.2847	28.47	0.2143
50～60	18	0.33	0.6293	0.2261	22.61	0.9399
60～70	20	1.06	0.8554	0.1079	10.79 }	2.1225
70 以上	0	1.79	0.9633	0.0367	3.67	
合计	100	—	—	1.0000	100	4.8646

11.6 符号检验法

符号检验法又称正负检验法，主要用于对总体中位数 M 是否为特定的值 M_0 进行检验。既可用于单一样本检验，也可用于两个样本的检验；既可用于独立样本的检验，也可用于两个有联系的样本的检验。

11.6.1 单一样本中位数的符号检验

反映一个总体分布位置的参数主要用平均数和中位数，平均数反映的是分布重心的位置，而中位数是处在分布中心的位置。当分布为对称时，平均数与中位数是一致的，分布为不对称时，二者就有差别。

设样本来自的总体的中位数为 M_0，D 为样本内各观察值 x 与 M_0 的离差，即 $D = x - aM_0$，则 D 的符号为正或为负的概率均等，均为 1/2。当正号或负号出现的次数较多，超过了应有的理论次数时，就可否定中位数 M 为 M_0 的假设。但应注意，若有一个 D 为 0，则删去，而样本大小减小了。令检验统计量 S 为正号或负号中出现较少者的次数，则可视为在 n 次独立试验中成功的次数，故 S 分布为成功概率 $p=1/2$ 的二项分布，当 S 值很小，表示中位数 M 可能不为 M_0。

（1）当样本容量 n 较小，采用二项分布处理，拒绝 $M = M_0$ 的条件为

$$\sum_{s=0}^{s} \binom{n}{s} \left(\frac{1}{2}\right)^n = p < \alpha$$

（2）当样本容量 n 较大，采用 Z 分布处理，拒绝 $M = M_0$ 的条件为

$$Z = \frac{\left(s + \frac{1}{2}\right) - \frac{n}{2}}{\sqrt{n/4}} < -Z_{(1-\alpha)}$$

以上均为单尾检验，若作双尾检验，只需将显著水平 α 改为 $\alpha/2$ 即可。

【例 11.15】 某工厂在生产线上等距抽取 14 个产品测量重量 x 为 157.2，160.6，158.3，160.6，159.4，154.0，152.6，153.7，154.3，156.6，157.6，155.7，155.8，153.1 克。要求检验其中位数是否仍为 157 克（$\alpha = 0.05$）。

解： $D = x - 157$ 克的符号为

+，+，+，+，+，−，−，+，−，−，+，−，−，−，

$\alpha = 0.05$ $n = 14$ $S = 6$（正号 6 个，较少者）

概率 $p = \sum_{s=0}^{6} \binom{14}{s} \left(\frac{1}{2}\right)^{14} = 0.3954 > \alpha = 0.05$

由于 $p > \alpha$，故不能拒绝 $M = M_0$，即产品重量的中位数可能仍为 157 克，根据这一情况，决策者应结合其他因素作出是否需要调整生产过程的决策。

11.6.2 两个独立样本的符号检验

两个独立样本的符号检验用于检验抽自两个总体的独立样本的中位数是否相同。检验的方法是将两个样本的观察值统一按照顺序排列，找出中位数 M_0，并分别计算各样本的 $D = x - M_0$ 的正、负符号数目，并整理成列联表的形式，采用 χ^2 检验

$$\chi^2 = \frac{n(ad-bc)^2}{(a+c)(b+d)(c+d)(a+b)}$$

若：$\chi^2 < \chi^2_{1-a}$，两个总体中位数相同；

$\chi^2 > \chi^2_{1-a}$，两个总体中位数不同。

【例 11.16】某工厂从两条流水线上各抽取 10 个产品测量零尺寸（cm）得：

样本 I：20　20　21　22　23　24　20　22　24　25
样本 II：21　18　20　23　24　20　20　21　18　22

要求检验这两条流水线的中位数是否相同（$\alpha = 0.05$）。

解：中位数 $M_0 = 21$。

计算 $D = x - 21$ 的正负符号数目，如表 11-9 列联表所示（删去 $D=0$）。

表 11-9　正负符号数目列联表

样本	＋号	－号	合计 n_i
样本 I	6	3	9
样本 II	3	5	8
合计 n_j	9	8	17

检验统计量：　$\chi^2 = \dfrac{17(6 \times 5 - 3 \times 3)^2}{9 \times 8 \times 8 \times 9} = 1.446$

$\alpha = 0.05$，自由度 $v = 1$，临界值 $\chi^2_{(0.95,1)} = 3.84$，检验统计量 $\chi^2 = 1.446 < \chi^2_{(0.95,1)} = 3.84$，因此，两条流水线的中位数没有显著的差别。

11.6.3　两个有联系样本的符号检验

两个有联系样本的符号检验主要用于对某种处理或试验进行比较，用以说明这种处理或试验是否具有显著的效应。检验时，要求两个有联系的样本有 n 对成对的样本观察值（x_1，y_1），（x_2，y_2），…，（x_n，y_n），然后计算观察值之差 $x_i - y_i$，再计算这些观察值之差的正负符号数目 S_+ 或 S_-，即可采用下列方法检验这种处理或试验是否具有显著的效应。

（1）n 小，采用二项分布检验

$$\sum_0^s \binom{n}{s}\left(\frac{1}{2}\right)^n = 概率\ p < \alpha \quad 效应显著$$

（2）n 大，采用 Z 分布检验

$$Z = \frac{\left(S + \dfrac{1}{2}\right) - \dfrac{n}{2}}{\sqrt{n/4}} < -Z_{(1-\alpha)} \quad 效应显著$$

其中 S 为 S_+、S_- 中的较小者。双尾检验将 α 改为 $\alpha/2$。

【例 11.17】某市为了减少噪音污染，在全市采取了若干减少噪音污染的措施，在采取措施前后分别抽取了 10 个路口测试了噪音（分贝），数据如表 11-10 所示。要求检验采取措施后城市噪音是否已显著下降了（$\alpha = 0.05$）。

解：由表 11-10 可知：　$S_+ = 7$　　$S_- = 3$（较少者）

概率
$$p = \sum_{0}^{3} \binom{10}{s}(\frac{1}{2})^{10} = 0.1719 > \alpha = 0.05$$

由于 $p > \alpha$，故效应不显著，表明减少噪音的措施未到位。

表 11-10 10 个路口噪音（分贝）测试数据

措施前（x_i）	56	75	68	81	78	70	58	73	64	86
措施后（y_i）	42	65	61	71	80	61	64	60	66	80
$x_i - y_i$	14	10	7	10	-2	9	-4	13	-2	6
正、负号	+	+	+	+	-	+	-	+	-	+

11.7 等级检验法

等级检验法是建立在等级基础之上的非参数方法，它不仅要考虑观察值与平均数或中位数之差的正负号，同时还要考虑其差额的大小，故检验的效率比单纯的符号检定法要高一些。

11.7.1 符号等级检验法

符号等级检定法又称威尔克森检验法，可用于检验样本的中位数 M 是否为总体的中位数或特定值 M_0，也可用于检验两个有联系的样本是否具有显著的差别。

1. 单一样本的符号等级检验

单一样本的符号等级检验在于判断样本的中位数 M 是否为总体的中位数或特定的值 M_0。设 x 为观察值，M_0 为中位数的特定值。则单一样本的符号等级检法步骤如下。

（1）求 $D = x - M_0$，并删去 $D = 0$ 者，使有效样本大小为 n。

（2）排定 $|D|$ 的等级，如绝对值有两个或两个以上相同的，则先给每一个 $|D|$ 一个顺序等级，再求其平均数代表它们的相同等级。

（3）分别求算 D 的正、负等级之和 T_+、T_-，且检查 $(T_+) + (T_-) = \frac{n(n+1)}{2}$

（4）以统计量 T 表示 T_+ 或 T_- 中的较小者。

（5）作出检验决策。决策法则因样本大小不同而不同。

① 当 $5 \leq n \leq 30$，$T \leq T_\alpha$ 时，则 $M \neq M_0$；或 $T \leq T_{\alpha/2}$，则 $M \neq M_0$。

② 当 $n > 30$，采用正态分布，计算统计量

$$Z = \frac{T - \frac{n(n+1)}{4}}{\sqrt{\frac{n(n+1)(2n+1)}{24}}} = \frac{T - E(T)}{\sqrt{V(T)}}$$

若 $Z < -Z_{(1-\alpha)}$，则 $M \neq M_0$；或 $Z < -Z_{(1-\alpha/2)}$，则 $M \neq M_0$。

【例 11.18】某建材厂对采购的钢材长度进行测量，其测量值 x_i 如表 11-11 所示，要求检验钢材长度的中位数是否为供应方所说的 10 米（$\alpha = 0.05$）。

解： 由表 11-11 可知：$T_+ = 6$ $T_- = 72$ $T_+ = 6$（较小者）

$\alpha = 0.05$，$n = 12$，查威尔克森 T 值检验表，得临界值 $T_{0.025} = 8$，由于 $T = 6 < T_{0.025} = 8$，因此，$M \neq M_0$，即钢材长度的中位数并不是 10。

表 11-11 单一样本正负号等级计算表

x_i	M_0	D_i	$\lvert D_i \rvert$	等级	带符号等级
9.84	10	−0.16	0.16	6	−6
10.10	10	0.10	0.10	4	4
9.73	10	−0.27	0.27	12	−12
9.88	10	−0.12	0.12	5	−5
10.05	10	0.05	0.05	2	+2
9.96	10	−0.04	0.04	1	−1
9.83	10	−0.17	0.17	7.5	−7.5
9.74	10	−0.26	0.26	10.5	−10.5
9.83	10	−0.17	0.17	7.5	−7.5
9.74	10	−0.26	0.26	10.5	−10.5
9.80	10	−0.20	0.20	9	−9
9.91	10	−0.09	0.09	3	−3

2. 两个样本的符号等级检验

两个有联系的样本的符号等级检验在于判断两个总体，或两个指标或两个变量之间是否有显著的影响，或者是否具有显著的差别。检验时需将 n 对成对的样本观察值（x_i, y_i）分别计算其差 $D_i = x_i - y_i$，而其他步骤与单一样本符号等级检验相同。

【例 11.19】以例 11.17 的减少噪音的效应检验为例，说明两个有联系样本的符号等级检验。有关数据计算如表 11-12 所示。

表 11-12 两个样本正负号等级计算表

x_i	y_i	D_i	$\lvert D_i \rvert$	等级	带符号等级
56	42	14	14	10	+10
75	65	10	10	7.5	+7.5
68	61	7	7	5	+5
81	71	10	10	7.5	+7.5
78	80	−2	2	1.5	−1.5
70	61	9	9	6	+6
58	64	−4	4	3	−3
73	60	13	13	9	+9
64	66	−2	2	1.5	−1.5
86	80	6	6	4	4

解：由表 11-11 可知：$T_- = 6$ $T_+ = 49$ $T = 6$（较小者）

$\alpha = 0.05$，$n = 10$，临界值 $T_{0.025} = 8$，由于 $T = 6 < T_{0.025} = 8$，故 $M \neq M_0$。

即采取措施后，噪音显著下降。本例说明，在单纯的符号检验下，减少噪音的效应检验不显著，但在符号等级检验下，减少噪音的效应检验是显著的，由此可见，符号等级检验的效率比单纯的符号检定法要高一些。

11.7.2 曼—惠特尼 U 检验

这种检验方法是建立在等级和的基础上的检验，通常用于两个独立样本的比较，以检验两个总体是否具有相同的分布，或者两个独立样本所来自总体的中位数是否相等。它有两个基本假定：一是两总体均为连续分布，且变异程度相同；二是两个独立样本均为随机样本。其检验的步骤为：

（1）将两个样本混合排列，按观察值大小编上等级。
（2）分别计算两个样本的等级和，即 T_1、T_2。
（3）计算两个样本的统计量 U_1、U_2。

$$U_1 = n_1 n_2 + \frac{n_1(n_1+1)}{2} - T_1$$

$$U_2 = n_1 n_2 + \frac{n_2(n_2+1)}{2} - T_2$$

$U_1 + U_2 = n_1 n_2 =$，故取 U_1、U_2 中的小者作为检验统计量 U。

（4）作出检验决策。根据显著水平 α、n_1、n_2 查曼—惠特尼检验临界值表，决策法则为

① 当 n_1、n_2 均 ≤ 20 时，

$U \leq U_{(\alpha)}$，两个总体不具有相同分布（中位数不同）；

$U \leq U_{(\alpha/2)}$，两个总体不具有相同分布（中位数不同）。

② 当 n_1、n_2 中有一个大于 20 时，采用 Z 检验：

$$Z = \frac{U - \frac{n_1 n_2}{2}}{\sqrt{\frac{n_1 n_2 (n_1 + n_2 + 1)}{12}}}$$

$Z < -Z_{(1-\alpha)}$，两个总体不具有相同分布（中位数不同）；

$Z < -Z_{(1-\alpha/2)}$，两个总体不具有相同分布（中位数不同）。

【例 11.20】设同一产品由 A、B 二条流水线生产，各随机抽取 10 件，得长度（公分）资料如表 11-13 所示，要求检验两条流水线生产产品的长度的中位数 M_1、M_2 是否相等（$\alpha = 0.05$）。

表 11-13 两条流水线产品长度测试表

A		B	
长度	等级	长度	等级
107.5	1	108.7	4
108.5	2	111.0	8
108.7	3	111.7	9
109.7	5	112.6	11
110.6	6	113.2	13
112.2	10	113.1	12
113.9	14	114.0	15
110.9	7	114.9	16
115.0	17	115.2	19
115.1	18	115.3	20

解：由表 11-13 可求得：$T_1=83$　$T_2=127$

$$U_1 = 10 \times 10 + \frac{10 \times 11}{2} - 83 = 72$$

$$U_2 = 10 \times 10 + \frac{10 \times 11}{2} - 127 = 28$$

$$U = 28$$

$\alpha = 0.05$，$n_1 = 10$，$n_2 = 10$，查表 $U_{(0.05)} = 23$，由于 $U = 28 > U_{(0.05)} = 23$，差异不显著，说明两条流水生产的产品长度具有相同的水平，中位数可能相同。

11.7.3 多个样本的等级检验法

多个样本的等级检验法又称克罗斯考尔—瓦里斯单因素方差分析法，它也是建立在等级和基础之上的非参数检验方法。它同样要求研究的变量是连续的，计量的水准至少是顺序的。检验时，等级的编排与等级和的计算同曼—惠特尼 U 检验相同，但检验的统计量为

$$H = \frac{12}{n(n+1)} \Sigma \frac{1}{n_i} \left[T - \frac{n_i(n+1)}{2} \right]^2$$

$$= \frac{12}{n(n+1)} \Sigma \frac{T_i^2}{n_i} - 3(n+1)$$

其中 T_i 为各样本的等级和，n_i 为各样本容量，n 为各样本容量的总和。

H 是近似于自由度为 $k-1$ 的 χ^2 分布（k 为样本个数），因而可利用 χ^2 分布进行检验。决策法则为

（1）$H > \chi^2_{(1-\alpha)}$：k 个总体的中位数不相同；

（2）$H < \chi^2_{(1-\alpha)}$：k 个总体的中位数相同。

【例 11.21】设某产品质量评价机构，邀请专家对各三种品牌的电视机进行质量评分，评分结果如表 11-14 所示。要求检验三种电视机的评分是否一致（$\alpha = 0.05$）。

表 11-14　三种电视机质量评分结果

A 品牌		B 品牌		C 品牌	
评分	等级	评分	等级	评分	等级
80	13	70	6	84	15
97	21	79	12	67	5
87	17	86	16	52	1
89	18	63	3	95	20
77	11	64	4	72	7.5
92	19	74	9	72	7.5
82	14	60	2	75	10
—	113	—	52	—	66

解：由表 11-14 可求得：$n_1 = n_2 = n_3 = 7$　$n=21$

$$T_1=113 \quad T_2=52 \quad T_3=66$$

$$H = \frac{12}{21(21+1)}\left(\frac{113^2}{7} + \frac{52^2}{7} + \frac{66^2}{7}\right) - 3 \times (21+1)$$
$$= 71.86$$

$\alpha = 0.05$，$k-1 = 2$，临界值 $\chi^2_{0.95(2)} = 5.991$，检验统计量 $H = 71.86 > \chi^2_{0.95(2)} = 5.991$，因此三种电视机的评分不完全一致，其中位数不完全相同。

11.8 趋势性与随机性检验

11.8.1 趋势性检验

趋势性检验的目的在于判别某种序列是否具有增加或减少的趋势性（倾向性），在实际工作中，某些数列的发展趋势往往不够明显，难以运用图表判别序列是否具有趋势性，为此，可作序列趋势性进行检验。

【例 11.22】 某种股票连续 20 天的股价数据如下：

28.6 28.0 27.8 29.6 30.4 26.8 28.2 28.0 27.6 26.8
27.4 28.4 30.2 31.4 30.2 29.5 28.0 27.5 28.0 28.8

可以看出，该股票价格起伏波动较大，难以判断序列的总趋势是增加，还是减少，或者基本持平。为此，可采用 LOX-stuart 趋势性检验法进行检验。检验的基本程序如下。

1. 建立假设

假设有如下三种情形。
（1）H_0：无增长趋势；　　H_1：有增长趋势。
（2）H_0：无减少趋势；　　H_1：有减少趋势。
（3）H_0：无趋势性；　　　H_1：有趋势性。

2. 数据配对

数据配对是把每个观察值与相隔大约 $n/2$ 的另一个观察值配对，具体做法是取 x_i 和 x_{i+c} 组成一对。当 n 为偶然时，有 $n/2$ 个对子；当 n 为奇数时，有 $(n+1)/2$ 个对子。

3. 计算对子数

对子数用 n' 表示，其中（$x_i - x_{i+c}$）的正负数目分别记为 S_+、S_-，其差额为 0 的对子去掉不考虑。例 11.22 中，对子数 $n' = 10$，$S_+ = 6$（个），$S_- = 4$ 个。

4. 确定检验统计量

检验统计量用 K 表示，有下列三种情形。
（1）检验有无增长趋势，$k = S_+$；
（2）检验有无减少趋势，$k = S_-$；
（3）检验有无趋势性，$k = \min(S_+, S_-)$。

5. 作出检验决策

（1）小样本时，拒绝 H_0 的条件（显著水平为 α）为

$$p(K \leqslant k) = \left(\frac{1}{2}\right)^{n'} \sum_{i=0}^{k} C_{n'}^{k} \leqslant \alpha$$

(2) 大样本时，拒绝 H_0 的条件为

$$Z = \frac{(k \pm 0.5 - n'/2)}{\sqrt{n'/4}} > Z_{(1-\alpha)}$$

在 $\pm$ 处，$k < n'/2$ 时，取加号；$k > n'/2$ 时，取减号。

例 11.22 中，若检验序列是否具有趋势性，则 $n' = 10$，$k = S_- = 4$

$$p(K \leqslant 4) = \left(\frac{1}{2}\right)^{n'} \sum_{i=0}^{4} C_{10}^{4} = 0.37695 > \alpha = 0.5$$

由于 $p(K \leqslant 4) > \alpha$，因此，接受 H_0，即上述股票价格序列无明显的趋势性。

11.8.2 随机性检验

随机性检验的目的在于判别某种序列是否具有随机性，进而衡量某种序列的变化是否处于正常的状态。例如，在正常状态下，生产线上的零件测量尺寸的取值应具有随机性。否则，生产线可能处于不正常的状态。

随机性检验通常采用游程检验法。它要求数据或问题能转化为二元数据（0，1）或（A，B）。检验的基本程序如下。

1. 建立假设

H_0：序列具有随机性　　　H_1：序列不具有随机性

2. 将数据或问题转化为二元据

设 x_i 为观察值，M_0 为中位数或均值，当 $x > M_0$，记作 1；$x < M_0$ 时，记作 0；$x = M_0$ 时，含去不计（亦可记作 1 或 0）。

3. 计算游程数目

连在一起的 1 或 0 为 1 个游程，R 为游程总数；1 的个数记作 n，0 的个数记作 m，且 $N = n + m$，N 为数据总项数。

4. 作出决策

(1) 小样本时，拒绝 H_0 的条件为

$$P(R = 2k) = \frac{2C_{m-1}^{k-1} C_{n-1}^{k-1}}{C_N^n} \leqslant \alpha \quad （R 为偶数时）$$

$$P(R = 2k+1) = \frac{C_{m-1}^{k-1} C_{n-1}^{k} + C_{m-1}^{k} C_{n-1}^{k-1}}{C_N^n} \leqslant \alpha \quad （R 为奇数时）$$

(2) 大样本时（n、m 均大于 20），R 的分布近似于正态分布，游程的平均数 μ_r、标准差 σ_r 和检验统计量 Z 分别为

$$\mu_r = \frac{2mn}{m+n} + 1$$

$$\sigma_r = \sqrt{\frac{2mn(2mn - m - n)}{(m+n)^2 (m+n-1)}}$$

$$Z = \frac{R - u_r}{\sigma_r} \geqslant Z_{(1-\alpha)} \quad 拒绝 H_0。$$

$$-Z_{(1-\alpha)} < Z < Z_{(1-\alpha)} \quad 接受 H_0。$$

【例 11.23】在例 11.22 中，股票价格的均值为 28.56 元，全部数据可转化为

10011000000011110001。

则 $N = 20$，$R = 7$，$n = 8$，$m = 12$（$2k+1 = 7$，$k = 3$）

$$P(R = 2K+1) = \frac{C_{11}^2 C_7^3 + C_{11}^3 C_7^2}{C_{20}^8} = 0.0048 < \alpha = 0.05$$

因此，在显著水平为 $\alpha = 0.05$ 的条件下，股票价格序列具有随机性。此例亦说明，游程检验法是符号检验法的特例，随机性检验与趋势性（倾向性）检验具有一定的关系，即序列具有随机性，则不具有趋势性或倾向性。

复习思考题

1. 假设检验的涵义、程序如何？
2. 假设检验中显著水平 α 的选择，存在着犯哪两种错误的可能性？
3. 一个正态总体的均值检验有哪两种情况？各怎样进行检验？
4. 怎样进行一个正态总体的比率检验？
5. 两个正态总体的均值之差检验和比率之差各怎样进行检验？
6. 何谓非参数统计？主要应用在哪些方面？
7. 简述非参数统计的优缺点及非参数统计方法的种类？
8. 简述 χ^2 检验的基本原理及其应用。
9. 符号检验法有何作用？怎样检验？
10. 等级检验法有哪些种类？各如何检验？
11. 怎样检验趋势性与随机性？

习 题

1. 某食品厂生产水果罐头，标准规格为每罐净重 500 克，标准差为 6 克。现从该厂生产的一批罐头中抽取 100 罐检验，平均净重为 502 克，按规定显著水平 $\alpha = 0.05$，问该批罐头是否符合规定的标准。

2. 某公司生产某型号电池，电池平均寿命设计为 50 小时，现从一批该型号电池中抽检 10 只，它们的寿命分别为 47，48，48，49，49，50，50，51，52，54 小时，问该批灯泡的寿命是否达到了原设计的要求（$\alpha = 0.05$）。

3. 某厂某产品改进包装前 80 天的日平均销售量为 2100 件，标准差 120 件，改进包装后 60 天的日平均销售量为 2180 件，标准差为 108 件，问在显著水平 $\alpha = 0.01$ 下，能否判断是否由于改进产品包装而扩大了销售？

4. 有两台机器生产同一零件，零件长度均近似地服从正态分布，且总体方差相等，现分别抽取 20 个和 24 个零件检测，样本均值分别为 10.8cm 和 11.0cm，样本标准差分别为 0.020 和 0.019，在显著水平 $\alpha = 0.05$ 条件下，能否以为两台机器生产的零件长度一致？

5. 某厂规定某产品次品率不超过 2% 方可出厂，现从一批产品中随机抽查 80 件，发现次品有 2 件，问在显著水平 $\alpha = 0.05$ 的条件下，该批产品能否出厂？

6. 某厂有甲、乙两条生产线，从甲生产线抽取 100 件检验，有次品 5 件，从乙生产线抽取 120 件检验，有 7 件次品。在显著水平 $\alpha = 0.05$ 的条件下，甲、乙两条流水线的产品次品率有无显著差异？

7. 某市电话抽访 612 名居民，得其性别对某项生育政策意见的联列表如下，试以 $\alpha = 0.05$ 检验居民性别与意见是否有关。

意见 性别	赞成	无意见	不赞成
男（人）	228	34	106
女（人）	174	16	54

8. 两家广告公司分别对午间电视收视率作电话调查，得如下样本资料，要求以 $\alpha = 0.05$ 检验两家广告公司调查结果有无差异。

收视 公司	A 视	B 视	C 视	其他
甲	98	80	86	56
乙	104	86	98	45

9. 某工厂抽查 200 个产品的重量，得如下次数分布表，要求以 $\alpha = 0.05$ 检验此次数分布是否可能来自正态总体。

产品重量（公斤）	100～101	101～102	102～103	103～104	104～105
产品数（个）	36	40	58	40	26

10. 某厂在生产线上等距抽取 16 个产品测量重量 x 为：247，248，249，250，246，247，249，251，252，253，251，248，249，246，251，250 克。要求检验产品重量的中位数是否仍为 250 克（$\alpha = 0.05$）。

11. 同一产品由 A、B 两条流水线生产，各随机抽取 8 件，得产品长度（公分）如下，要求以 $\alpha = 0.05$ 检验两条流水线的产品长度的中位数是否相同。

    A：217.0 215.0 218.3 219.5 221.8 221.2 224.5 227.8
    B：217.5 222.1 223.4 226.2 225.6 226.3 228.7 227.9

12. 某公司改进产品包装前后 10 个销售点的销售量（万件）如下，要求 $\alpha = 0.05$ 检验产品包装改进的效果是否显著。

    改进前：12 14 20 16 18 9 13 15 10 16
    改进后：16 13 24 16 24 15 14 14 13 20

13. 某铝材厂对采购铝材长度进行测量，其 10 根同一铝材的长度分别为 8.3，7.8，7.6，7.9，8.4，8.1，8.3，7.9，7.8，8.2 米。要求以 $\alpha = 0.05$ 检验铝材长度的中位数是否为供应方所说的 8 米。

14. 以习题 12 的资料为例，采用符号等级检验法检验改进产品包装的效果是否明显。

15. 以习题 11 的资料为例，采用曼—惠特尼 U 检验法检验两条流水线生产的产品长度的中位数 M_1，M_2 是否相等。

16. 某产品质量评价机构邀请 9 名专家对三种品牌的空调质量进行评价，评分结果如下，要求以 $\alpha = 0.05$ 检验三种品牌空调质量评分是否一致。

A 牌：80　81　86　92　95　84　78　86　90
B 牌：78　75　74　79　83　87　76　77　82
C 牌：93　70　73　69　68　88　71　67　85

17. 银行两位评估专家对 10 家申请贷款企业的信誉等级（x）和偿债能力等级（y）进行调查评估，结果如下，要求以 $\alpha = 0.05$ 判别两位专家的评估是否为正相关，评价意见是否具有一致性。

企业序号：1　2　3　4　5　6　7　8　9　10
x：4　3　10　9　1　6　2　7　8　5
y：3　5　9　7　2　6　4　8　10　1

18. 某监听装置收到如下信号，能否认为该信号是纯粹的随机干扰？

0 10 111 00 1100 00 11111111101 00 11101010100010100
000 000 101 100 111 010 1000100 101 01 00 000000 111

19. 某工人加工某零件的尺寸，其标准为 10cm，某日按顺序测量的 30 个零件的尺寸（cm）如下，试判别零件的尺寸变化是否是随机因素产生的？有没有尺寸增加的趋势？是否有中位数大于 10cm 的可能性？

9.9　8.8　11.3　10.3　10.0　10.5　11.6　9.4　11.9　9.4
9.5　11.7　12.2　9.6　12.8　9.8　10.7　10.9　11.3　10.7
9.8　11.8　12.3　9.8　12.8　10.2　11.1　11.0　11.4　10.8

20. 某城市有 3 个大型超市，调查者对 580 个不同年龄段的人进行首先去三个商场中的哪一个进行询问调查，结果汇总如下，试判别人们去这三个商场的概率是否一样。

年龄段	商场 1	商场 2	商场 3
≤30	83	70	56
31～50	91	86	76
50 以上	41	38	39

21. 某消费者保护机构为了比较 A、B 两种品牌轮胎的使用寿命的平均值的差异性，得实验数据如下，试以 $\alpha = 0.05$ 判别 A、B 两种品牌轮胎的使用寿命的平均值是否相等？方差是否相等？

A 牌：528 532 534 523 520 528 546 516 520 519 525 518 515 538 525 526 536 554 537
B 牌：549 568 553 546 582 567 560 562 563 566 553 558 578 560 550 557 570 561 560

实验　用 Excel 作假设检验

用 Excel 的函数工具可以进行总体参数的假设检验和非参数检验，主要包括 Z 检验、t 检验、F 检验、卡方检验等。以下举例说明总体均值的假设检验和联列表分析中的卡方检验。

1. 用 Excel 进行总体均值的假设检验

以本章习题中的第 20 题为例，用 Excel 作总体均值假设检验的步骤如下。

第 1 步：打开 Excel 数据表，在 A 列键入 A1:A19，在 B 列键入 B1:B19。
第 2 步：选择"工具"下拉菜单，选择"数据分析"选项。
第 3 步：在"分析工具"中选择"t 检验：平均值的成对二样本分析"。当出现对话框时，在"变量 1 的区域"框内键入 A1:A19，在"变量 2 的区域"框内键入 B1:B19；

在"假设平均差"框内键入 0,"标志"框不作选择(本例输入区域没有标志项);

在"α"框内键入 0.05,在"输出选项"中选择"新工作表组"。

第 4 步:单击"确定"按钮,输出结果如表 11-15 所示。输出结果中 t 双尾临界值为 2.100922,而检验统计量 t 为-9.48035,|t|大于临界值,落在拒绝区域,故 A、B 两种品牌轮胎使用寿命的平均值不相等,是有差异的。在实际检验时,若样本量 n 大 30,两样本的总体方差已知(未知时可用样本方差代替)。可从"分析工具"中选择"Z 检验:两样本平均差检验"。

表 11-15 二样本平均数之差检验

A	B	C
	变量 1	变量 2
平均	528.4211	561.2105
方差	109.0351	87.28655
观测值	19	19
泊松相关系数	-0.1587	
假设平均差	0	
df	18	
t Stat	-9.48035	
P(T<=t) 单尾	1.01E-08	
t 单尾临界	1.734064	
P(T<=t) 双尾	2.02E-08	
t 双尾临界	2.100922	

2. 用 Excel 进行 χ^2 检验

用 Excel 函数工具可作联列表分析的卡方检验。以本章例 11.12 为例,检验的步骤如下。

第 1 步:打开 Excel 数据表,构建原始数据表,见表 11-16 所示。

表 11-16 用 Excel 进行 χ^2 检验

	A	B	C	D	E
1	表 A 两市消费者对新型洗衣粉喜爱人数				
2		大学以上	中学	小学及以下	合计
3	4000以下	93	19	18	130
4	4000-5000	114	27	23	164
5	5000-6000	110	39	39	188
6	6000-7000	178	56	70	304
7	7000以上	327	143	130	600
8	合计	822	284	280	1386

	F	G	H	I	J
1		表 B 期望频数			
2		大学以上	中学	小学及以下	合计
3	4000以下	77.099567	26.637807	26.262626	130
4	4000-5000	97.264069	33.604618	33.131313	164
5	5000-6000	111.49784	38.522367	37.979798	188
6	6000-7000	180.29437	62.291486	61.414141	304
7	7000以上	355.84416	122.94372	121.21212	600
8	合计	822	284	280	1386
9					
10		0.0027676	23.51001	15.507313	

第 2 步：按行和列求合计数。

在 E3 键入 "=SUM(B3:D3)"，单击回车键，用填充柄下拉到 E8。

在 B8 键入 "=SUM(B3:B7)"，单击回车键，用填充柄平拉到 E8。

第 3 步：计算期望频数。

在 G3 键入 "=E3*$B$8/$E$8"，单击回车键，用填充柄下拉到 G8。

在 H3 键入 "=E3*$C$8/$E$8"，单击回车键，用填充柄下拉到 H8。

在 I3 键入 "=E3*$D$8/$E$8"，单击回车键，用填充柄下拉到 I8。

在 J3 键入 "=SUM(G3:I3)"，单击回车键，用填充柄下拉到 J8。

第 4 步：计算卡方检验量。

在 G10 键入 "=CHITEST(B3:D7,G3:I7)"，在 H10 键入 "=CHIINV(G10,8)"

在 I10 键入 "=CHIINV(0.05,8)"。

第 5 步：作出判断。P 值为 0.0027676＜0.05，卡方检验量 23.51001＞临界值 15.507313，因此，否定 H_0，接受 H_1，即人均年收入与文化程度之间不是独立的，而是有联系的。

第 12 章 方差分析

本章主要阐述方差分析的基本理论和方法。方差分析是通过对方差的分析研究来判断多个正态总体平均值是否相等的一种统计分析方法。通过方差分析可以判断影响某个变量的众多因素中，哪些因素影响大，哪些因素影响小。

12.1 方差分析的基本问题

12.1.1 方差分析的意义

方差就是标准差的平方的别名，是各变量值与算术平均数的离差平方的平均数。方差分析就是利用方差来判断多个正态总体的均值是否相等，或者说检验两个或两个以上的样本平均数之间的差异是否具有显著性的一种统计分析方法。

方差分析的作用主要在于判断影响某变量的众多因素中，哪些因素起主要作用，哪些因素起次要作用；或者判断不同的方案中哪一种方案最好。例如，比较不同的广告类型中哪一种促销效果最好；分析不同的机械操作方法中哪一种提高劳动效率最高；比较不同中学高考升学率的差异是否显著，分析影响工作效率、产品质量、产品产量或销售量的众多因素中，哪些因素起主要的显著影响等。

12.1.2 方差分析的种类

在方差分析中，通常称因素或因子的不同状态为水平，记作 A_1，A_2，A_3，…或 B_1，B_2，B_3，…。例如，有三种不同的方法装配一个部件，则装配部件这个因子具有 3 种状态或 3 种水平；某产品电视广告有三种不同的方案，则电视广告这个因子具有 3 种状态或 3 种水平；全国 31 个省市区的人均 GDP 若按数值大小分为 5 组，则人均 GDP 这个因子具有 5 种状态。方差分析按涉及的因子多少不同可分为以下两类。

1. 单因子方差分析。

单因子方差分析涉及的因子只有一个，而这个因子又具有不同的状态或水平。分析的目的在于判断不同的状态或水平是否具有显著的差异。

例如，某机械部件有三种不同的装配方法（A_1，A_2，A_3），工厂技术科挑选 15 名工人，分为 5 组，每组 3 名工人，分别用三种装配方法装配机械部件，每组每名工人装配所需的时间记录如表 12-3 所示。若考察三种装配方法的效果是否具有显著的差别，并判断哪种装配方法最好，就可采用单因子方差分析。

2. 双因子方差分析。

双因子方差分析涉及的因子有两个，而每一个因子又有不同的状态或水平，分析的目的在于同时研究两种因子对某一指标或某一变量的影响。通常将涉及到两个或两个以上因子的方差分析，称为多因子方差分析。

例如，某企业分别在 5 个地区建立了某种新产品的销售点 A_1，A_2，A_3，A_4，A_5，共记录了 5 个月试销期的销售量 B_1，B_2，B_3，B_4，B_5，见表 12-9 所示。若要分析不同地区和不同时期这两个因子对销售量是否有显著的影响，就可采用双因子方差分析。

12.1.3 方差分析的应用条件

方差分析是通过对误差的分析来研究判断多个正态总体均值是否相等的一种统计分析方法，其应用条件如下。

（1）检验因子有 γ 种水平，x_1，x_2，…，x_γ 是 γ 个相互独立的正态总体，分别服从于 $N_i(\mu_i,\sigma_i^2)$ 的分布，$i=1,2,…\gamma$。亦即各个水平的测量或观察数据，要能够被看作是从服从正态分布的总体中随机抽得的样本。

（2）各组或各样本的测量或观察数据，是从相互独立的总体中分别抽得的，并且各总体具有相同的方差，以便检验 γ 个相互独立的正态总体的均值是否相等。

12.2 单因子方差分析

单因子方差分析涉及的因子只有一个，而这个因子又具有多种水平。分析的目的在于判断多种水平之间的差异是否显著，以及哪种水平为最优水平。

12.2.1 单因子方差分析的基本思想

单因子方差分析的基本思想是利用方差分解定理把全部数据的总离差平方和分解为两大部分，一部分是可控因素的影响（因子水平不同）造成的组间离差平方和，一部分是不可控因素（随机因素）影响造成的组内误差平方和，即

$$总离差平方和 Q = 组内误差平方和 Q_1 + 组间离差平方和 Q_2$$

亦即

$$\Sigma\Sigma(\bar{x}_{ij} - \bar{X})^2 = \Sigma\sigma_i^2 n_i + \Sigma(x_i - \bar{X})^2 n_i$$

$$n\sigma^2 = Q_1 + Q_2$$

其中 σ^2 为全部数据的总方差，σ_i^2 为各组组内方差。

据此可计算总方差、组内（误差）方差和组间（因子）方差，计算公式为

总方差：$\quad S^2 = Q/(n-1)$

组间（因子）方差：$\quad S_2^2 = Q_2/(\gamma-1)$

组内（误差）方差：$\quad S_1^2 = Q_1/(n-\gamma)$

组间（因子）方差/组内（误差）方差的比值越大，随机因素影响则越小，各组（各因子）水平之间的差异就越明显，反之，则相反。分析时，可计算检验统计量 F，作 F 检验。统计量 F 是组间（因子）方差除以组内（误差）方差求得的比值，即

$$F = S_2^2 / S_1^2$$

由给定的显著水平 α 及自由度 $\gamma-1$，$n-\gamma$ 查 F 表求得。若 $F > F_\alpha$（F 分布的临界值），则各组水平之间的差异是显著的；若 $F < F_\alpha$，则各组水平之间的差异不显著。

【例 12.1】某班 50 名学生考试数学，其中女同学 20 名，平均成绩 82 分，标准差为 12.4 分；男同学 30 名，平均成绩 78.8 分，标准差 15.6 分。试确定全班同学的总平均成绩，方差和

标准差;并检验男女同学数学考试成绩之间是否具有显著的差异（$\alpha = 0.05$）。

解：
$$\overline{X} = \frac{\sum \overline{x_i} n_i}{n} = \frac{82 \times 20 + 78.8 \times 30}{50} = 80.08 \text{（分）}$$

组内误差平方和　　$Q_1 = (2.4^2 \times 20 + 15.6^2 \times 30) = 10376$

组间离差平方和　　$Q_2 = (82 - 80.08)^2 \times 20 + (78.8 - 80.08)^2 \times 30 = 123$

总离差平方和 Q = 组内误差平方和 Q_1 + 组间离差平方和 Q_2，即
$$10499 = 10376 + 123$$

检验统计量　　　　$F = \dfrac{123/(2-1)}{10376/(50-2)} = 0.5690$

显著水平 $\alpha = 0.05$，在 F 分布表中查得 $F_{0.05}(1,48) = 4.048$，$F=0.569 < F_{0.05} = 4.408$，因此，男女同学数学考试成绩之间不具有显著的差异性。

【例 12.2】 某县今年 31 个乡镇农民人均经营性收入如下。

50467　41163　16962　14123　20053　21788　15720　16195　57695
28814　31874　10055　21471　10798　23794　13313　13296　11950
28332　10296　12654　12457　10546　5787　8970　10430　12138
 8757　11762　11847　15000（元）

要求根据原始数据采用 K-均值聚类法进行分类（设定分类的组数 $\gamma = K = 5$），并以显著水平 $\alpha = 0.05$ 检验 31 个乡镇农民人均经营性收入的分类之间是否具有显著的差异性。

解： 聚类结果整理如表 12-1 所示。根据表中数据可求得：

组内误差平方和　　$Q_1 = \Sigma \sigma_i^2 n_i = 298194630.3$

组间离差平方和　　$Q_2 = \Sigma(\overline{X}_i - \overline{X})^2 n_i = 4222980496.0$

检验统计量　　　　$F = \dfrac{4222980496.0/(5-1)}{298194630.3/(31-5)} = 92.052$

显著水平 $\alpha = 0.05$，在 F 分布表中查得 $F_{0.05}(4,26) = 2.743$，$F=92.052 > F_{0.05} = 2.743$，因此，31 个乡镇农民人均经营性收入的 5 组分类之间具有显著的差异性，表 12-1 中乡镇农民人均经营性收入的分布是呈偏斜状态的，亦说明各乡镇农民人均经营性收入之间的差异非常悬殊。

表 12-1　31 个乡镇农民人均经营性收入聚类

聚类中心（平均数 $\overline{X}$）	乡镇个数（个）	频率%	组内标准差
54081.00	2	6.45	3614.00
41163.00	1	3.23	0.00
28203.50	4	12.90	2885.55
14342.26	19	61.29	3447.72
8773.00	5	16.12	1607.38
18661.516	31	100.00	—

12.2.2　单因子方差分析的程序

（1）设计方案、搜集数据。即列出因子的不同状态或水平，并随机抽取不同的样本，以获得各状态或水平的样本观察数据。

（2）建立假设。即假定因子的不同水平的样本平均数相等，或假定因子的不同水平的样本平均数不全等。希望检验的原假设和对立假设的表达式为

$$H_0: \mu_1 = \mu_2 = \mu_3 \cdots = \mu_\gamma \quad （全等）$$

$$H_1: \mu \neq \mu_2 \neq \mu_3 \cdots \neq \mu_\gamma \quad （不全等）$$

（3）计算方差。通常需要计算总方差 S^2，因子方差 S_2^2 和随机方差 S_1^2。其中总方差是全部数据的方差，因子方差是因子各水平能解释的部分，随机方差是因子各水平不能解释的部分，是随机因素造成的误差。方差的计算可编制单因子方差分析表，格式如表 12-2 所示。

表 12-2　单因子方差分析表

方差来源	平方和	自由度	方差
因子影响	$Q_1 = \sum (\bar{x}_j - \bar{X})^2 n_i$	$\gamma - 1$	$S_2^2 = Q_2/(\gamma - 1)$
随机误差	$Q_2 = \sum\sum (x_{ij} - \bar{x}_j)^2$	$n - \gamma$	$S_1^2 = Q_1/(n - \gamma)$
总和	$Q = \sum\sum (x_{ij} - \bar{X})^2$	$n - 1$	$S^2 = Q/(n - 1)$

（4）计算检验统计量 F 值，作 F 假设检验。统计量 F 是因子方差除以随机方差求得的比值。F_α 是 F 分布的临界值，由给定的显著水平 α 及自由度 $\gamma - 1$，$n - \gamma$ 查 F 表求得。若 $F > F_\alpha$，则拒绝 H_0，接受 H_1，即可认为因子的不同水平的差异是显著的。

（5）计算效应值，选择最优水平。若 F 假设检验拒绝 H_0，接受 H_1，则可进一步计算因子的各水平效应值 $a_i = \bar{x}_i - \bar{X}$，即各水平的平均数与总体平均数之差。若因子为产量、销售量、利润等指标时，应选择效应值最大者为最优水平，当因子为时间、成本、费用等指标时，应选择效应值最小者为最优水平。

【例 12.3】某机械部件有三种不同的装配方法（A_1，A_2，A_3），工厂技术科挑选 15 名工人，分为 5 组，每组 3 名工人，分别用三种装配方法装配机械部件，每组每名工人装配所需的时间记录如表 12-3 所示。现采用单因子方差分析考察三种装配方法是否具有显著的差别。

表 12-3　不同装配方法所需装配时间（分）

组别（样本）号	方法 I（A_1）	方法 II（A_2）	方法 III（A_3）
1	18.6	22.4	25.8
2	17.8	21.5	24.6
3	19.5	22.6	25.3
4	18.4	23.0	24.8
5	19.3	21.8	24.2
$\bar{x}_j$	18.72	22.26	24.24
$\sum(x_{ij} - \bar{x}_j)^2$	1.908	1.472	1.552

解：　　　　$H_0: \mu_1 = \mu_2 = \mu_3$，　$H_1: \mu \neq \mu_2 \neq \mu_3$

$\gamma = 3$　$n = 15$　$n_1 = n_2 = n_3 = 5$

$\bar{x}_1 = 18.72$　$\bar{x}_2 = 22.26$　$\bar{x}_3 = 24.94$

全部数据（$n = 15$）的平均数：$\bar{X} = 21.9733$　总离差平方和 = 102.269

各水平总的误差平方和　　　$Q_1 = 1.908+1.472+1.552=4.932$
因子影响的离差平方和　　　$Q_2 = \sum (\bar{x}_j - \bar{X})^2 n_i = 97.337$
全部数据总离差平方和　　　$Q = Q_1 + Q_2 = 102.269$

根据以上方差的计算，可编制单因子方差分析表，如表 12-4 所示。检验统计量 F 值为

$$F = S_2^2 / S_1^2 = 118.71$$

表 12-4　方差分析表

误差来源	平方和	自由度	方差	F 值
因子影响	97.337	2	48.67	118.71
随机误差	4.932	12	0.41	
总和	102.269	14	7.32	

若显著水平 $\alpha = 0.05$，在 F 分布表中查得 $F_{0.05}(2,12) = 3.89$，$F > F_{0.05}$，所以拒绝接受 H_0，接受 H_1，即认为三种装配方法所需的时间具有显著的差别。各装配方法的效应值分别为

$$a_1 = 18.72 - 21.9733 = -3.2533 \text{（分）}$$
$$a_2 = 22.26 - 21.9733 = 0.2867 \text{（分）}$$
$$a_3 = 24.94 - 21.9733 = 2.9667 \text{（分）}$$

本例 a_1 的效应值最小，表明第一种装配方法（A_1）所需的时间最少，效率最高，因此，生产中应推广第一种装配方法。

【例 12.4】某工厂所需的锻造零件由 3 个不同厂家提供，该零件的重要特性是强度，现从三个厂家提供的零件样品中随机抽取 10%的产品，由同一操作者在同一试验条件下进行破坏性强度试验，所得结果如表 12-5 所示。试分析三个厂家提供的零件强度是否有显著差异，若有不同，应选择哪个厂家的零件为宜（本例是一个样本容量不等的单因子方差分析）。

表 12-5　三个厂家零件强度数据　　　　（单位：千克）

序号	A_1	A_2	A_3
1	116	103	85
2	118	107	89
3	100	118	97
4	82	116	98
5	—	115	85
6	—	118	—
$\bar{x}_i$	104.0	112.83	90.8
$\sum (x_{ij} - \bar{x}_i)^2$	840.0	198.83	160.8

解：
$$H_0: \mu_1 = \mu_2 = \mu_3, \quad H_1: \mu \neq \mu_2 \neq \mu_3$$
$$\gamma = 3 \quad n = 15 \quad n_1 = 4 \quad n_2 = 6 \quad n_3 = 5$$
$$\bar{x}_1 = 18.72 \quad \bar{x}_2 = 22.26 \quad \bar{x}_3 = 24.94$$

全部数据（$n=15$）的平均数：$\bar{X} = 103.13$　　总离差平方和 = 2527.73
各水平总的误差平方和：　　　$Q_1 = 840 + 198.83 + 160.8 = 1199.63$

因子影响的离差平方和 $Q_2 = \sum(\bar{x}_j - \bar{X})^2 n_i = 1328.10$

全部数据总离差平方和 $Q = Q_1 + Q_2 = 2527.73$

根据以上方差的计算，可编制单因子方差分析表，如表 12-6 所示。检验统计量 F 值为

$$F = S_2^2 / S_1^2 = 6.64$$

若显著水平 $\alpha = 0.05$，查表 $F_{0.05}(2,12)=3.89$，因为：$F = 6.64 > F_{0.05}(2,12)=3.89$，所以拒绝接受 H_0，接受 H_1，即有 95%的把握（$1-\alpha$）认为三个厂家的零件强度有显著差异。其中 A_2 代表的厂家提供的零件为最优水平（效应值 $a_2 = 112.83 - 103.13 = 9.7$ 千克，为最大者）。因此，应选择 A_2 厂家作为锻造零件的提供者。

表 12-6 方差分析表

误差来源	平方总和	自由度	方差	F 值
各组之间（因子）	1328.10	2	664.05	6.64
各组内部（误差）	1199.63	12	99.97	
总　计	2527.73	14		

12.3 双因子方差分析

双因子方差分析又称双向方差分析，即同时考察两种因子或因素对试验指标的影响。例如，研究不同内容的广告和不同的销售价格这两个因素对销售额的影响；研究不同的操作深度和不同的施肥量对农产品产量的影响；研究不同的配方与不同的加工温度对产品质量的影响，研究不同的家庭人口和不同的收入对消费需求的影响等，都是双因子方差分析问题。

在双因子方差分析中，由于存在两个因子的影响，各个因子不同水平的搭配还会产生新的影响，称为交互作用。各因子间是否存在交互作用是多因子方差分析新产生的问题，也是单因子方差分析与多因子方差分析的区别所在。

12.3.1 无交互作用的双因子方差分析

为了更好地了解双因子方差分析，首先考虑没有交互作用的情况。设因子 A 有 γ 个不同的水平 $A_1, A_2, \cdots, A_\gamma$；因子 B 有 C 个不同的水平 $B_1, B_2, \cdots, B_c$。在其他因素都加以控制的条件下，因子 A 的每一个水平和因子 B 的每一个水平组成一组试验条件，每种情况进行一次独立试验，共可得到 γS 个试验结果 x_{ij}，其数据结构如表 12-7 所示。表中：

A 因子不同水平的样本平均数（行平均数）　$\bar{x}_i = \dfrac{1}{S}\sum\limits_{i=1}^{s} x_{ij}$

B 因子不同水平的样本平均数（列平均数）　$\bar{x}_j = \dfrac{1}{\gamma}\sum\limits_{i=1}^{\gamma} x_{ij}$

全部数据的总平均数　$\bar{X} = \dfrac{1}{\gamma S}\sum\sum x_{ij}$

表 12-7 双因子方差分析的数据结构

A因子\B因子	B_1	B_2	...	B_c	$\bar{x}_i$
A_1	x_{11}	x_{21}	...	x_{1c}	$\bar{x}_1$
A_2	x_{21}	x_{22}	...	x_{2c}	$\bar{x}_2$
⋮	⋮	⋮	⋮	⋮	⋮
A_γ	$x_{\gamma 1}$	$x_{\gamma 2}$	...	$x_{\gamma c}$	$\bar{x}_\gamma$
$\bar{x}_j$	$\bar{x}_1$	$\bar{x}_2$	...	$\bar{x}_s$	$\bar{X}$

设：因子 A 的第 i 种效应值为 $a_i = \bar{x}_i - \bar{X}$

因子 B 的第 j 种效应值为 $\beta_j = \bar{x}_j - \bar{X}$

试验误差记作 (e_{ij})，则每一项试验数据 x_{ij} 可分解为

$$x_{ij} = \bar{X} + a_i + \beta_j + e_{ij}$$

或 $(\bar{x}_{ij} - \bar{X}) = (\bar{x}_i - \bar{X}) + (\bar{x}_j - \bar{X}) + e_{ij}$

此式称为无交互作用的数学模型。双因子方差分析就是要计算出公式中四者的平方和，再计算它们的方差进行分析。其方差分析如表 12-8 所示。

表 12-8 无交互作用双因子方差分析表

方差来源	平方和	自由度	方差
A 影响	$Q_1 = c\Sigma(\bar{x}_i - \bar{X})^2$	$\gamma - 1$	$S_1^2 = \dfrac{Q_1}{\gamma - 1}$
B 影响	$Q_2 = \gamma\Sigma(\bar{x}_j - \bar{X})^2$	$C - 1$	$S_2^2 = \dfrac{Q_2}{C - 1}$
随机误差	$Q_3 = \Sigma\Sigma x_{ij} - \bar{x}_i - \bar{x}_j + \bar{X}$	$(\gamma - 1)(c - 1)$	$S_3^2 = \dfrac{Q_3}{(\gamma - 1)(C - 1)}$
总和	$Q = \Sigma\Sigma(x_{ij} - \bar{X})^2$	$\gamma C - 1$	—

【例 12.5】 某企业分别在 5 个地区建立了某种新产品的销售点 A_1，A_2，A_3，A_4，A_5，共记录了 5 个月的试销期的销售量 B_1，B_2，B_3，B_4，B_5，见表 12-9 所示。若要分析不同地区和不同时期两个因子对销售量是否有显著的影响，就需采用双因子方差分析。

表 12-9 某企业新产品试销量数据　　　（单位：百台）

地区\时期	B_1	B_2	B_3	B_4	B_5	$\bar{x}_i$
A_1	13.0	3.6	7.2	7.4	15.2	9.28
A_2	28.4	14.2	21.6	17.8	25.2	21.44
A_3	26.8	18.8	14.4	17.2	15.0	18.44
A_4	4.8	3.0	3.4	4.6	5.6	4.28
A_5	12.4	9.6	9.8	9.2	10.4	10.28
$\bar{x}_j$	17.08	9.80	11.28	11.24	14.28	12.744

解： $H_0: \mu_1 = \mu_2 = \mu_3 = \mu_4 = \mu_5$，$H_1: \mu_1 \neq \mu_2 \neq \mu_3 \neq \mu_4 \neq \mu_5$

$$\gamma = 5 \quad C = 5 \quad \gamma C = n = 25$$

表中 25 个数据的总离差平方和　　$Q = 1316.76$

A 因子五种水平的离差平方和　$Q_1 = C\sum(\bar{x}_i - \bar{X})^2 = 988.87$

B 因子五种水平的离差平方和　$Q_2 = \gamma\sum(x_j - \bar{x})^2 = 169.99$

随机误差平方和　　　　　　　　$Q_3 = Q - Q_1 - Q_2 = 157.90$

根据以上方差的计算，可编制方差分析表，如表 12-10 所示。

表 12-10　某企业新产品试销量双因子方差分析表

方差来源	平方和	自由度	方差
因子 A	$Q_1 = 988.87$	4	$s_1^2 = 247.22$
因子 B	$Q_2 = 169.99$	4	$s_2^2 = 42.50$
随机误差	$Q_3 = 157.90$	16	$s_3^2 = 9.87$
总和	$Q = 1316.76$	24	

检验统计量 F_A 和 F_B 分别为

$$F_A = \frac{S_1^2}{S_3^2} = 25.05 \qquad F_B = \frac{S_2^2}{S_3^2} = 4.31$$

若显著水平 $\alpha = 0.05$，查表得临界值 $F_{0.05}(4,16) = 3.01$，显然 F_A 和 F_B 的值均大于临界值。因此，我们有 95%的把握说不同地区对销售量的影响极为显著，其地区 A_2 为最优水平，A_3 次之。同时，不同月份对销售量也有一定的影响，即销售量具有一定的季节性。

12.3.2　有交互作用的双因子方差分析

交互作用就是不同因子对试验所考察的指标具有复合作用。在实际问题研究中，常常遇到因子 A 的作用随因子 B 的水平而变化，例如，水稻亩产量在不施氮肥的情况下，施加磷肥 3 千克，产量可增加 15 千克/亩，而在施氮肥 4 千克时，同时施磷肥 3 千克，亩产就增加 45 千克。这表明氮肥和磷肥对水稻亩产量有交互影响作用，但 A、B 两因素的综合效应不是两因素效应的简单相加，而是复合作用的结果。当需要考虑两个因子的交互作用时，每组试验条件相同的试验至少要做两次，才能将交互作用的平方和从误差平方和中分解出来。有交互作用的双因子方差分析的方法和步骤与无交互作用的双因子方差分析基本相同，只需增加因子 $A \times B$ 交互作用产生的离差平方和的计算和方差分析。

设因子 A 取 γ 个水平，因子 B 取 C 个水平，共有 γC 个水平组合 A_iB_j，每个水平组合 A_iB_j 重复 L 次试验，每次试验结果的数据用 x_{ijk} 表示（$k=1, 2, \cdots, L$）。其数据结构如表 12-11 所示。（假定 $L=2$，$\gamma=3$，$C=3$）

表 12-11　有交互作用双因子方差分析数据表

因子 A ＼ 因子 B	B_1	B_2	B_3	$\bar{x}_i$
A_1	x_{111}　x_{112}	x_{121}　x_{122}	x_{131}　x_{132}	$\bar{x}_1$
A_2	x_{211}　x_{212}	x_{221}　x_{222}	x_{231}　x_{232}	$\bar{x}_2$
A_3	x_{311}　x_{312}	x_{321}　x_{322}	x_{331}　x_{332}	$\bar{x}_3$
$\bar{x}_{\cdot j}$	$\bar{x}_{\cdot 1}$	$\bar{x}_{\cdot 2}$	$\bar{x}_{\cdot 3}$	$\bar{X}$

设：　　　　　　因子 A 的第 i 种效应值为：$a_i = \bar{x}_i - \bar{X}$

　　　　　　　　因子 B 的第 j 种效应值为：$\beta_j = \bar{x}_j - \bar{X}$

A、B 交互作用的效应值为：$(a\beta)_{ij} = (\bar{x}_{ij} - \bar{x}_i) - (\bar{x}_i - \bar{X}) - (\bar{x}_j - \bar{X})$

$$= (\bar{x}_{ij} - \bar{x}_i) - a_i - \beta_j$$

随机误差记作　　　　　$e_{ijk} = x_{ijk} - \bar{x}_{ij}$　　　$(\bar{x}_{ij} = \frac{1}{L}\Sigma x_{ijk})$

则任意一项试验数据可分解为

$$x_{ijk} = \bar{x} + a_i + \beta_j + (a\beta)_{ij} + e_{ijk}$$

即有　　　　　　　　　$x_{ijk} - \bar{x} = a_i + \beta_j + (a\beta)_{ij} + e_{ijk}$

有交互作用的两因子方差分析，就是要先求出上式中五项的平方和，即全部试验数据的总离差平方和 Q、因子 A 的离差平方和 Q_1、因子 B 的离差平方和 Q_2、因子 $A×B$ 交互作用产生的离差平方和 Q_3、随机误差平方总和 Q_4，然后计算各自的方差及其统计量 F_A、F_B、F_{AB}，最后检验因子 A、因子 B 以及 AB 交互作用的影响是否具有显著性，并可进一步计算效应值，选择最优水平。其方差分析表如表 12-12 所示。

表 12-12　有交互作用双因子方差分析表

方差来源	平方和	自由度	方差
因子 A	$Q_1 = CL\sum(\bar{x}_i - \bar{X})^2$	$\gamma - 1$	$S_1^2 = \dfrac{Q_1}{\gamma - 1}$
因子 B	$Q_2 = \gamma L\sum(\bar{x}_j - \bar{X})^2$	$C - 1$	$S_2^2 = \dfrac{Q_2}{C - 1}$
因子 $A×B$	$Q_3 = Q - Q_1 - Q_2 - Q_3$	$(\gamma - 1)(C + 1)$	$S_3^2 = \dfrac{Q_3}{(\gamma - 1)(C - 1)}$
随机误差	$Q_4 = \sum\limits_{r=1}^{\gamma}\sum\limits_{S=1}^{S}\sum\limits_{L=1}^{L}(x_{ijk} - \bar{x}_{ij})^2$	$\gamma C(L - 1)$	$S_4^2 = \dfrac{Q_4}{\gamma C(L - 1)}$
总和	$Q = \sum\limits_{1}^{rSL}(x_{ijk} - \bar{x})^2$	$\gamma CL - 1$	—

【例 12.6】设某日光灯厂为了研究三种不同工艺方法和三种不同的灯丝配方对日光灯寿命的影响，对每种水平组合进行了两次试验，得到数据如表 12-13 所示，要求分析工艺方法（因子 A）和灯丝的配方（因子 B）对灯泡使用寿命是否具有显著的影响。

表 12-13　日光灯寿命试验数据　　　　　　　　　　（单位：百小时）

因子 A ＼ 因子 B	B_1	B_2	B_3	$\bar{x}_i$
A_1	26.4　30.0	32.2　34.6	36.0　34.0	32.2
A_2	28.8　31.2	27.4　28.6	29.0　31.4	29.4
A_3	28.0　27.2	32.6　34.2	34.2　32.2	31.4
$\bar{x}_{.j}$	28.6	31.6	32.8	31.0

解：　　　　　　　H_0：$\mu_1 = \mu_2 = \mu_3$，　H_1：$\mu \neq \mu_2 \neq \mu_3$

$$\gamma = 3 \quad C = 3 \quad L = 2$$

有交互作用的两因子方差分析的步骤如下。

（1）表中 18 个试验数据的总离差平方和为：$Q=146.24$

（2）因子 A 的三种水平的离差平方和为：$Q_1 = SL\Sigma(\overline{x}_i - \overline{X})^2 = 24.96$

（3）因子 B 的三种水平的离差平方和为：$Q_2 = \gamma L\Sigma(\overline{x}_j - \overline{X})^2 = 56.16$

（4）表中每组试验做两次，共有 9 组试验，每组试验均产生一个随机误差平方和 $\Sigma(x_{ijk} - \overline{x}_{ij})^2$，它们分别为：

$$\begin{array}{ccc} 6.48 & 2.88 & 2.00 \\ 2.88 & 0.72 & 2.88 \\ 0.32 & 1.28 & 2.00 \end{array}$$

则随机误差平方总和为 $Q_4 = 21.44$

（5）因子 $A \times B$ 交互作用产生的离差平方和为
$$Q_3 = Q - Q_1 - Q_2 - Q_4 = 43.68$$

（6）根据以上计算，得方差分析表，如表 12-14 所示。

表 12-14　日光灯寿命试验数据方差分析表

方差来源	平方和	自由度	方差
因子 A	$Q_1=24.96$	2	$S_1^2=12.48$
因子 B	$Q_2=56.16$	2	$S_2^2=28.08$
因子 $A\times B$	$Q_3=43.68$	4	$S_3^2=10.92$
随机误差	$Q_4=21.44$	9	$S_4^2=2.38$
总和	$Q=146.24$	17	

（7）计算 F 统计量，作 F 检验。

$$F_A = \frac{S_1^2}{S_4^2} = \frac{12.48}{2.38} = 5.24$$

$$F_B = \frac{S_2^2}{S_4^2} = \frac{28.08}{2.38} = 11.78$$

$$F_{AB} = \frac{S_3^2}{S_4^2} = \frac{10.92}{2.38} = 4.59$$

若显著水平 $\alpha = 0.05$，查表得临界值 $F_{0.05}(2,9) = 4.26$，$F_{0.05}(4,9) = 3.63$。由于 F_A、F_B 和 F_{AB} 的数值均大于临界值，所以，根据试验的数据资料，有 95% 的把握可以判定工艺方法和灯丝配方对日光灯使用寿命的影响具有显著性，工艺和配方之间也存在明显的交互作用。从表 12-14 提供的数据来看，在工艺 A_1 下采用配方 B_3 生产，日光灯的寿命最长(36+34)/2=35 小时，即最优水平为 A_1 和 B_3。

复习思考题

1. 简述方差分析的概念和种类？
2. 简述方差分析的应用条件和基本分析程序。

3. 单因子方差分析的基本程序和方法怎样？
4. 双因子方差分析和单因子方差分析有何不同？
5. 双因子方差分析有哪两种类型？各如何分析？
6. 方差分析的基本思想是什么？

习 题

1. 某地某年城镇居民可支配收入 18106 元/人，标准差为 1298 元/人，城镇人口为 24.91 万人；农村居民纯收入 5985 元/人，标准差为 843 元/人，农村人口为 42.41 万人。试确定城乡居民收入的总平均数、方差和标准差；并检验城乡居民收入之间是否具有显著的差异（$\alpha = 0.05$）。

2. 某电视台为了分析广告节目的播放时间对收听人数是否有显著影响，就本台 4 个时段广告对观众进行了调查，有关数据计算整理如下，要求说明广告节目播放时间对收听人数是否有显著的影响（$\alpha = 0.05$）。

方差来源	平方和	自由度
因子	388	3
误差	264	16

3. 某年某市有 4 个县，甲县人均 GDP 28850 元，标准差 3598 元/人，总口 56 万人；乙县人均 GDP 31285 元，标准差为 2354 元/人，总人口 86 万人；丙县人均 GDP 28860 元，标准差为 2186 元/人；总人口为 76 万人；丁县人均 GDP 18850 元，标准差为 3186 元/人，总人口为 88 万人。试确定人均 GDP 的总平均数、方差和标准差；并检验 4 个县人均 GDP 之间是否具有显著的差异性（$\alpha = 0.05$）。

4. 为比较 A、B、C 三种品牌的轮胎的使用寿命，每种品牌的轮胎测试 5 个，A 品牌平均寿命 2518 公里，标准差 133 公里；B 品牌平均寿命 2546 公里，标准差 158 公里；C 品牌平均寿命 2648 公里，标准差 152 公里。要求判断三种品牌的轮胎的使用寿命是否具有显著性（$\alpha = 0.05$）。

5. 某公司为了研究三种不同的营销方案对产品销售量的影响，进行了统计调查，各营销方案分季度的订单销售量如下表，要求分析不同营销方案对产品销售量是否有显著影响，哪一种营销方案最好（$\alpha = 0.05$）。

季度 \ 方案	A_1	A_2	A_3
1	326	368	412
2	352	396	382
3	340	358	436
4	370	380	448

6. 某地某年五个市县不同行业职工年均工资如下表，要求采用单因子方差分析法分析工资水平是否有显著的差异（$\alpha = 0.05$）。

市县	工业	建筑业	交通运输业	金融保险业	文化教育事业
甲	25148	25376	28236	35684	25684
乙	26175	27272	28247	38489	26948
丙	26108	26599	28458	39535	26812
丁	28337	29275	29219	41738	28818
戊	27380	26886	31613	39818	27402

7. 某地五个县不同年份的农民人均劳工性（工资性）收入（元/人）如下表，要求采用有交互作用的双因子方差分析法分析不同地区和不同时间对农民人均劳工性收入的影响（$\alpha = 0.05$）。

县别 \ 年序	1	2	3	4	5
甲	2909	2946	3232	3734	3864
乙	3173	3210	3511	4102	4172
丙	4155	4304	4425	4037	4264
丁	4181	4486	4698	5468	5527
戊	3107	4318	3446	3875	3972

8. 某厂为了研究不同包装方式 A_1、A_2、A_3 对产品销售量的影响，分别在 B_1、B_2、B_3 三个试销点试销三次，得销售量如下表，要求采用有交互作用的双因子方差分析法分析包装方式、试销点及两者交互作用是否影响产品销售量，哪个因素影响最显著。

单位：万件

包装方式 \ 试销点	B1	B2	B3
A_1	20　14	18　11　14	15　9　12
A_2	21　25　19	25　19　23	22　17　15
A_3	23　18　15	27　20　22	20　16　13

实验　用 Excel 作方差分析

以本章例 12.3 为例，用 Excel 作单因子方差分析的步骤如下。

第 1 步：打开 Excel 数据表，构建原始数据表，在 A1:A5 输入方法 I 的数据，在 B1:B5 输入方法 II 的数据，在 C1:C5 输入方法III的数据。

第 2 步：选择"工具"下拉菜单，选择"数据分析"选项。

第 3 步：在"分析工具"中选择"方差分析：单因子方差分析"。当出现对话框时：
在"输入区域"框内键入 A1:C5；分组方式选择"列"；
在"α"框内键入 0.05，在"输出选项"中选择"新工作表组"。

第 4 步：单击"确定"按钮，输出结果如表 12-15 所示。由于 $F=118.4152 >$ 显著水平 α 的临界值 3.885294，p 值为 1.26E-08，故三种装配方法所需的时间具有显著的差别。

表 12-15 Excel 单因子方差分析输出表

		SUMMARY				
组	观测数	求和	平均	方差		
列 1	5	93.6	18.72	0.477		
列 2	5	111.3	22.26	0.368		
列 3	5	124.7	24.94	0.388		
		方差分析				
差异源	SS	df	MS	F	P-value	F crit
组间	97.33733	2	48.66867	118.4152	1.26E-08	3.885294
组内	4.932	12	0.411			
总计	102.2693	14				

若用 Excel 作无交互作用的双因子方差分析，其分析的步骤与以上相同，但第 3 步的"分析工具"应选择"方差分析：无重复双因素分析"。

若用 Excel 作有交互作用的双因子方差分析，其分析的步骤与以上基本相同，但输入选项中需增加"每一样本的行数"的输入；第 3 步"分析工具"应选择"方差分析：可重复双因素分析"。

第 13 章 相关与回归分析

本章主要阐述如何测定相关数列中变量之间相关关系的紧密程度，以及如何用统计模型来描述具有相关关系的变量之间的联系形式。前者为相关分析，后者为回归分析。相关分析与回归分析通常结合进行，以便全面认识变量间的数量关系和数量规律。

13.1 相关分析

13.1.1 相关关系的概念

现象之间的关系有函数关系和相关关系两种类型。

（1）函数关系。指现象之间存在着严格的依存关系，即变量之间依一定的函数形式形成的一一对应的关系称为函数关系。如圆的面积 S 是由其半径 r 大小而决定的，即 $S = \pi r^2$，r 一旦被确定，S 值就是唯一确定的。

（2）相关关系。又称统计关系，是指两个变量之间存在某种依存关系，但变量 y 并不是由变量 x 唯一确定的，它们之间没有严格的一一对应关系。例如，收入（x）相同的家庭，但用于消费的支出（y）往往并不相同。这是因为消费支出不仅受收入的制约，还受家庭人口、生活习惯、价格等多种因素的影响。

13.1.2 相关关系的种类

（1）按相关关系涉及的因素多少，可分为单相关与复相关。两个因素之间的相关关系称为单相关，即一个因变量与一个自变量的相关关系；而一个因变量与两个或两个以上的自变量的相关关系称为复相关。

（2）按相关关系的表现形式，分为直线相关和曲线相关。因变量和自变量之间的相关关系近似地表现为一条直线称为直线相关或线性相关；因变量与自变量之间的相关关系近似地表现为某种曲线的形态称为曲线相关。

（3）按相关关系的变动方向，分为正相关和负相关。正相关又称顺相关，即因变量 y 与自变量 x 呈现同增或同减的同方向变动；负相关又称逆相关，即因变量 y 与自变量 x 呈现此增彼减的变动关系。

（4）按相关关系是否涉及有关影响因素，分为因相关和自相关。因相关是指因变量 y 与有关影响因素（自变量 x）之间的相关关系；自相关是指因变量 y 的时间数列中不同时间的取值存在着自身相关，即本期与前期或某一期的数值相关。

（5）按相关关系的性质不同，可分为数值相关和属性相关。数值相关是指数字变量之间的相关；属性相关是指属性变量之间的相关，通常表现为等级相关。

13.1.3 简单相关系数

相关分析主要是研究现象之间有无关系、相关关系的表现形式和密切程度。相关分析的方法主要有相关图表、皮尔逊相关系数、斯皮尔曼等级相关系数和肯达尔一致性系数等，这些方法适应于不同的场合。下面先介绍皮尔逊相关系数的计算和应用。

当变量 y 与变量 x 之间具有线性相关时，可用皮尔逊相关系数（简单相关系数）测定它们之间的密切程度。计算公式为

$$r = \frac{\sigma_{xy}^2}{\sigma_x \sigma_y}$$

$$= \frac{\frac{1}{n}\sum(x-\bar{x})(y-\bar{y})}{\sqrt{\frac{\sum(x-\bar{x})^2}{n}}\sqrt{\frac{\sum(y-\bar{y})^2}{n}}}$$

$$= \frac{\sum xy - n\bar{x}\cdot\bar{y}}{\sqrt{\sum x^2 - n\bar{x}^2}\cdot\sqrt{\sum y^2 - n\bar{y}^2}} \quad (\text{简化公式})$$

其中，σ_{xy}^2 为变量 x 与 y 的协方差，σ_x 为变量 x 的标准差，σ_y 为变量 y 的标准差。

如果相关分析依据的是分组数据，则应采用加权法测定 σ_{xy}^2、σ_x、σ_y，再测定相关系数。亦可采用公式计算：

$$r = \frac{\sum(x-\bar{x})(y-\bar{y})f}{\sqrt{\sum(x-\bar{x})^2 f}\sqrt{\sum(y-\bar{y})^2 f}}$$

简单相关系数 r 的取值范围为 $-1 \leq r \leq 1$。当 $r<1$ 时，则 x 与 y 之间为负相关；$r>1$ 时，则 x 与 y 之间为正相关。当 $r=1$ 时，则 x 与 y 完全正相关，$r=-1$ 时，则 x 与 y 是完全负相关。在这两种情形下，两个变量之间的关系是函数关系。当 $r=0$ 时，则 x 与 y 之间不存在线性相关关系（零相关），但有可能存在非线性相关。通常有下列判别相关程度的标准。

$|r|<0.3$，无相关；

$0.3 \leq |r| < 0.5$，低度相关；

$0.5 \leq |r| < 0.8$，中度相关；

$0.8 \leq |r| < 1$，高度相关；

$r=-1$，完全负相关；

$r=1$，完全正相关。

变量 y 与变量 x 之间是否具有显著的线性相关，亦可根据给定的显著水平 α（通常 $\alpha = 0.05$）和自由度，$n-2$，查 R 分布表得到临界值 $R\alpha$，若 $|r|>R\alpha$ 则相关系数具有显著性；否则，不具有显著性。

【例 13.1】某市 2014 年城镇居民人均月可支配收入与生活消费支出分组的抽样数据如表 13-1 所示。从绘制的图 13-1 可看出，不同类型的居民家庭人均月生活费支出与收入之间的相关关系表现为线性相关的形式，因而可用相关系数测定两者之间的紧密程度。

表 13-1　某市某年城镇居民家庭人均可支配收入和消费支出抽样数据　　　　（单位：元）

可支配收入（x）	3358	5061	6505	8901	12042	16386	22234	36784
消费性支出（y）	3448	4624	5634	7124	9097	11570	15298	23337
抽样家庭人数（人）	9791	9811	18995	36237	34183	32510	15567	15207

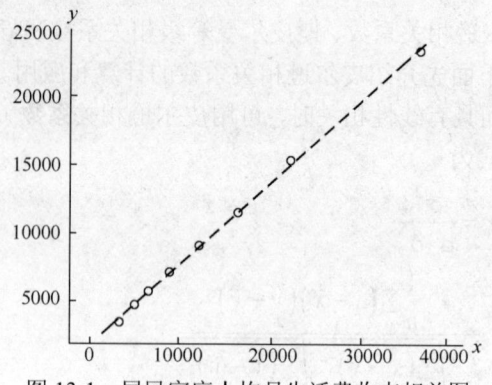

图 13-1　居民家庭人均月生活费收支相关图

解：依据表 13-1 的数据，可求得：$n=8$

$$\sum x = 111271 \quad \sum x^2 = 2419356883 \quad \bar{x} = 13908.875 \quad \sigma_x = 10438.53$$

$$\sum y = 80132 \quad \sum y^2 = 1111028094 \quad \bar{y} = 10016.500 \quad \sigma_y = 6208.72$$

$$\sum xy = 1632736373 \quad \sigma_{xy}^2 = \frac{1}{n}(\sum xy - n\bar{x}\cdot\bar{y}) = 64773800.56$$

$$r = \frac{\sigma_{xy}^2}{\sigma_x \sigma_y} = \frac{64773800.56}{10438.52 \times 6208.72} = 0.99944$$

居民家庭人均月生活费支出与生活费收入的相关程度为 0.99944，具有高度相关（若以抽样家庭人数为权数，采用加权法测定的相关系数为 0.99946）。

需要指出的是，测定简单相关系数时，x 与 y 两个变量是对等的关系，即所研究的两个变量不分彼此，谁作 x，谁作 y 都可以；两个变量只能算出一个相关系数，其值大小反映两变量之间的密切程度；计算相关系数要求两个变量必须都是随机的。

【例 13.2】 表 13-2 是根据某市 2005～2015 年 GDP 与三次产业的年发展速度。利用统计软件 SPSS 构造的相关系数距阵如表 11-2 所示。其中 GDP 与三次产业的相关系数分别为 0.884，0.937，0.923；第一产业与第二产业的相关系数为 0.813，第二产业与第三产业的相关系数为 0.831，第一产业与第三产业的相关系数 0.835，三次产业间具有较高的关联程度。但是，第一产业与第二产业、第三产业的相关程度都比较低，说明第一产业的发展相对滞后。

表 13-2　GDP 与三次产业相关系数距阵

产业	GDP	第一产业	第二产业	第三产业
GDP	1.000	0.884	0.937	0.923
第一产业	0.884	1.000	0.813	0.835
第二产业	0.937	0.813	1.000	0.831
第三产业	0.923	0.835	0.831	1.000

13.1.4　斯皮尔曼等级相关系数

等级相关是一种特殊的直线相关分析法。斯皮尔曼等级相关系数是把两个变量排序变为等级排序，然后计算相关系数。等级相关又称顺位相关。所计算的相关指标称为等级相关系数或等级系数。计算等级相关系数首先应将数量水准或顺序水准的具体表现按等级次序$(1, 2, \cdots)$排列，然后用下列公式计算等级相关系数 ρ

$$\rho = 1 - \frac{6\sum d^2}{n(n^2-1)} \qquad (-1 \leqslant \rho \leqslant 1)$$

其中 n 为等级的项数；$d = x$ 等级 $-y$ 等级的差值。

【例 13.3】某市场调查机构对 8 种不同品牌的电视机的质量和服务征求消费者的评价意见，二者均采用等级评价法，试分析两种排序的一致性程度。

表 13-3 不同品牌电视机的质量和服务等级评价

品牌编号	1	2	3	4	5	6	7	8	合计
质量排序（x）	1	3	2	4	6	8	5	7	—
服务排序（y）	1	2	4	3	7	6	8	5	—
$d=x-y$	0	1	−2	1	−1	2	−3	2	—
d^2	0	1	4	1	1	4	9	4	24

$$\rho = 1 - \frac{6 \times 24}{8(8^2-1)} = 0.7143$$

说明两种排序意见的一致性程度为中等相关。

斯皮尔曼等级相关系数与普通相关系数一样，取值范围也是界于-1 到+1 之间。其取值大小、不仅取决于等级间的联系程度，而且也与样本容量 n 大小有关。为此，可对等级相关系数作显著性检验。检验的方法一是直接查斯皮尔曼等级相关系数临界值，若 $\rho > \rho_\alpha$，则等级相关系数显著。二是采用 t 分布检验，其统计量 t 的计算公式为

$$t = \rho \sqrt{\frac{n-2}{1-\rho^2}}$$

若 $t > t_\alpha$，则等级相关系数显著。本例，$n=8$，查表 $t_{0.05}=0.643$，$t=0.7143 > t_{0.05}=0.643$，故不同品牌电视机的质量排序与服务排序的一致性程度具有显著性。

13.1.5 肯达尔一致性系数

肯达尔一致性系数通常用来测定多个顺序等级变量之间的一致性程度。计算时，要求先列出样本中各个个体的不同顺序等级测评排序，并算出等级之和 ΣT_i 及平方和 ΣT_i^2，然后计算肯达尔一致性系数 w，即

$$w = \frac{12\Sigma T_i^2}{k^2 n(n^2-1)} - \frac{3(n+1)}{n-1} \qquad (-1 \leqslant \rho \leqslant 1)$$

其中：k 为等级变量的个数，n 为样本容量。

【例 13.4】某评价机构组织专家对 6 种牌号的洗衣机的质量、功能、包装、外观、服务五个要素进行等级排序，排序结果见表 13-4 所示，要求测定肯达尔一致性系数，评价专家测评排序的一致性程度。

表 13-4　六种洗衣机等级排序

品牌	质量	功能	包装	外观	服务	T_i
1	2	1	3	1	1	8
2	3	2	1	2	2	10
3	5	4	4	5	4	22
4	1	3	2	1	3	12
5	4	5	6	4	6	25
6	6	6	5	6	5	28

解：　　　　$k=5$　　$n=6$　　$\Sigma T_i = 105$　　$\Sigma T_i^2 = 2201$

$$W = \frac{12 \times 2201}{5^2 \times 6(6^2-1)} - \frac{3(6+1)}{6-1} = 0.8309$$

计算结果表明专家测评等级排序的一致性程度为 0.8309。

肯达尔一致性系数的取值范围也是介于-1 到+1 之间。其显著性检验可先计算样本的离差平方和 $S = \Sigma(T_i - \bar{T})^2$，本例为 363.5，然后查肯达尔一致性系数 $W:S$ 的临界值，若 $S > S_\alpha$，则一致性系数 W 具有显著性。本例 $n=6$，$k=5$，查表 $S_{0.05}=136.1$，$S=363.5 > S_{0.05}=136.1$，所以专家测评等级顺序具有显著的一致性，即测评意见是趋于一致的。

13.2　一元线性回归

一元线性回归是用数学模型描述具有简单相关的因变量与自变量的数量关系，利用样本数据求解模型参数，并对模型进行统计检验，然后利用模型进行预测和控制。

13.2.1　一元线性回归模型

如果两个变量之间存在线性相关关系，并且自变量的变化会引起因变量按线性关系变化，则两个变量间的关系可用一元线性回归模型描述。

$$y = a + bx + e$$

式中：a、b 为回归系数，a 为回归直线的截距，b 为回归直线的斜率，e 是误差项。一元线性回归模型具有以下特点。

（1）两个变量 y、x 之间必须存在着真实的线性相关关系；
（2）两个变量 y、x 之间不是对等的关系，一个是因变量，一个是自变量。
（3）因变量 y 是随机变量，自变量 x 是非随机变量，是给定的数值。
（4）回归系数 b 有正负之分，b 为正值，x 与 y 正相关；b 为负值，x 与 y 负相关。

13.2.2　一元线性回归模型的参数估计

通常采用最小二乘法估计一元线回归模型的参数，其要求是误差 e 的平方和最小，即：

$$\Sigma e_i^2 = \Sigma(y-\hat{y})^2$$
$$= \Sigma[y-(a+bx)]^2 = 最小值 \min$$

按照这一要求，可导出下列求解 a、b 参数的标准方程组：

$$\begin{cases} \sum y = na + b\sum x \\ \sum xy = a\sum x + b\sum x^2 \end{cases}$$

如果先做相关分析，后做回归分析，则 a、b 参数为：

$$b = r \cdot \frac{\sigma_y}{\sigma_x}$$
$$a = \bar{y} - b\bar{x}$$

如果回归分析依据的是分组数据，则应采用加权最小二乘法估计 a、b 参数：

$$\begin{cases} \sum yf = a\sum f + b\sum xf \\ \sum xyf = a\sum xf + b\sum x^2 f \end{cases}$$

13.2.3 一元线性回归模型的评价与检验

一元线性回归模型的参数估计之后，回归模型还应通过评价与检验，才能用于预测和控制。其评价和检验主要有以下几个方面。

（1）拟合程度的测定。因变量 y 的实际值聚集在回归直线 $\hat{y} = a + bx$ 周围的紧密程度，称为回归直线对样本数据点的拟合程度。通常用可决系数 r^2 表示。计算公式为：

$$r^2 = \frac{\sum(\hat{y}-\bar{y})^2}{\sum(y-\bar{y})^2} = 1 - \frac{\sum(y-\hat{y})^2}{\sum(y-\bar{y})^2}$$

其中：$\sum(y-\bar{y})^2$ 为离差平方和；$\sum(\hat{y}-\bar{y})^2$ 为回归平方和；$\sum(y-\hat{y})^2$ 为剩余平方和（残差平方和）。三者的关系可表示为：

$$\sum(y-\bar{y})^2 = \sum(\hat{y}-\bar{y})^2 + \sum(y-\hat{y})^2$$

回归平方和在离差平方和中所占的比重（r^2）越大，回归直线对各观测点的拟合程度越强。可决系数 r^2 的取值区间为 $[0, 1]$。实际上，可决系数 r^2 是线性相关系数 r 的平方，因此，相关系数又可用下列公式求得：

$$r = \pm\sqrt{r^2}$$

r 的正负号与回归系数 b 的正负号相同，$|r|$ 越接近于 1，表明回归直线对样本数据点的拟合程度越高。可决系数 r^2 的实用计算式为：

$$r^2 = 1 - \frac{\sum y^2 - a\sum y - b\sum xy}{\sum y^2 - \frac{1}{n}(\sum y)^2}$$

（2）估计标准误差。可决系数 r^2 描述了回归直线对样本数据点的拟合优良程度，但不能说明变量 y 的实际观察值与估计值的误差程度。估计标准误差又称剩余标准差，是评价回归直线代表性大小或实际值与估计值误差大小的综合性指标。计算公式为：

$$SE = \sqrt{\frac{\sum e^2}{n-2}} = \sqrt{\frac{\sum(y-\hat{y})^2}{n-2}}$$
$$= \sqrt{\frac{\sum y^2 - a\sum y - b\sum xy}{n-2}}$$

由估计标准误差 s_y 和因变量 y 的平均值 $\bar{y}$，可计算相对估计标准误差：

$$V_s = SE/\bar{y}$$

(3) 回归系数 b 的显著性检验。回归系数 b 是一个估计值，若 y 与 x 之间不存在线性关系，则回归系数 b 不具有显著性，所建立的回归方程是不能利用的。回归系数 b 的显著性检验采用 t 检验。其统计量为

$$t_b = \frac{b}{s_b} = \frac{b}{\sqrt{SE^2/\sum(x-\overline{x})^2}}$$

根据给定的显著水平 α（通常 $\alpha = 0.05$）和自由度 $n-2$，查 t 分布表得到临界值 $t_{\alpha/2}$ 若 $|t_b| > t_{\alpha/2}$，则回归系数 b 具有显著性，若 $|t_b| < t_{\alpha/2}$，则回归系数 b 不具有显著性。

(4) 回归方程的显著性检验。即检验整个回归方程是否具有显著性，判断 y 与 x 之间是否存在真实的线性相关，亦即对相关系数 r 进行检验。回归方程的显著性检验采用 F 检验。首先计算回归方程的 F 统计量

$$F = \frac{\sum(\hat{y}-\overline{y})^2/1}{\sum(y-\hat{y})^2/(n-2)} = \frac{r^2}{1-r^2}(n-2)$$

根据显著水平 α（通常 $\alpha = 0.05$）及自由度（$k=1, n-2$）查 F 分布表得到临界值 F_α。若 $F > F_\alpha$，则回归方程具有显著性；$F < F_\alpha$，则回归效果不显著。

对于一元线性回归方程而言，t 检验和 F 检验只要作任意一个检验即可。因为只有一个自变量，回归系数 b 具有显著性，则相关系数 r 必定具有显著性。但是，在多元线性回归分析中，二者之间并不是等价的。

(5) 误差序列自相关检验。当一元线性回归模型是根据动态数据建立的，则误差项 e 也是一个时间序列，若误差序列诸项之间相互独立，则误差序列各项之间没有相关关系；若误差序列之间存在密切的相关关系，则建立的回归模型就不能表述自变量与因变量之间的真实变动关系。DW 检验就是检验误差序列是否存在严重的自相关。首先计算误差序列统计量 DW：

$$DW = \frac{\sum(e_i - e_{i-1})^2}{\sum e_i^2} \quad (0 \leq d \leq 4)$$

然后根据显著水平 α，自变量 $k=1$ 和样本数据个数 n，查 DW 分布表，得到下限值 d_L 和上限值 d_u，用下列原则作出判别。

(1) $d_L < DW < 4 - d_u$ 无自相关；
(2) $0 < DW < d_L$ 存在正自相关；
(3) $4 - d_L < DW \leq 4$ 存在负相关；
(4) $d_L \leq DW \leq d_u$ 难以判定；
(5) $4 - d_u \leq DW \leq 4 - d_L$ 难以判定。

若 DW 检验误差序列存在自相关，则应判断样本数据可能不适合作一元线性回归模型；或者遗漏了关键变量未引入模型中，或者因变量或自变量存在滞后性影响，而应建立多元线性回归模型；或者回归模型的函数形式不正确，而应建立非线性回归模型；或者对因变量或自变量进行一阶差分，用增量数据建立回归模型等。

【例 13.5】根据表 13-1 的数据，采用普通最小二乘法估计的居民人均月可支配收入决定生活消费支出的一元线性回归模型为

模型 1： $\hat{y} = 1748.259 + 0.594x$

                             (12.40)   (73.35)

$R = 0.99944$ $F = 5380.04$ $SE = 239.28$ $DW = 1.493$

模型中，括号内的数据为回归系数的 t 检验量（以下模型同）。该模型的回归系数 b 的 t 检验和回归方程的 F 检验均具有显著性；DW 检验表明误差序列不存在自相关，相关系数为 0.9989，估计标准误差为 239.28，相对估计标准误差为 3.85%。

若以抽样家庭人数为权数，采用加权最小二乘法估计的回归模型为

模型 2：
$$\hat{y}=1837.907+0.592x$$
$$(14.06)\quad(73.98)$$
$$R=0.99946\quad F=5472.68\quad SE=171.28\quad DW=1.460$$

该回归模型的各项检验均具有显著性，并且模型 2 优于模型 1。

13.2.4 一元线性回归模型的应用

一元线性回归模型通过检验评价后，其应用有以下几个方面。

（1）因素分析。一元线性回归模型中的回归系数 b 就是平均边际变化率，它能说明 x 增加一个单位能影响 y 增加多少个单位。若要说明 x 增减 1%，能影响 y 增减百分之几，则可测定平均弹性系数（$E=b\cdot\bar{x}/\bar{y}$）来说明；亦可用下列公式测定常数项和自变量对因变量的平均贡献率。

贡献率联系 $\qquad 1=\dfrac{b_0}{\bar{y}}+\dfrac{b_1\bar{x}_1}{\bar{y}}\qquad$（贡献率亦可用%表示）

（2）临界点或均衡点分析。当一元线性回归模型中的 x、y 是一种收支关系时，并且是根据横截面数据建立的回归模型，则可用来测定收支相等的临界点。令 $y=a+bx$ 中的 $x=y$，则

$$x=y=\frac{a}{1-b}$$

（3）利用回归模型进行预测。将自变量的预测值 $\hat{x}$（或实际值 x）代入回归模型可求得因变量的预测值 $\hat{y}$。作为与 $\hat{x}$ 相对应的 $\hat{y}$ 的预测值就是点预测。亦可用利用标准差 SE 和一定的置信概率进行区间预测。例如，当 y 为正态分布，n 较大，自变量的预测值 $\hat{x}$ 离样本均值 $\bar{x}$ 不远时，预测区间 $\hat{y}\pm zs_y$。当 n 较小时，并且 $\hat{x}$ 不远离 $\bar{x}$ 时，预测区间为 $\hat{y}\pm ts_y$。

（4）利用回归模型进行控制。所谓控制，是指预测的反问题，就是说，如果我们要求 y 在确定范围内取值，那么应该把自变量 x 控制在什么数值上或取值范围内。

例如，根据例 13.5 建立的回归模型 2 可知，居民人均可支配收入每增加 1 元，居民人均消费性支出可增加 0.592 元（储蓄边际为 0.408）。人均消费性支出的收入弹性为 0.9953（即 $0.592\bar{x}/\bar{y}$），说明人均消费性支出的增长慢于收入的增长。居民人均可支配收入与人均消费性支出的均衡点为 4504.67 元/年，月均 375.4 元，低于这个标准的家庭为贫困户。

若明年居民人均可支配收入达到 15160 元，则点预测值为
$$\hat{y}=1837.907+0.592\times15160=10812.63\text{（元/人）}$$

若置信概率为 95.45%，则预测区间为
$$10812.63\pm 2\times171.28=[10470.07，11155.19]\text{（元/人）}$$

13.3 多元线性回归

13.3.1 多元线性回归模型

在现实问题研究中，因变量的变化往往要受多个因素的影响，此时就需要用两个或两个

以上的影响因素作为自变量来解释因变量的变化，这就是多元回归亦称多重回归。当多个自变量与因变量之间是线性关系时，所进行的回归分析就是多元线性回归。

设 y 为因变量，x_1，x_2，…，x_k 为自变量，并且自变量与因变量之间为线性关系时，则多元线性回归模型为

$$y = b_0 + b_1 x_1 + b_2 x_2 + \cdots + b_k x_k + e$$

其中，b_0 为常数项，b_1，$b_2 \cdots b_k$ 为回归系数，又称偏回归系数。b_1 为 x_2，x_3 …，x_k 固定时，x_1 每增加一个单位对 y 的效应，即 x_1 对 y 的偏回归系数；同理 b_2 为 x_1，x_3 …，x_k 固定时，x_2 每增加一个单位对 y 的效应，即 x_2 对 y 的偏回归系数等。如果两个自变量 x_1 和 x_2 同一个因变量 y 呈线性相关时，可用二元线性回归模型描述其关系。即

$$y = b_0 + b_1 x_1 + b_2 x_2 + e$$

建立多元线性回归模型时，为了保证回归模型具有优良的解释能力和预测效果，应首先注意自变量的选择，其准则如下。

（1）自变量对因变量必须有显著的影响，并呈密切的线性相关。

（2）自变量与因变量之间的线性相关必须是真实的，而不是形式上的。

（3）自变量之间应具有一定的互斥性，即自变量之间的相关程度不应高于自变量与因变量之间的相关程度。

（4）自变量应具有完整的统计数据，其预测值容易确定。

13.3.2　多元线性回归模型的参数估计

多元线性回归模型的参数估计，同一元线性回归方程一样，也是在要求因变量的实际值与估计值的误差平方和（$\sum e_i^2$）为最小的前提下，可用普通最小二乘法求解参数。以二元线性回归模型为例，求解回归参数的标准方程组为

$$\begin{cases} \sum y = n b_0 + b_1 \sum x_1 + b_2 \sum x_2 \\ \sum x_1 y = b_0 \sum x_1 + b_1 \sum x_1^2 + b_2 \sum x_1 x_2 \\ \sum x_2 y = b_0 \sum x_2 + b_1 \sum x_1 x_2 + b_2 \sum x_2^2 \end{cases}$$

解此方程组可求得 b_0、b_1、b_2 的数值。亦可用下列矩阵法求解。

$$B = (X'X)^{-1} \cdot (X'Y)$$

亦即

$$\begin{bmatrix} b_0 \\ b_1 \\ b_2 \end{bmatrix} = \begin{bmatrix} n & \sum x_1 & \sum x_2 \\ \sum x_1 & \sum x_1^2 & \sum x_1 x_2 \\ \sum x_2 & \sum x_1 x_2 & \sum x_2^2 \end{bmatrix}^{-1} \cdot \begin{bmatrix} \sum y \\ \sum x_1 y \\ \sum x_2 y \end{bmatrix}$$

如果多元线性回归分析依据的是分组数据，则应采用加权最小二乘法估计。为了判别各个自变量对因变量影响程度的大小，亦可去掉多元线性回归模型中的常数项 b_0，再用最小二乘法求解参数。

13.3.3　多元线性回归模型的检验

多元线性回归模型与一元线性回归模型一样，用最小二乘法估计参数之后，也需要进行必要的检验与评价，以决定模型是否可以应用。

1. 拟合程度的测定

多元线性回归的拟合程度用多重可决系数 R^2 评价，它是在因变量的总变化中，由回归方程解释的变动（回归平方和）所占的比重，R^2 越大，回归方程对样本数据点拟合的程度越强，所有自变量与因变量的关系越密切。计算公式为

$$R^2 = \frac{\sum(\hat{y}-\bar{y})^2}{\sum(y-\bar{y})^2} = 1 - \frac{\sum(y-\hat{y})^2}{\sum(y-\bar{y})^2}$$

其中：$\sum(y-\hat{y})^2 = \sum y^2 - (b_0\sum y + b_1\sum x_1 y + b_2\sum x_2 y + \cdots + b_k\sum x_k y)$

$$\sum(y-\bar{y})^2 = \sum y^2 - \frac{1}{n}(\sum y)^2$$

多重可决系数 R^2 的平方根称为复相关系数，它能说明多元线性回归中的因变量与所有自变量的相关程度的高低。计算公式为

$$R = \sqrt{\frac{\sum(y-\hat{y})^2}{\sum(y-\bar{y})^2}} \quad (-1 \leqslant R \leqslant 1)$$

在多元线性回归中，亦可计算偏相关系数来说明当其他变量不变时，任意两个变量之间的相关程度的高低，反映变量之间的真实联系。例如，在二元线性回归中，偏相关系数 $R_{y1.2}$ 是在 x_2 不变时，y 与 x_1 的相关程度；偏相关系数 $R_{y2.1}$ 是在 x_1 不变时，y 与 x_2 的相关程度。设 r_{y1}、r_{y2}、r_{12} 分别为两个变量之间的简单相关系数，则偏相关系数的计算公式为

$$R_{y1.2} = \frac{r_{y1} - r_{y2}r_{12}}{\sqrt{(1-r_{y2}^2)(1-r_{12}^2)}}$$

$$R_{y2.1} = \frac{r_{y2} - r_{y1}r_{12}}{\sqrt{(1-r_{y1}^2)(1-r_{12}^2)}}$$

2. 估计标准误差

估计标准误差是因变量 y 的实际值与回归方程求出的估计值 $\hat{y}$ 之间的标准误差，估计标准误差越小，回归方程拟合程度越强。

估计标准误差 $\quad SE = \sqrt{\dfrac{\sum(y-\hat{y})^2}{n-k-1}}$

相对估计标准误差 $\quad v_s = SE/\bar{y}$

其中 k 为多元线性回归方程中自变量的个数。

3. 回归方程的显著性检验

检验整个回归方程的显著性或者说评价所有自变量与因变量的线性关系是否密切。通常采用 F 检验，F 统计量的计算公式为

$$F = \frac{\sum(\hat{y}-\bar{y})^2/k}{\sum(y-\hat{y})^2/(n-k-1)}$$

$$= \frac{R^2/k}{(1-R^2)/(n-k-1)}$$

根据显著水平 α，自由度 $(k, n-k-1)$ 查 F 分布表，得临界值 F_α，若 $F > F_\alpha$，则回归方程的回归效果显著；$F < F_\alpha$，则回归方程的回归效果不显著。

4. 回归系数的显著性检验

回归系数的显著性检验是分别检验回归模型中各个回归系数是否具有显著性，以便使模型中只保留那些对因变量有显著影响的因素。检验时先计算统计量 t_i，然后根据给定的显著水平 α，自由度 $n-k-1$ 查 t 分布表，得临界值 t_α 或 $t_{\alpha/2}$，$t > t_\alpha$ 或 $t_{\alpha/2}$，则回归系数具有显著性；反之，回归系数不具有显著性。统计量 t 的计算公式为

$$t_i = \frac{b_i}{SE\sqrt{C_{ij}}} = \frac{b_i}{S_{bi}}$$

其中 C_{ij} 是多元线性回归方程中求解回归系数矩阵运算中的逆矩阵 $(x'x)^{-1}$ 的主对角线上的第 j 个元素。对二元线性回归而言，可用下列公式计算

$$C_{11} = \frac{s_{22}}{s_{11}s_{22} - s_{12}^2}$$

$$C_{22} = \frac{s_{11}}{s_{11}s_{22} - s_{12}^2}$$

其中

$$s_{11} = \sum(x_1 - \bar{x}_1)^2 = \sum x_1^2 - \frac{1}{n}(\sum x_1)^2$$

$$s_{22} = \sum(x_2 - \bar{x}_2)^2 = \sum x_2^2 - \frac{1}{n}(\sum x_2)^2$$

$$s_{12} = \sum(x_1 - \bar{x}_1)(x_2 - \bar{x}_2) = s_{21}$$

$$= \sum x_1 x_2 - \frac{1}{n}(\sum x_1)(\sum x_2)$$

5. 多重共线性判别

若某个回归系数的 t 检验通不过，可能是回归系数对应的自变量对因变量的影响不显著所致，此时，应从回归模型中剔除这个自变量，重新建立更为简单的回归模型或者更换自变量。也可能是自变量之间有共线性所致，此时应设法降低共线性的影响。

多重共线性是指在多元线性回归方程中，自变量之间有较强的线性关系，这种关系若超过了因变量与自变量的线性关系，则多元线性回归模型的稳定性受到破坏，回归系数估计不准确。需要指出的是，在多元线性回归模型中，多重共线性是难以避免的，只要多重共线性不太严重就行了。判别多元线性回归方程是否存在严重的多重共线性：

(1) 计算每个自变量 x_j 对其余的 $k-1$ 个自变量的可决系数 R_j^2，若 $R_j^2 \geq$ 回归模型的 R^2 则应设法降低多重共线性的影响。

(2) 计算方差扩大因子 VIF，判别是否存在严重的多重共线性，计算公式为

$$VIF = \frac{1}{1 - R_j^2}$$

通常认为 $VIF \leq 10$ 自变量之间不存在严重的多重共线性。

(3) 根据矩阵 $X'X$ 的特征根 λ_i 和其中最大特征根 λ_m 计算条件数 k_i 进行判别：

$$k_i = \sqrt{\frac{\lambda_m}{\lambda_i}} \quad (i=1, 2, 3, \cdots, p)$$

通常认为 0< k <10，自变量之间不存在多重共线性；10≤ k <100，自变量之间存在较强的多重共线性；k≥100，自变量之间存在严重的多重共线性。条件数 k_i 的计算通常可利用 SPSS 等统计分析软件作回归模型估计的同时进行估计和检验。

降低多重共线性的办法可转换自变量的取值，如变绝对数为相对数或平均数，或更换其他的自变量，或增大数据样本量，或剔除不重要的自变量。

6. 误差序列自相关检验

当多元线性回归模型是根据动态数据建立的，则误差项 e 也是一个时间序列；若误差序列诸项之间相互独立，则误差序列各项之间没有相关关系；若误差序列之间存在密切的相关关系，则建立的回归模型就不能表述自变量与因变量之间的真实变动关系。DW 检验就是检验误差序列是否存在严重的自相关。误差序列统计量 d 的计算和判别法则与一元线性回归模型所述相同，但应根据显著水平 α、自变量个数 k 和样本数据个数 n，查 DW 分布表，得到下限值 d_L 和上限值 d_u，再作出判别。

若 DW 检验误差序列存在自相关，则应检查是否遗漏了关键变量未引入模型中，检查因变量或自变量是否存在滞后性影响，检查回归模型的函数形式是否正确，从而找出问题加以解决。或者对因变量和自变量进行一阶差分或求环比增长率，用增量数据或环比增长率数据建立多元线性回归模型。

7. 经济意义检验

经济意义检验是检验回归模型的回归系数的正负号是否合理，能否得到合理的经济解释。经济意义检验通不过，建立的回归模型就无应用意义。

13.3.4 多元线性回归模型的应用

多元线性回归模型通过检验评价后，可应用于分析、预测和控制。

（1）因素分析。多元线性回归模型可用于多因素分析，以揭示变量间的结构关系和主次因素；这种分析可直接利用回归系数 b_i 作边际效应分析，考察各个自变量每增加 1 个单位能影响因变量增加多少个单位；亦可测定各自变量对因变量的平均弹性系数（$E_{xi} = b_i \bar{x} / \bar{y}$），考察各个自变量每变动 1%能影响因变量变动的程度；亦可用下列公式测定常数项和各自变量对因变量的平均贡献率。

贡献率联系 $\quad\quad\quad 1 = \dfrac{b_0}{\bar{y}} + \dfrac{b_1 \bar{x}_1}{\bar{y}} + \dfrac{b_2 \bar{x}_2}{\bar{y}} \quad$ （贡献率亦可用%表示）

（2）预测分析。首先应确定各个自变量的预测值或实际值，然后代入多元回归模型中求因变量的点预测值或预测区间，其预测区间的建立与一元线性回归模型相同。

（3）控制分析。由于回归模型揭示了变量间的因果关系，因而，可以考虑通过给定的被解释变量（因变量）的目标值来控制解释变量（自变量）的取值。如企业目标利润确定之后，可利用回归模型确定企业应达到的收入，以及应控制的成本费用等。又如，通过通货膨胀的回归模型，可以由通货膨胀率的控制目标值，确定货币发行量、银行存贷款利率等，这些都是对经济变量的控制。

【例 13.6】 表 13-5 是某县 2000～2015 年人均 GDP 和城乡居民人均收入。若以城镇居民人均可支配收入为因变量 UI，以本年人均 PCGDP 和时间 t（代表其他因素）为自变量，采用最小二乘法建立的二元线性回归模型为

$$UI_t = 698.009 + 0.577 PCGDP_t + 127.767 t$$

(9.973)　　(21.52)　　(4.807)

$R^2 = 0.9987$　$F = 4823.81$　$SE = 130.68$　$DW = 1.376$　$K = 18.77$

表 13-5　某县 2000～2015 年人均 GDP 和城乡居民人均收入　　（元）

年份	t	人均 GDP			城镇居民人均可支配收入 UI			农民人均纯收入 RI	
		本年	上年	前年	实际值	估计值	误差 e_i	本年	上年
2000	1	2311	1893	1644	2026.6	2158.57	−131.97	784.0	708.6
2001	2	2998	2311	1893	2577.4	2682.54	−105.14	921.6	784.0
2002	3	4044	2998	2311	3496.2	3413.56	82.64	1221.0	921.6
2003	4	5046	4044	2998	4283.0	4119.19	163.81	1577.7	1221.0
2004	5	5846	5046	4044	4838.9	4708.34	130.56	1926.1	1577.7
2005	6	6420	5846	5046	5160.3	5167.14	−6.84	2090.1	1926.1
2006	7	6796	6420	5846	5425.1	5511.75	−86.65	2162.0	2090.1
2007	8	7159	6796	6420	5854.0	5848.87	5.13	2210.3	2162.0
2008	9	7858	7159	6796	6280.0	6379.76	−99.76	2253.4	2210.3
2009	10	8622	7858	7159	6859.6	6948.14	−88.54	2366.4	2253.4
2010	11	9398	8622	7858	7702.8	7523.44	179.36	2475.6	2366.4
2011	12	10542	9398	8622	8472.2	8310.97	161.23	2622.2	2475.6
2012	13	12336	10542	9398	9421.6	9473.37	−51.77	2936.4	2622.2
2013	14	14053	12336	10542	10493.0	10591.36	−98.36	3254.9	2936.4
2014	15	16165	14053	12336	11759.5	11937.15	−177.65	3587.0	3254.9
2015	16	18934	16165	14053	13785.8	13661.85	123.95	4140.4	3587.0

此模型的检验评价说明如下。

（1）根据此模型，用人均 GDP 和时间 t 估计的各年城镇居民人均可支配收入的理论值如表 13-5 所示，其误差平方和 $\sum(y-\hat{y})^2 = 221997.48$，离差平方和为 $\sum((y-\bar{y})^2) = 164971926$。据此可求得可决系数为 0.9987，接近于 1，表明回归线对样本数据点拟合程度很高。

（2）根据误差平方和可求得估计标准误差为 130.68 元，相对标准误差（$s_y/\bar{y}$）为 1.93%，模型估计的误差程度很小。

（3）F 统计量为 4823.81，若显著水平 $\alpha = 0.05$，由自由度 (2,13) 查 F 分布表，$F_{0.05}(2,13) = 3.81$，$F > F_{0.05}$，F 检验通过。

$$F = \frac{(164971926 - 221997.48)/2}{221997.48/13} = 4823.81$$

（4）经计算统计量 $t_{b1} = 21.526$，$t_{b2} = 4.807$，根据显著水平 $\alpha = 0.05$，由自由度 $df = 13$ 查 t 分布表，得 $t_{0.05} = 1.771$。两个统计量都大于 1.771，两个回归系数的 t 检验均能通过。同时，人均 GDP 对城镇居民人均可支配收入的影响比时间 t（其他因素）的影响更为显著。一般地说，检验统计量 t 越大的自变量对因自变的影响越大。

（5）最大条件数 K 为 18.77，$10 < k < 100$，表明回归方程有一定的多重共线性，但不严重。

（6）由表 13-5 可计算出 $\sum e_i^2 = 221997.48$，$\sum (e_i - e_{i-1})^2 = 305363.28$，$DW = 1.376$。根据显著水平 $\alpha = 0.05$，$n = 16$，$k = 2$ 查 DW 表，得 $d_L = 0.98$，$d_u = 1.54$。由于 $0.98 < DW = 1.376 < 4 - d_u$。$DW$ 检验通过，表明误差序列无自相关。

由上可见，建立的二元回归模型通过了所有的统计检验，表明用人均 GDP 和时间 t 两个变量来解释城镇居民人均可支配收入是怎样被决定的，所建立的回归模型可用于经济分析、预测和控制。

13.3.5 多元线性回归自变量的筛选

在多元线性回归分析中，用普通最小二乘法求解回归模型的参数，称为进入法。当自变量很多时，进入法并不能保证所有自变量的参数估计都能通过统计检验，也难以解决多重共线性问题，为此，需要对自变量进行筛选，以保证建立的多元线性回归模型是最优的。多元线性回归中自变量筛选和参数估计的方法主要有向前回归法、向后回归法和逐步回归法。

1. 向前回归法

向前回归法是自变量不断进入回归模型的过程。首先选择与因变量具有最高相关系数的自变量进入回归方程，并进行回归系数显著性检验。然后，在剩余的自变量中找出与因变量偏相关系数最高并能通过显著性检验的自变量进入回归方程，再对方程中所有的自变量进行统计检验。这样一直进行下去，直到再无显著的自变量引入回归方程为止。

2. 向后回归法

向后回归法是自变量不断剔除回归模型的过程。首先将所有的自变量全部引入回归方程，然后进行回归系数显著性检验。在一个或多个自变量 t 检验不显著的自变量中，将 t 值最小的那个自变量剔除，然后，再重新拟合回归方程，并进行统计检验。如果新方程所有的自变量的统计检验都是显著的，则自变量筛选过程结束。否则仍将按上述方法再剔除最不显著的自变量，直到再无不显著的自变量剔除为止。

3. 逐步回归法

逐步回归法是向前回归法和向后回归法的综合，是多元线性回归分析进行自变量选择参数估计和检验的理想方法，基本思想是将自变量一个一个引入，每当引入一个自变量后，对已选入的自变量进行参数估计和检验，当原引入的自变量由于后引入的自变量变得不再显著时，则将其剔除；若后引入的自变量不显著，则将其放弃。这个过程反复进行，直到再无显著的自变量引入方程，也无不显著的自变量从回归方程中剔除，最后所得的回归方程为最优回归方程。逐步回归法的参数估计和统计检验计算量大，通常可利用 SPSS 等统计分析软件进行自动估计和检验，向前回归法和向后回归法亦可利用统计分析软件进行估计和检验。

【例 13.7】根据表 13-5 的数据，以农民人均纯收入为因变量 RI，以本年、上年和前年人均 GDP_t、时间 t、上年农民人均纯收入这 5 个变量为自变量，采用逐步回归法建立的回归模型为

$$RI_t = -61.814 + 1.209 RI_{t-1} + 0.198 PCGDP_t - 0.280 PCGDP_{t-2}$$

$$(-1.199) \quad (14.605) \quad (12.305) \quad (-7.973)$$

$$R^2 = 0.9988 \quad F = 3197.48 \quad SE = 36.21 \quad DW = 2.131 \quad K = 74.91$$

此回归模型的各项统计检验均能通过，但存在较强的多重共线性。此回归模型是观察期内输出的比较优化的回归模型。比较前面的城镇居民人均可支配收入形成的回归模型可发现，

农民人均纯收入形成的机理和影响因素与城镇居民是不同的。

13.3.6 含定性自变量的回归模型

在实际问题研究中，有时会遇到一些非数量型变量，如性别、职业、文化程度、正常年份与非正常年份等品质变量。建立回归模型时，经常需要考虑某些定性变量对因变量的影响。

1. 定性变量数量化处理

在回归分析中，当自变量是定性变量时，可先进行数量化处理。处理的方法是引入虚拟变量（0-1 型变量），即某一属性出现时，虚拟变量取值为 1，不出现时，虚拟变量取值为 0。虚拟变量又称 0-1 型变量、哑变量。定性变量量化处理有下列两种情形。

（1）定性变量只取两类（$k=2$）时，可引入一个 0-1 型变量。例如，y 为粮食产量，x 为施肥量，D 为气候变量，令 $D=1$ 表示正常年份，$D=0$ 表示受灾年份，则粮食产量的回归模型为

$$y_i = \beta_0 + \beta_1 x_i + \beta_2 D_i + \varepsilon_i$$

（2）定性变量取值有多类时，可引入 $k-1$ 个 0-1 型变量。例如，考虑商品销售的季节性影响，季节因素分为春、夏、秋、冬 4 种情形，若 $x_1=1$ 表示春季，则 $x_1=0$ 表示其他季节；若 $x_2=1$ 表示夏季，则 $x_2=0$ 表示其他季节；$x_3=1$ 表示秋季，则 $x_3=0$ 表示其他季节；$x_4=1$ 表示冬季，则 $x_4=0$ 表示其他季节。但 4 个自变量 x_1、x_2、x_3、x_4 之和恒等于 1，构成完全多重共线性。解决的办法是去掉一个 0-1 型变量，如去掉 x_4，只保留 x_1、x_2、x_3。

2. 含定性自变量的回归模型估计

（1）联合回归模型估计在含定性自变量的回归分析中，若假定虚拟变量与数量型变量有交互作用效应，并且虚拟变量取值为 1 和取值为 0 的两个回归方程有相同的斜率和相同的误差项方差，则可建立联合回归模型，采用最小二乘法进行模型参数估计，并进行模型检验。

【例 13.8】某县 2004～2015 年粮食总产量与气候、播种面积数据如表 13-6 所示，在耕作技术和粮食品种相对稳定的条件下，气候和播种面积对粮食总产量都有影响，假定它们之间对粮食总产量有交互作用效应，可建立如下联合回归模型

$$y = \alpha_0 + \alpha_1 D + \alpha_2 X + \varepsilon$$

表 13-6 某县粮食产量与气候、播种面积数据

年份	粮食产量（万吨）y	气候 D	播种面积（万公顷）x
2004	26.93	1	4.52
2005	24.42	0	4.65
2006	27.52	1	4.80
2007	28.32	1	5.07
2008	25.03	0	5.02
2009	25.85	0	5.13
2010	28.98	1	5.32
2011	24.95	0	4.96
2012	30.62	1	5.32
2013	31.12	1	5.45
2014	25.63	0	5.22
2015	31.85	1	5.48

用最小二乘法估计的二元线性联合回归模型如下

$$\hat{y} = 3.499 + 3.546D + 4.339X$$

$$(0.981) \quad (8.393) \quad (6.101)$$

$$R^2 = 0.9396 \quad F = 69.95 \quad SE = 0.70 \quad DW = 1.857$$

模型各项检验具有显著性。估计结果表明气候与播种面积对粮食总产量都有显著的影响，其中正常年份的粮食总产量比受灾年份平均多 3.546 万吨；播种面积每增加 1 万公顷，粮食总产量可增加 4.339 万吨。若 2006 年播种面积为 5.6 万公顷，气候正常年份则粮食总产量可达到 31.34 万吨，若受灾则粮食总产量为 27.80 万吨。

（2）分段回归模型估计。在含定性自变量的回归分析中，虚拟变量取值为 1 与取值为 0 时，对因变量的影响往往截然不同，亦即虚拟变量取值为 1 和取值为 0 的两个回归方程有不相同的斜率和不同的误差项方差，可采用分段回归估计模型的参数，并进行模型检验。虚拟变量是一种数据分类的技巧，它根据事物的性质或属性把一个样本分为不同的子类，因此，在含定性自变量的回归分析中，一般应采用分段回归估计模型的参数。

【例 13.9】根据表 13-6 的数据，可建立下列回归模型

$D = 1$ 时 $\qquad y_1 = \gamma_0 + \gamma_1 x + e$

$D = 0$ 时 $\qquad y_0 = \beta_0 + \beta_1 x + e$

采用分段回归估计的正常年份与受灾年份的两个回归方程如下

$D = 1$ 时 $\qquad y_1 = 4.645 + 4.806x$

$$(0.974) \quad (5.19)$$

$$R^2 = 0.8434 \quad F = 26.93 \quad SE = 0.82 \quad DW = 1.242$$

$D = 0$ 时 $\qquad y_0 = 13.109 + 2.415x$

$$(4.450) \quad (4.099)$$

$$R^2 = 0.8489 \quad F = 16.80 \quad SE = 0.26 \quad DW = 3.188$$

两个回归方程的各项检验具有显著性。估计结果表明，正常年份播种面积每增加 1 万公顷，粮食总产量可增加 4.806 万吨；受灾年份播种面积每增加 1 万公顷，粮食总产量可增加 2.415 万吨。若 2006 年播种面积为 5.6 万公顷，气候正常年份则粮食总产量可达 31.56 万吨，若受灾则粮食总产量为 26.63 万吨。

13.4 非线性回归

13.4.1 非线性回归模型

在实际问题研究中，变量之间的关系不一定都是线性关系，而是表现为某种曲线关系。这种非线性关系称为曲线相关，据此配合的曲线模型称为曲线回归模型或非线性回归模型。许多非线性回归模型经过适当变换，可以转化为线性回归模型的形式，同样可以采用最小二乘法求其回归曲线。常见的非线性回归模型有

（1）指数曲线：$y = ae^{bx}$　　两边取对数可转化为

$$\lg y = \lg a + (b \lg e)x$$

（2）对数曲线：$y = a + b \lg x$

(3) 双曲线：$\dfrac{1}{y}=a+b\dfrac{1}{x}$　令 $y'=\dfrac{1}{y}$，$x'=\dfrac{1}{x}$，可转化为

$$y'=a+bx'$$

(4) 幂函数：$y=ax^b$　两边取对数得

$$\lg y=\lg a+b\lg x$$

(5) 二次方程：$y=a+bx+cx^2$，令 $x_1=x$，$x_2=x^2$，可转化为

$$y=a+bx_1+cx_2$$

(6) 立方方程：$y=a+bx+cx^2+dx^3$，令 $x_1=x$，$x_2=x^2$，$x_3=x^3$，可转化为

$$y=a+bx_1+cx_2+dx_3$$

(7) 柯布—道格拉斯生产函数：$y=ax_1^{\beta_1}x_2^{\beta_2}$，两边取对数可转化为

$$\lg y=\lg a+\beta_1\lg x_1+\beta_2\lg x_2$$

(8) 皮尔曲线：$y=\dfrac{1}{a+be^{-x}}$　令 $y'=\dfrac{1}{y}$，$x'=e^{-x}$，可转化为

$$y'=a+bx'$$

13.4.2　非线性回归模型的检验

非线性回归模型一般不能直接进行有关的统计检验，因为许多统计检验都是建立在线性回归模型基础之上的。但非线性回归模型能够转化为线性回归模型的形式，也可对转化而来的回归模型按线性回归模型的统计检验方法进行各项检验。非线性回归模型难以直接进行统计检验时，亦可计算下列评价指标进行评价。

(1) 可决系数 R^2。

$$R^2=1-\dfrac{\sum(y-\hat{y})^2}{\sum(y-\overline{y})^2}$$

(2) 相关指数 R。

$$R=\sqrt{1-\dfrac{\sum(y-\hat{y})^2}{\sum(y-\overline{y})^2}}=\sqrt{R^2}$$

(3) 估计标准误差。

$$SE=\sqrt{\dfrac{\sum(y-\hat{y})^2}{n-k-1}}$$

以上公式中，$\sum(y-\hat{y})^2$ 为离差平方和。$\sum(y-\hat{y})^2$ 为剩余平方和，即 $\sum e_i^2$。

13.4.3　柯布—道格拉斯生产函数

柯布—道格拉斯生产函数主要用于测定生产过程中资本和劳动投入对产出的影响；亦可测定科技进步、资本增长、劳动增长对产出增长的贡献率。其总量生产函数为

$$Y_t=A_tL_t^{\alpha}K_t^{\beta}$$

其中，Y、L、K 分别表示总产出、劳动力投入量和资本投入量，α、β 分别表示劳动力和资本的产出弹性系数（在西方经济理论中，α 和 β 分别视为劳动收入和资本收入在国民收入中所占的比重），A_t 表示随时间 t 变化的技术进步率，其来源包括技术进步、组织管理创新、

专业化、规模经济、资源配置效率提高和生产创新等。产出增长率超出劳动和资本要素投入增长率的部分是技术进步对产出作用的综合反映。

若用 y, l, k 分别表示总产出、劳动力和资本的增长率或平均增长率，α 表示技术进步增长率，则总量生产函数可转化为索洛提出的具有规模报酬不变特性的增长方程，即

$$y = a + \alpha l + \beta k \quad (\alpha + \beta = 1)$$

此式说明，产出增长率与技术进步、劳动力和资本三者的增长率具有正向的关系。当参数 α 和 β 确定之后，则技术进步率增长率为

$$a = y - \beta k - \alpha l$$

科技进步增长、劳动增长和资本增长对产出增长的贡献率的关系式为

$$\frac{a}{y} + \frac{\alpha l}{y} + \frac{\beta k}{y} = 1$$

用总量生产函数或索洛增长方程测定科技进步增长、劳动增长和资本增长对总产出增长的贡献率，必须先估计参数 α 和 β，有下列几种方法可供选择。

（1）经验估计法。世界银行采取的分割方式是，劳动力和资本的产出弹性系数为 0.4 和 0.6 或 0.6 和 0.4。其中 0.6 和 0.4 比较适合我国的实际情况。

（2）比值估计法。可利用分配法国内生产总值中的劳动者报酬所占的比重作为 α 值，亦可利用支出法国内生产总值中的资本形成和最终消费估计 α 和 β，即

$$\alpha = 最终消费/(资本形成+最终消费)$$
$$\beta = 1 - \alpha$$

（3）增长率估计法。增长率估计法又称正规化法，是利用产出量、资本量和劳动量三者的平均增长率（$\bar{y}$、$\bar{k}$、$\bar{l}$）的比例关系来估计参数 α、β，进而测定科技进步、资本增长、劳动增长对产出增长的贡献率。计算公式为

$$\beta = \frac{\bar{y}/\bar{k}}{\bar{y}/\bar{k} + \bar{y}/\bar{l}}$$
$$\alpha = 1 - \beta$$

（4）回归估计法。采用有约束（$\alpha + \beta = 1$）或无约束的总量生产函数或索洛增长方程，根据实际数据，用最小二乘法直接估计参数 α 和 β。例如，可根据总产出、劳动力和资本的增长率 y，l，k，用下列简化方程先估计 $\lg \alpha$ 和 β，再用 $1 - \beta$ 求得 α。

$$\lg \frac{y}{l} = \lg a + \beta \lg \frac{k}{l}$$

在以上几种方法中，前两种方法考虑到了劳动力和资本在总产出中的相对重要性，据此测度的科技进步、劳动和资本增长对产出增长的贡献比较可靠，后两种方法只考虑了产出量、资本量和劳动量三者的增长率或平均增长率，未考虑劳动力和资本在总产出中的相对重要性，因而，测定的结果不一定很准确。此外，由于短期数据存在随机波动，为了较准确地反映科技进步、劳动和资本增长对产出增长的贡献，应以中长期测度为主或者以 5 年为一个时段，这样，有利于比较不同时期的各要素贡献率的变化。

【例 13.10】 某企业近 10 年增加值与资本和劳动投入如表 13-7 所示。根据正规化法估计的科技进步率 $a = 1.9449$、资本产出弹性 $\alpha = 0.5941$、劳动产出弹性 $\beta = 0.4059$，测定的科技进步、资本增长、劳动增长对产出增长的贡献率分别为 24.49%、51.48% 和 24.03%。

表 13-7　某企业近 10 年增加值与资本和劳动投入

年份	产出		资本投入		劳动投入		$\lg\dfrac{y}{l}$	$\lg\dfrac{k}{l}$
	增加值（亿元）	产出增长率 y	资本量（亿元）	资本增长率 k	职工数（千人）	职工增长率 l		
2005	12.24	—	3.99	—	4.34	—	—	—
2006	13.21	7.93	4.28	7.27	4.73	8.99	-0.0545	-0.0922
2007	14.15	7.12	4.62	7.94	4.83	2.11	0.5282	0.5755
2008	14.92	5.44	4.94	6.93	4.93	2.07	0.4196	0.4211
2009	15.79	5.83	5.28	6.88	5.31	7.71	-0.1214	-0.0495
2010	16.87	6.84	5.51	4.36	5.66	6.59	0.0162	-0.1794
2011	18.52	9.78	5.93	7.62	5.96	5.30	0.2660	0.1577
2012	20.42	10.26	6.40	7.93	6.18	3.69	0.4441	0.3323
2013	22.71	11.21	6.83	6.72	6.47	4.69	0.3784	0.1562
2014	24.52	7.97	7.24	6.00	6.71	3.71	0.3321	0.2088
2015	26.27	7.14	7.76	7.18	6.87-	2.38	0.4771	0.4923
年平均增长率	—	7.94	—	6.88	—	4.70	—	—

若采用回归估计法，根据表 13-7 的数据，用最小二乘法估计的回归模型为

$$\lg\frac{y}{l}=0.097+0.847\lg\frac{k}{l}$$

$$(2.383)\quad(6.562)$$

$$R^2=0.918\quad F=43.056\quad SE=0.0990\quad DW=1.387$$

模型各项检验具有显著性。据此可求得科技进步率 $a=1.2503$、资本产出弹性 $\alpha=0.847$，劳动产出弹性 $\beta=0.153$，测定的科技进步、资本增长、劳动增长对产出增长的贡献率分别为 15.75%、73.39%和 9.06%。由于贡献率之和不等于 100%，调整后分别为 16.04%、74.74%和 9.22%。

由此可见，参数 α 和 β 估计方法不同，测定的结果亦不同。

13.4.4　逻辑斯蒂概率回归模型

逻辑斯蒂（Logistic）回归模型通常可用于分析和描述在特定条件下事件发生的概率与事件不发生的概率及其比值，研究有关因素对因变量 y 的影响。因变量 y 为 0-1 型变量，取 0 和 1 两个值；自变量 x 可以是数量型变量，也可以是 0-1 型变量。

设研究对象 y 仅取 0 和 1 两个值，事件发生的条件概率为 $P=P(Y=1)$，有 i 个因素 $x_1, x_2, \cdots, x_n$ 影响 y 的取值。则有下列 logistic 回归模型

$$p_i=\frac{1}{1+e^{-(\alpha+\beta_i x_i)}}$$

事件不发生的条件概率为

$$1-p_i=\frac{1}{1+e^{(\alpha+\beta_i x_i)}}$$

事件发生的概率与事件不发生的概率之比为

$$\frac{p_i}{1-p_i} = e^{(\alpha+\beta_i x_i)}$$

将等式两边取对数，并对 p_i 求解，则有下列 logistic 回归模型

$$p_i = \frac{\exp(\alpha+\beta_i x_i)}{1+\exp(\alpha+\beta_i x_i)}$$

其中 α、β_i 是待估的未知参数。

若模型中只有 1 个自变量，则为一元 logistic 回归模型，有两个自变量，则为二元 logistic 回归模型，应用时应注意以下两点。

（1）p_i 值可取样本频率，即样本中分组观察单位数 n_i 中具有"是"（$y=1$）的单位数 m_i 所占的比率 $p_i = m_i/n_i$，但要求 $p_i \neq 0$ 或 1，亦即 $m_i \neq 0$，$m_i \neq n_i$。当 $m_i \neq 0$，$m_i \neq n_i$ 时，可用下列修正公式计算样本频率

$$p_i = \frac{m_i + 0.5}{n_i + 1}$$

（2）分组数据的 logistic 线性回归应采用加权最小二乘法估计参数，以避免异方差性，其权数为 $w_i = n_i p_i (1-p_i)$。

【例 13.11】 某市不同收入居民家庭的食品支出比率 p_i 和非食品支出比率 $1-p_i$ 如表 13-8 所示。用加权最小二乘法估计的 logistic 线性回归模型为

$$\ln[p/(1-p)] = 0.048 - 0.121x$$
$$(1.042) \quad (-12.853)$$
$$R=0.985 \quad F=165.194 \quad SE=0.0407$$

模型各项检验具有显著性。参数 -0.121 为负，说明收入等级越高，食品支出比率 p_i 越低，非支出食品比率 $1-p_i$ 越高。并且居民家庭收入每提高一万元，食品支出比率 p_i 和非食品支出比率 $1-p_i$ 的比值将降低 $e^{-0.121} = 0.886$ 倍。

$$p_i = \frac{\exp(0.048 - 0.121x)}{1+\exp(0.048 - 0.121x)}$$

若居民家庭收入为 8 万元，则预测食品支出比率 p 为 0.285，非食品支出比率为 0.715。

表 13-8　某市某年不同收入居民家庭食品支出比率

收入等级	最低收入	低收入	中下收入	中等收入	中上收入	高收入	最高收入
收入（万元）x	0	1	2	3	4	5	6
生活消费支出 m_i	2439	3011	3843	5017	5867	7346	10013
食品支出 n_i	1164	1353	1624	1968	2148	2547	2989
食品支出比率 p	47.72	44.93	42.26	39.23	36.61	34.67	29.85
$1-p$	52.23	55.07	57.74	60.77	63.39	65.33	70.15
$\ln[p/(1-p)]$	-0.0903	-0.2035	-0.3121	-0.4377	-05490	-0.6034	-0.8545
$w_i = n_i p_i (1-p_i)$	290.11	334.77	396.27	469.17	498.88	576.89	625.89

【例 13.12】 某市在一次关于职工生活、工作压力感社会调查（数据表略）中，因变量 $y=1$ 表示有压力感，$y=0$ 表示无压力感。自变量 x_1 表示年龄（数量型变量），x_2 表示性别（0-1 型

变量，$x_2 = 0$ 表示女性，$x_2 = 1$ 表示男性），用加权最小二乘法估计的 logistic 回归模型为

$$\ln[p/(1-p)] = 2.560 - 0.035x_1 + 0.268x_2$$
$$(11.301) \quad (-7.084) \quad (2.746)$$
$$R=0.888 \quad F=28.11 \quad SE=0.1902$$

$$p_i = \frac{\exp(2.560 - 0.035x_1 + 0.268x_2)}{1 + \exp(2.560 - 0.035x_1 + 0.268x_2)}$$

模型各项检验具有显著性。估计结果表明年龄和性别对职工生活、工作压力感都有显著的影响。其中年龄越轻，生活工作压力感越大；男性的生活工作压力感大于女性。例如，用此模型可计算出，年龄为 38 岁的男性有压力感的比率为 81.73%，女性为 77.38%。

13.5 时间数列自回归

13.5.1 时间数列自相关

时间数列自相关是指某个变量（y_t）自身随时间不同，其数值在前后时期之间表现出一定的依存关系。或者说，任一具体时期的数值都和它前一期或前几期的数值之间存在一定的联系。研究时间数列自身的相关关系，对于分析自身现象发展变化的规律具有重要的意义。

设 y_t 为数列 t 期的数值，y_{t-i} 为数列 $t-i$ 期的数值，i 可以为 1，亦可为 2，3，4…。令 $x = y_{t-i}$，则可采用 13.1 中的简单相关系数 r 的公式计算自相关系数。

【例 13.13】某商场 2014～2015 年商品销售额自相关数列如表 13-10 所示。由于数列中存在着季节变动，一般本年本季销售量 y_t 与上年同季销售量 y_{t-4} 之间具有线性自相关关系，因而，可计算自相关系数分析其自相关关系。

表 13-9 某市商品销售额自相关数列 （单位：万元）

季 \ 年	2014 年				2015 年			
	一	二	三	四	一	二	三	四
本季销售 y_t	575	553	528	605	624	606	578	651
上年同季 $x = y_{t-4}$	528	506	497	540	575	551	529	605

解：$n = 8$ $\sum y_t = 4718$ $\sum y_t^2 = 2793532$ $\bar{y}_t = 589.75$

$\sigma_{y_t} = 37.2349$ $\sum x = 4330$ $\sum x^2 = 2352464$ $\bar{x} = 541.25$

$\sigma_x = 33.2632$ $\sum xy = 2563267$ $\sigma_{xy}^2 = 1206.1875$

$$r = \frac{\sigma_{xy}^2}{\sigma_x \sigma_y} = \frac{1206.1875}{37.2349 \times 33.3632} = 0.9739$$

13.5.2 时间数列自回归

时间数列自回归是根据时间数列自相关用回归模型来描述同一时间数列前后不同时期的

数据之间的相互关系，并用于预测分析。自回归模型有线性与非线性之分，有一元自回归与多元自回归之分，其中最常用的是线性自回归模型。

（1）一元线性自回归模型

当本期 y_t 与 y_{t-1}，$y_{t-2} \cdots y_{t-k}$ 等 k 个滞后变量中的某期数据具有自相关时，则有下列一元线性自回归模型

$$y_t = a + by_{t-i}$$

当 i 取 1 时，称为一阶一元线性自回归，当 i 取 2 时，称为二阶一元线性自回归。究竟应取滞后哪一期的 y_{t-i} 作自变量，则应分期计算自相关系数来确定。一般来说，在具有递增或递减趋势的年序数据中，本年数据与上年数据关系最密切；在季节性数据中，本季（月）数据与上年同季（月）的数据关系最密切，在具有周期波动的时间数列中，则本期数据与周期波动的某期数据的关系最密切。

（2）多元线性自回归模型

当本期 y_t 与 y_{t-1}，$y_{t-2} \cdots y_{t-k}$ 等 k 个滞后变量具有自相关时，可建立下列多元线性自回归模型（又称多阶多元线性自回归模型）

$$y_t = a + b_1 y_{t-1} + b_2 y_{t-2} + \cdots + b_k y_{t-k}$$

自回归模型的估计一般采用最小二乘法，其参数估计的标准方程组同一般回归分析基本相同，只要令自回归模型中的 $y_{t-i} = x$ 即可。为了探索时间数列中 y_t 究竟与 y_{t-1}，$y_{t-2} \cdots y_{t-k}$ 等 k 个滞后变量中的哪几个关系更密切，则可采用逐步回归法或向后回归法，并利用统计软件进行滞后变量的筛选和参数估计。

自回归模型的评价，亦可计算可决系数 r^2 或自相关系数 r、剩余标准差 SE 评价模型配合的优良程度。亦可进行 t 检验、F 检验、DW 检验等。

【例 13.14】 表 13-10 是某地 2006 至 2015 年的当年消费品零售额与滞后 1~7 年的消费品零售额的自相关数列。同时，表中列出了 y_t 与 y_{t-1}，$y_{t-2} \cdots y_{t-7}$ 等 7 个滞后变量的消费品零售额的自相关系数。7 个自相关系数都比较高，其中尤以近期的自相关系数最大。为此，可建立如下两个自回归模型：

表 13-10 某市历年消费品零售额自相关分析　　　　　　　　（单位：亿元）

年份	y_t	y_{t-1}	y_{t-2}	y_{t-3}	y_{t-4}	y_{t-5}	y_{t-6}	y_{t-7}
2006	40.38	36.62	33.73	31.40	29.40	26.56	27.64	24.12
2007	42.38	40.38	36.62	33.73	31.40	29.40	26.56	27.64
2008	46.06	42.38	40.38	36.62	33.73	31.40	29.40	26.56
2009	47.27	46.06	42.38	40.38	36.62	33.73	31.40	29.40
2010	49.95	47.27	46.06	42.38	40.38	36.62	33.73	31.40
2011	53.73	49.95	47.27	46.06	42.38	40.38	36.62	33.73
2012	63.90	53.73	49.95	47.27	46.06	42.38	40.38	36.62
2013	75.20	63.90	53.73	49.95	47.27	46.06	42.38	40.38
2014	85.48	75.20	63.90	53.75	49.95	47.27	46.06	42.38
2015	93.45	85.48	75.20	63.90	53.73	49.95	47.27	46.06
r	—	0.990	0.972	0.956	0.946	0.947	0.969	0.979

（1）一元线性自回归模型

当一个时间序列具有不断增长的趋势时，一般本期的数值与前一、二期的数值关系更密切。因为最近时期的发展趋势及其所包含的信息对外推预测更有代表性。本例可建立一阶一元自回归模型，采用最小二乘法估计的统计检验合格的模型为

$$y_t = -3.645 + 1.172 y_{t-1}$$
$$(-1.097) \quad (19.817)$$
$$r = 0.990 \quad SE = 2.83 \quad F = 382.72 \quad DW = 1.219$$

估计结果表明，本年与上年消费品零售额的自相关关系十分显著，用上年消费品零售额估计本年消费品零售额的标准误差为 2.83 亿元，占原数列平均数的 4.73%。由于误差较小，自相关系数 0.990，因而，可用 2015 年消费品零售额外推预测 2016 年的消费品零售额为

$$\hat{y}_{2016} = -3.645 + 1.172 \times 93.45$$
$$= 105.88 \text{（亿元）}$$

（2）多元线性自回归模型

为了探索表 13-10 中 y_t 与 y_{t-1}，y_{t-2}…等 7 个滞后变量中的哪几个关系更密切，采用逐步回归法进行滞后变量筛选和参数估计，统计检验合格的模型为

$$y_t = -8.785 + 1.056 y_{t-1} - 0.695 y_{t-3} + 1.157 y_{t-6}$$
$$(-2.534) \quad (7.885) \quad (-2.699) \quad (4.383)$$
$$R = 0.998 \quad SE = 1.59 \quad F = 420.19 \quad DW = 2.127$$

估计结果表明，y_t 与 y_{t-1}、y_{t-3}、y_{t-6} 等 3 个滞后变量的关系最为密切，建立的三元线性自回归模型是观察期内较优的自回归模型。

【例 13.15】表 13-9 的数列中存在着季节变动，因此，滞后自变量的取值应以季节变动的周期长度为准作出选择。根据表 13-9 的数据建立的自回归模型如下

$$y_t = -0.2960 + 1.0902 y_{t-4}$$
$$(-0.005) \quad (10.540)$$
$$R = 0.9739 \quad F = 110.33 \quad SE = 9.55 \quad DW = 2.872$$

此模型表明本季商品销售额与上年同季商品销售额的自相关关系十分密切，模型的配合优良度很高。因此，可用本年各季度商品销售额外推预测明年各季度商品销售额，即

$$\hat{y}_{1\text{季度}} = -0.2960 + 1.0902 \times 624 = 679.99$$
$$\hat{y}_{2\text{季度}} = -0.2960 + 1.0902 \times 606 = 660.37$$
$$\hat{y}_{3\text{季度}} = -0.2960 + 1.0902 \times 578 = 629.84$$
$$\hat{y}_{4\text{季度}} = -0.2960 + 1.0902 \times 651 = 709.42$$

在一些实际问题研究中，因变量的变化往往既受自变量（外因）的影响，也受自相关因素（内因）的影响。为了正确反映外因和内因决定因变量的数量规律，为此，可将自回归与因回归结合起来构建多元回归模型进行分析。这种分析，自相量应作滞后分布处理，同时可引入滞后若干期的因变量的取值作为自变量，采用逐步回归法或向后回归法进行滞后变量的筛选和参数估计。

复习思考题

1. 何谓函数关系和相关关系？
2. 简述相关关系的种类。
3. 相关系数和相关指数各如何计算？
4. 什么是相关距阵？如何构造？
5. 一元线性回归有何特点？如何估计其参数？如何应用模型？
6. 怎样对一元线性回归模型进行评价与检验？
7. 建立多元线性回归模型时，自变量选择有哪些原则？
8. 怎样检验与评价多元线性回归模型？
9. 常见的非线性回归模型有哪些？怎样评价非线性回归模型？
10. 含定性自变量的回归模型如何估计其参数？如何应用模型？
11. 如何估计 logistic 线性回归模型参数？如何应用模型？
12. 自回归与因回归应如何结合应用？

习 题

1. 某县 8 个乡生猪出栏量和粮食产量的统计数据如下，要求：（1）作相关图、计算相关系数，求粮食产量决定生猪出栏量的回归方程并作检验；（2）求粮食产量为 25.8 吨和 30.5 吨的生猪出栏量的理论值。

    生猪出栏量（万头）： 15.9 17.3 17.1 17.4 18.5 20.9 23.0 24.8
    粮食产量（吨）：   21.2 22.2 22.1 24.4 26.1 26.8 27.5 28.4

2. 某市某年不同类型城镇居民人均可支配收入（x）和人均消费支出（y）的抽样资料如下，要求：（1）计算相关系数，求回归方程并作检验；（2）计算收支均衡点，消费支出的收入弹性；（3）求人均可支配收入为 5800 元和 8120 元的人均消费支出额。

    人均消费支出   2198 2476 3303 4107 5119 6371 7877 10962（元）
    人均可支配收入   2215 2397 2979 3503 4180 4981 6003 7694（元）
    调查人数   240   345   355   435   456   425   368   336（人）

3. 设自变量数列的标准差为 5.94，因变量数列的标准差为 8.38，自变量和因变量数列的协方差为 36.48，要求计算相关系数。

4. 已知 $\bar{x}=9.1$，$\bar{y}=220$，相关系数 $r=0.915$，自变量数列标准差为 2.3892，因变量数列的标准差为 31.4518。要求求出回归方程。

5. 已知 $\overline{xy}=146.5$，$\bar{x}=12.6$，$\bar{y}=11.3$，$\overline{x^2}=164.2$，$\overline{y^2}=134.6$，$a=1.7575$，求回归方程、相关系数 r，x 决定 y 的平均边际和平均弹性。

6. 已知某市某年居民不同家庭月人均可支配收入 x 决定月生活消费支出 y 的一元线性回归模型为 $\hat{y}=98.58+0.7856x$，$\bar{x}=818.13$，$\bar{y}=734.25$，则居民月生活费收入 x 决定月生活费支出 y 的平均边际为_____，月生活费支出的收入平均弹性为_____，收支相等的临界点为_____。

7. 已知某一元线性回归模型为 $y = 238.88 - 0.8653x$，$\bar{x} = 885.3$，$\bar{y} = 984.85$ 则 y 与 x 的相关关系为_____相关，x 决定 y 的平均边际为_____平均弹性为_____。

8. 已知某数列（$n=12$）的离差平方和 $\sum(y-\bar{y})^2 = 434986.85$，一元线性回归模型的剩余平方 $\sum(y-\hat{y})^2 = 1688.45$，则可决系数为_____，相关关系为_____，估计标准误差为_____。

9. 已知二元线性回归模型为 $y = 0.8761 + 0.4794x_1 + 0.0912x_2$，$\bar{y} = 15.0$，$\bar{x}_1 = 23.5833$，$\bar{x}_2 = 30.9167$，则 x_1 决定 y 的平均边际为_____，平均弹性为_____；x_2 决定 y 的平均边际为_____，平均弹性为_____；常数项和 x_1、x_2 决定 y 的贡献率分别为_____、_____、_____。

10. 若2005装备制造业工业增加值为1313亿元,总资产9573亿元,平均年从业人数770.74万人；2015年工业增加值20202亿元,总资产68507亿元,平均年从业人数2046.17万人。则根据正规化法估计的科技进步率 a 为_____、资本产出弹性系数 α 为_____，劳动产出弹性系数 β 为_____，科技进步、资本增长、劳动增长对产出增长的贡献率分别为_____、_____和_____%。

11. 根据本章表 13-7 的统计数据，资本产出弹性取 $\alpha = 0.6$，劳动产出弹性取 $\beta = 0.4$，要求测定科技进步、资本增长、劳动增长对产出增长的贡献率。

12. 根据本章表 13-10 的统计数据，采用向后回归法进行自回归滞后变量的筛选，构建自回归模型。

13. 某县粮食总产量 y 与气候（0-1）、播种面积 x 的二元线性联合回归模型为 $y = -2.661 + 3.368D + 6.652x$，模型各项检验具有显著性。估计结果表明气候与播种面积对粮食总产量都有显著的影响，其中正常年份的粮食总产量比受灾年份平均多_____万吨；播种面积每增加1万公顷，粮食总产量可增加_____万吨。若2006年播种面积为6.54万公顷，年份正常则粮食总产量可达到_____万吨，若受灾则粮食总产量为_____万吨。

14. 某市 1994～2007 年 GDP 年增长率与三次产业年增长率的多元线性回归方程为 GDP 增长率=3.233+0.124x_1+0.243x_2+0.312x_3，GDP 与三次产业的年增长率分别为 9.89%、4.45%、11.91%、10.29%，回归方程中常数项和三次产业年增长率对 GDP 年增长率贡献率分别为_____，_____，_____，_____。

15. 某市 1989～2015 年社会消费品零售额如下（万元），要求建立自回归模型进行预测分析。

1558.6　　1800.0　　2140.0　　2350.0　　2570.0　　2849.4　　3376.4　　4305.0　　4950.0
5820.0　　7440.0　　8101.4　　8300.1　　9415.6　　10993.7　　12462.1　　16264.7　　20620.0
24774.1　　27298.9　　29152.5　　31134.7　　34152.6　　37595.2　　42027.1　　45842.0　　53950.1

16. 某市 2006～2015 年城镇居民可支配收入、消费支出、食品消费支出如下（百元/人）要求建立可支配收入决定消费支出、食品消费支出的回归方程并作检验和评价。

可支配收入　1255　1493　1591　1783　2172　2822　3893　4705　5060　5249
消费支出　　1143　1234　1294　1446　1732　2194　3138　3886　4098　4317
食品消费　　581　　678　　720　　772　　882　　1049　1497　1898　1997　1973

17. 某市 GDP 与三次产业的年发展速度如下，要求建立 GDP 增长率与三次产业增长率的多元线性回归方程，并测定三次产业增长对 GDP 增长的贡献率。

年份	GDP	第一产业	第二产业	第三产业
2007	110.40	106.50	113.50	110.40
2008	112.10	106.20	116.30	112.60
2009	110.70	106.10	111.30	111.50
2010	108.50	100.90	109.60	108.40
2011	108.30	103.30	109.30	107.80
2012	109.00	103.90	110.20	110.60
2013	109.60	104.00	111.50	110.80
2004	108.80	102.60	108.80	108.80
2014	109.50	103.60	112.40	109.60
2015	112.00	107.40	116.20	112.40

18. 某工厂某年生产批量 x 与单位产品成本 y 的数据如下（单位：元）。要求分别采用联合回归模型、分段回归模型估计参数，并进行模型检验，评价模型的优劣。（$x_1 > 1000$，$D=1$；$x_1 < 1000$，$D=0$）

y	5.14	8.80	9.04	2.78	9.50	7.10	5.98	7.54
x_1	1300	680	800	1600	600	1140	1440	960
x_2	1	0	0	1	0	1	1	0

19. 在一次新产品展销会上，与厂商签订购买意向书的共有 1050 人，在随后的 3 个月内，只有部分顾客购买了新产品，有关数据如下，要求：（1）建立实际购买顾客比率依年收入的一元线性 logistic 回归模型，研究年收入对实际购买顾客比率的影响；（2）建立实际购买顾客比率依年收入和性别的二元 logistic 回归模型，研究年收入和性别对实际购买顾客比率的影响。

年收入万元	性别（女性=0）	签订购买意向书人数	实际购买人数
2	0	50	23
2	1	68	21
3	1	64	26
4	0	116	62
4	1	120	78
5	1	104	44
5	0	88	58
6	0	86	54
7	1	78	44
7	0	60	38
8	0	56	39
8	1	48	26
9	1	42	28
10	0	30	26
10	1	40	22

实验　用 Excel 作相关与回归分析

1. 用 Excel 作相关分析

以本章例 13.6 为例，用 Excel 作相关与回归分析的步骤如下。

第 1 步：打开 Excel 数据表，构建原始数据表，在 A1:A16 输入 y（居民人均可支配收入）的数据，在 B1:B16 输入 x1（本年人均 PCGDP）的数据，在 C1:C16 输入 x2（时间 t）的数据。

第 2 步：选择"工具"下拉菜单，选择"数据分析"选项。

第 3 步：在"分析工具"中选择"相关系数"。当出现对话框时：在"输入区域"框内键入 A1:C16，分组方式选择"逐列"；在"输出选项"中选择"新工作表组"。

第 4 步：单击"确定"按钮，输出结果如表 13-11 所示。

表 13-11　相关系数距阵

	y	x1	x2
y	1		
x1	0.998129	1	
x2	0.975033	0.963795	1

2. 用 Excel 作回归分析

第 1 步和第 2 步与相关分析相同。

第 3 步：在"分析工具"中选择"回归"。当出现对话框后：在"y 值输入区域"框内键入 A1:A16，在"x 值输入区域"框内键入 B1:C16，在"输出选项"中选择"新工作表组"。如果需要，还可选择"残差、残差图、线性拟合图"等输出选项。

第 4 步：单击"确定"按钮，输出结果如表 13-12 所示。

表 13-12　Excel 输出的回归分析结果

回归统计	
Multiple	0.999327
R Square	0.998654
Adjusted	0.998447
标准误差	130.678
观测值	16

方差分析

	df	SS	MS	F	Significance F
回归分析	2	1.65E+08	82374964	4823.814	2.18E-19
残差	13	221997.5	17076.73		
总计	15	1.65E+08			

	Coefficients	标准误差	t Stat	P-value	Lower 95%	Upper 95%
Intercept	698.0094	69.98896	9.973135	1.86E-07	546.8074	849.2113
X Variable 1	0.576717	0.026792	21.52588	1.5E-11	0.518837	0.634598
X Variable 2	127.7671	26.57856	4.807151	0.000342	70.34766	185.1866

第 14 章 平衡数列分析

本章主要阐述平衡状态分析、平衡结构分析、平衡系统趋势分析、平衡系统动态关联分析等平衡数列分析的基本方法,用以揭示现象之间的相互联系的数量关系及其发展变化的均衡性和规律性。

14.1 总量均衡状态分析

总量均衡状态分析一般是根据某种实物量平衡表或价值量平衡表,将平衡表中的收支项目联系起来,按实物指标数据的大小或价值指标增长率的高低来判断总量是否失衡,其平衡状态是收大于支,还是收小于支,或收支均衡。例如,一定时期内国内的总供给与总需求是否存在总量失衡,工业企业的产品产销是否存在总量失衡,贸易企业的商品购销是否存在总量失衡等,往往需要作出判断,以便为决策提供依据。总量均衡状态分析的方法主要有下列几种分析方法。

14.1.1 收支数量比较法

当平衡表是按实物指标编制的实物平衡表,或按同一价格标准编制的价值平衡表,可直接比较总收支、总供求、总产销、总购销数量的大小来判断平衡状态。一般来说,收入、支出、存量之间具有下列三种关系。

(1)收>支,存量增加。
(2)收<支,存量下降。
(3)收=支,存量不变。

以上关系式中的收入支出应从广义上理解,即收入可以是总供给、总产量、总购进、总收入等,与收入对应的支出可以是总需求、总销售、总支出等,存量可以是产品存量、商品存量、资本存量等。

【例 14.1】某年某商场 6 种主要商品购销存数据如表 14-1 所示。从表中可以看出,电视机、电冰箱、洗衣机三种商品均为购大于销,期末存货增加;电风扇、空调和计算机等商品均为购小于销,期末存货下降。前三者商品是否存在过量采购、存货是否积压,还应联系具体情况进行具体分析。

表 14-1 某商场 6 种主要商品购销存均衡状态分析   (单位:台)

商品	期初存货	本期购进	本期销售	期末存货	平衡状态	本期商品销售率(%)	购存商品销售率(%)
电视机	180	320	280	220	购大于销	87.50	70.00
电冰箱	80	120	90	110	购大于销	75.00	45.00
洗衣机	120	220	150	190	购大于销	68.18	44.12
电风扇	240	160	312	88	购小于销	195.00	78.00
空调	58	62	85	35	购小于销	137.10	70.83
计算机	24	186	198	12	购小于销	106.45	99.00

14.1.2 收支增长率比较法

收支增长率比较法是将两个时期或两个时点的平衡表结合起来,通过计算收入、支出、存量的增长率进行比较,判断其平衡状态。这种分析方法,不仅适合于实物量平衡表的总量均衡状态分析,也适合于价值量平衡表的总量均衡状态分析。一般来说,收入、支出、存量之间具有下列三种关系。

(1) 收入增长率>支出增长率,存量上升。
(2) 收入增长率<支出增长率,存量下降。
(3) 收入增长率=支出增长率,存量不变。

【例 14.2】某空调厂近 6 年空调产销统计数据如表 14-2 所示。从产销数量比较来看,其平衡状态由过去的产大于销,变化到现在的产小于销;从增长率来看,产品销售量的增长率为 48.59%,比生产量的增长率 23.81%快 24.78 个百分点,致使年末存量大幅度下降。这表明该厂生产的空调已摆脱了过去销售不畅的局面,市场销售前景日益看好。

表 14-2 某空调厂近 5 年空调产销均衡状态分析　　　　　　　　(单位:万台)

年份	年初存量	当年生产量	当年销售量	年末存量	平衡状况	当年产品销售率(%)	全部产品销售率%)
2010	13.4	136.1	120.2	29.3	产>销	88.32	80.40
2011	29.3	138.6	125.4	42.5	产>销	90.48	74.69
2012	42.5	140.2	140.2	42.5	产=销	100.00	76.73
2013	42.5	152.6	167.2	27.9	产<销	109.57	85.70
2014	27.9	160.8	175.1	13.6	产<销	108.89	92.79
2015	13.6	168.5	178.6	3.5	产<销	105.99	98.08
增长率(%)	1.49	23.81	48.59	-88.05	—	—	—

14.1.3 比率判断法

比率判断法是根据平衡表提供的数据,计算有关的比率来判断其平衡状态。例如,计算工业企业产品销售率,可以判断产品产销平衡状态;计算贸易企业商品销售率,可以判断商品购销平衡状态。以工业企业产品销售率计算为例,有两种口径。

1. 当期产品销售率

当期产品销售率(产销率)可反映当期产品销售量与当期产品生产量的比例关系,比率小于 1,产大于销;比率大于 1,产小于销;比率等于 1,产销平衡。例如,表 14-1 中电视机、电冰箱、洗衣机三种商品的当期商品销售率较低,说明购大于销,期末存货规模有待压缩;电风扇、空调和计算机等商品的当期商品销售率均大于 1,说明购小于销,存货下降,其中电风扇、空调存货规模仍然有待压缩,计算机存货有待补充。

$$当期产品销售率 = \frac{当期产品销售量}{当期产品生产量} \times 100\%$$

2. 全部产品销售率

全部产品销售率可反映当期产品销售量与全部产品可供量(当期产品生产量和期初存量

的总和）的比例关系，比率小于1，产存大于销；比率等于1，产存销平衡。例如，表14-2中全部产品销售率由2010年的80.40%提到高到2015年的98.08%，说明产销平衡状态不断改善，存货规模得到控制。

$$全部产品销售率 = \frac{当期产品销售量}{期初存量 + 当期产品生产量} \times 100\%$$

需要指出的是，平衡表的性质和内容不同，比率判断法的应用亦有所不同。例如，判断贸易企业商品购销平衡状态时，以上公式中的生产量可改为购进量。判断国内能源生产量与国内能源消费量的平衡状态时，则可计算能源国内生产量占国内消费量的比率、能源进口量占国内消费量的比率（能源进口依存度），可判断国内能源产消总量的平衡状态。

【例14.3】表14-3是2015年某地石油产销均衡状态分析，其中，石油国内生产量占国内消费量的比率由2005年的93.4%下降到2015年的52.98%，呈不断下降的趋势，石油进口依存度由2005年的22.64%提高到2015年的55.78%，呈不断上升的趋势。由此可见，受石油需求不断扩大和国内石油资源不足的影响，石油国内生产量与国内消费量之间的不均衡状态呈不断扩大的趋势。

表14-3　1995-2006年我国石油产销均衡状态分析　　　　　　　（单位：万吨）

年份	可供总量	石油可供量				石油消费总量	生产量占消费量比率%	石油进口依存度%	GDP（亿元）
		国内生产量	石油进口量	石油出口量（-）	年初年末库存差额				
2005	16072.7	15005.0	3637.2	2454.5	-151.0	16064.9	93.40	22.64	60793.7
2006	17656.1	15733.4	4536.9	2696.0	81.8	17436.2	90.23	26.02	71176.6
2007	19653.8	16070.4	6787.0	2815.2	-392.2	19691.7	81.61	34.47	78973.0
2008	19686.1	16100.0	5738.7	2326.5	174.0	19817.8	81.24	28.96	84402.3
2009	20964.4	16000.0	6483.3	1643.5	124.6	21072.9	75.93	30.77	89677.1
2010	22631.8	16300.0	9748.5	2172.1	-1244.6	22439.3	72.64	43.44	99214.6
2011	23204.7	16395.9	9118.2	2046.7	-262.7	22838.3	71.79	39.93	109655.2
2012	24925.1	16700.0	10269.3	2139.2	94.9	24779.8	67.39	41.44	120332.7
2013	27540.5	16960.0	13189.6	2540.8	-68.2	27126.1	62.52	48.62	135822.8
2004	32116.2	17587.3	17291.3	2240.6	-521.9	31699.9	55.48	54.55	159878.3
2014	32539.1	18135.3	17163.2	2888.1	128.8	32535.4	55.74	52.75	183867.9
2015	34889.8	18476.6	19453.0	2626.2	-413.5	34875.9	52.98	55.78	210871.0

14.2　结构均衡状态分析

总量均衡状态分析一般只能判断收支余、产销存、购销存等总量的平衡状态；但不能说明结构是否均衡或协调。有时总量是均衡的，但结构是非均衡的，为此，在考察总量均衡状态时，还应考察结构是否均衡。结构均衡状态分析既能说明结构是否均衡，也能从深层次上说明总量失衡的内在原因。有下列两种分析方法。

14.2.1 收支结构比较法

收支结构比较法是把平衡表中的收支余结构联系起来进行比较，判断收支结构是否协调。例如，可把产品的生产结构、销售结构、存货结构联系起来进行比较，可判断生产、存货结构是否与销售结构相适应，以决定是否需要调整生产结构。贸易企业可把商品购进、存货结构、销售结构联系起来进行比较，可判断购进、存货结构是否与销售结构相适应，以决定是否需要调整商品采购结构。

【例 14.4】表 14-4 所示为某啤酒厂某年啤酒产销存分析。从全部产品来看，生产量大于销售量，产品销售率只有 95.2%，导致年末存货比年初增加 1 倍多。从啤酒种类和包装的产销结构来看，生产结构与销售结构相比都存在着不相适应的地方，如干啤、散装啤酒的生产量过大，导致产品销售率较低，存货成倍增加。因此该厂啤酒产大于销的状态主要是由这两类啤酒产大于销所引起的。

表 14-4 某啤酒厂啤酒产销结构分析

(a) 按啤酒种类分类　　　　　　　　　　　　　　　　（单位：万吨）

产品类别	年初存量	生产量 数量	生产量 比重(%)	销售量 数量	销售量 比重(%)	产销率(%)	年末存量
扎啤	1	35	15.28	32	14.68	91.4	4
冰啤	5	128	55.90	128	58.72	100.0	5
干啤	6	66	28.82	58	26.60	87.88	14
总计	12	229	100.0	218	100.0	95.2	23

(b) 按包装形式分类

产品类别	年初存量	生产量 数量	生产量 比重(%)	销售量 数量	销售量 比重(%)	产销率(%)	年末存量
瓶装	2	138	60.26	136	62.39	98.60	4
罐装	3	78	34.06	76	34.86	97.44	5
散装	7	13	5.68	6	2.75	46.15	14
总计	12	229	100.0	218	100.0	95.2	23

14.2.2 收支结构相关分析法

收支结构相关分析法是将收入结构与支出结构、或产品的生产结构与销售结构、或供给结构与需求结构联系起来，通过计算二者之间的相关系数来反映收支结构、或产销结构或供求结构是否均衡。一般来说，收支结构相关系数越接近于 1，收支结构越均衡；收支结构相关系数越低，收支结构越不均衡。

收支结构相关系数的计算，要求有收支或产销对应的分类的绝对量数据或比重数据，计算时有两种口径，一是根据收支或产销对应的分类的绝对量计算，可称为收支或产销绝对量相关系数；二是根据收支或产销对应的比重数据计算，可称为收支或产销结构相关系数。其计算

公式与简单线性相关系数 r 的计算公式是一致的，即

$$r = \frac{\sigma_{xy}^2}{\sigma_x \sigma_y}$$

【例 14.5】某省 10 个地市某产品产消数据如表 14-5 所示，用以上公式计算的产销绝对量相关系数为 0.093，产销结构相关系数为 0.112，二者的相关程度都很低，说明该省 10 个地市某产品产消结构是极不均衡的。即该产品的生产量的分布与消费量的分布是极不对称的。同时，从全省产消总量来看，生产总量与消费总量是基本均衡的，但从产消绝对量和产消比重的比较来看，产消结构是不均衡的，有的地市产大于消，有的地市产小于消，地市之间存在着产品输出和输入的内在关系。

表 14-5 某省 10 个地市某产品产消数据 （单位：吨）

项目	A	B	C	D	E	F	G	H	I	J	合计
生产量	600	100	1040	160	180	450	584	120	286	398	3918
比重%	15.3	2.6	26.5	4.1	4.6	11.5	14.9	3.1	7.3	10.1	100.0
消费量	240	560	700	400	350	280	216	484	480	188	3898
比重%	6.2	14.3	18.0	10.3	9.0	7.2	5.5	12.4	12.3	2.8	100.0
产消差额	360	-460	340	-240	-170	170	368	-364	-194	210	20

14.3 平衡数列趋势分析

在平衡数列中，收支余或产销存各项指标具有不同的发展变化的长期趋势。平衡数列趋势分析是将平衡数列中收支余（或产销存、或购销存）各项指标联系起来，从整体上分析平衡系统在较长时期内持续发展变化的趋向性和时态模式，显示现象发展变化的不均衡性和规律性。分析时应以平衡数列动态数据为依据。有下列两种分析方法。

14.3.1 复式曲线图示法

用复式曲线图示法显示平衡数列中现象发展变化的不均衡性和规律性，常用横轴代表时间，纵轴代表平衡数列的指标数值，以曲线的升降、起伏来表示平衡数列中收支余或产销存或购销存各项指标的动态变化，揭示现象发展变化的趋向性。

【例 14.6】表 14-6 是某地 2001~2015 年城镇居民生活收支平衡数列，据此绘制的复式曲线图如图 14-1 所示。可以看出，由于人均收入与人均消费支出两条动态曲线的差距呈拉大的趋势，导致累计货币结余动态曲线与人均收入和人均消费的动态曲线的差距越来越大，特别是 1998 年前后的收支余数据结构明显不同，显示出不同的趋向性和时态模式。其表象原因是收入的增长快于消费支出的增长，居民消费倾向趋减，储蓄倾向趋增大，其内在原因主要是居民具有储蓄防老防病、购房、养儿育女等预防性储蓄和终身消费预期的结果。

表 14-6 某地城镇居民生活收支平衡数列

年份	t	年初累计货币结余	当年人均可支配收入	当年人均生活费支出	年末累计货币结余	当年货币结余	当年消费倾向（%）
2001	1	367.30	1591.50	1294.00	664.80	297.50	81.31
2002	2	664.80	1783.20	1446.00	1002.00	337.20	81.09
2003	3	1002.00	2166.50	1732.00	1436.50	434.50	79.94
2004	4	1436.50	2816.50	2194.00	2059.00	622.50	77.90
2005	5	2059.00	3887.60	3138.00	2808.00	749.60	80.72
2006	6	2808.00	4699.20	3886.00	3621.20	813.20	82.69
2007	7	3621.20	5052.10	4098.00	4575.30	954.10	81.11
2008	8	4575.30	5209.70	4317.20	5467.80	895.20	82.87
2009	9	5467.80	5434.30	4471.60	6430.50	962.70	82.28
2010	10	6430.50	5815.40	4899.00	7346.90	916.40	84.24
2011	11	7346.90	6218.70	5218.80	8346.80	999.90	83.92
2012	12	8346.80	6780.60	5546.20	9581.20	1234.40	81.80
2013	13	9581.20	6958.60	5687.40	10852.40	1271.20	81.73
2014	14	10852.40	7674.20	6082.68	12443.92	1591.60	79.26
2015	15	12443.92	8617.48	6684.61	14376.79	1932.87	77.57
年增长（%）	—	—	28.61	12.82	12.44	24.55	14.30	—

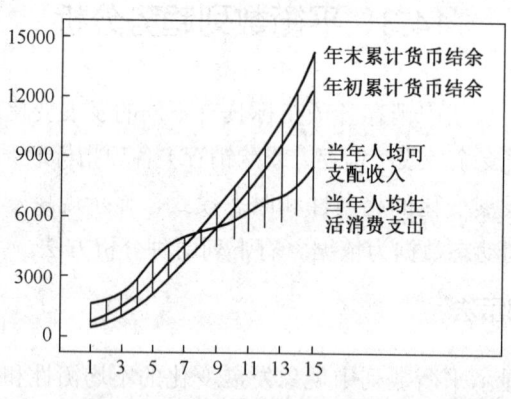

图 14-1 居民收支余复式曲线图

14.3.2 联立趋势模型法

联立趋势模型法是通过识别平衡数列中收支余各指标的长期趋势类型，建立多种趋势方程描述平衡系统在较长时期内持续发展变化的趋向性和时态模式，并可运用模型进行预测分析。联立趋势模型是由平衡系统内多种趋势方程组成的。模型中的趋势方程可以是线性的，也可以是非线性的。建立联立趋势模型一般程序是：

（1）搜集历史数据，编制动态平衡数列。

（2）识别平衡数列中收支余各项指标的长期趋势形态。有两种方法可供选择：一是图示分析识别法，即通过绘制复式曲线图，选择与动态曲线图最相似的曲线或直线方程，作为描述平衡数列中各指标长期趋势的方程。二是相关系数择优法。即用 SPSS 等统计软件同时拟合某指标不同的趋势方程，并计算相关系数，然后选择相关系数最大的方程作为最优方程。

（3）估计模型参数。联立趋势模型的参数估计应考虑平衡数列中收支余的平衡关系，一般可采用普通最小二乘法对收支余各项指标的长期趋势进行单方程择优估计，如果各指标的长期趋势方程都是最优的，则收支余趋势方程之间一般具有较好的平衡关系。

（4）模型检验。模型参数估算之后，还应对估算的结果进行评价和检验。主要包括模型配合优良度测定、相关系数 R 的 F 检验、结构参数的 t 检验、平衡关系验证等，经过检验如果发现估计的结果存在严重的问题，应对趋势方程进行重新设计和估算。

（5）模型使用。建造模型、估算参数、检验结果，最终都是为了使用模型。联立趋势模型的使用分为三大项，即趋势分析、预测未来和规划政策。

【例 14.7】表 14-6 中 2009 年以后的收支余数据结构与 2009 年以前明显不同，显示出不同的趋向性和时态模式，为避免异方差性的影响，根据表 14-6 的数据，宜用三次曲线方程描述收支余各指标的长期趋势，采用普通最小二乘法估计参数，用 SPSS 统计软件计算，可得到下列联立趋势模型。

年初累计货币结余 D_{t-1}。

$$D_{t-1} = 4515.8171 + 994.3840t - 42.5079t^2 + 8.8867t^3$$
$$(40.434)\quad(8.825)\quad(-1.341)\quad(3.395)$$
$$R^2 = 0.9998 \quad F = 8322.4649 \quad S_D = 38.4693$$

人均可支配收入 S_t

$$S_t = 4715.0686 + 822.6140t - 151.9148t^2 + 16.2356t^3$$
$$(13.207)\quad(2.284)\quad(-1.500)\quad(1.940)$$
$$R^2 = 0.9969 \quad F = 159.1223 \quad S_s = 122.9708$$

人均生活消费支出 C_t

$$C_t = 3723.9771 + 893.4160t - 176.4618t^2 + 15.5758t^3$$
$$(23.487)\quad(5.585)\quad(3.922)\quad(4.192)$$
$$R^2 = 0.9973 \quad F = 365.2044 \quad S_c = 54.6137$$

年末累计货币结余 D_t

$$D_t = 5506.9086 + 923.5821t - 17.9608t^2 + 9.5464t^3$$
$$(46.949)\quad(7.804)\quad(-0.540)\quad(3.473)$$
$$R^2 = 0.9999 \quad F = 9900.8547 \quad S_D = 40.4021$$

当年货币结余 $\qquad\qquad S_t - C_t = D_t - D_{t-1}$

上述趋势模型的原点为 1997 年（$t = 0$），各趋势方程下括号内的数据为 t 检验统计量。模型中各趋势方程的估计标准误差均比较小，可决系数 R^2 都很高，F 检验具有显著性，表明各趋势方程配合的优良度均很高。结构参数 t 检验除个别外，都具有显著性（趋势方程亦可不作 t 检验），表明收支余各方程描述的长期趋势具有最优性。

将 $t = 8$ 代入上述联立趋势模型，预测 2016 年年初累计货币结余 14300.3 元，人均可支配收入 9886.1 元，人均生活消费支出 7552.6 元，当年消费倾向 76.40%，当年货币结余 2333.5 元，年末累计货币结余 16633.8 元，收支余具有平衡关系。

14.4 平衡系统关联分析

14.4.1 平衡系统关联的概念

在平衡数列中,相互联系和相互制约的收支余各指标组成的有机整体称为平衡系统。平衡系统的运行既受系统内部因素的影响和制约,又受系统外部因素的影响和制约。平衡系统关联包括两个方面的含义,一是指动态平衡系统中内部变量之间的相互关联;二是指平衡系统内部变量与外部变量之间的相互关联。

平衡系统关联分析是根据动态平衡数列和外部变量数据为依据,运用回归分析法分析平衡系统运行的关联性,揭示内部因素和外部因素对平衡系统运行的影响和制约,为预测决策提供依据。平衡系统关联分析可从两个方面进行分析,一是考察平衡系统内部有关因素对某一指标的决定效应,例如,可考察产销平衡系统中,生产量、进口量、出口量对销售量的决定效应,二是考察外部变量对平衡系统内部某一指标的决定效应,例如,可考察市场需求或经济增长对平衡系统内部的生产量或销售量的决定效应。将这两个方面的分析结合起来,即可揭示内部因素和外部因素对平衡系统运行的影响和制约。

14.4.2 平衡系统关联分析的方法

平衡系统关联分析通常需要建立内部关联模型和外部关联模型来描述平衡系统运行的数量规律,揭示平衡系统运行的因果关系。分析的一般方法和程序如下。

(1) 搜集历史数据,编制收支余动态平衡数列和外部变量动态数列,如表 14-3 所示。

(2) 划分因变量和自变量,平衡系统内部关联分析通常可选择某一重要指标作为因变量,其他指标则作为自变量;平衡系统外部关联分析通常可选择平衡系统内部某一重要指标作为因变量,外部变量则作为自变量。

(3) 建立和估计关联模型。平衡系统内部关联模型和外部关联模型一般都采用回归方程。其回归方程可以是线性的,也可以是非线性的。

(4) 参数估计和模型检验。平衡系统关联模型的参数估计一般可采用普通最小二乘法,当自变量较多时,可采用逐步回归法或向后回归法进行自变量选择、参数估计、模型检验。

(5) 模型使用。平衡系统关联模型可解释平衡系统运行的关联性,揭示内部因素和外部因素对平衡系统运行的影响和制约,亦可预测未来和规划政策。

【例 14.8】根据表 14-3 的数据,若以石油消费量为因变量,以石油生产量、进口量、出口量为自变量 X_1、X_2、X_3,并引入 GDP 和时间变量 t 作为外部变量,采用普通最小二乘法估计的石油产消平衡系统的内部关联模型和外部关联模型如下。

内部关联模型
$$Y_t = -19896.48 + 2.347X_1 + 0.723X_2 - 0.985X_3$$
$$(-2.387) \quad (4.075) \quad (6.709) \quad (-2.583)$$
$$R^2 = 0.996 \quad F = 746.36 \quad S_c = 429.64 \quad DW = 1.949$$

外部关联模型
$$Y_t = 10209.186 + 0.090GDP + 528.768t$$

$$(12539) \quad (4.888) \quad (2.196)$$
$$R^2 = 0.987 \quad F = 328.98 \quad S_c = 788.62 \quad DW = 1.929$$

以上模型的统计检验是合格的。模型表明，从石油产消平衡系统内部关联来看，石油消费量主要取决于石油生产量、进口量和出口量的变动，其中生产量和进口量是石油消费量的增函数，并且进口量的影响效应大于生产量的影响效应；石油出口量是石油消费量的减函数。从石油产消平衡系统外部关联来看，GDP 和时间变量 t（其他因素）是决定石油消费量的关键因素，并且 GDP 的影响效应大于其他因素的影响效应。因此，要实现石油产消平衡，必须在石油产消平衡系统内部和外部求得平衡。

需要指出的是，在实际分析中，还可依据外部变量分别构建石油生产量、进口量和出口量模型，以便进一步分析外部变量是怎样决定这些内部变量的，其他平衡系统的分析亦是如此。但这种分析比较复杂，故介绍从略。

14.5 投入产出分析

14.5.1 投入产出分析的概念

投入产出分析又称部门联系平衡分析，它主要应用于研究部门之间、产品之间、地区之间、部门内部和企业内部各部门之间的投入产出数量关系，它是通过编制投入产出表和建立线性方程组，来研究经济系统各部分之间的技术经济联系的一种统计分析研究方法。投入产出分析法既可用于分析社会经济结构及其技术经济联系，也可用于预测、决策和规划，此外，还可用于研究一些专门的社会问题，如环境保护、人口、就业、收入分配等问题。

14.5.2 投入产出表的种类

投入产出分析需借助于投入产出表进行分析。而投入产出表是把各部门（或产业、行业、企业、车间等）所生产出来的产品按产品所需的各种投入和产品分配去向，有规则排列在一张表上所构成的棋盘式平衡表，每一张投入产出表就是一个完整的投入产出模型。投入产出表通常可作如下分类。

（1）按照研究期不同，可分为统计表和计划（预测）表。统计表用以反映和研究报告期的投入产业的技术经济联系；计划表用以预测、规划计划期的情况。

（2）按编制范围不同，可分为世界表、多国表、国家表、地区表、部门表（行业表）、公司表、企业表等。

（3）按计量单位不同，可分为价值表和实物表。价值表采用货币计量单位，反映产品的价值量运动过程；实物表采用实物计量单位，反映产品的使用价值的运动过程。

（4）按研究目的不同，可分为静态表和动态表。静态表用以研究某一个时期（通常为一年）的社会产品再生产过程，不包含时间变化的因素。动态表是在发展变化中来研究再生产过程的动态变化。其中，最常用的是静态价值型投入产出表。

14.5.3 投入产出表的基本结构

在价值型投入产出表中，通常按照产品的经济用途不同，划分为不同的部门，而各部门的总产品可分为中间产品和最终产品两大部分，各部门产品价值形成过程可分为中间消耗和增加值（新创造价值）两大部分，将这两个方面结合起来编制的投入产出表，就是价值型投入产出表，如表 14-7 所示。基本结构包括四个象限和四大平衡关系。

表 14-7 简化的价值型投入产出表

投入 产出		中间产品				最终产品				总产品(i)
		部门 1	部门 2	…	部门 n	积累	消费	出口	合计	
中间消耗	部门 1	x_{11}	x_{12}	……	x_{1n}				y_1	x_1
	部门 2	x_{21}	x_{22}	……	x_{nn}				y_2	x_2
	……								……	……
	……								……	……
	部门 n	x_{n1}	x_{n2}	……	x_{nn}				y_n	x_n
增加值	固定资产折旧	D_1	D_2	……	D_n					
	劳动者报酬	V_1	V_2	……	V_n					
	生产税净额	r_1	r_2	……	r_n					
	营业盈余	M_1	M_2	……	M_n					
	合计	N_1	N_2	……	N_n					
总产值 (j)		x_1	x_1	……	x_n					

1. 四大象限

即中间产品象限、最终产品使用象限、增加值象限和再分配象限。各象限的内容如下：

第Ⅰ象限：中间产品象限。它是投入产出表的核心或基本部分，主要反映中间产品的消耗和分配，用以研究各部门之间的生产技术联系，即部门之间的相互依存关系及其相互依赖程度，研究各部门的生产结构及其比例关系等。

第Ⅱ象限：最终产品使用象限，主要反映各部门已最终加工完毕可供社会消费和使用的产品，包括居民最终消费和政府消费、固定资本形成、存货增加、以及净出口等。本象限可研究部门间的社会经济联系，研究积累、消费、出口的比例关系。

第Ⅲ象限：增加值（最终产值）象限。主要反映增加值的构成和国民收入的初次分配情况。主要项目包括固定资产折旧、劳动报酬、生产税净额、营业盈余。

第Ⅳ象限：再分配象限。从理论上讲，本象限可反映国民收入的再分配情况，但实际资料收集很困难，实际编表时，此部分内容往往省略掉，由专门的核算反映。

2. 四大平衡关系

（1）社会总产品分配使用平衡关系。即

中间产品+最终产品=总产品

$$\begin{cases} x_{11} + x_{12} + \cdots\cdots + x_{1n} + y_1 = x_1 \\ x_{21} + x_{22} + \cdots\cdots + x_{2n} + y_2 = x_2 \\ \cdots\cdots \\ x_{n1} + x_{n2} + \cdots\cdots + x_{nn} + y_n = x_n \end{cases}$$

（2）生产消耗平衡关系。即

中间消费+增加值=总产值

$$\begin{cases} x_{11} + x_{21} + \cdots\cdots + x_{n1} + N_1 = x_1 \\ x_{12} + x_{22} + \cdots\cdots + x_{n2} + N_2 = x_2 \\ \cdots\cdots \\ x_{1n} + x_{n2} + \cdots\cdots + x_{nn} + N_n = x_n \end{cases}$$

（3）总产品（总产出）与总产值（总投入）相等，即

$$x_i = x_j \quad (i=j)$$

或

$$\sum_{j=i}^{n} x_{ij} + y_i = \sum_{j=i}^{n} x_{ij} + N_i$$

（4）全社会最终产品价值等于增加值之和，即：

$$\sum y_i = \sum N_j$$

以上介绍的是价值型投入产出表的基本结构，对于实物型投入产出表而言，其表格形式与表 14-7 是基本相同的，不同的是需要将部门改为产品名，表格中的数据均采用实物单位计量，因而实物型投入产出表也存在四个象限，但由于采用实物单位计量，而只存在横行间的平衡关系，即

$$中间产品+最终产品=总产品$$
$$\sum x_{ij} + y_i = x_i$$

14.5.4 直接消耗系数和完全消耗系数

投入产出分析主要是通过计算直接消耗系数和完全消耗系数来反映部门间的直接和完全的生产技术联系。

1. 直接消耗系数

直接消耗系数是指第 j 个部门生产单位产品直接消耗第 i 个部门的产品数量，称为第 i 个部门对第 j 个部门的直接消耗系数，用 a_{ij} 表示，计算公式为

$$直接消耗系数\ a_{ij} = \frac{中间消耗 x_{ij}}{总产值 x_j} \quad (ij=1, 2, \cdots, n)$$

直接消耗系数的大小一般取决于部门技术水平和管理水平高低、产品结构变动、价格水平变化三个方面的因素影响。

2. 完全消耗系数

国民经济各部门之间有直接联系，还有间接联系；有直接消耗，还有间接消耗。直接消耗与间接消耗之和称为完全消耗。如生产机床要消耗电力、钢材等物质，这是直接消耗；而生产钢材也要消耗电力，这就是生产机床对电力的第一次间接消耗；而生产钢材要消耗钢铁，生产钢铁又要消耗电力，这是生产机床对电力的第二次间接消耗，依次类推，有多次间接消耗。这种间接消耗一次比一次小，最后一次可以忽略不计。完全消耗系数的计算一般采用矩阵求解。设 A 为直接消耗系数矩阵，B 为完全消耗系数矩阵，则

$$B = A + BA$$
$$= A(I - A)^{-1}$$
$$= (I - A)^{-1} - I$$

其中 I 为单位短阵，$(I - A)^{-1}$ 为逆矩阵。

【例 14.9】 设某地按三次产业编制的价值型投入产出表,如表 14-8 所示。据此,可求得直接消耗系数矩阵 A,逆矩阵 $(I-A)^{-1}$,完全消耗系数矩阵 B 为:

$$A = \begin{bmatrix} 0.1 & 0.1 & 0.1 \\ 0.2 & 0.5 & 0.2 \\ 0.1 & 0.1 & 0.0 \end{bmatrix}$$

$$(I-A)^{-1} = \begin{bmatrix} 1.1911 & 0.2730 & 0.1737 \\ 0.5459 & 2.2096 & 0.4693 \\ 0.1737 & 0.2486 & 1.0670 \end{bmatrix}$$

$$B = (I-A)^{-1} - I = \begin{bmatrix} 1.1911 & 0.2730 & 0.1737 \\ 0.5459 & 1.2096 & 0.4693 \\ 0.1737 & 0.2486 & 0.0670 \end{bmatrix}$$

表 14-8 某地三次产业投入产出表 (单位:亿元)

产出		投入 中间产品				最终产品	总产品
		第一部业	第二产业	第三部业	合计		
中间消耗	第一产业	200	400	100	700	1300	2000
	第二产业	400	2000	200	2600	1400	4000
	第三产业	200	400	0	600	400	1000
	合计	800	2800	300	3900	3100	7000
增加值	固定资产折旧	35	106	104	245		
	劳动者报酬	1092	542	278	1912		
	生产税净额	34	331	42	407		
	营业盈余	39	221	276	536		
	合计	1200	1200	700	3100		
总产值		2000	4000	1000	7000		

14.5.5 投入产出分析法的应用

即通过直接消耗系数和完全消耗系数来分析研究国民经济各部门之间、产品之间的技术经济联系。

1. 研究主要的比例关系

利用投入产出表可分析研究中间产品与最终产品的比例关系,最终产品中消费与积累的比例关系;中间消耗与增加值的比例关系,增加值中固定资产折旧、劳动者报酬、生产税净额、营业盈利的比例关系等。

2. 规划与预测

利用投入产出表及其直接消耗系数、完全消耗系数可以进行经济预测,编制规划(计划)。有下列两种基本预测或规划方法。

(1) 由最终产品求总产品、中间产品和增加值。计算公式为

总产品 $\qquad X = (I-A)^{-1}Y$

中间消耗 $\qquad W = AX$

增加值 $\qquad N =$ 总产品 $-$ 中间消耗

【例 14.10】 若例 14.9 中，下一年度第一、二、三产业的最终产品分别为 1385、1568 和 460 亿元，要求利用直接消耗系数、完全消耗系数求总产品、中间产品和增加值。

解： ①求总产品 X

$$X = \begin{bmatrix} 1.19111 & 0.2730 & 0.1737 \\ 0.5459 & 2.2096 & 0.4693 \\ 0.1737 & 0.2486 & 1.0670 \end{bmatrix} \begin{bmatrix} 1385 \\ 1568 \\ 460 \end{bmatrix} = \begin{bmatrix} 2158 \\ 4437 \\ 1121 \end{bmatrix}$$

②求中间消耗 W

$$W = \begin{bmatrix} 0.1 & 0.1 & 0.1 \\ 0.2 & 0.5 & 0.2 \\ 0.1 & 0.1 & 0.0 \end{bmatrix} \begin{bmatrix} 2158 & 0 & 0 \\ 0 & 4437 & 0 \\ 0 & 0 & 1121 \end{bmatrix}$$

$$= \begin{bmatrix} 215.8 & 443.7 & 112.1 \\ 431.6 & 2218.5 & 224.2 \\ 215.8 & 443.7 & 0.0 \end{bmatrix}$$

③求增加值

第一产业　　　　　　　2158−(215.8+431.6+215.8)=1294.8
第二产业　　　　　　　4437−(443.7+2218.5+443.7)=1331.1
第三产业　　　　　　　1121−(112.1+224.2+0)=784.7

此外，还可利用增加值的各项目比重，求出固定资产折旧、劳动者报酬、生产税净额、营业盈余的预测值或计划值。

（2）由增加值求总产值、中间消耗和最终产品。计算公式为

总产值=增加值÷增加值率
　　　=增加值÷(1−中间消耗系数之和)
中间消耗　　$W = AX$
最终产品=总产值−中间产品

【例 14.11】 若例 14.9 中，下一年度各产业的增加值要求分别达到 1300，1350，800 亿元，要求确定各次产业的总产值、中间消耗和最终产品。

解：（1）求总产值

第一产业　　　　　　　1300÷[1−(0.1+0.2+0.1)]=2167
第二产业　　　　　　　1350÷[(1−(0.1+0.5+0.1))=4500
第三产业　　　　　　　800÷[1−(0.1+0.2+0)]=1143

（2）求中间消耗 W

$$W = \begin{bmatrix} 0.1 & 0.1 & 0.1 \\ 0.2 & 0.5 & 0.2 \\ 0.1 & 0.1 & 0 \end{bmatrix} \begin{bmatrix} 2167 & 0 & 0 \\ 0 & 4500 & 0 \\ 0 & 0 & 1143 \end{bmatrix}$$

$$= \begin{bmatrix} 216.7 & 450.0 & 114.3 \\ 433.4 & 2250.0 & 228.6 \\ 216.7 & 450.0 & 0.0 \end{bmatrix}$$

（3）求最终产品

第一产业　　　　　　　2167−(216.7+450+114.3)=1386

第二产业　　　　　　　　　　4500−(4334+2250+2286)=1588
第三产业　　　　　　　　　　1143−(216.7+450.0+0)=476.3

复习思考题

1. 总量平衡状态分析有下列哪些分析方法？
2. 简述结构平衡状态分析的主要方法。
3. 如何进行平衡数列趋势分析？
4. 如何进行平衡系统内部关联和外部关联分析？
5. 简述投入产出表的种类和基本结构。
6. 直接消耗系数和完全消耗系数如何计算，如何应用？

习　题

1. 已知某贸易企业近两年商品购销存的金额如下（万元），要求计算各指标的增长率、判断购销存的平衡状态。

	商品购进	商品销售	期末库存
去年	6880	8338	4218
今年	8152	9146	4882

2. 某商场某种商品 6 种规格的购销存数据如下（单位：台），要求：（1）计算本期商品销售率、购存商品销售率，判断购销存的平衡状态；（2）进行平衡结构分析。

商品规格	期初存货	本期购进	本期销售	期末存货
1	280	328	288	320
2	180	226	190	216
3	220	220	350	90
4	140	160	212	88
5	58	62	85	35
6	84	186	198	72

3. 根据本章表 14-3 的数据进行平衡系统趋势分析。
4. 根据本章表 14-5 的数据进行平衡系统内部关联分析。
5. 某空调厂近八年空调产销存统计如下（单位：千台），要求：（1）进行平衡状态分析；（2）进行平衡数列趋势分析；（3）进行平衡系统内部关联和外部关联分析。

年份	年初存量	生产量	销售量	出口量	年末存量	社会需求量	本厂总资产（万元）
2008	13.4	136.1	108.2	27.5	13.8	1338	886
2009	13.8	144.8	118.5	28.0	12.1	1827	948
2010	12.1	167.6	130.1	35.6	14.0	2334	1088

续表

年份	年初存量	生产量	销售量	出口量	年末存量	社会需求量	本厂总资产（万元）
2011	14.0	188.3	143.4	44.1	14.8	3135	1238
2012	14.8	212.9	160.6	53.5	13.6	3433	1386
2013	13.6	246.6	183.5	64.6	12.1	4110	1586
2014	12.1	254.3	185.4	65.2	15.8	4220	1621
2015	15.8	258.4	188.3	70.5	15.4	4328	1725

6. 已知某省2014年各产业的有关资料如下（单位：亿元），要求编制价值型投入产出表，计算直接消耗系数和完成消耗系数。若2015年各产业的增加值要求分别比2014年增长5%，12%和15%。要求编制2015年投入产出规划表。

项目	第一产业	第二产业	第三产业
总产出	1200	4560	2362
中间消耗	422	3262	1111
第一产业	117	305	0
第二产业	253	1985	1024
第三产业	52	973	87
增加值	778	1298	1251
固定资产折旧	31	215	188
劳动者报酬	686	635	754
营业盈余	45	154	197
最终产品	778	1298	1251
总消费	546	890	940
总积累	218	343	329
净出口	14	65	-18

7. 判断与回答下列问题。

（1）某工业企业今年产品生产量增长12.8%，销售总量增长15.8%，年末存量增长2.8%，你认为该企业产品产销存的平衡状态属于何种类型？为什么？

（2）某商业企业今年商品购进总额增长18.5%，商品销售总额增长12.5%，年末存量增长22.8%，你认为该企业商品购销存的平衡状态属于何种类型？为什么？

8. 某地2009~2015年总供给和总需求统计数据（亿元）如下表，要求：（1）计算净出口（出口-进口）、国内生产总值占国内总需求（最终消费和资本形成之和）的比率，评价国内总供给与国内总需求是否平衡；（2）分析三次产业的动态变化和结构变化，评价国内总供给有何特点；（3）分析三大需求（最终消费、资本形成和净出口）的动态变化和结构变化，评价需求变化有何特点；（4）从供给和需求两方面来看，你认为2009~2015年中国经济增长主要是由哪些因素决定的，有何问题。

供给项目	2009年	2015年	需求项目	2009年	2015年
社会总供给	119972.1	290018.7	社会总需求	119506.5	290018.7
（1）国内生产总值	99214.6	211923.5	1.最终消费	61516.0	110595.3
其中：第一产业	14944.7	24040.0	（1）居民消费	45854.6	80476.9
第二产业	45555.9	103162.0	（2）政府消费	15661.4	30118.4
第三产业	38714.0	84721.4	2.资本形成	34842.8	94402.0
（2）货物和服务进口	20757.5	68367.4	（1）固定资本形成	33844.4	90150.8
（3）计算误差	-465.6	9727.8	（2）存货增加	998.4	4251.1
			3.货物和服务出口	23147.7	85021.4

9. 某地 2009~2015 年石油总供给和总需求统计（万吨）如下表，要求：（1）计算国内生产量占国内总需求的比率、石油国内消费的进口依存度等指标，评价石油国内总供给与国内总需求是否平衡；（2）分析石油国内总需求的动态变化和结构变化，评价需求变化有何特点。

供给项目	2009年	2015年	需求项目	2009年	2015年
总供给量	24611.7	37502.1	总需求量	24611.7	37502.1
（1）国内生产量	16300.0	18476.6	1.国内需求	22439.6	34875.9
（2）进口量	9748.5	19453.0	（1）农林牧渔水利业	1496.9	2213.6
（3）年初年末库存差额	-1244.6	-413.5	（2）工业	10918.5	14972.3
（4）计算误差	-192.2	-14.0	（3）建筑业	830.6	1648.5
			（4）交通运输仓储邮政业	5509.4	10969.2
			（5）贸易住宿餐饮业	545.0	992.2
			（6）其他	1882.7	2087.6
			（7）生活消费	1256.5	1992.5
			2.出口量	2172.1	2626.2

10. 1999~2015 年某地 GDP 和货物进出口总额（亿元）如下，要求：（1）分析进出口平衡状态；（2）分析进出口的变动趋势；（3）分别考察资本形成、GDP 对进出口的动态决定。

年份	进出口总额	出口	进口	差额	资本形成	GDP
1999	5560.1	2985.8	2574.3	411.5	6747.0	18667.8
2000	7225.8	3827.1	3398.7	428.4	7868.0	21781.5
2001	9119.6	4676.3	4443.3	233.0	10086.3	26923.5
2002	11271.0	5284.8	5986.2	-701.4	15717.7	35333.9
2003	20381.9	10421.8	9960.1	461.7	20341.1	48197.9
2004	23499.9	12451.8	11048.1	1403.7	25470.1	60793.7
2005	24133.8	12576.4	11557.4	1019.0	28784.9	71176.6
2006	26967.2	15160.7	11806.5	3354.2	29968.0	78973.0
2007	26849.7	15223.6	11626.1	3597.5	31314.2	84402.3
2008	29896.2	16159.8	13736.4	2423.4	32951.5	89677.1
2009	39273.2	20634.4	18638.8	1995.6	34842.8	99214.6
2010	42183.6	22024.4	20159.2	1865.2	39769.4	109655.2
2011	51378.2	26947.9	24430.3	2517.6	45565.0	120332.7
2012	70483.5	36287.9	34195.6	2092.3	55963.0	135822.8
2013	95539.1	49103.3	46435.8	2667.5	69168.4	159878.3
2014	116921.8	62648.1	54273.7	8374.4	80646.3	183217.4
2015	140971.4	93455.6	73284.6	20171.1	94402.0	211923.5

第 15 章 空间数列分析

本章主要阐述空间数列分析的基本方法，主要包括空间分布分析、空间强度分析、空间比较分析、空间分类分析、空间趋势分析、空间关联分析。

15.1 空间分布与强度分析

空间分布分析主要通过计算空间数列的频率、空间平均数、空间标准差来描述研究现象的空间结构、集中趋势和离散程度，显示空间分布的特征。

15.1.1 空间分布分析

空间分布又称地域分布，是指研究现象在不同地区的取值构成的分布数列。空间分布按指标性质不同，可分为规模分布、水平分布和比率分布。规模分布是由各地区的总量指标数值和比重构成的分布，可揭示不同地区在总体中所起作用的大小和地位的高低；水平分布或比率分布是由各地区的平均指标或相对指标构成的空间分布；可揭示不同地区的水平或比率的高低及其差异。空间分布分析主要指标如下。

1. 空间平均数

空间平均数是空间各单位某一数量水准的一般水平，反映空间总体分布的集中趋势，描述研究现象的一般水平。由于各地区或各单位的总量指标受社会经济条件不同的影响，计算总量指标的空间平均数，只能反映平均规模的大小，一般先将各地区或各单位的总量指标转化为平均指标或相对指标再计算空间平均数，以反映现象的一般水平。

空间平均数一般应根据平均指标或相对指标的性质，先求分子和分母的总和，再对比求出总平均数，或采用加权平均法计算总平均数，计算公式为

$$\bar{x} = \frac{\sum x_i f_i}{\sum f_i} = \frac{\sum x_i w_i}{\sum w_i} \qquad w_i = \frac{f_i}{\sum f_i}$$

式中：x_i 代表各地区的平均数或相对数；f_i 代表各地区的次数（绝对权数）；W_i 代表各地区的频率（比重权数）。

2. 空间标准差

空间数列离散程度分析，可通过计算极差、标准差、标准差系数来反映各地区之间的差异程度，评价空间平均数代表性大小、衡量事物空间分布的均衡性或协调性。空间数列的极差是空间数列中的最大变量值与最小变量值之差，又称全距，表示空间数列全部变量值的变动范围。空间标准差是空间数列中各空间单位的变量值与空间平均数离差平方的平均数的平方根。通常采用加权法计算标准差，计算公式为

$$\text{标准差} \ \sigma = \sqrt{\frac{\sum (x-\bar{x})^2 f}{\sum f}}$$

空间标准差越大，空间平均数的代表性越小，空间分布的均衡性越小。若两个空间数列

或不同时期的空间平均数不相同,则应计算标准差系数来比较空间平均数的代表性大小。计算公式为

$$标准差系数 \quad v_\sigma = \frac{\sigma}{\bar{x}}$$

【例 15.1】 表 15-1 是某地 2015 年 10 个县市 GDP 的空间分布。

表 15-1 某地 2015 年 10 个地市 GDP 的地区分布

县市	GDP(亿元)		人均 GDP(元/人)		总人口(万人)	
	数值	比重(%)	数值	比较(%)	数值	比重(%)
A 市	1167.4	28.16	14908	205.92	783.07	14.15
B 县	616.3	14.87	6438	88.93	957.28	17.30
C 县	497.6	12.00	8329	115.05	597.43	10.80
D 县	434.1	10.47	6568	90.72	660.93	11.95
E 县	243.7	5.88	5062	69.92	481.43	8.70
F 市	160.3	3.87	8054	111.25	199.03	3.60
G 县	197.1	4.75	6353	87.75	310.25	5.61
H 县	487.5	11.76	5178	71.52	941.48	17.02
I 县	118.0	2.86	5983	82.64	197.23	3.57
J 县	223.2	5.38	5523	76.29	404.13	7.30
合计	4145.2	100.00	7492.78	100.0	5532.26	100.00

从表中可以看出:

(1) GDP 总量中 A 市占 28.16%,在全地区中处于重要的地位。A、B、C、D、H 五个县市的 GDP 总量占 77.26%,其他 5 个县市只占 22.74%,A、B、C、D、H 5 个县市是全地区经济发展的重点地区。

(2) 人均 GDP 高于全地区平均水平的地市有 A、C、F 三个地市,其他 7 个县市的人均 GDP 均低于全地区的平均水平。说明人均 GDP 县市之间的分布的非均衡性十分明显。

(3) GDP 总量的县市分布与总人口的县市分布是不一致的,如 A 市 GDP 总量占 28.16%,总人口占 14.15%;J 县 GDP 总量占 5.38%,总人口占 7.3%;亦说明经济发展差异较大。

(4) 2015 年人均 GDP 最大值为 A 市 14908 元/人,最小值为 E 县 5062 元/人,极差比为 2.95 倍,标准差为 1666.72 元,标准差系数为 42.26%。因此,各县市人均 GDP 的分布是不均衡的,县市之间的人均 GDP 存在较大的差异。

15.1.2 空间强度分析

空间强度分析是通过计算强度相对数,揭示现象在不同地域发生的强度、密度、普遍程度和依存关系,分析现象的空间分布特征和差异,亦可为聚类分析和综合评价提供依据。

空间强度分析的应用十分广泛,可反映现象的密度和普遍程度,反映不同国家或不同地区的经济实力,反映不同国家或不同地区社会经济活动条件的优劣程度,评价不同地区社会经济活动的效果或效益等。

【例 15.2】 表 15-2 是某省 2015 年 12 个地市的人口、土地面积、公路里程及密度分析。

从表中的分析指标可以看出:

(1) 全省人口密度为 294.4 人/平方公里，高于全省平均水平的有 5 个地市，低于全省平均水平的有 7 个地市。人口密度最大的是 A 地，最小的是 H 地，极差为 314.6 人/平方公里。全省人口密度的标准差为 66.59 人/平方公里。

(2) 全省公路密度（公路里程/土地面积）为 0.36 公里/平方公里，高于全省平均水平的有 8 个地市，低于全省平均水平的有 4 个地市。公路密度最大的是 A 地，最小的是 I 地，极差为 0.27 公里/平方公里。全省公路密度的标准差为 0.06 公里/平方公里。

表 15-2　某省 2015 年各地市人口密度、公路密度分析

地市	人口 （万人）	土地面积 （平方公里）	人口密度 （人/平方公里）	公路里程 （公里）	公路密度 （公里/平方公里）
A	601.76	12166	494.6	6443	0.53
B	373.60	13248	282.0	4921	0.37
C	282.03	7791	362.0	2705	0.35
D	713.90	20502	348.2	7976	0.39
E	732.35	22122	331.1	7973	0.36
F	527.83	19832	266.2	7840	0.40
G	600.20	25481	235.5	7430	0.29
H	177.43	9856	180.0	4069	0.41
I	456.51	15235	299.6	3934	0.26
J	455.27	17183	265.0	6425	0.37
K	570.56	20323	280.7	6788	0.33
L	492.92	19541	252.3	7530	0.39
全省	5984.36	203280	294.4	74034	0.36

15.2　空间综合比较评价法

空间比较评价有简单比较评价和综合比较评价之分。简单比较评价是单指标的空间比较；综合比较评价是利用求综合相对指标的方法，对测评空间单位作出综合性的评价，有综合比重评价法、综合比值评价、功效系数评价法、平均指数评价法等多种方法可供选择。简单比较评价在第 5 章统计比较分析中已作介绍，以下重点介绍空间综合比较评价。

15.2.1　综合比重评价法

综合比重评法是通过求多指标或多项目的综合比重值，对测评对象作出综合评价。其要点是，首先选择若干相互联系又相对独立的能反映测评要求的总量指标，作为评价指标体系，其次分别计算各指标或各项目的结构相对指标（比重或频率），最后，用加权平均法求各测评单位的综合比重值，据此进行综合评价。计算公式为

$$综合比重值 = \frac{\sum(指标比重 \times 权数)}{权数之和} \times 100\%$$

【例 15.3】某地用综合比重法计算的购买力区域指数如表 15-3 所示。购买力区域指数是衡量各地区需求能力大小的综合性指标，又称市场需求潜力指数。用综合比重法构造购买力区

域指数，通常选择各地区的总人口或总户数、国内生产总值、商品零售额、居民储蓄总额等能够反映市场规模和需求潜能的结构相对指标，据此计算各地区的综合比重值作出评价。根据表中的数据及规定的权数（总人口为20，国内生产总值为40，居民储蓄为20，商品零售额为20），A 县的购买力指数为

$$A \text{ 县购买力指数} = \frac{12.18 \times 20 + 43.44 \times 40 + 45.48 \times 20 + 33.99 \times 20}{20 + 40 + 20 + 20}$$

$$= 35.71 (\%)$$

其他各县的购买力指数计算方法相同。从表中可以看出 A 县购买力最高，需求潜能最大，其次是 D 县和 E 县，C 县购买力最弱。

表 15-3　某地比重法购买力区域指数计算　　　　　　（单位：%）

县别	总人口比重	国内生产总值比重	居民储蓄比重	商品零售额比重	购买力区域指数	名次
A 县	12.18	43.44	45.48	33.99	35.71	1
B 县	15.81	8.24	7.32	11.65	10.25	5
C 县	8.65	6.93	5.23	6.36	6.82	7
D 县	14.95	12.17	12.60	15.22	13.42	2
E 县	15.06	11.15	11.85	12.27	12.30	3
G 县	14.40	10.97	10.64	10.26	11.44	4
F 县	18.95	7.10	6.88	10.15	10.04	6
合计	100.00	100.00	100.00	100.00	100.00	—

15.2.2　综合比较评价法

综合比较评价法是通过求多指标或多项目的综合比较相对数，对测评对象作出综合评价。其要点是，首先选择若干相互联系又相互独立的能反映综合测评要求的质量指标（平均指标或相对指标）作为评价指标体系；其次以某单位的各测评指标的实际值作为比较基准计算各测评单位各项测评指标的比较相对数（亦可以全部测评单位的各测评指标的平均值作为比较基准）；最后用加权平均或简单平均法求各测评单位的综合比较值，据此作出综合评价。计算公式为

$$\text{综合比较值} = \frac{\sum \frac{x_{i1}}{x_{i0}} w_i}{\sum w_i}$$

其中，x_{i1} 为各单位各测评指标实际值；x_{i0} 为比较基准值；w_i 为各测评指标的权数。

【例 15.4】某地用综合比值法计算的购买力区域指数如表 15-4 所示。表中的购买力区域指数是以综合比较相对数表示不同区域的购买力大小。计算时，通常将选择的若干反映购买力水平高低的平均指标称为质因素，如人均国内生产总值、城镇居民人均收入、农民年均纯收入、人均储蓄额、人均商品零售额等；将反映市场容量大小或消费规模的总人口或家庭总户数称为量因素。表中的购买力区域指数是由购买力水平综合比较值与市场容量比较值综合而成的（以甲县作为比较的基准）。计算公式为

$$购买力区域指数 = \frac{购买力水平}{综合比较值} \times \frac{市场容量}{比较值}$$

$$= \frac{质因素}{平均值} \times \frac{占甲县人}{口比率}$$

表 15-4 某地购买力区域指数计算表　　　　　　（人均值：元）

质因素	权数	甲县	乙县	丙县	丁县
1. 人均国内生产总值	—	4470	8319	5271	4659
占甲县（%）	30	100.00	186.11	117.92	104.23
2. 城镇居民人均收入	—	11396	12756	10804	12448
占甲县（%）	15	100.00	111.93	94.81	109.23
3. 农民年均纯收入	—	3021	4149	3252	3042
占甲县（%）	20	100.00	137.34	107.65	100.70
4. 人均储蓄金额	—	3612	3822	2316	1866
占甲县（%）	15	100.00	211.63	128.24	103.32
5. 人均商品零售额	—	1434	2070	1992	1542
占甲县（%）	20	100.00	144.35	138.91	107.53
质因素比值平均值	—	100.00	160.71	118.15	104.80
量因素：总人口（万人）	—	131.78	79.02	75.79	130.78
占甲县（%）	—	100.00	59.96	57.51	99.24
购买力区域指数（%）	—	100.00	96.36	67.95	104.00

根据表中的数据和权数，乙县购买力区域指数计算如下：

$$乙县购买力指数 = \frac{186.11 \times 30 + 111.93 \times 15 + 137.34 \times 20 + 211.63 \times 15 + 144.35 \times 20}{30 + 15 + 20 + 15 + 20} \times 0.5996$$

$$= 160.71 \times 0.5996$$

$$= 96.36（\%）$$

其他各县的购买力指数计算相同。从表中可以看出，以甲县为对比基准，购买力水平从高到低依次为乙县、丙县、丁县、甲县；购买力从大到小依次为丁县、甲县、乙县和丙县。

15.2.3 功效系数评价法

功效系数是各评价指标的实际值占该指标允许变动范围的相对位置。运用功效系数进行综合评价时，先用功效系数对各指标进行无量纲同度量化转换，然后采用算术平均或几何平均的方法，对各项功效系数求总功效系数，作为测评对象的综合评价值。具体做法是

（1）确定反映测评对象特征的各项评价指标：X_i（$i = 1, 2, \cdots n$）。

（2）确定各项评价指标的实际值（X_i）、满意值（x_i^s）和不允许值（x_i^n）。满意值（x_i^s）是指在目前条件下可能达到的最优值；不允许值（x_i^n）是该指标不应出现的最低值；满意值与不允许值之差常作为允许变动范围的参照系。

（3）计算各项评价指标的功效系数（d_i），对各项指标进行无量纲化处理。计算公式为

$$d_i = \frac{X_i^n - X_i}{X_i^n - X_i^s}$$

（4）根据各评价指标的重要程度，确定各项评价指标的权数（f_i）。

（5）计算测评对象的总功效系数 D。可采用算术平均法计算，亦可采用几何平均法计算，然后根据 D 值大小排列其优劣顺序。

【例 15.5】某市某年五家超市有关经济效益指标的统计数据如表 15-5 所示，现用功效系数法对这五家超市的经济效益进行综合评价。

表 15-5　某市 5 家超市经济效益指标数据

企业	费用率（%）	劳动效率（元/人）	资产周转率（次）	利润率（%）	总资产贡献率（%）
A	6.8	12.4	5.6	5.2	12.5
B	6.5	11.2	5.2	5.0	10.8
C	7.0	10.6	5.0	4.8	9.6
D	7.1	11.4	4.8	4.5	11.5
E	6.9	9.8	4.5	4.3	8.5
满意值	6.0	15.0	8.0	6.0	15.0
不允许值	8.0	8.5	3.5	3.5	5.0

根据表中数据，计算 A 超市费用率的功效系数。

$$d_i = \frac{6.8 - 8.0}{6.0 - 8.0} = 0.6$$

用同样的方法可求得各企业各指标的功效系数，见表 15-6 所示。表中的总功效系数是假定各评价指标的重要程度相同（权数相同），采用简单平均法求得的。在实际评价中，亦可采用加权平均法确定总功效系数。由表中的总功效系数可看出，五家超市中，A 的经济效益最好，B 的经济效益居第二位，D 的经济效益居第三位，C 的经济效益居第四位，E 的经济效益最低。

表 15-6　总功效系数计算表

企业	d_1	d_2	d_3	d_4	d_5	总功效系数 D
A	0.600	0.6000	0.4667	0.6800	0.7500	0.6193
B	0.7500	0.4154	0.3778	0.6000	0.5800	0.5446
C	0.5000	0.3231	0.3333	0.5200	0.4600	0.4273
D	0.4500	0.4462	0.2889	0.4000	0.6500	0.4470
E	0.5500	0.2769	0.2222	0.3200	0.3500	0.3438

15.2.4　平均指数评价法

平均指数评价法是在确定测评指标体系、标准值和权数的基础上，先将测评单位的评价指标的实际值与相应的标准值对比，求出个体指标指数，然后对个体指标指数进行加权，求出综合评价总指数；最后根据各测评单位综合评价总指数的高低排定顺序，作出最后评价。基本程序如下。

（1）进行理论研究。即对评价的课题进行理性思考，明确评价意义、评价内容、评价范围、评价应遵循的理论依据。

（2）建立评价指标体系。评价指标体系的建立应进行必要的定性研究，对所要评价的问题进行深入的分析，尽量选择具有综合意义的有代表性的平均指标和相对指标作为评价指标，可应用多元统计分析方法进行指标的筛选，以提高指标选择的客观性。

（3）确定评价标准。用平均指数法进行综合评价，其标准值通常有特定年份的基准值、发展目标值、同行平均值、同行先进值、全国平均值等，用不同标准值计算的综合指数具有不同的含义，因此，应根据测评的目的和要求确定标准值。

（4）确定评价指标的权数。权数的构造有主观构权法和客观构权法两种。主观构权法是根据各评价指标的重要程度，采用主观价值判断指定各评价指标的权数；客观构权法是根据评价指标的原始数据，采用主成分分析法、因子分析法、相关分析法、回归分析法等统计方法处理后确定权数的方法。两种方法各有利弊，主观构权法往往没有统一的客观标准，客观构权法可在一定程度上弥补这一不足，在实际工作中可将二者结合使用。

（5）搜集各测评单位的实际数据。即根据评价指标体系搜集各测评单位的实际数据，数据搜集应注意准确性、可比性和系统性。

（6）计算综合评价总指数。即根据测评单位的评价指标的实际值（x_1）确定的标准值（x_0）和权数（w），用加权平均法计算各测评单位的评价总指数（k），计算公式为：

$$k = \frac{\sum \frac{x_1}{x_0} w}{\sum w}$$

计算时应注意，如果评价指标体系中有逆指标必须转换为正指标，其方法是将上述公式中的 x_1/x_0 转换为 x_0/x_1。

（7）作出综合评价结论。即根据各测评单位综合评价总指数的高低，排定顺序，判断优劣，作出综合评价。

平均指数评价法可用于不同地区、不同单位之间的经济效益、经济实力、现代化进程评价、全面小康评价、社会和谐评价、城镇化评价、工业化评价、信息化评价、公平化评价、可持续发展评价、企业竞争力评价等综合评价。应用时注意解决评价指标体系构建、评价标准确定、评价指标权数确定等关键性问题。

【例 15.6】某市有 A、B、C、D、E 五家同类型工业企业，确定的 7 项评价指标、权数、标准值及有关数据如表 15-7 所示。现采用平均指数法评价经济效益的高低。

表 15-7 某市六家工业企业经济效益评价

指标名称	标准值	权数	A	B	C	D	E
总资产贡献率（%）	10.8	20	12.5	11.4	9.8	8.6	10.5
资本保值增值率（%）	120.0	16	130.2	128.0	118.4	106.5	103.2
资产负债率（%）	<60.0	12	50.4	55.4	58.8	62.4	56.2
流动资产周转次数	1.50	15	1.85	1.64	1.32	1.11	1.21
成本费用利润率（%）	3.75	14	4.86	4.65	4.13	3.65	3.98
劳动生产率（万元/人）	1.65	10	2.48	2.35	1.60	1.52	1.76
产品销售率（%）	98.0	13	98.5	98.0	96.4	93.8	95.6
经济效益综合指数（%）	100	100	119.53	112.18	97.28	88.05	96.32

根据表中的数据，A 企业的综合经济效益程度指数为

$$k_A = \left[\frac{12.5}{10.8} \times 20 + \frac{130.2}{120.0} \times 16 + \frac{60.0}{50.4} \times 12 + \frac{1.85}{1.50} \times 15 + \frac{4.86}{3.75} \times 14 + \frac{2.48}{1.65} \times 10 + \frac{98.5}{98.0} \times 13 \right] / 100$$
$$= 119.53$$

其他企业的综合经济效益程度指数计算方法相同。计算结果见表 15-7 所示。从表中各企业经济效益综合指数大小可看出，综合经济效益最高的是 A 企业，最低的是 D 企业，综合经济效益高低的顺序是 A、B、C、E、D。

需要指出的是，利用平均指数评价法进行综合评价，当比较的基准是标准值（目标值）时，求得的综合评价指数应称为综合程度评价指数；当比较的基准是基期值时，求得的综合评价指数应称为综合动态评价指数；当比较的基准是全国平均（或先进）值时，求得的综合评价指数应称为综合比较评价指数。

15.3 空间分类分析

空间分类分析又称地域聚类分析，即根据统计研究的需要，按照一定的标准将总体中的全部地区单位划分为不同的地域类型，用以揭示地区类型、分布特征和差异。

15.3.1 简单分类分析

简单分类分析是对一个统计指标或变量进行空间分类处理，根据分类处理的指标不同，可分为空间规模分类、空间水平分类、空间结构分类、空间强度分类等。简单分类的方法与变量数列编制的方法相同。

【例 15.7】根据表 15-1 中的数据及 2010 年的数据进行人均 GDP 空间分类，如表 15-8 所示。20100 年和 2015 年各地市人均 GDP 的分布均呈极端偏斜分布状态。但 2015 年与 2010 年相比，人均 GDP 分布发生了较大的位移，2010 年人均 GDP 在 0.6 万元以下有 9 个地市，到 2015 年只有 4 个地市。

表 15-8 某省 2015 年 10 个地市人均 GDP 的分类

人均 GDP（万元/人）	2010 年		2015 年	
	地市数	地市名	地市数	地市名
1.0 以上	—	—	1	A
0.8～1.0	1	A	2	C F
0.6～0.8	0	—	3	B D G
0.4～0.6	8	—	4	E H I J
0.4 以下	1	H	—	—
合计	10	—	10	—

15.3.2 综合分类分析

综合分类分析是对多个统计指标或变量进行空间分类处理，研究如何按照多个方面的特征对总体中的全部地区单位划分为不同的地域类型，用以揭示地区类型和分布特征。主要用于解决科学研究中，市场分析中多因素、多指标的综合分类问题。

常用的聚类方法有系统聚类法、K-均值聚类法、动态聚类法等。读者可参阅多元统计分析书籍。聚类分析由于涉及的变量或指标多，计算复杂，可利用多元统计分析软件求解。

【例 15.8】表 15-9 是某省 2015 年 12 个地市 GDP 的三次产业结构分布，可看出，各地市的产业结构是不尽相同的，可采用聚类分析法进行产业结构分型研究。利用 SPSS 统计分析软件，采用 K-均值聚类法求得的聚类结果如表 15-10 所示，F 检验具有显著性。聚类结果说明如下：

类型 1：包括 A、B、C 三个地市。平均来说三次产业结构为 8.03:56.61:35.36，第二产业比重最大，第三产业比重次之（二者比重占 91.97%），第一产业比重很小，是一种以第二产业为主、第三产业为辅、工业化程度最高的产业结构形态。

类型 2：包括 D、E、F、J、K、L 六个地市。平均来说三次产业结构为 18.89:47.19:33.91，第二产业比重最大，第三产业比重次之（二者比重占 81.1%），第一产业比重小于类型 2，是一种层次分明的工业化程度较高的产业结构形态。

表 15-9　某省 2015 年地市三次产业结构分布（%）

地市	第一产业	第二产业	第三产业
A	8.30	59.50	32.20
B	8.50	56.60	34.90
C	7.30	53.80	39.00
D	18.70	51.20	30.10
E	16.20	47.50	36.40
F	19.40	45.10	35.50
G	17.20	44.30	38.50
H	20.60	39.50	39.80
I	21.30	41.00	37.70
J	20.40	44.90	34.10
K	20.50	45.60	33.90
L	18.10	48.60	33.30

类型 3：包括 G、H、I 三个地市。平均来说三次产业结构为 19.71:41.61:38.68，第二产业和第三产业比重相差不大（二者比重占 80.29%），第一产业比重在三种类型中最大，是一种以第二产业和第三产业并重、第一产业为辅、工业化程度较低的产业结构形态。

表 15-10　某省 2005 年地市 GDP 的三次产业结构分型

类型	地市	最终聚类中心		
		第一产业	第二产业	第三产业
类型 1	A、B、C	8.03	56.61	35.36
类型 2	D、E、F、J、K、L	18.90	47.19	33.91
类型 3	G、H、I	19.71	41.61	38.68
均方误差	—	2.608	6.511	5.482
检验量 F	—	53.610	26.923	4.176

15.4 空间趋势分析

15.4.1 空间趋势分析的性质

空间趋势是指现象在空间上变化的倾向性,亦即现象变化的空间模式。例如,离中心城市越来越远时,地区经济发展水平具有递减的倾向性;离海洋越来越远时,气候和植物的变化具有明显的趋向性;随着大山海拔高度的增大,气候和植物的变化亦具有明显的倾向性;随着地域或地带的变化,农作物的种类和产量具有明显的倾向性和差异性。

空间趋势分析与时间趋势分析不同,时间趋势分析考虑的是现象在时间上的变化趋势,用以揭示现象变化的时态模式;空间趋势分析是以空间变量代替时间变量,分析现象在空间上变化的趋向性和规律性。

15.4.2 空间趋势分析的方法

空间趋势分析通常以现象在空间上的数量表现作为因变量,以空间变量作为自变量,采用相关与回归分析法揭示现象变化的空间模式。因此,必须首先解决空间度量的问题,明确空间变量的度量尺度。通常有距离、高度、深度、地域类型优劣等级、区位或方位优劣等级等度量尺度,应根据研究现象的空间分布特征和研究的目的而定。

空间趋势有线性趋势与非线性趋势、单变量趋势与多变量趋势之分,分析时,应根据研究现象的空间趋势变化形态和影响的主要因素作出选择,亦可利用统计分析软件同时拟合线性趋势与非线性趋势模型,然后选择拟合误差最小、相关程度最高、统计检验具有显著性的模型描述现象变化的空间模式。

【例 15.9】表 15-11 是某省会中心城市与周围 9 个县市近五年平均的人均 GDP(y),各县市中点距省会中心城市的距离(x_1)、各县市的区位优劣等级(x_2)的空间数据,其中区位优劣等级是按从优到劣用 4、3、2、1 度量。

表 15-11 某省会中心城市与周围 9 个县市的空间数据

县市	人均 GDP(y)	距离(x_1)	区位等级(x_2)
中心城市	47191.00	0.00	0.00
A 县	26873.00	20.00	4.00
B 县	12156.00	40.00	3.00
C 县	10458.00	50.00	3.00
D 县	8467.00	60.00	1.00
E 县	16390.00	30.00	4.00
F 县	10406.00	58.00	3.00
G 县	12075.00	50.00	2.00
H 县	11748.00	50.00	2.00
I 县	6682.00	86.00	1.00

可用下列二元线性回归模型描述其空间趋势:

$$y = b_0 + b_1 x_1 + b_2 x_2 + e$$

用最小二乘法估计的空间趋势模型为

$$\hat{y} = 45018.713 - 475.731x_1 - 3326.808x_2$$

$$(11.277) \quad (-8.015) \quad (3.166)$$

$$R^2 = 0.909 \quad F = 34.77 \quad SE = 4191.178 \quad DW = 1.944$$

模型统计检验具有显著性。此模型表明：各县市中点距省会中心城市的距离、区位优劣等级与人均 GDP 之间具有明显的趋向性；离省会中心城市越近、区位优势越强，人均 GDP 越高；离省会中心城市越远、区位优势越差，人均 GDP 越低。同时，统计检验量 t 表明距离比区位优劣等级更具显著性，说明各县市距省会中心城市的距离是人均 GDP 空间变化模式的关键空间变量。

15.5 空间关联分析

空间关联分析有空间因相关分析和空间自相关分析两种类型。

15.5.1 空间因关联分析

空间因相关分析是探测空间上两种或两种以上的现象在不同空间单元的变化是否具有关联性，即现象之间的空间的关联模式。例如，在种植品种和施肥量相同的条件下，不同土地的粮食产量与土壤的性质、深度、肥沃程度等相关。空间因相关分析与传统的相关分析法相同。

【例 15.10】根据表 15-1 的数据，用简单相关系数公式可计算出某地 2015 年 10 个县市 GDP 分布与总人口分布的相关系数为 0.724（二者的比重分布的相关系数亦为 0.724），相关程度不是很高，说明 GDP 分布与总人口分布的协调性不高。

同理，根据表 15-2 的数据，用简单相关系数公式可计算出某省 2015 年 12 个地市的人口密度与公路密度的相关系数为 0.510，相关程度比较低，说明人口密度分布与公路密度分布是不协调的、不均衡的。

15.5.2 空间自相关分析

空间自相关分析是探测同类现象在不同空间单元上是否具有关联性或相似性，亦即现象本身的空间关联模式。例如，处在同一纬度或地带的不同地区的月气温、月降水量具有明显的相似性，农作物的种类和单产量亦具有明显的趋同性；消费习惯相同、年平均收入差异不大的不同地区的消费结构具有明显的相似性。

空间自相关分析是以空间数列为依据，主要通过计算全局和局部空间自相关指数或自相关系数，探测和分析空间现象的分布模式是趋于集聚，还是趋于离散，揭示空间邻接或空间邻近的空间单元变量值的相似程度。

1. 全局空间自相关

全局空间自相关指数是探测和分析整个研究区域的空间邻接或空间邻近的空间单元变量值之间相似程度的指标。全局空间自相关的计算方法有 Moran 指数、Geary 系数和全局空间自相关统计量 G。下面介绍其中常用的全局空间自相关指数 Moran I。计算公式为

$$I = \frac{n}{\sum_i \sum_j w_{ij}} \cdot \frac{\sum_i \sum_j w_{ij}(x_i - \bar{x})(x_j - \bar{x})}{\sum_i (x_i - \bar{x})^2}$$

其中：n 为样本容量；x_i 为某一位置的变量值；x_j 为其他位置的变量值；$\bar{x}$ 为变量值的平均数；W 是一个相邻距阵，w_{ij} 为权重，可以根据区域邻接标准或距离标准来度量。如果位置 I 和位置 j 相邻或相近，则 $w_{ij}=1$；如果位置 I 和位置 j 不相邻或不相近，则 $w_{ij}=0$。或位置 I 和位置 j 之间的距离小于 d 时，则 $w_{ij}=1$，否则 $w_{ij}=0$。

类似于相关系数，I 的取值介于 +1 到 -1 之间，I 值大于 0 说明存在正自相关；I 值小于 0 说明存在负自相关。I 值是否具有显著性，可采用 Z 检验，检验统计量为

$$Z(I) = \frac{I - E(I)}{S_E(I)} = \frac{I - E(I)}{\sqrt{VAR(I)}}$$

其中：$E(I)$ 是 I 的期望值，$E(I) = -1/(N-1)$；$S_E(I)$ 是 I 的标准差，计算公式为

$$S_E(I) = \text{SQRT} \frac{n^2 \Sigma(\Sigma w_{ij})^2 + 3(\Sigma\Sigma w_{ij})^2 - n\Sigma(\Sigma w_{ij})^2}{(n^2-1)(\Sigma\Sigma w_{ij})^2}$$

2. 局部空间单元自相关

全局空间自相关指数 Moran I 只能反映整个研究区域的空间自相关，难以反映局部空间单元之间的关联性。局部空间单元自相关指数可以弥补这一局限，可以揭示某一局部空间单元与其临近空间单元变量值之间的关联性或相似性，识别空间聚集、空间孤立；探测空间异值等。局部空间单元自相关的计算方法有 local Moran I，计算公式为

$$I_i = \frac{n\Sigma w_{ij}(x_i - \bar{x})(x_j - \bar{x})}{\Sigma w_{ij} \Sigma (x_i - \bar{x})^2}$$

局部空间单元自相关指数 I_i 的取值大于 0 说明存在正自相关；I_i 值小于 0 说明存在负自相关。I_i 值是否具有显著性，亦可采用 Z 检验，检验统计量为

$$Z(I_i) = \frac{I_i - E(I_i)}{S_E(I_i)}$$

局部空间单元自相关指数 I_i 的加权平均数等于全局空间自相关指数 I

$$I = \frac{\Sigma_i I_i \Sigma_j W_{ij}}{\Sigma_i \Sigma_j W_{ij}}$$

局部空间单元自相关指数 I_i 与全局空间自相关指数 I 的标准差亦可用下式计算

$$S_E(I) = \sqrt{\frac{\Sigma(I_i - I)^2 \Sigma w_{ij}}{\Sigma\Sigma w_{ij}}}$$

【例 15.11】根据 2006 年 6 月湖南下列 5 个城市降水量（毫米）数据如下：

长沙 201，株州 251，湘潭 289，益阳 265，岳阳 126

根据以上可计算得到 $\bar{x} = 226.4$，$\Sigma_i(x_i - \bar{x})^2 = 16739.2$。各城市降水量与 $\bar{x}$ 的离差分别为 -25.4，24.6，62.6，38.6，-100.4mm，按照城市南北走向和距离相近的区域邻接标准，则有表 15-12 的相邻距阵 w，城市相邻 $w_{ij} = 1$，城市不相邻 $w_{ij} = 0$。

表 15-12 5 个城市降水量离差与城市相邻距阵

x_i \ x_j	长沙 -15.4	株州 24.6	湘潭 62.6	益阳 38.6	岳阳 -100.4	Σw_{ij}	$\Sigma w_{ij}(x_i - \bar{x}) \cdot (x_j - \bar{x})$	I_i
长沙-15.4	1	1	0	1	1	4	810.04	0.0605
株州 24.6	1	1	1	0	0	3	1766.28	0.1759
湘潭 62.6	0	1	1	1	1	3	7875.08	0.7841
益阳 38.6	1	0	1	1	0	3	3311.88	0.3296
岳阳-100.4	1	0	0	0	1	2	11626.32	1.7364
合计Σ	4	3	3	3	2	15	35389.6	0.5056

根据表 15-12 计算的数据，5 个城市降水量的全局空间自相关指数的计算为

$$I = \frac{5}{15} \times \frac{35389.60}{16739.2} = 0.5056$$

$$E(I) = -1/(5-1) = -0.25$$

$$S_E(I) = \frac{5^2 \times 47 + 3 \times 15^2 - 5 \times 47}{(5^2 - 1) \times 15^2} = 0.5469$$

$$Z(I) = \frac{0.5056 - (-0.25)}{0.5469} = 1.3817$$

若显著水平 $\alpha = 0.05$，查 Z 分布表，$Z_\alpha = 1.96$，$Z(I) < Z_\alpha$，因此，5 个城市 2006 年 6 月份的降水量的全局空间自相关指数显著性不高。但从局部空间自相关指数来看，湘潭、株州和益阳的降水量具有显著的空间自相关，局部空间自相关指数为 0.7841（高值空间聚集），岳阳与长沙亦具有显著的空间自相关，局部空间自相关指数为 1.7376（低值空间聚集）。由此可见，这 5 个城市 2006 年 6 月份的降水量可划分为这两个局部空间区域。

需要说明的是，区域邻接标准、样本容量和空间数据的取值不同，全局和局部空间自相关指数的计算亦不同。因此，实际应用中，应确定合理的区域邻接标准和样本容量，空间数据应尽可能取若干期的平均值。本例中，样本容量不大，降水量亦只有 1 年的观察值，因而，分析的结论不一定很中肯。

15.5.3 空间自回归分析

空间自相关分析是从静态上考察空间关联性或相似性，但是空间现象是随着时间的变化而变化的，因此，应从时空结合上考察现象空间关联的模式。为此，应以时空数列为依据，采用逐步回归或向后回归进行探索性数据分析,寻找某一空间单元与其他空间单元变量值之间的空间关联模式。设 x_i 为某一位置的变量值；x_{ij} 为其他位置的变量值；则有下列空间自相关回归模型：

$$x_1 = a_0 + a_2 x_2 + a_3 x_3 + \cdots\cdots + a_n x_n$$
$$x_2 = a_0 + a_1 x_1 + a_3 x_3 + \cdots\cdots + a_n x_n \quad (i \neq j)$$
$$\cdots\cdots\cdots\cdots\cdots\cdots\cdots\cdots\cdots\cdots$$
$$x_n = a_0 + a_1 x_1 + a_2 x_2 + \cdots\cdots + a_{n-1} x_{n-1}$$

一般来说，有 n 个空间单元就有 n 个空间单元自相关回归方程，其中每一个方程均为 1

个空间单元因变量与 $n-1$ 个空间单元自变量回归。但是，在 $n-1$ 个空间单元自变量中，究竟有哪几个自变量与因变量具有显著的空间关联模式，则是需要探索的。

上述模型中每一个方程用普通最小二乘法进行参数估计是不符合探索性分析要求的，必然产生过度拟合（复相关系数=1）、参数统计检验不显著、方程存在严重的多重共线性等问题，而采用逐步回归或向后回归对每一个方程分别进行探索性估计，能筛选自变量和估计参数，能保证纳入模型的每个空间单元自变量均具有显著性。并且利用 SPSS 等统计软件进行逐步回归能自动进行变量筛选、参数估计和方程检验，能保证在研究范围内给出的方程是最优的。空间自相关回归模型的应用主要有以下几个方面。

（1）揭示空间单元之间的空间关联模式。如果逐步回归给出的某一回归方程中只包括一个空间单元自变量，则该空间单元与因变量 x_i 代表的空间单元具有显著的空间关联模式，依此类推，则有两个或两个以上的空间单元与因变量空间单元具有显著的空间关联模式。

（2）识别空间聚集和空间孤立。如果一个空间单元分别与多个空间单元具有显著的空间关联模式，则该空间单元为空间聚集的重心点；如果一个空间单元与其他位置的空间单元不具有显著的空间关联模式，则该空间单元为空间相对孤立点。

（3）揭示空间关联的方向和路线。将研究范围内的全部空间单元的自相关回归方程揭示的空间单元之间的决定与被决定的关联取向结合起来，可绘制空间显著关联方向和路线地理示意图，揭示空间关联的方向和路线。

【例 15.12】根据表 15-13 是湘江流域 8 个城市 1998～2006 年 6 月降水量的时空数列，采用向后回归给出的 8 个城市的空间关联方程分别如下。

表 15-13　湘江流域 8 个城市 1998～2006 年 6 月降水量（毫米）

年份	郴州	永州	衡阳	株州	湘潭	长沙	益阳	岳阳
1998	198	279	254	341	382	573	271	418
1999	119	95	130	104	75	118	210	296
2000	86	190	130	239	266	291	211	116
2001	305	174	182	281	237	277	175	166
2002	256	209	176	288	133	149	227	128
2003	183	223	180	256	219	116	187	128
2004	138	181	87	108	132	128	235	355
2005	263	230	219	218	262	272	236	87
2006	248	305	280	251	289	201	265	126
平均	199.56	209.56	182.00	231.78	221.67	236.11	224.11	202.22
标准差	74.27	61.36	61.88	79.35	94.53	145.07	32.21	121.22

郴州 x_1：无显著的空间关联模式

永州 x_2：
$$x_2 = -157.622 + 0.337x_4 + 0.579x_5 - 0.341x_6 + 1.076x_7$$
$$(-3.914)\quad (3.570)\quad (5.355)\quad (-5.521)\quad (6.077)$$
$$R^2 = 0.975 \quad F = 39.10 \quad SE = 13.70 \quad DW = 1.564$$

衡阳 x_3：
$$x_3 = 17.595 + 0.381x_1 + 0.398x_5$$
$$(0.399)\quad (2.062)\quad (2.740)$$

株州 x_4：
$$R^2 = 0.724 \quad F = 7.867 \quad SE = 37.54 \quad DW = 1.662$$
$$x_4 = 284.773 + 1.046x_2 + 0.293x_6 - 1.523x_7$$
$$(2.385) \quad (2.866) \quad (2.242) \quad (-2.232)$$
$$R^2 = 0.787 \quad F = 6.150 \quad SE = 46.34 \quad DW = 1.802$$

湘潭 x_5：
$$x_5 = 102.672 + 1.038x_2 + 0.425x_6 - 0.887x_7$$
$$(1.376) \quad (4.584) \quad (5.194) \quad (-2.080)$$
$$R^2 = 0.941 \quad F = 26.750 \quad SE = 28.96 \quad DW = 1.646$$

长沙 x_6：
$$x_6 = -430.288 - 2.594x_2 + 0.898x_4 + 1.627x_5 + 2.862x_7$$
$$(-3.726) \quad (-5.521) \quad (3.117) \quad (6.304) \quad (4.571)$$
$$R^2 = 0.966 \quad F = 28.45 \quad SE = 37.81 \quad DW = 1.853$$

益阳 x_7：
$$x_7 = 152.795 + 0.839x_2 - 0.298x_4 - 0.472x_5 + 0.293x_6$$
$$(9.427) \quad (6.077) \quad (-3.588) \quad (-3.430) \quad (4.571)$$
$$R^2 = 0.929 \quad F = 13.166 \quad SE = 12.10 \quad DW = 1.822$$

岳阳 x_8：无显著的空间关联模式。

以上方程检验均具有显著性，向后回归给出的方程是较优的。模型表明，湘江流域 8 个城市 1998～2006 年 6 月份的降水量的空间关联系统中，郴州和岳阳无显著的空间关联模式，是研究系统内的空间孤立点，但他们与研究系统外部的空间单元可能存在空间关联模式。其他 6 个城市的 6 月份的降水量之间都存在空间关联模式。例如，长沙市 6 月份的降水量与湘潭、株州和益阳具有空间正相关，与永州具有空间负相关，而与其他城市相关性不显著。

以上模型亦表明，湘江流域 6 月份降水量的集中区域主要发生在长沙、湘潭、株州和益阳构成的局部空间区域。图 15-1 给出的是湘江流域 8 个城市 6 月份降水量的空间关联的方向和路线参考图。

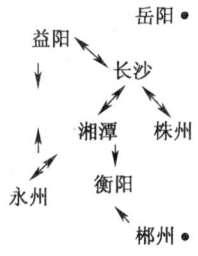

图 15-1　降水量关联方向和路线图

复习思考题

1. 简述空间分布分析的作用和方法。
2. 综合比较评价法有哪种方法，应用场合有何不同？
3. 综合评分（等）评价法的应用场合怎样？
4. 综合评分（等）评价法的关键是什么？
5. 功效系数评价法的基本程序怎样？
6. 平均指数评价法的基本程序怎样？

7. 功效系数评价法和平均指数评价法有何异同？
8. 统计综合评价中，权数的构造有哪两种方法？
9. 简述空间趋势分析的性质和方法。
10. 简述空间分类分析的作用和方法。
11. 简述空间自相关分析的作用和方法。
12. 简述空间自回归分析的作用和方法。

习　题

1. 根据下表我国各省市 2006 年粮食产量和总人口数据，要求：(1) 计算各省市粮食总产量占全国粮食总产量的比重，评价粮食总产量的分布特点；(2) 计算各省市和全国的人均粮食产量、极差、标准差和标准差系数，评价人均粮食产量分布的特点；(3) 计算各省市人均粮食产量占全国人均粮食产量的比率，评价各省市粮食的富有或短缺状况；(4) 绘制我国各省市粮食总产量或人均粮食产量的空间分布图；(5) 搜集和补充 2014 年的数据，再作比较分析。

省市	粮食产量（万吨）	总人口（万人）	省市	粮食产量（万吨）	总人口（万人）
北　京	109.2	1581	湖　北	2210.1	5693
天　津	143.5	1075	湖　南	2706.2	6342
河　北	2702.8	6898	广　东	1387.6	9304
山　西	1073.3	3375	广　西	1463.2	4719
内蒙古	1704.9	2397	海　南	185.6	836
辽　宁	1725.0	4271	重　庆	910.5	2808
吉　林	2720.0	2723	四　川	2893.4	8169
黑龙江	3346.4	3823	贵　州	1122.8	3757
上　海	111.3	1815	云　南	1542.2	4483
江　苏	3041.4	7550	西　藏	92.4	281
浙　江	884.0	4980	陕　西	1087.0	3735
安　徽	2860.7	6110	甘　肃	808.1	2606
福　建	701.5	3558	青　海	88.3	548
江　西	1854.5	4339	宁　夏	310.9	604
山　东	4048.8	9309	新　疆	902.2	2050
河　南	5010.0	9392	全　国	49747.9	131448

2. 根据下表我国各省市 1991 和 2006 年人均粮食产量数据（单位：公斤/人），要求：(1) 对各省市各年人均粮食产量分布的均衡性分别进行分析（1991 和 2006 年人均粮食产量的标准差分别为 96.10 和 174.12 公斤）；(2) 对各省市各年人均粮食产量分别进行空间聚类分析，并解释分析结论。(3) 计算各省市人均粮食产量的增长率，分析我国粮食增长格局和生产地域重心有何变化特征（可先搜集和补充 2014 年的数据，再作分析）。

省市	1991年	2006年	省市	1991年	2006年
北 京	255.67	69.07	湖 北	407.13	388.21
天 津	218.37	133.49	湖 南	431.95	426.71
河 北	364.74	391.82	广 东	287.72	149.14
山 西	252.31	318.01	广 西	308.84	310.07
内蒙古	438.87	711.26	海 南	263.65	222.01
辽 宁	384.06	403.89	重 庆	368.45	324.25
吉 林	756.84	998.90	四 川	397.42	354.19
黑龙江	605.40	875.33	贵 州	267.12	298.86
上 海	180.30	61.32	云 南	289.00	344.01
江 苏	436.72	402.83	西 藏	256.64	328.83
浙 江	399.52	177.51	陕 西	311.33	291.03
安 徽	309.23	468.20	甘 肃	287.79	310.09
福 建	288.96	197.16	青 海	252.42	161.13
江 西	420.62	427.40	宁 夏	412.92	514.74
山 东	457.04	434.93	新 疆	431.25	440.10
河 南	343.52	533.43	全 国	375.83	378.46

3. 某地有6个县的总人口、生产总值、商品销售额、居民储蓄额如下，要求运用综合比重法评价各县购买力的高低。

县别	A	B	C	D	E	F
总人口：万人	88.14	43.8	75.15	57.13	17.70	99.68
生产总值（亿元）	89.06	30.04	53.05	25.55	10.13	75.25
商品零售额（亿元）	31.82	9.41	16.83	8.12	3.06	29.78
居民储蓄（亿元）	36.44	10.95	17.28	12.45	3.54	21.93

4. 根据习题1的数据用综合比值法构造购买力区域指数，并作出评价。

5. 某地某年各县有关人均经济指标如下，要求计算综合比较相对数，对各县经济实力作出排序和评价。

项目	甲县	丙县	丁县	戊县	已县
人均GDP（元）	4899	6511	5227	6818	4264
职工平均工资（元）	6567	6846	7222	8143	6158
农民人均收入（元）	2576	2871	2933	4532	2751
城镇居民人均收入（元）	4533	5234	5855	8205	5648
人均储蓄额（元）	3822	4810	4280	7438	3112

6. 某年A、B、C城市的有关统计资料如下，要求运用综合比值法对三市的社会经济进行综合评价。

项目	A市	B市	C市
年平均人口（万人）	169.18	73.02	65.8
土地面积（平方公里）	556	542	281
国内生产总值（亿元）	377.77	138.49	107.76
工业总产值（亿元）	200.16	142.48	69.71
民用汽车拥有量（万辆）	6.25	2.01	1.58
邮电业务总量（亿元）	24.10	4.35	2.89
科技人员（人）	31774	15786	92.38
公共图书量（万册）	445.6	40.2	46.5
医院床位数（张）	12151	4807	4056
住宅建设面积（万 m²）	2656	1179	1491
刑事案件（件）	11120	8162	3319

7. 某市某年5家工业企业有关经济效益的统计指标数据如下，要求分别用功效系数法和平均指数法进行经济效益的综合评价。

企业	总资产贡献率	资本增值保值率	资产负债率	流动资产周转次数	成本费用利润率	全员劳动生产率	产品销售率
A	13.0	115.0	50.6	2.11	5.62	2.88	98.6
B	11.9	125.0	55.4	1.68	4.88	2.75	96.4
C	10.3	123.1	59.6	1.43	4.50	2.20	94.3
D	9.1	113.4	63.4	1.28	3.85	1.93	95.4
E	10.8	101.2	54.3	1.19	4.12	2.18	95.8
标准值	11.5	110.0	60.0	1.65	3.85	2.10	96.0
最优值	15.0	120.0	55.0	3.00	6.50	3.20	100.0
最小值	8.5	100.0	70.0	1.00	3.00	1.50	90.0
权数	20	16	12	15	14	10	13

8. 某市报告期与基期的英格尔斯 10 项现代化评价指标的数据如下，要求计算现代化综合进程指数反映该市现代化的综合实现程度，计算与全国平均值的综合比较指数，反映该市现代化与全国水平的差距（表中的权数是给定的）。你认为用英格尔斯10项评价指标对现代化进行综合测定有哪些缺陷，应作哪些改进？

评价指标	标准值	权数	基期	报告期	全国平均
1. 人均GDP（万元/人）	>2.50	30	0.56	0.65	0.82
2. 农业增加值占GDP（%）	<12.0	10	21.30	19.50	15.40
3. 第三产业增加值占GDP	>45.0	15	39.10	40.50	33.70
4. 非农就业人口占就业者比重	>70.0	10	41.70	44.20	50.00
5. 识字人数占总人口（%）	>80.0	5	93.0	94.0	93.30
6. 适龄青年受高等教育比率	>10.0	5	14.5	16.4	15.0
7. 城市人口占总人口比重	>50.0	10	29.8	32.4	39.1
8. 平均每个医生服务人口数	<1000	5	840.7	830.0	680.8
9. 平均预期寿命（岁）	>70.0	5	72.5	72.8	73.3
10. 人口自然增长率（%）	<10.0	5	4.86	4.46	6.45

9. 某省选择了 8 项评价指标评价信息化进程，报告期与基期实际数据、目标值、权数、全国平均值如下，要求计算信息化综合进程指数和综合比较指数评价信息化综合实现程度和与全国相比较的差距。

评价指标	目标值	权数	基期	报告期	全国平均
1. 电话普及率（部/百人）	>70	15	10.7	21.3	33.6
2. 农村彩电普及率（台/百户）	>100	10	30.3	41.0	60.5
3. 国际互联网用户数（户/千人）	>200	15	8.6	32.8	40.9
4. 城镇家用电脑普及率（台/百户）	>100	15	10.7	19.7	20.6
5. 广播电视覆盖率（%）	100	5	86.4	86.8	94.0
6. 邮电电信业务量占 GDP（%）	>15	15	3.8	4.4	5.4
7. 人均图书杂志出版量（册）	>20	5	5.4	6.7	7.6
8. 信息产品制造业产值占 GDP（%）	>20	20	3.6	4.8	7.8

10. 根据表 15-13 中的降水量的时空数列，利用统计软件绘制复式动态曲线图，观察 8 个城市年降水量的动态变化是否具有关联性或相似性。

11. 以本章例 15.12 给出的降水量的空间关联路线为区域邻接标准，以降水量平均值为依据，计算全局空间自相关指数和局部空间邻接区域空间自相关指数。并得出分析结论。

12. 根据本章表 15-13 的时空数列，利用统计软件按年降水量和年平均降水量分别进行空间聚类分析，考察聚类结果是否发生变动。

13. 根据表 15-13 湘江流域 8 个城市 1998～2006 年 6 月降水量的时空数列，采用逐步回归进行探索性数据分析，分别给出各城市 6 月降水量的空间关联方程，并解释分析结论是否与本章向后回归得出的结论相同？

14. 根据下表湖南中东部 10 个地市 1998～2006 年人均 GDP（元）的数据，要求：(1) 对 10 个地市的人均 GDP 进行空间聚类分析，并解释分析结论；(2) 以人均 GDP 的年平均值为依据，计算全局空间自相关指数和局部空间邻接区域空间自相关指数，并得出和解释分析结论；(3) 绘制复式动态曲线图，观察 10 个城市人均 GDP 的变化趋势，并解释分析结论；(4) 分别对 10 个地市的人均 GDP 进行空间自回归分析，并得出和解释分析结论（可先搜集和补充 2006 年以后的数据，再作分析）。

郴州	衡阳	娄底	株州	湘潭	长沙	益阳	岳阳	常德	张家界
4718	4318	4501	7169	7229	9451	4107	5976	5110	3303
5156	4663	4742	7615	7677	10152	4298	6405	5361	3541
5543	5011	4239	7949	7643	11262	4304	6992	5846	3885
5661	5483	4508	8805	8509	12443	4661	7777	6696	4273
6317	5907	4720	9644	9340	13747	5074	8616	7241	4664
7597	6754	5634	10707	10056	14810	5840	9860	9229	5708
9254	8203	7103	12635	12475	18036	6992	11738	11014	6880
11073	8899	8193	14497	13604	23968	7130	12522	11811	7588
12517	10057	9330	16526	15455	27982	8082	14331	13338	8627

附录 A Microsoft Excel 在统计中的使用

Excel 软件是 Microsoft 公司提供的 Office 组件之一，是世界上公认的功能最强大、技术最先进、使用最方便的电子表格软件，Excel 采用友好的窗口界面，通过窗口操作，可以制作统计图表，进行数据库管理、函数分析，同时打开若干工作表与图表窗口，文件链接以及制作宏；此外，它还提供了超强的统计程序与运筹学（线性规划）程序。本附录 A 介绍各种统计函数、统计分析工具的使用，统计绘图功能以及统计数据管理等内容。

A.1 Excel 的基本统计函数

函数是一个预先定义好的公式，根据函数名和参数来完成某一特定的计算，函数是统计分析的核心。Excel 提供了 300 多个函数，包括常用函数、日期函数、统计函数、数学和三角函数、财务函数等。Excel 的基本统计就是通过各种函数进行的，如一般统计、集中趋势统计、离散量的统计、频数分布等。

A.1.1 函数的格式

函数由函数名、一对左右圆括号和圆括号中的若干参数组成。输入函数名之前必须先输入一个等号"="，通知 Excel 随后输入的是函数而不是文本。参数可以是数值，也可以是单元格或区域。

例如："=AVERAGE(121,119,116,…,102)"，"=AVERAGE(B3,B4,A5,…,B12)" 或 "=AVERAGE(B3:B12)"，它们都表示要计算若干数值的平均数。

A.1.2 使用函数的操作方法

（1）选定显示函数结果的单元格或区域。
（2）点击常用工具栏中的函数向导 f_x 图标，或"插入"菜单下的"函数"指令。
（3）在函数类别中选取所需函数名，然后点击"确定"按钮。
（4）在函数向导对话框中输入参数或选取单元格区域，确定后显示结果。

A.1.3 一般统计函数

1. 数值统计函数

COUNT（计数）   PRODUCT（连乘积）
MAX（最大值）   MIN（最小值）
LARGE（第 k 大值）   SMALL（第 k 小值）
QUOTIENT（求商）   MOD（求余）

2. 阶乘函数

FACT（阶乘）   FACTDOUBLE（双倍阶乘）

3. 排列与组合函数

PERMUT（排列）　　　　　　　COMBIN（组合）

4. 求和函数

SUM（变量的和）　　　　　　　SUMXMY2（两数组差的平方和）
SUMPRODUCT（两数组乘积和）　SUMX2PY2（两数组平方和）
SUMSQ（变量的平方和）　　　　SUMX2MY2（两数组平方和的差）

5. 矩阵运算

MDETERM（行列式值）　　　　　TRANSPOSE（转置矩阵）
MINVERSE（逆矩阵）　　　　　　MMULT（矩阵相乘）
SUMPRODUCT（矩阵乘积和）

注：以上矩阵运算函数除 MDETERM 外，其他矩阵的运算在确定参数后，须按组合键 Ctrl + Shift + Enter，才能显示正确结果。

A.1.4 频数分布数列的编制

（1）在某一列中输入组限，通常为组距数列的下限。
（2）选定单元格，准备放置频数。
（3）找出 FREQUENCYH 函数，其参数为（数据数组，组限数组）。
（4）按组合键 Ctrl＋Shift＋Enter。

A.1.5 集中趋势量统计函数

AVERAGE（算术平均数）　　　　HARMEAN（调和平均数）
MOPE（众数）　　　　　　　　　GEOMEAN（几何平均数）
MEDIAN（中位数）　　　　　　　QUARTILE（四分位数）
PERCENTILE（百分位数）

A.1.6 离散量函数

AVEDEV（平均差）　　　　　　　DEVSQ（离差平方和）
STDEV（样本标准差）　　　　　　STDEVP（总体标准差）
VAR（样本方差）　　　　　　　　VARP（总体方差）
KURT（峰度系数，大于 0，集中趋势高，离散趋势低；小于 o，集中趋势低，离散趋势高）
SKEW（偏度系数，大于 0，左偏；小于 0，右偏）

A.2　Excel 在统计分析中的应用

Excel"工具"指令下的"数据分析"工具库（如该子菜单没有，则需加载，选上"分析工具库"复选框），与函数一起，可以进行下列统计分析：描述统计、时间数列分析、相关和回归分析、假设检验、方差分析、敏感度与风险分析、线性规划等。

A.2.1 描述统计

描述统计要使用指令："工具→数据分析→描述统计"。Excel 提供的描述统计量包括：平均数、中位数、众数、标准差、方差、峰度系数、偏度系数、全距、最小值、最大值、求和、计数、第 k 个最大值、第 k 个最小值、置信水准等。

使用描述统计分析工具时应注意：

（1）若输入范围包括行或列标签，则必须选定"分类标记在第一行"复选框。

（2）输出范围只需指明最左上角的单元格。

（3）必须指明输入数据的方式是逐行还是逐列。

A.2.2　时间数列分析

Excel 的时间数列分析主要用单指数平滑法、移动平均法两种分析工具来反映现象的长期趋势。

（1）选取"工具→数据分析→指数平滑"（或"移动平均"）。

（2）确定输入区域、输出区域、阻尼系数，间隔移动项数等。

（3）打开标准误差、图表输出复选框，点击"确定"。运算结果会显示一个工作表与一个图表。

A.2.3　概率分布和抽样分布

（1）离散概率分布函数

BINOMDIST（二项分布）

CRITBINOM（累积二项分布）

HYPGEOMDIST（超几何分布）

NEGBINOMDIST（负二项分布）

POISSON（泊松分布）

（2）连续概率分布函数

BETADIST（β 概率分布函数）

EXPONDIST（指数分布）

GAMMADIST（Γ 分布）

LOGNORMDIST（对数正态累积分布）

NORMDIST（正态分布）

WEIBULL（韦布分布）

此外，以上分布函数还有反函数。

（3）抽样分布与转换函数

TDIST（t-分布值）

FDIST（F-概率分布值）

CHIDIST（单侧 Chi-squared 分布的概率值）

CHIINV（Chi-squared 分布单侧概率的反转值）

FISHER（费雪转换值）

FISHERINV（费雪转换的反函数值）

（4）系统抽样分析工具

（5）由各种分布产生随机数的分析工具

A.2.4 相关分析

（1）使用函数 CORREL 和 PEARSON 分析两数组的线性相关和密切程度。
（2）用函数 COVAR 分析两个数组的协方差。
（3）用函数 RSQ 计算 r^2，即确定系数，说明 Y 值的变化有多少是来自 X 的变化，同时也反映 X 与 Y 的密切程度的高低。
（4）"相关系数"分析工具，用来分析两个以上变量的相关关系矩阵。
（5）"协方差"分析工具，用来计算两个以上变量的协方差矩阵。

A.2.5 回归分析

（1）回归分析的函数及功能
LINEST（线性估计最小二乘法）
LOGEST（指数曲线估计回归分析）
TREND（线性回归的估计和预测）
GROWTH（指数曲线的估计和预测）
FORECAST（线性趋势预测）
INTERCEPT（线性回归截距分析）
SLOPE（线性回归斜率分析）
STEYX（因变量的估计标准误差分析）
（2）"回归分析"分析工具，可显示的输出结果如下
方差分析表 AVOVA 与摘要表；
残差输出表显示残差和预测值；
四个残差图；
最佳适配回归线图；
一个正态概率图；
一个概率数据输出表。

A.2.6 假设检验

Excel 在假设检验方面提供的分析工具包括
（1）成对观测值 t-检验；
（2）方差相等的两样本 t-检验；
（3）方差不等的两样本 t-检验；
（4）两平均值差 Z 检验；
（5）两样本方差的 F-检验；
（6）拟合优度卡方检验；
（7）置信区间。

A.2.7 方差分析

Excel 在方差分析中提供三种分析工具：
（1）单因子方差分析；

（2）双因子重复试验方差分析；

（3）双因子不重复试验方差分析。

除以上函数和分析工具外，Excel 还提供工程分析工具、敏感度分析法、风险分析法、规划求解法等分析方法。

A.3　Excel 的统计绘图

Excel 提供统计分布图形的绘制和商用统计图形的绘制两种绘图功能。它提供的绘图功能相当强，除能绘出平面图形以外，还能绘出各种立体图表。

A.3.1　各种统计分布图形的绘制

统计分布图形的绘制主要使用"直方图"分析工具；根据需要还可用"图表向导"等工具，以及"编辑"和"格式"菜单。

A.3.2　常用统计图形的绘制

（1）建立或调入绘图数据对象。

（2）选定图表样式（使用"图表向导"工具或"插入→图表"指令。"→"用来表明指令的使用顺序）。

（3）按照图表向导的提示，绘出所需的图表。

另外，还可使用"格式"或"插入"菜单修饰图表。

A.4　统计数据管理

统计数据管理主要借助于"数据"和"编辑"指令以及有关的函数，对数据进行排序、查询、合并汇总和制作统计报表。

（1）利用"数据→排序"指令进行数据排序（可用单关键词、双关键词、三关键词排序）。

（2）利用"数据→筛选"指令进行数据的自动筛选和高级筛选。高级筛选的方法如下：

1）找到被查询的原始数据区域。

2）在工作表的上方或下方指定放查询条件的区域，包括查询的栏目和查询的条件。

3）打开"数据→筛选→高级筛选"对话框。

4）指定结果存放的第一个单元格后，单击"确定"按钮。

（3）数据的合并计算。

使用"数据→合并计算"指令，以使两个工作表相同位置的数据进行函数运算。

（4）数据报表的制作。

1）利用分类汇总制作报表。

将资料按照分组标志排序后，打开"数据→分类汇总"对话框，选择分类汇总字段即分组标志、汇总方式、增加分类汇总位置后，单击"确定"按钮。当只需要汇总时，可点击左边的"—"。

2）利用数据透视表制作报表。

透视是一种数据操作，即借助对一个字段或几个字段的重新排列而得到新的数据透视表。方法是点击原始数据区的任一单元格，使用"数据→数据透视表"，依照数据透视表指南完成制作。

附录 B 常用统计数表

B.1 正态分布的面积和纵坐标表

B.1.1 正态分布的面积

$$F(x) = \int_{\infty}^{x} \frac{1}{\sqrt{2\pi}\sigma} e^{-\frac{1}{2}\left(\frac{x-u}{\sigma}\right)^2} dx$$

x	.00	0.1	0.2	.03	.04	.05	.06	.07	.08	.09
.0	.5000	.5040	.5080	.5120	.5160	.5199	.5239	.5239	.5319	.5359
.1	.5398	.5438	.5478	.5517	.5557	.5596	.5636	.5675	.5714	.5753
.2	.5793	.5832	.5871	.5910	.5948	.5987	.6026	.6064	.6103	.6141
.3	.6179	.6217	.6255	.6293	.6331	.6368	.6406	.6443	.6480	.6517
.4	.6554	.6591	.6628	.6664	.6700	.6736	.6772	.6808	.6844	.6879
.5	.6915	.6950	.6935	.7010	.7054	.7088	.7123	.7147	.7190	.7224
.6	.7257	.7291	.7324	.7357	.7389	.7422	.7454	.7486	.7517	.7549
.7	.7580	.7611	.7642	.7673	.7704	.7734	.7964	.7794	.7823	.7852
.8	.7881	.7910	.7939	.7967	.7995	.7023	.8051	.8078	.8106	.9133
.9	.8159	.8186	.8212	.8238	.8264	.8489	.8315	.8340	.8365	.8389
1.0	.8413	.8438	.8461	.8485	.8508	.8531	.8554	.8577	.8599	.8621
1.1	.8643	.8665	.8686	.8708	.8749	.8729	.8770	.8790	.8810	.8830
1.2	.8849	.8869	.8888	.8907	.8925	.8944	.8962	.8980	.8997	.9015
1.3	.9032	.9049	.9066	.9082	.9099	.9115	.9131	.9147	.9162	.7917
1.4	.9192	.9207	.9222	.9236	.9251	.9265	.9279	.9292	.9306	.9319
1.5	.9332	.9345	.9357	.9370	.9382	.9394	.9046	.9418	.9429	.9441
1.6	.9452	.9463	.9474	.9484	.9995	.9505	.9515	.9525	.9535	.9545
1.7	.9554	.9564	.9573	.9582	.9591	.9599	.9608	.9616	.9625	.9633
1.8	.9641	.9648	.8656	.9664	.9671	.9678	.9686	.9693	.9699	.9706
1.9	.9713	.9719	.9726	.9732	.9738	.9744	.9750	.9756	.9761	.9767
2.0	.9772	.9778	.9783	.9788	.9993	.9798	.9803	.9808	.9812	.9817
2.1	.9821	.9826	.9830	.9834	.9838	.9842	.9846	.9850	.9954	.9857
2.2	.9861	.9864	.9868	.9871	.9875	.9878	.9881	.9984	.9887	.9890
2.3	.9893	.9896	.9898	.9901	.9904	.9906	.9909	.9911	.9913	.9916
2.4	.9918	.9920	.9922	.9925	.9927	.9929	.9931	.9932	.9934	.9936
2.5	.9938	.9940	.9941	.9943	.9945	.9946	.9948	.9949	.9951	.9952
2.6	.9953	.9955	.9956	.9957	.9959	.9910	.9961	.9962	.9963	.9964
2.7	.9965	.9966	.9967	.9968	.9969	.9970	.9971	.9972	.9973	.9974
2.8	.9974	.9975	.9976	.9977	.9977	.9978	.9979	.9979	.9980	.9981
2.9	.9981	.9982	.9982	.9983	.9984	.9984	.9985	.9985	.9986	.9986
3.0	.9987	.9987	.9987	.9988	.9988	.9989	.9989	.9989	.9990	.9990
3.1	.9990	.9991	.9991	.9991	.9992	.9992	.9992	.9992	.9993	.9993
3.2	.9993	.9993	.9994	.9994	.9994	.9994	.9994	.9995	.9995	.9995
3.3	.9995	.9995	.9995	.9996	.9996	.9996	.9996	.9996	.9996	.9997
3.4	.9997	.9997	.9997	.9997	.9997	.9997	.9997	.9997	.9997	.9998

B.1.2 标准正态分布概率度表

t	F(t)	t	F(t)	t	F(t)	t	F(t)	t	F(t)
0.00	0.0000	0.41	0.3182	0.82	0.5878	1.23	0.7813	1.64	0.8990
0.01	0.0080	0.42	0.3255	0.83	0.5935	1.24	0.7850	1.65	0.9011
0.02	0.0160	0.43	0.3328	0.84	0.5991	1.25	0.7887	1.66	0.9031
0.03	0.0239	0.44	0.3401	0.85	0.6047	1.26	0.7923	1.67	0.9051
0.04	0.0319	0.45	0.3473	0.86	0.6102	1.27	0.7959	1.68	0.9070
0.05	0.0399	0.46	0.3545	0.87	0.6157	1.28	0.7995	1.69	0.9090
0.06	0.0478	0.47	0.3616	0.88	0.6211	1.29	0.8030	1.70	0.9109
0.07	0.0558	0.48	0.3688	0.89	0.6265	1.30	0.8064	1.71	0.9127
0.08	0.0638	0.49	0.3759	0.90	0.6319	1.31	0.8098	1.72	0.9146
0.09	0.0717	0.50	0.3829	0.91	0.6372	1.32	0.8132	1.73	0.9164
0.10	0.0797	0.51	0.3899	0.92	0.6424	1.33	0.8165	1.74	0.9181
0.11	0.0876	0.52	0.3969	0.93	0.6476	1.34	0.8198	1.75	0.9199
0.12	0.0955	0.53	0.4039	0.94	0.6528	1.35	0.8230	1.76	0.9216
0.13	0.1034	0.54	0.4108	0.95	0.6579	1.36	0.8262	1.77	0.9233
0.14	0.1113	0.55	0.4177	0.96	0.6629	1.37	0.8293	1.78	0.9249
0.15	0.1192	0.56	0.4245	0.97	0.6680	1.38	0.8324	1.79	0.9265
0.16	0.1271	0.57	0.4313	0.98	0.6729	1.39	0.8355	1.80	0.9281
0.17	0.1350	0.58	0.4381	0.99	0.6778	1.40	0.8385	1.81	0.9297
0.18	0.1428	0.59	0.4448	1.00	0.6827	1.41	0.8415	1.82	0.9312
0.19	0.1507	0.60	0.4515	1.01	0.6875	1.42	0.8444	1.83	0.9328
0.20	0.1585	0.61	0.4581	1.02	0.6923	1.43	0.8473	1.84	0.9342
0.21	0.1663	0.62	0.4647	1.03	0.6970	1.44	0.8501	1.85	0.9357
0.22	0.1741	0.63	0.4713	1.04	0.7017	1.45	0.8529	1.86	0.9371
0.23	0.1819	0.64	0.4778	1.05	0.7063	1.46	0.8557	1.87	0.9385
0.24	0.1897	0.65	0.4843	1.06	0.7109	1.47	0.8584	1.88	0.9399
0.25	0.1974	0.66	0.4907	1.07	0.7154	1.48	0.8611	1.89	0.9412
0.26	0.2051	0.67	0.4971	1.08	0.7199	1.49	0.8638	1.90	0.9426
0.27	0.2128	0.68	0.5035	1.09	0.7243	1.50	0.8664	1.91	0.9439
0.28	0.2205	0.69	0.5098	1.10	0.7287	1.51	0.8690	1.92	0.9451
0.29	0.2282	0.70	0.5161	1.11	0.7330	1.52	0.8715	1.93	0.9464
0.30	0.2358	0.71	0.5223	1.12	0.7373	1.53	0.8740	1.94	0.9476
0.31	0.2434	0.72	0.5285	1.13	0.7415	1.54	0.8764	1.95	0.9488
0.32	0.2510	0.73	0.5346	1.14	0.7457	1.55	0.8789	1.96	0.9500
0.33	0.2586	0.74	0.5407	1.15	0.7499	1.56	0.8812	1.97	0.9512
0.34	0.2661	0.75	0.5467	1.16	0.7540	1.57	0.8836	1.98	0.9523
0.35	0.2737	0.76	0.5527	1.17	0.7580	1.58	0.8859	1.99	0.9534
0.36	0.2812	0.77	0.5587	1.18	0.7620	1.59	0.8882	2.00	0.9545
0.37	0.2886	0.78	0.5646	1.19	0.7660	1.60	0.8904	2.02	0.9566
0.38	0.2961	0.79	0.5705	1.20	0.7699	1.61	0.8926	2.04	0.9587
0.39	0.3035	0.80	0.5763	1.21	0.7737	1.62	0.8926	2.06	0.9606
0.40	0.3108	0.81	0.5821	1.22	0.7775	1.63	0.8969	2.08	0.9625

标准正态概率表 续表

t	F(t)	t	F(t)	t	F(t)	t	F(t)	t	F(t)
2.10	0.9643	2.32	0.9797	2.54	0.9889	2.76	0.9942	2.98	0.9971
2.12	0.9660	2.34	0.9807	2.56	0.9895	2.78	0.9946	3.00	0.9973
2.14	0.9676	2.36	0.9817	2.58	0.9901	2.80	0.9949	3.20	0.9986
2.16	0.9692	2.38	0.9827	2.60	0.9907	2.82	0.9952	3.40	0.9992
2.18	0.9707	2.40	0.9836	2.62	0.9912	2.84	0.9955	3.60	0.99968
2.20	0.9722	2.42	0.9845	2.64	0.9917	2.86	0.9958	3.80	0.99986
2.22	0.9736	2.44	0.9853	2.66	0.6922	2.88	0.9960	4.00	0.99994
2.24	0.9749	2.46	0.9861	2.68	0.9926	2.90	0.9962	4.50	0.999993
2.26	0.9762	2.48	0.9869	2.70	0.9931	2.92	0.9965	5.00	0.999999
2.28	0.9774	2.50	0.9876	2.72	0.9935	2.94	0.9967		
2.30	0.9786	2.52	0.9883	2.74	0.9939	2.96	0.9969		

B.2 卡方 (χ^2) 分布表

n	0.05	0.10	0.025	0.050	0.950	0.975	0.990	0.995
1	—	—	0.001	0.004	3.84	5.02	6.63	7.88
2	0.01	0.02	0.05	0.10	5.99	7.38	9.21	10.60
3	0.07	0.11	0.22	0.35	7.81	9.35	11.34	12.84
4	0.21	0.30	0.48	0.71	9.49	11.14	13.28	14.86
5	0.41	0.55	0.83	1.15	11.07	12.83	15.09	16.75
6	0.68	0.87	1.24	1.64	12.59	14.45	16.81	18.55
7	0.99	1.24	1.69	2.17	14.07	16.01	18.48	20.28
8	1.34	1.65	2.18	2.73	15.51	17.53	20.09	21.96
9	1.73	2.09	2.70	3.33	16.92	19.02	21.67	23.59
10	2.16	2.56	3.25	3.94	18.31	20.48	23.21	25.19
11	2.60	3.05	3.82	4.57	19.68	21.92	24.72	26.76
12	3.07	3.57	4.40	5.23	21.03	23.34	26.22	28.30
13	3.57	4.11	5.01	5.89	22.36	24.74	27.69	29.82
14	4.07	4.66	5.63	6.57	23.68	26.12	29.14	31.32
15	4.60	5.23	6.26	7.26	25.00	27.49	30.58	32.80
16	5.14	5.81	6.91	7.96	26.30	28.85	32.00	34.27
17	5.70	6.41	7.56	8.67	27.59	30.19	33.41	35.72
18	6.26	7.01	8.23	9.39	28.87	31.53	34.81	37.16
19	6.84	7.63	8.91	10.12	30.14	32.85	36.19	38.58
20	7.43	8.26	9.59	10.85	31.41	34.17	37.57	40.00
21	8.03	8.90	10.28	11.59	32.67	35.48	38.93	41.40
22	8.64	9.54	10.98	12.34	33.92	36.78	40.29	42.80
23	9.26	10.20	11.69	13.09	35.17	38.08	41.64	44.18
24	9.89	10.86	12.40	13.85	36.42	39.36	42.98	45.56
25	10.52	11.52	13.12	14.61	37.65	40.65	44.31	46.93
26	11.16	12.20	13.84	15.38	38.89	41.92	45.64	48.29
27	11.81	12.88	14.57	16.15	40.11	43.19	46.96	49.64
28	12.46	13.56	15.31	16.93	41.34	44.46	48.28	50.99
29	13.12	14.26	16.05	17.71	42.56	45.72	49.59	52.34
30	13.79	14.95	16.79	18.49	43.77	46.98	50.89	53.67
40	20.71	22.16	24.43	26.51	55.76	59.34	63.69	66.77
50	27.99	29.71	32.36	34.76	67.50	71.42	76.15	79.49
60	35.53	37.48	40.48	43.19	79.08	83.30	88.38	91.95
70	43.28	45.44	48.76	51.74	90.53	95.02	100.43	104.22
80	51.17	53.54	57.15	60.39	101.88	106.63	112.33	116.32
90	59.20	61.75	65.65	69.13	113.14	118.14	124.12	128.30
100	67.33	70.06	74.22	77.93	124.34	129.56	135.81	140.17

B.3 F 分布表

B.3.1 F 分布：（α =0.05） $1-\alpha=0.95$

u_2 \ u_1	1	2	3	4	5	6	7	8	9
1	161.45	199.50	215.71	224.58	230.16	233.99	236.77	238.88	240.54
2	18.513	19.000	19.164	19.247	19.296	19.330	19.353	19.371	19.385
3	10.128	9.5521	9.2766	9.1172	9.0135	8.9406	8.8868	8.8452	8.8123
4	7.7086	6.9443	6.5914	6.3883	6.2560	6.1631	6.0942	6.0410	5.9988
5	6.6079	5.7861	5.4095	5.1922	5.0503	4.9503	4.8759	4.8183	4.7725
6	5.9874	5.1433	4.7571	4.5337	4.3874	4.2839	4.2066	4.1468	4.0990
7	5.5914	4.7374	4.3468	4.1203	3.9715	3.8660	3.7870	3.7257	3.6767
8	5.3177	4.4590	4.0662	3.8378	3.6875	3.5806	3.5005	3.4381	3.3881
9	5.1174	4.2565	3.8626	3.6331	3.4817	3.3738	3.2927	3.2296	3.1789
10	4.9646	4.1028	3.7083	3.4780	3.3258	3.2172	3.1355	3.0717	3.0204
11	4.8443	3.9823	3.5874	3.3567	3.2039	3.0946	3.0123	2.9480	2.8962
12	4.7472	3.8853	3.4903	3.2592	3.1059	2.9961	2.9134	2.8486	2.7964
13	4.6672	3.8056	3.4105	3.1791	3.0254	2.9153	2.8321	2.7669	2.7144
14	4.6001	3.7389	3.3439	3.1122	2.9582	2.8477	2.7642	2.6987	2.6458
15	4.5431	3.6823	3.2874	3.0556	2.9013	2.7905	2.7066	2.6408	2.5876
16	4.4940	3.6337	3.2389	3.0069	2.8524	2.7413	2.6572	2.5911	2.5377
17	4.4513	3.5915	3.1968	2.9647	2.8100	2.6987	2.6143	2.5480	2.4943
18	4.4139	3.5546	3.1599	2.9277	2.7729	2.6613	2.5767	2.5102	2.4563
19	4.3808	3.5219	3.1274	2.8951	2.7401	2.6283	2.5435	2.4768	2.4227
20	4.3513	3.4928	3.0984	2.8661	2.7109	2.5990	2.5140	2.4471	2.3928
21	4.3248	3.4668	3.0725	2.8401	2.6848	2.5757	2.4876	2.4205	2.3661
22	4.3009	3.4434	3.0491	2.8167	2.6613	2.5491	2.4638	2.3965	2.3419
23	4.2793	3.4221	3.0280	2.7955	2.6400	2.5277	2.4422	2.3748	2.3201
24	4.2597	3.4028	3.0088	2.7763	2.6207	2.5082	2.4226	2.3551	2.3002
25	4.2417	3.3852	2.9912	2.7587	2.6030	2.4904	2.4047	2.3371	2.2821
26	4.2252	3.3690	2.9751	2.7426	2.5868	2.4741	2.3883	2.3205	2.2655
27	4.2100	3.3541	2.9604	2.7278	2.5719	2.4591	2.3732	2.3053	2.2501
28	4.1960	3.3404	2.9467	2.7141	2.5581	2.4453	2.3593	2.2913	2.2360
29	4.1830	3.3277	2.9340	2.7014	2.5454	2.4324	2.3463	2.2782	2.2229
30	4.1709	3.3158	2.9223	2.6896	2.5336	2.4205	2.3343	2.2662	2.2107
40	4.0848	3.2317	2.8387	2.6060	2.4495	2.3359	2.2490	2.1802	2.1240
60	4.0012	3.1504	2.7581	2.5252	2.3683	2.2540	2.1665	2.0970	2.0401
120	3.9201	3.0718	2.6802	2.4472	2.2900	2.1750	2.0867	2.0164	1.9588
∞	3.8415	2.9957	2.6049	2.3719	2.2141	2.0986	2.0096	1.9384	1.8799

续表

u_2 \ u_1	10	12	15	20	24	30	40	60	120	∞
1	241.88	243.91	245.95	248.01	249.05	250.09	251.14	252.20	253.25	254.32
2	19.396	19.413	19.429	19.446	19.454	19.462	19.471	19.479	19.487	19.496
3	8.7855	8.7446	8.7029	8.6602	8.6385	8.6166	8.5944	8.5720	8.5494	8.5265
4	5.9644	5.9117	5.8578	5.8025	5.7744	5.7459	5.7170	5.6878	5.6581	5.6281
5	4.7351	4.6777	4.6188	4.5581	4.5272	4.4957	4.4638	4.4314	4.3984	4.3650
6	4.0600	3.9999	3.9381	3.8742	3.8415	3.8082	3.7743	3.7398	3.7047	3.6688
7	3.6365	3.5747	3.5108	3.4445	3.4105	3.3758	3.3404	3.3043	3.2674	3.2298
8	3.3472	3.2840	3.2184	3.1503	3.1152	3.0794	3.0428	3.0053	2.9669	2.9276
9	3.1373	3.0729	3.0061	2.9365	2.9005	2.8637	2.8259	2.7872	2.7475	2.7067
10	2.9782	2.9130	2.8450	2.7740	2.7372	2.6996	2.6609	2.6211	2.5801	2.5379
11	2.8536	2.7876	2.7186	2.6464	2.6090	2.5705	2.5309	2.4901	2.4480	2.4045
12	2.7534	2.6866	2.6169	2.5436	2.5055	2.4663	2.4259	2.3842	2.3410	2.2962
13	2.6710	2.6037	2.5331	2.4589	2.4202	2.3803	2.3392	2.2966	2.2524	2.2064
14	2.6021	2.5342	2.4630	2.3879	2.3487	2.3082	2.2664	2.2230	2.1778	2.1307
15	2.5437	2.4753	2.4035	2.3275	2.2878	2.2468	2.2043	2.1601	2.1141	2.0658
16	2.4935	2.4247	2.3522	2.2756	2.2354	2.1938	2.1507	2.1058	2.0589	2.0096
17	2.4499	2.3807	2.3077	2.2304	2.1898	2.1477	2.1040	2.0584	2.0107	1.9604
18	2.4117	2.3421	2.2686	2.1906	2.1497	2.1071	2.0629	2.0166	1.9681	1.9168
19	2.3779	2.3080	2.2341	2.1555	2.1141	2.0712	2.0264	1.9796	1.9302	1.8780
20	2.3479	2.2776	2.2033	2.1242	2.0825	2.0391	1.9938	1.9464	1.8963	1.8432
21	2.3210	2.2504	2.1757	2.0960	2.0540	2.0102	1.9645	1.9165	1.8657	1.8117
22	2.2967	2.2258	2.1508	2.0707	2.0283	1.9842	1.9380	1.8895	1.8380	1.7831
23	2.2747	2.2036	2.1282	2.0476	2.0050	1.9605	1.9139	1.8649	1.8128	1.7570
24	2.2547	2.1834	2.1077	2.0267	1.9838	1.9390	1.8920	1.8424	1.7897	1.7331
25	2.2365	2.1649	2.0889	2.0075	1.9643	1.9192	1.8718	1.8217	1.7684	1.7110
26	2.2197	2.1479	2.0716	1.9898	1.9464	1.9010	1.8533	1.8027	1.7488	1.6906
27	2.2043	2.1323	2.0558	1.9736	1.9299	1.8842	1.8361	1.7851	1.7307	1.6717
28	2.1900	2.1179	2.0411	1.9586	1.9147	1.8687	1.8203	1.7689	1.7138	1.6541
29	2.1768	2.1045	2.0275	1.9446	1.9005	1.8543	1.8055	1.7537	1.6981	1.6377
30	2.1646	2.0921	2.0148	1.9317	1.8874	1.8409	1.7918	1.7396	1.6835	1.6223
40	2.0772	2.0035	1.9245	1.8389	1.7929	1.7444	1.6928	1.6373	1.5766	1.5089
60	1.9926	1.9174	1.8364	1.7480	1.7001	1.6491	1.5943	1.5343	1.4673	1.3893
120	1.9105	1.8337	1.7505	1.6587	1.6084	1.5543	1.4952	1.4290	1.3519	1.2539
∞	1.8307	1.7522	1.6664	1.5705	1.5173	1.4591	1.3940	1.3180	1.2214	1.0000

B.3.2 F 分布：（$\alpha=0.01$） $\quad\quad 1-\alpha=0.99$

u_2 \ u_1	1	2	3	4	5	6	7	8	9
1	4052.2	4999.5	5403.3	5624.6	5763.7	5859.0	5928.3	5981.6	6022.5
2	98.503	99.000	99.166	99.249	99.299	99.332	99.356	99.374	99.388
3	34.116	30.817	29.457	28.710	28.237	27.911	27.672	27.489	27.345
4	21.198	18.000	16.694	15.977	15.522	15.207	14.976	14.799	14.659
5	16.258	13.274	12.060	11.392	10.967	10.672	10.456	10.289	10.158
6	13.745	10.925	9.7795	9.1483	8.7459	8.4661	8.2600	8.1016	7.9761
7	12.246	9.5466	8.4513	7.8467	7.4604	7.1914	6.9928	6.8401	6.7188
8	11.250	8.6491	7.5910	7.0060	6.6318	6.3707	6.1776	6.0289	5.9106
9	10.561	8.0215	6.9919	6.4221	6.0569	5.8018	5.6129	5.4671	5.3511
10	10.044	7.5594	6.5523	5.9943	5.6363	5.3858	5.2001	5.0567	4.9424
11	9.6460	7.2057	6.2167	5.6686	5.3160	5.0692	4.8861	4.7445	4.6315
12	9.3302	6.9266	5.9526	5.4119	5.0643	4.8206	4.6395	4.4994	4.3875
13	9.0738	6.7010	5.7394	5.2053	4.8616	4.6204	4.4410	4.3021	4.1911
14	8.8616	6.5149	5.5639	5.0354	4.6950	4.4558	4.2779	4.1399	4.0297
15	8.6831	6.3589	5.4170	4.8932	4.5556	4.3183	4.1415	4.0045	3.8948
16	8.5310	6.2262	5.2922	4.7726	4.4373	4.2016	4.0259	3.8896	3.7804
17	8.3997	6.1121	5.1850	4.6690	4.3359	4.1015	3.9267	3.7910	3.6822
18	8.2854	6.0129	5.0919	4.5790	4.2479	4.0146	3.8406	3.7054	3.5971
19	3.1850	5.9259	5.0103	4.5003	4.1708	3.9386	3.7653	3.6305	3.5225
20	8.0960	5.8489	4.9382	4.4307	4.1027	3.8714	3.6987	3.5644	3.4567
21	8.0166	5.7804	4.8740	4.3688	4.0421	3.8117	3.6396	3.5056	3.3981
22	7.9454	5.7190	4.8166	4.3134	3.9880	3.7583	3.5867	3.4530	3.3458
23	7.8811	5.6637	4.7649	4.2635	3.9392	3.7102	3.5390	3.4057	3.2986
24	7.8229	5.6136	4.7181	4.2184	3.8951	3.6667	3.4959	3.3629	3.2560
25	7.7698	5.5680	4.6755	4.1774	3.8550	3.6272	3.4568	3.3239	3.2172
26	7.7213	5.5263	4.6366	4.1400	3.8183	3.5911	3.4210	3.2884	3.1818
27	7.6767	5.4881	4.6009	4.1056	3.7848	3.5580	3.3882	3.2558	3.1494
28	7.6356	5.4529	4.5681	4.0740	3.7539	3.5276	3.3581	3.2259	3.1195
29	7.5976	5.4205	4.5378	4.0449	3.7254	3.4995	3.3302	3.1982	3.0920
30	7.5625	5.3904	4.5097	4.0179	3.6990	3.4735	3.3045	3.1726	3.0665
40	7.3141	5.1785	4.3126	3.8283	3.5138	3.2910	3.1238	2.9930	2.8876
60	7.0771	4.9774	4.1259	3.6491	3.3389	3.1187	2.9530	2.8233	2.7185
120	6.8510	4.7865	3.9493	3.4796	3.1735	2.9559	2.7918	2.6629	2.5586
∞	6.6349	4.6052	3.7816	3.3192	3.0173	2.8020	2.6393	2.5113	2.4073

续表

u_2 \ u_1	10	12	15	20	24	30	40	60	120	∞
1	6055.8	6106.3	6157.3	6208.7	6234.6	6260.7	6286.8	6313.0	6339.4	6366.0
2	99.399	99.416	99.432	99.449	99.458	99.466	99.474	99.483	99.491	99.501
3	27.229	27.052	26.872	26.690	26.598	26.505	26.411	26.316	26.221	26.125
4	14.546	14.374	14.198	14.020	13.929	13.838	13.745	13.652	13.558	13.463
5	10.051	9.8883	9.7222	9.5527	9.4665	9.3793	9.2912	9.2020	9.1118	9.0204
6	7.8741	7.7183	7.5590	7.3958	7.3127	7.2285	7.1432	7.0568	6.9690	6.8801
7	6.6201	6.4691	6.3143	6.1554	6.0743	5.9921	5.9084	5.8236	5.7372	5.6495
8	5.8143	5.6668	5.5151	5.3591	5.2793	5.1981	5.1156	5.0316	4.9460	4.8588
9	5.2565	5.1114	4.9621	4.8080	4.7290	4.6486	4.5667	4.4831	4.3978	4.3105
10	4.8492	4.7059	4.5582	4.4054	4.3269	4.2469	4.1653	4.0819	3.9965	3.9090
11	4.5393	4.3974	4.2509	4.0990	4.0209	3.9411	3.8596	3.7761	3.6904	3.6025
12	4.2961	4.1553	4.0096	3.8584	3.7805	3.7008	3.6192	3.5355	3.4494	3.3608
13	4.1003	3.9603	3.8154	3.6646	3.5868	3.5070	3.4253	3.3413	3.2548	3.1654
14	3.9394	3.8001	3.6557	3.5052	3.4274	3.3476	3.2656	3.1813	3.0942	3.0040
15	3.8049	3.6662	3.5222	3.3719	3.2940	3.2141	3.1319	3.0471	2.9595	2.8684
16	3.6909	3.5527	3.4089	3.2588	3.1808	3.1007	3.0182	2.9330	3.8447	2.7528
17	3.5931	3.4552	3.3117	3.1615	3.0835	3.0032	2.9205	2.8348	2.7459	2.6530
18	3.5082	3.3706	3.2273	3.0771	2.9990	2.9185	2.8354	2.7493	2.6597	2.5660
19	3.4338	3.2965	3.1533	3.0031	2.9249	2.8422	2.7608	2.6742	2.5839	2.4893
20	3.3682	3.2311	3.0880	2.9377	2.8594	2.7785	2.6947	2.6077	2.5168	2.4212
21	3.3098	3.1729	3.0299	2.8796	2.8011	2.7200	2.6359	2.5484	2.4568	2.3603
22	3.2576	3.1209	2.9780	2.8274	2.7488	2.6675	2.5831	2.4951	2.4029	2.3055
23	3.2106	3.0740	2.9311	2.7805	2.7017	2.6202	2.5355	2.4471	2.3542	2.2559
24	3.1681	3.0316	2.8887	2.7380	2.6591	2.5773	2.4923	2.4035	2.3099	2.2107
25	3.1294	2.9931	2.8502	2.6993	2.6203	2.5383	2.4530	2.3637	2.2695	2.1694
26	3.0941	2.9579	2.8150	2.6640	2.5848	2.5026	2.4170	2.3273	2.2325	2.1315
27	3.0618	2.9256	2.7827	2.6316	2.5522	2.4699	2.3840	2.2938	2.1984	2.0965
28	3.0320	2.8959	2.7530	2.6017	2.5223	2.4397	2.3535	2.2629	2.1670	2.0642
29	3.0045	2.8685	2.7256	2.5742	2.4946	2.4118	2.3253	2.2344	2.1378	2.0342
30	2.9791	2.8431	2.7002	2.5487	2.4689	2.3860	2.2992	2.2079	2.1107	2.0062
40	2.8005	2.6648	2.5216	2.3689	2.2880	2.2034	2.1142	2.0194	1.9172	1.8047
60	2.6318	2.4961	2.3523	2.1978	2.1154	2.0285	1.9360	1.8363	1.7263	1.6006
120	2.4721	2.3363	2.1915	2.0346	1.9500	1.8600	1.7628	1.6557	1.5330	1.3805
∞	2.3209	2.1848	2.0385	1.8783	1.7908	1.6964	1.5923	1.4730	1.3246	1.0000

B.4　t分布的临界值

df (n)	单尾检验的显著水准					
	.10	.05	.025	.01	.005	.0005
	双尾检验的显著水准					
	.20	.10	.05	.02	.01	.001
1	3.078	6.314	12.706	31.821	63.657	636.619
2	1.886	2.920	4.303	6.965	9.925	31.598
3	1.638	2.353	3.182	4.541	5.841	12.941
4	1.533	2.132	2.776	3.747	4.604	8.610
5	1.476	2.015	2.571	3.365	4.032	6.859
6	1.440	1.943	2.447	3.143	3.707	5.959
7	1.415	1.895	2.365	2.998	3.499	5.405
8	1.397	1.860	2.306	2.896	3.355	5.041
9	1.383	1.833	2.262	2.821	3.250	4.781
10	1.372	1.812	2.228	2.764	3.169	4.587
11	1.363	1.796	2.201	2.718	3.106	4.437
12	1.356	1.782	2.179	2.681	3.055	4.318
13	1.350	1.771	2.160	2.650	3.012	4.221
14	1.345	1.761	2.145	2.624	2.977	4.140
15	1.341	1.753	2.131	2.602	2.947	4.073
16	1.337	1.746	2.120	2.583	2.921	4.015
17	1.333	1.740	2.110	2.567	2.898	3.965
18	1.330	1.734	2.101	2.552	2.878	3.922
19	1.328	1.729	2.093	2.539	2.861	3.883
20	1.325	1.725	2.086	2.528	2.845	3.850
21	1.323	1.721	2.080	2.518	2.831	3.819
22	1.321	1.717	2.074	2.508	2.819	3.792
23	1.319	1.711	2.069	2.500	2.807	3.767
24	1.318	1.711	2.064	2.492	2.797	3.745
25	1.316	1.708	2.060	2.485	2.787	3.725
26	1.315	1.706	2.056	2.479	2.779	3.707
27	1.314	1.703	2.052	2.473	2.771	3.690
28	1.313	1.701	2.048	2.467	2.763	3.674
29	1.311	1.699	2.045	2.462	2.756	3.659
30	1.310	1.697	2.042	2.457	2.750	3.646
40	1.303	1.684	2.021	2.423	2.704	3.551
60	1.296	1.671	2.000	2.390	2.660	3.460
120	1.289	1.658	1.980	2.358	2.617	3.373
∞	1.282	1.645	1.960	2.326	2.576	3.291

B.5 D-W 检验临界值表

B.5.1 D-W 检验临界值：$\alpha=0.01$

n	q=1		q=2		q=3		q=4		q=5	
	d_L	d_U	d_L	d_U	d_L	d_U	d_L	d_U	d_L	d_U
15	0.81	1.07	0.70	1.25	0.59	1.46	0.49	1.70	0.39	1.96
16	0.84	1.09	0.74	1.25	0.63	1.44	0.53	1.66	0.44	1.90
17	0.87	1.10	0.77	1.26	0.67	1.43	0.57	1.63	0.48	1.35
18	0.90	1.12	0.80	1.26	0.71	1.42	0.61	1.60	0.52	1.80
19	0.93	1.13	0.83	1.26	0.74	1.41	0.65	1.58	0.56	1.77
20	0.95	1.15	0.86	1.27	0.77	1.41	0.68	1.57	0.60	1.74
21	0.97	1.16	0.89	1.27	0.80	1.41	0.72	1.55	0.63	1.71
22	1.00	1.17	0.91	1.28	0.83	1.40	0.75	1.54	0.66	1.69
23	1.02	1.19	0.94	1.29	0.86	1.40	0.77	1.53	0.70	1.67
24	1.04	1.20	0.96	1.30	0.88	1.41	0.80	1.53	0.72	1.66
25	1.05	1.21	0.98	1.30	0.90	1.41	0.83	1.52	0.75	1.65
26	1.07	1.22	1.00	1.31	0.93	1.41	0.85	1.52	0.78	1.64
27	1.09	1.23	1.02	1.32	0.95	1.41	0.88	1.51	0.81	1.63
28	1.10	1.24	1.04	1.32	0.97	1.41	0.90	1.51	0.83	1.62
29	1.12	1.25	1.05	1.33	0.99	1.42	0.92	1.51	0.85	1.61
30	1.13	1.26	1.07	1.34	1.01	1.42	0.94	1.51	0.88	1.61
31	1.15	1.27	1.08	1.34	1.02	1.42	0.96	1.51	0.90	1.60
32	1.16	1.28	1.10	1.35	1.04	1.43	0.98	1.51	0.92	1.60
33	1.17	1.29	1.11	1.36	1.05	1.43	1.00	1.51	0.94	1.59
34	1.18	1.30	1.13	1.36	1.07	1.43	1.01	1.51	0.95	1.59
35	1.19	1.31	1.14	1.37	1.08	1.44	1.03	1.51	0.97	1.59
36	1.21	1.32	1.15	1.38	1.10	1.44	1.04	1.51	0.99	1.59
37	1.22	1.32	1.16	1.38	1.11	1.45	1.06	1.51	1.00	1.58
38	1.23	1.33	1.18	1.39	1.12	1.45	1.07	1.52	1.02	1.58
39	1.24	1.34	1.19	1.39	1.14	1.45	1.09	1.52	1.03	1.58
40	1.25	1.34	1.20	1.40	1.15	1.46	1.10	1.52	1.05	1.58
45	1.29	1.38	1.24	1.42	1.20	1.48	1.16	1.53	1.11	1.58
50	1.32	1.40	1.28	1.45	1.24	1.49	1.20	1.54	1.16	1.59
55	1.36	1.43	1.32	1.47	1.28	1.51	1.25	1.55	1.21	1.59
60	1.38	1.45	1.35	1.48	1.32	1.52	1.28	1.56	1.25	1.60
65	1.41	1.47	1.38	1.50	1.35	1.53	1.31	1.57	1.28	1.61
70	1.43	1.49	1.40	1.52	1.37	1.55	1.34	1.58	1.31	1.61
75	1.45	1.50	1.42	1.53	1.39	1.56	1.37	1.59	1.34	1.62
80	1.47	1.52	1.44	1.54	1.42	1.57	1.39	1.60	1.36	1.62
85	1.48	1.53	1.46	1.55	1.43	1.58	1.41	1.60	1.39	1.63
90	1.50	1.54	1.47	1.56	1.45	1.59	1.43	1.61	1.41	1.64
95	1.51	1.55	1.49	1.57	1.47	1.60	1.45	1.62	1.42	1.64
100	1.52	1.56	1.50	1.58	1.48	1.60	1.46	1.63	1.44	1.65

B.5.2　D-W 检验临界值：$\alpha=0.05$

n	q=1		q=2		q=3		q=4		q=5	
	d_L	d_U	d_L	d_U	d_L	d_U	d_L	d_U	d_L	d_U
15	1.08	1.36	0.95	1.54	0.82	1.75	0.69	1.97	0.56	2.21
16	1.10	1.37	0.98	1.54	0.86	1.73	0.74	1.93	0.62	2.15
17	1.13	1.38	1.02	1.54	0.90	1.71	0.78	1.90	0.67	2.10
18	1.16	1.39	1.05	1.53	0.93	1.69	0.82	1.87	0.71	2.06
19	1.18	1.40	1.08	1.53	0.97	1.68	0.86	1.85	0.75	2.02
20	1.20	1.41	1.10	1.54	1.00	1.68	0.90	1.83	0.79	1.99
21	1.22	1.42	1.13	1.54	1.03	1.67	0.93	1.81	0.83	1.96
22	1.24	1.43	1.15	1.54	1.05	1.66	0.96	1.80	0.86	1.94
23	1.26	1.44	1.17	1.54	1.08	1.66	0.99	1.79	0.90	1.92
24	1.27	1.45	1.19	1.55	1.10	1.66	1.01	1.78	0.93	1.90
25	1.29	1.45	1.21	1.55	1.12	1.66	1.04	1.77	0.95	1.89
26	1.30	1.46	1.22	1.55	1.14	1.65	1.06	1.76	0.98	1.88
27	1.32	1.47	1.24	1.56	1.16	1.65	1.08	1.76	1.01	1.86
28	1.33	1.48	1.26	1.56	1.18	1.65	1.10	1.75	1.03	1.85
29	1.34	1.48	1.27	1.56	1.20	1.65	1.12	1.74	1.05	1.84
30	1.35	1.49	1.28	1.57	1.21	1.65	1.14	1.74	1.07	1.83
31	1.36	1.50	1.30	1.57	1.23	1.65	1.16	1.74	1.09	1.83
32	1.37	1.50	1.31	1.57	1.24	1.65	1.18	1.73	1.11	1.82
33	1.38	1.51	1.32	1.58	1.26	1.65	1.19	1.73	1.13	1.81
34	1.39	1.51	1.33	1.58	1.27	1.65	1.21	1.73	1.15	1.81
35	1.40	1.52	1.34	1.58	1.28	1.65	1.22	1.73	1.16	1.80
36	1.41	1.52	1.35	1.59	1.29	1.65	1.24	1.73	1.18	1.80
37	1.42	1.53	1.36	1.59	1.31	1.66	1.25	1.72	1.19	1.80
38	1.43	1.54	1.37	1.59	1.32	1.66	1.26	1.72	1.21	1.79
39	1.43	1.54	1.38	1.60	1.33	1.66	1.27	1.72	1.22	1.79
40	1.44	1.54	1.39	1.60	1.34	1.66	1.29	1.72	1.23	1.79
45	1.48	1.57	1.43	1.62	1.38	1.67	1.34	1.72	1.29	1.78
50	1.50	1.59	1.46	1.63	1.42	1.67	1.38	1.72	1.34	1.77
55	1.53	1.60	1.49	1.64	1.45	1.68	1.41	1.72	1.38	1.77
60	1.55	1.62	1.51	1.65	1.48	1.69	1.44	1.73	1.41	1.77
65	1.57	1.63	1.54	1.66	1.50	1.70	1.47	1.73	1.44	1.77
70	1.58	1.64	1.55	1.67	1.52	1.70	1.49	1.74	1.46	1.77
75	1.60	1.65	1.57	1.68	1.54	1.71	1.51	1.74	1.49	1.77
80	1.61	1.66	1.59	1.69	1.56	1.72	1.53	1.74	1.51	1.77
85	1.62	1.67	1.60	1.70	1.57	1.72	1.55	1.75	1.52	1.77
90	1.63	1.68	1.61	1.70	1.59	1.73	1.57	1.75	1.54	1.78
95	1.64	1.69	1.62	1.71	1.60	1.73	1.58	1.75	1.56	1.78
100	1.65	1.69	1.63	1.72	1.61	1.74	1.59	1.76	1.57	1.78

B.6 威尔科克森 T 值

威尔科克森带有正负号的等级统计量，T 的临界值。这里 T 是最大整数，即 $P_t(T \leq tN') \leq \alpha$ 累积的单尾概率。

N	2α .15 α .075	.10 .050	.05 .025	.04 .020	.03 .015	.02 .010	.01（双尾） .005（单尾）
4	0						
5	1	0					
6	2	2	0	0			
7	4	3	2	1	0	0	
8	7	5	3	3	2	1	0
9	9	8	5	5	4	3	1
10	12	10	8	7	6	5	3
11	16	13	10	9	8	7	5
12	19	17	13	12	11	9	7
13	24	21	17	16	14	12	9
14	28	20	21	19	18	15	12
15	33	30	25	23	21	19	15
16	39	35	29	28	26	23	19
17	45	41	34	33	30	27	23
18	51	47	40	38	35	32	27
19	58	53	46	43	41	37	32
20	65	60	52	50	47	43	37
21	73	67	58	56	53	49	42
22	81	75	65	63	59	55	48
23	89	83	73	70	66	62	54
24	98	91	81	78	74	69	61
25	108	100	89	86	82	76	68
26	118	110	98	94	90	84	75
27	128	119	107	103	99	92	83
28	138	130	116	112	108	101	91
29	150	140	126	122	117	110	100
30	161	151	137	132	127	120	109
31	173	163	147	143	137	130	118
32	186	175	159	154	148	140	120
33	199	187	170	165	159	151	138
34	212	200	182	177	171	162	148
35	226	213	195	198	182	173	159
40	302	286	264	257	249	238	220
50	487	466	434	425	413	397	373
60	718	690	648	636	620	600	569
70	995	960	907	891	872	846	805
80	1318	1276	1211	1192	1168	1136	1086
90	1688	1638	1560	1154	1509	1471	1410
100	2105	2045	1955	1928	1894	1850	1779

B.7 曼—惠特尼检验：U 的临界值

第一表中的数值是单尾检验在 0.025 处或双尾检验在 0.05 处 U 的临界值；第二表中的数值是单尾检验 0.05 处或双尾检验 0.10 处的 U 的临界值。

n_1 \ n_2	1	2	3	4	5	6	7	8	9	10	11	12	13	14	15	16	17	18	19	20
1																				
2								0	0	0	0	1	1	1	1	1	2	2	2	2
3					0	1	1	2	2	3	3	4	4	5	5	6	6	7	7	8
4				0	1	2	3	4	4	5	6	7	8	9	10	11	11	12	13	13
5			0	1	2	3	5	6	7	8	9	11	12	13	14	15	17	18	19	20
6			1	2	3	5	6	8	10	11	13	14	16	17	19	21	22	24	25	27
7			1	3	5	6	8	10	12	14	16	18	20	22	24	26	28	30	32	34
8		0	2	4	6	8	10	13	15	17	19	22	24	26	29	31	34	36	38	41
9		0	2	4	7	10	12	15	17	20	23	26	28	31	34	37	39	42	45	48
10		0	3	5	8	11	14	17	20	23	26	29	33	36	39	42	45	48	52	55
11		0	3	6	9	13	16	19	23	26	30	33	37	40	44	47	51	55	58	62
12		1	4	7	11	14	18	22	26	29	33	37	41	45	49	53	47	61	65	69
13		1	4	8	12	16	20	24	28	33	37	41	45	50	54	59	63	67	72	76
14		1	5	9	13	17	22	26	31	36	40	45	50	55	59	64	67	74	78	83
15		1	5	10	14	19	24	29	34	39	44	49	54	59	64	70	75	80	85	90
16		1	6	11	15	21	26	31	37	42	47	53	59	64	70	75	81	86	92	98
17		4	6	11	17	22	28	24	39	45	51	57	63	67	75	81	87	93	99	101
18		4	7	12	18	24	30	36	42	43	55	61	67	74	80	86	93	90	106	112
19		4	7	13	19	25	32	38	45	52	58	65	72	78	85	92	95	106	113	119
20		4	8	13	20	27	34	41	48	55	62	69	76	83	89	98	105	112	119	127

n_1 \ n_2	1	2	3	4	5	6	7	8	9	10	11	12	13	14	15	16	17	18	19	20
1																		0	0	
2					0	0	0	1	1	1	1	2	2	2	3	3	3	4	4	4
3			0	0	1	2	2	3	3	4	5	5	6	7	7	8	9	9	10	11
4			0	1	2	3	4	5	6	7	8	9	10	11	12	14	15	16	17	18
5		0	1	2	4	5	6	8	9	11	12	13	15	16	18	19	20	2	23	25
6		0	2	3	5	7	8	10	12	14	16	17	19	21	23	25	26	28	30	32
7		0	2	4	6	9	11	13	15	17	19	21	24	26	28	30	33	35	37	39
8		1	3	5	8	10	13	15	18	20	23	26	28	31	33	36	39	41	44	47
9		1	3	6	9	12	15	18	21	24	27	30	33	36	39	42	45	48	51	54
10		1	4	7	11	14	17	20	24	27	31	34	37	41	44	48	51	55	58	62
11		1	5	8	12	16	19	23	7	31	34	38	42	46	50	54	57	61	65	69
12		2	5	9	13	17	21	26	30	34	38	42	47	51	56	60	64	68	72	77
13		2	6	10	15	19	24	28	33	37	42	47	51	56	61	65	70	75	80	84
14		2	7	11	16	21	26	31	36	41	46	51	56	61	66	71	77	82	87	92
15		3	7	12	18	23	28	33	39	44	50	55	61	66	72	77	83	88	94	100
16		3	8	14	19	25	30	36	42	48	54	60	65	71	77	83	89	95	101	107
17		3	9	15	20	26	33	39	45	51	57	64	70	77	83	89	96	102	109	115
18		4	9	16	22	28	35	41	48	55	61	68	75	82	88	95	102	109	116	123
19	0	4	10	17	23	30	37	44	51	58	65	72	80	87	94	101	109	116	123	130
20	0	4	11	18	25	32	39	47	54	62	69	77	84	92	100	107	115	123	130	138

B.8 相关系数检验的临界值

检验相关系数 $\rho = 0$ 的临界值（r_α）表

$$P\{|r| > r_\alpha\} = \alpha$$

f \ α	0.10	0.05	0.02	0.01	0.001
1	0.98769	0.999692	0.999507	0.999877	0.9999988
2	.90000	.9500	.98000	.99000	.99900
3	.8054	.8783	.93433	.95873	.99116
4	.7293	.8114	.88222	.91720	.97406
5	.6694	.7545	.8329	.8745	95074
6	.6215	.7067	.7887	.8343	.92493
7	.5822	.6664	.7498	.7677	.8982
8	.5494	.6319	.7155	.7646	.8721
9	.5214	.6021	.6851	.7348	.8471
10	.4973	.5760	.6581	.7079	.8233
11	.4762	.5529	.6339	.6835	.8010
12	.4575	.5324	.6120	.6614	.7800
13	.4409	.5139	.5923	.6411	.7103
14	.4259	.4973	.5742	.6226	.7420
15	.4124	.4821	.5577	.6055	.7246
16	.4000	.4683	.5425	.5897	.7084
17	.3837	.4555	.5285	.5751	.6932
18	.3783	.4438	.5155	.5614	.6787
19	.3687	.4329	.5034	.5487	.6652
20	3598	.4227	.4921	.5368	.6524
25	.3233	.3809	.4451	.4869	.5974
30	.2960	.3494	.4093	.4487	.5541
35	.2706	.3246	.3010	.4182	.5189
40	.2573	.3044	.3578	.3932	.4896
45	.2428	.2875	.3384	.3721	.4648
50	.2306	.2732	.3218	.3541	.4433
60	.2108	.2500	.2948	.3248	.4078
70	.1954	.2319	.2737	.3017	.3799
80	.1829	.2172	.2565	.2830	.3568
90	.1726	.2050	.2422	.2673	.3375
100	.1638	.1946	.2301	.2540	.3211

B.9 游程检验的临界值

游程检验表[$P(V \leqslant a)| H_0$ 为真)]

(n_1,n_2)	2	3	4	5	6	7	8	9	10	11	12
(2,3)	0.200	0.500	0.900	1.000							
(2,4)	0.133	0.400	0.800	1.000							
(2,5)	0.095	0.333	0.714	1.000							
(2,6)	0.071	0.286	0.643	1.000							
(2,7)	0.056	0.250	0.583	1.000							
(2,8)	0.044	0.222	0.533	1.000							
(2,9)	0.033	0.200	0.491	1.000							
(2,10)	0.030	0.182	0.455	1.000							
(3,3)	0.700	0.300	0.700	0.900	1.000						
(3,4)	0.057	0.200	0.543	0.800	0.971	1.000					
(3,5)	0.036	0.143	0.429	0.714	0.929	1.000					
(3,6)	0.024	0.107	0.345	0.643	0.881	1.000					
(3,7)	0.017	0.083	0.283	0.583	0.833	1.000					
(3,8)	0.012	0.067	0.236	0.533	0.788	1.000					
(3,9)	0.009	0.055	0.200	0.491	0.745	1.000					
(3,10)	0.007	0.045	0.171	0.455	0.706	1.000					
(4,4)	0.029	0.114	0.371	0.629	0.886	0.971	1.000				
(4,5)	0.016	0.017	0.212	0.500	0.786	0.729	0.992	1.000			
(4,6)	0.010	0.048	0.290	0.405	0.690	0.891	0.976	1.000			
(4,7)	0.006	0.033	0.142	0.333	0.606	0.833	0.954	1.000			
(4,8)	0.004	0.024	0.109	0.279	0.533	0.788	0.929	1.000			
(4,9)	0.003	0.018	0.085	0.263	0.471	0.745	0.902	1.000			
(4,10)	0.002	0.014	0.068	0.203	0.419	0.706	0.874	1.000			
(5,5)	0.008	0.040	0.167	0.357	0.643	0.833	0.960	0.992	1.000		
(5,6)	0.004	0.024	0.110	0.262	0.522	0.738	0.911	0.976	0.998		
(5,7)	0.003	0.015	0.076	0.197	0.424	0.625	0.854	0.955	0.992		
(5,8)	0.002	0.010	0.054	0.152	0.347	0.576	0.793	0.929	0.984		
(5,9)	0.001	0.007	0.039	0.119	0.287	0.510	0.734	0.902	0.972		
(5,10)	0.001	0.005	0.029	0.095	0.239	0.455	0.678	0.874	0.958		
(6,6)	0.002	0.013	0.057	0.175	0.392	0.603	0.825	0.933	0.987	0.988	1.000
(6,7)	0.001	0.008	0.043	0.121	0.296	0.500	0.733	0.879	0.966	0.992	0.999
(6,8)	0.001	0.005	0.028	0.086	0.226	0.413	0.646	0.821	0.937	0.984	0.998
(6,9)	0.000	0.003	0.019	0.063	0.175	0.343	0.566	0.762	0.902	0.972	0.994
(6,10)	0.000	0.002	0.013	0.047	0.137	0.283	0.497	0.706	0.864	0.958	0.990
(7,7)	0.001	0.004	0.025	0.078	0.209	0.383	0.617	0.791	0.922	0.975	0.996
(7,8)	0.000	0.002	0.015	0.051	0.149	0.296	0.514	0.704	0.867	0.949	0.998
(7,9)	0.000	0.001	0.010	0.035	0.108	0.231	0.427	0.622	0.806	0.916	0.975
(7,10)	0.000	0.001	0.005	0.024	0.089	0.182	0.355	0.549	0.743	0.879	0.957
(8,8)	0.000	0.001	0.009	0.032	0.100	0.214	0.405	0.959	0.736	0.900	0.968
(8,9)	0.000	0.001	0.005	0.020	0.069	0.157	0.319	0.500	0.702	0.843	0.939
(8,10)	0.000	0.000	0.003	0.013	0.048	0.117	0.251	0.419	0.621	0.782	0.903
(9,9)	0.000	0.000	0.003	0.012	0.044	0.109	0.238	0.399	0.601	0.762	0.891
(9,10)	0.000	0.000	0.002	0.008	0.029	0.077	0.179	0.319	0.510	0.681	0.834
(10,10)	0.000	0.000	0.001	0.004	0.019	0.051	0.128	0.242	0.411	0.586	0.758

续表

(n_1,n_2)	13	14	15	16	17	18	19	20			
(6,9)	1.000										
(6,10)	1.000										
(7,7)	0.999	1.000									
(7,8)	0.998	1.000	1.000								
(7,9)	0.994	0.999	1.000								
(7,10)	0.990	0.998	1.000								
(8,8)	0.991	0.999	1.000	1.000							
(8,9)	0.980	0.996	0.999	1.000	1.000						
(8,10)	0.964	0.990	0.998	1.000	1.000						
(9,9)	0.956	0.998	0.997	1.000	1.000	1.000					
(9,10)	0.923	0.974	0.992	0.999	1.000	1.000	1.000				
(10,10)	0.872	0.949	0.981	0.996	0.999	1.000	1.000	1.000			

B.10 等级相关系数的临界值

n	P(2):0.50 P(2):0.25	0.20 0.10	0.10 0.05	0.05 0.025	0.02 0.01	0.01 0.005	0.005 0.0025	0.002 0.001	0.001 0.0005
4	0.600	0.100	1.000						
5	0.500	0.800	0.900	1.000	1.000				
6	0.371	0.657	0.829	0.886	0.943	1.000	1.000		
7	0.321	0.571	0.714	0.786	0.893	0.929	0.964	1.000	1.000
8	0.310	0.524	0.634	0.738	0.833	0.881	0.105	0.952	0.976
9	0.267	0.4893	0.600	0.700	0.783	0.833	0.867	0.917	0.933
10	0.248	0.455	0.564	0.648	0.745	0.794	0.830	0.879	0.903
11	0.236	0.427	0.536	0.618	0.709	0.755	0.800	0.845	0.873
12	0.217	0.406	0.503	0.587	0.678	0.727	0.769	0.818	0.846
13	0.209	0.385	0.484	0.560	0.648	0.703	0.747	0.791	0.824
14	0.200	0.367	0.464	0.538	0.626	0.679	0.723	0.771	0.820
15	0.189	0.354	0.446	0.521	0.604	0.654	0.700	0.750	0.779
16	0.182	0.341	0.429	0.503	0.582	0.635	0.679	0.729	0.762
17	0.176	0.328	0.414	0.485	0.566	0.615	0.662	0.713	0.748
18	0.170	0.317	0.401	0.472	0.550	0.600	0.643	0.695	0.728
19	0.165	0.309	0.391	0.460	0.535	0.584	0.628	0.677	0.712
20	0.161	0.299	0.380	0.447	0.520	0.570	0.612	0.662	0.696
21	0.156	0.292	0.370	0.435	0.508	0.556	0.599	0.648	0.681
22	0.152	0.284	0.361	0.425	0.496	0.544	0.586	0.634	0.667
23	0.148	0.278	0.353	0.415	0.486	0.532	0.573	0.622	0.654
24	014	0.271	0.344	0.406	0.476	0.521	0.562	0.610	0.642
25	0.144	0.265	0.337	0.398	0.466	0.519	0.551	0.598	0.630
26	0.138	0.259	0.331	0.390	0.457	0.501	0.541	0.578	0.619
27	0.136	0.255	0.324	0.382	0.448	0.491	0.531	0.577	0.608
28	0.133	0.250	0.317	0.375	0.440	0.483	0.522	0.567	0.598
29	0.130	0.254	0.312	0.368	0.533	0.475	0.513	0.558	0.589
30	0.128	0.240	0.306	0.362	0.425	0.467	0.504	0.549	0.580
31	0.126	0.236	0.301	0.356	0.148	0.459	0.496	0.541	0.571
32	0.124	0.232	0.296	0.350	0.412	0.452	0.489	0.433	0.563

续表

n	P(2):0.50 P(2):0.25	0.20 0.10	0.10 0.05	0.05 0.025	0.02 0.01	0.01 0.005	0.005 0.0025	0.002 0.001	0.001 0.0005
33	0.121	0.229	0.291	0.345	0.540	0.446	0.482	0.525	0.554
34	0.120	0.225	0.287	0.340	0.399	0.439	0.475	0.517	0.547
35	0.118	0.222	0.283	0.335	0.394	0.433	0.468	0.510	0.539
36	0.116	0.219	0.279	0.330	0.388	0.427	0.462	0.504	0.533
37	0.114	0.216	0.275	0.325	0.383	0.421	0.456	0.497	0.526
38	0.113	0.212	0.271	0.321	0.378	0.415	0.450	0.491	0.519
39	0.111	0.210	0.267	0.317	0.373	0.410	0.444	0.485	0.513
40	0.110	0.207	0.264	0.313	0.368	0.405	0.539	0.479	0.507
41	0.108	0.204	0.261	0.309	0.364	0.400	0.433	0.473	0.501
42	0.107	0.202	0.257	0.305	0.359	0.395	0.428	0.468	0.495
43	0.105	0.199	0.254	0.301	0.355	0.391	0.423	0.463	0.490
44	0.104	0.197	0.251	0.298	0.351	0.386	0.419	0.458	0.484
45	0.103	0.194	0.248	0.294	0.374	0.382	0.414	0.453	0.479
46	0.102	0.192	0.246	0.291	0.343	0.378	0.410	0.448	0.474
47	0.101	0.190	0.243	0.288	0.340	0.347	0.405	0.443	0.469
48	0.100	0.188	0.240	0.285	0.336	0.370	0.401	0.439	0.465
49	0.098	0.186	0.238	0.282	0.333	0.366	0.397	0.434	0.460
50	0.097	0.184	0.235	0.279	0.329	0.363	0.393	0.430	0.456

B.11 肯达尔一致性系数，W*：S 的临界值

k	N					N=3 的补充数值	
	3	4	5	6	7	K	s
显著水准 0.05 处的数值							
3			64.4	103.9	157.3	9	54.0
4		49.5	88.4	143.3	217.0	12	71.9
5		62.6	112.3	182.4	276.2	14	83.8
6		75.7	136.1	221.4	335.2	16	95.8
8	48.1	101.7	183.7	299.0	453.1	18	107.7
10	60.0	127.8	231.2	376.7	571.0		
15	89.8	192.9	349.8	570.5	864.9		
20	119.7	258.0	468.5	764.4	1158.7		
显著水准 0.01 处的数值							
3			75.6	122.8	185.6	9	75.9
4		61.4	109.3	176.2	265.0	12	103.5
5		80.5	142.8	229.4	343.8	14	121.9
6		99.5	176.1	282.4	422.6	16	140.2
8	66.8	137.4	242.7	388.3	579.9	18	158.6
10	85.1	175.3	309.1	494.0	737.0		
15	131.0	269.8	475.2	758.2	1129.5		
20	177.0	364.2	641.2	1022.2	1521.9		

参考文献

[1] 袁卫. 统计学（第二版）. 北京：高等教育出版社，2005.
[2] 贾俊平. 统计学（第三版）. 北京：中国人民大学出版社，2007.
[3] 李勇，张淑梅. 统计学导论. 北京：人民邮电出版社，2007.
[4] 戴维 R. 安德森. 商务与经济统计. 北京：机械工业出版社，2004.
[5] 龚曙明. 应用统计学（第二版修订本）. 北京：清华大学出版社，北京交大出版社，2007.
[6] 何晓群，刘文卿. 应用回归分析. 北京：中国人民大学出版社，2002.
[7] 李莉. 统计学. 北京：中国电力出版社，2009.
[8] 钟新联. 统计学原理. 上海：立信会计出版社，2009.
[9] 李洁明. 统计学（第四版）. 上海：复旦大学出版社，2007.
[10] 黄良文. 统计学原理. 北京：中国统计出版社，2007.
[11] 王振龙. 时间序列分析. 北京：中国统计出版社，2002.
[12] 雷钦礼. 经济管理多元统计分析. 北京：中国统计出版社，2002.
[14] 何晓群. 现代统计分析与应用. 北京：中国人民大学出版社，1998.
[15] 何晓群. 回归分析与经济数据建模. 北京：中国人民大学出版社，1997.
[16] 古扎拉蒂. 计量经济学. 北京：中国人民大学出版社，2000.
[17] 卢纹岱. SPSS for Windows 统计分析. 北京：北京电子出版社，2000.
[18] 朱建平，范宵文. Excel 在统计中的应用. 北京：清华大学出版社，2007.
[19] 龚曙明，朱海玲. 应用统计学（第三版）. 北京：中国水利水电出版社，2010.